정신분석과 성서 이해

성찰이 주는 여유

김병훈 지음

신앙과지성사

남겨진 생각과 신앙이
여전히 길이 되기를 바라며
故 김병훈 교수님께
헌정합니다.

머리말

지난 시간이 눈앞에 아른거린다. 삶의 무수한 갈등에 직면할 때마다 고뇌와 아픔이 있었다. 그때마다 가장 힘이 된 것은 기도와 말씀이었다. 기도는 청소년 시절부터 고난이 있을 때마다 필자의 안식처였고, 해결의 장이었다. 방석 위에 꿇은 나의 무릎은 이제 내 존재의 중심이 되었다. 미국과 한국에서 정신분석 상담에 매진해 오면서 무릎은 나의 등불이었고 희망이었다. 거기서 필자는 몸과 마음을 이완시키고 삶의 여러 가지 문제를 이해하고 해결했다. 기도가 없었다면 오늘의 내 모습은 상상하기 어려울 것이다. 기도의 경험은 정신분석 상담과정과 놀라울 정도로 일치한다. 필자는 미국에서 두 분의 분석가로부터 수년간 개인분석을 받았고, 23명의 임상 슈퍼바이저의 감독 아래 다양한 임상활동을 진행했다. 한국에 돌아온 후 임상과 학술 과정을 통해 한국 교회와 목회자들에게 적합한 정신분석 이론의 재해석 작업에 몰두하였다. 그 결과 정신분석 지혜를 훈련받은 목회자들이 교회 현장에서 성공적인 목회를 이루었고, 또한 많은 제자들이 상담센터 설립을 통해 임상의 열매를 맺고 있어 큰 기쁨을 경험하고 있다.

필자는 정신분석과 가족치료의 대중화 작업에 관심을 가졌다. 정신분석학의 전문 이론 언어가 우리의 문화와 사회적 실정에 맞게 재해석되어야 한다고 느꼈고, 특히 그것이 목회현장에서 검증되어야 한다고 생각했다. 무엇보다 정신분석 훈련 과정에서 진리를 찾아갈수록 모두 성서의 내용 및 표상과 매우 일치한다는 것을 발견했다. 성서는 무척 명료하고 간결하게 인간 문제에 대한 해답을 준다. 이러한 성서적 진리가 정신분석을 이해하는데 도움이 되며, 임상과 학술 과정이 성서를 더 풍요롭게 해석할 수 있다는 것을 깨달았다. 그래서 필자는 임상 현장에서 내담자들이 성서를 읽기 시작했다고 할 때 안심을 한다. 이제 그들은 삶의 등불을 가졌기 때문이다. 정신분석을 통해 하나님의 말씀과 기도의 성찰 훈련을 강조할 때 목회자로서, 교수로서 자부심과 긍지를 느낀다. 필자의 기쁨과 여유는 이런 경험들이 축적되면서 강화되었다.

정신분석은 일반적으로 두 가지 거시적 목표를 지닌다. 하나는 인간의 병리적 사슬을 분쇄하는 작업이고, 다른 하나는 개인의 창조적 자아실현을 적극적으로 돕는 것이다. 개인적으로 신학과 철학, 그리고 정신분석학 이 세 가지 전문분야에 남다른 관심을 가지고 연구해왔다. 신학은 진리의 언어를 창조하고, 철학은 설명 언어의 기능을 하며, 정신분석은 경험 언어의 진수를 보여준다. 세 학문 모두 문제의 진단과 해법을 상황이나 환경에서 찾지 않는다. 삶의 모든 문제해결은 개인의 마음속에서 그 열쇠를 찾을 수 있다고 본다. 즉 나 자신의 주체적 책임성을 강조하는 것이다. 이런 점에서 필자는 정신분석을 가리켜 "회개를 돕는 전문적 서비스"라고 말하기도 하고 "자아실현의 코칭스태프"라고 정의하기도 한다. 오랜 기간 임상과 학술 현장에 전념했던 사람으로서 이러한 결론에 도달했다.

하지만 우리나라 목회 현장에서는 아직 정신분석의 지혜를 활용하지 못하고 있다. 정신분석이 추구하는 무의식의 역동성이 한국 교회 치리에 적용하기에는 많은 어려움이 있기 때문이다. 필자가 성서의 정신분석학적 해석을 출간하려는 목적이 여기에서 비롯되었다. 성서적 진리가 정신분석 이론에 의해 더욱 풍성하게 증명되는 모습을 제시하면서, 정신분석이 하나님의 선물이며, 목회의 충실한 도구가 될 수 있음을 입증하려 한다. 정신분석은 성서를 통해서 더 풍요로워지고, 성서는 정신분석을 사용함으로써 성도들의 경험 세계를 잘 이해하고 더 효과적으로 목양하는 구체적인 지혜를 제공할 수 있기 때문이다. 필자는 성서의 일반적인 텍스트 9개를 선택하여, 그 본문을 정신분석 개념 중심으로 설명하였다. 정신분석이라는 경험의 언어로 하늘의 계시인 성서의 진리를 번역해 내는 작업이다. 정신분석의 눈으로 성서를 읽을 때 독자는 일반적인 눈으로 감지할 수 없는 하늘의 풍성한 은혜를 더 깊게 깨달을 수 있다.

정신분석은 자신 있게 말한다. "불행은 예방할 수 있고, 치유될 수 있다." 그것은 고요한 가운데 자기 내면으로 들어가는 성찰의 과정으로 가능하다. 내면의 세계, 마음과 무의식의 세계에서 우리는 불행을 막고, 치유와 자아실현을 향하는 특별한 훈련을 받을 수 있다. 무엇보다도 그 훈련의 여정 가운데 개인이 만나는 하나님의 말씀은 그동안의 고뇌와 역경의 훈련 과정을 다 보상하는 위대한 은혜를 베푼다. 내면세계의 성찰에서 찾아진 성서의 구절은 살아 움직이는 하나님의 말씀이며, 우리 안에서 역동적으로 살아 움직일 때 그 위력이 발휘된다. 단순히 머리로만 헤아리는 성서는 우리의 죄성을 변화시킬 수도, 사회의 변혁적 준거로도 기능하지 못한다. 그것은 의미 없는 메아리일 뿐이다.

성찰은 우리에게 여유를 준다. 성찰은 문제를 해결하고 같은 실수를 다시 반복하지 않도록 돕는다. 이러한 정신분석의 안내를 받으며 걸어갈 때, 내적 훈련 여정은 강력한 역동을 불러일으킬 것이다. 정신분석은 과거의 모습을 철저히 분쇄한다. 그렇게 깨지고 파헤쳐진 자신을 보며 성서의 진리를 붙잡아야만 살 수 있는, 그 실존의 현실을 극명히 확인하게 될 것이다.

성서는 하늘의 계시이며 삶의 구원을 현실화한다. 성서의 세계로 들어가 정신분석과 철학 그리고 인문사회과학의 언어로 자신을 성찰할 때, 우리는 위대하고 오묘하신 하나님을 만날 수 있고, 취약한 나의 문제들이 해결 받게 될 것이다. 성서 안에서 안정을 되찾을 수 있고, 갈등과 혼돈의 문제를 해결할 수 있다. 마음의 역동성이 보여주는 진리 체험의 현장, 그것이 바로 본서가 추구하고자 하는 목표이다. 주님이 기뻐하는 제자가 되고, 새로운 삶을 구축하며, 사회에 크게 기여하는 구체적인 경험의 여정이 바로 본서가 독자들을 인도하는 세상인 것이다.

안석골 정보관에서
김병훈

교수님을 추억하며

2002년 월드컵으로 인해 온 나라가 들썩였던 그때 김병훈 교수님을 처음 뵈었습니다. 저는 당시 학부생이었고 몸과 마음이 피폐해져 있었던 때였습니다. 세상은 그리도 밝고 활기찬데 나에게는 세상 모두가 합심하여 세상 끝으로 자꾸만 몰고 가는 것만 같았습니다. 이런저런 치료와 상담을 받고 있었지만 상태가 나아지지 않았고, 신께서도 나를 저주하고 있다는 생각까지 하게 될 때였습니다. 그때 교수님으로부터 목회상담 수업을 듣게 되었습니다. 그리고 기대 없이 그저 나 자신의 상태에 대해 한 번만 말해보자 하는 생각으로 상담을 신청했습니다. 그것이 계기가 되어 대학원 목회상담학과를 지원하게 되었고 제자로 있게 되었습니다. 삶의 방향과 의지를 잃어가던 제게 함께 일해보자는 제안을 해주시며 훌륭한 상담사가 될 수 있을 거라고 북돋아 주셨던 것이 힘이 되어 지금에 이르게 되었습니다.

김병훈 교수님은 제자들을 가르치고 임상적 노하우를 키우는데 남다른 열정과 열의가 있으셨습니다. 수업 시간에는 단순히 지식 전달이 오가는 세미나가 아니었고, 자연스러운 그룹상담 역동이 돌았습니다. 학생들은 자신들의 역사를 찾아들어가고, 때에 따라서는 고백하며, 그렇게 울고 웃으며 상처를 회복해 가는 시간이 되었습니다. 그리고 누구에게는 따뜻한 위로의 말씀을 하셨고, 또 누구에게는 단호하게 꾸중하시면서 혼을 내시기도 하였습니다. 교수님의 위로의 말씀은 비단 말 자체가 따뜻해서 위로가 되는 것이 아니었습니다. 힘이 되고 동기부여가 되었던 이유는 상투적이고 표층적인 위로의 멘트가 아니라 진중함과 위트, 공감이 담긴 새로운 해석언어였기 때문이었습니다. 그래서 수업 시간 이후에도 계속해서 오랜 시간 되새김하게 되었습니다. 단호하게 꾸중하시는 말씀은 지금까지 크게 문제라고 생각하지 않았던 것을 대오각성大悟覺醒하게 하는 것들이었습니다. 처음에는 왜 이런 사소한 것을 문제시하시고 호통을 치실까 어리둥절하고 이해할 수 없었습니다. 그러나 시간이 지날수록 사소한 그 언행이 사실은 사소한 것이 아니었고, 내 인생에서 악수惡手를 두게 되는 근본적 태도와 관련이 있었음을 알게 되었습니다. 교수님의 호통하심은 자기 파괴적인 삶의 방식을 중지하라는 애정어린 훈계셨던 것입니다. 그렇게 수업 시간에도 제자들을 면밀히 살피시고 공감하시며 필요시 적절하게 임상적 작업을 하셨습니다. 학생들은 이러한 교육 방식을 경험하며, 자연스레 임상기법도 익히게 되는 계기가 되었습니다. 이러한 강의 시간은 매우 역동성 있게 흘러 3시간의 수업 시간이 무척 짧고 다음 시간을 기다리게 하였습니다.

　무엇보다 책 보고 글 쓰는 데 매우 진심이셔서 학생들에게 그것을 매우 엄격하게 지도하셨습니다. 또한 임상을 하고자 하는 개인은 먼저 자기 작업 즉, 뼈아프게 괴롭더라도 솔직하게 자신의 내면 깊은 것을 들여다보고 성찰해야 한다고 하셨습니다. 그리고 나와 내담자의 성찰을 돕기 위해 깊은 공감과 해석 능력을 키워야 하는데, 이러한 작업을 위해서 신학(신앙)과 정신분석, 철학 및 인문학적 소양을 매우 강조하셨습니다. 책을 일주일에 한 권 이상 읽고, 한 사람도 빠짐없이 학기마다 소논문을 제출 및 발표해야 했습니다. 교수님은 학생들이 제출한 논문과 발표에 하나하나 코멘트와 교정을 하셨습니다. 처음에는 많은 제자가 힘들어했으나 점차 시간이 지나면서 책을 읽는 것과 소논문을 작성하는 것이 당연한 루틴이 되었고 조금씩 성장하기 시작했습니다. 책

읽기에는 정신분석에만 국한되지 않았습니다. 하인즈 코헛을 중심으로 프로이트 전통 정신분석과 자아심리학, 대상관계 및 라캉을 비롯한 프랑스 정신분석, 그 외 가족치료 등을 공부하며, 그 이론 간의 차이와 중심점을 배웠습니다. 더불어서 철학과 의학, 사회학, 일반과학 및 문학을 읽어 다양한 관점과 해석 언어들을 담을 수 있도록 훈련시키셨습니다.

 무엇보다 교수님은 당신이 먼저 공부를 매우 열심히 하셨습니다. 다양한 독서와 지적 추구를 통해 새롭게 알게 된 지식을 학생들에게 공급하시는 것을 즐거워하셨습니다. 또한 학생들이 연구해서 얻게 된 통찰과 지식을 토론하시면서, 그들의 임상 내용을 듣고 나누시면서 행복해하셨습니다. 더불어서 강조하신 것이 신앙구조였습니다. 성경을 왜 읽어야 하는지, 기도를 왜 하고 어떻게 해야 하는지 가르치셨습니다. 제자들은 때때로 몸이 아프거나 삶의 당면한 문제로 갈등할 때마다 "상황과 대상을 보고 거기에 함몰되지 마라, 거기에 나의 내적 구조와 이슈를 살펴야 한다"는 말씀을 들었습니다. 그러면서 "그래서 하나님께서 뭐라고 하시는데?"라고 물어보시고, 기도하지 않거나 못하는 학생들에게는 왜 그런지 진지하게 고민하게 하셨습니다. 기도함으로 대의와 방향을 설정해야 한다는 것을 매번 강조하시면서, 섣부른 판단과 행동을 경계하셨습니다. 학생들이 성서를 읽고 묵상하며 기도하고 방향을 잡기를 원하셨는데, 제자들이 신앙심을 회복할 때 매우 기뻐하셨습니다.

 교수님은 정신분석이 성서를 해석하는 데 풍요한 도구가 될 수 있으며, 또한 정신분석은 성서의 빛을 받아 그 한계를 극복할 수 있다고 보았습니다. 성서적 진리가 인간의 실존적 고뇌와 문제를 해결하는데 노하우와 방향을 제시합니다. 그러나 진리의 언어이기 때문에 너무 크고 깊어 다양한 해석의 과정이 필요합니다. 그럼에도 학생들은 때때로 어떻게 신앙과 정신분석의 길을 통합해야 하는지 잘 몰라 했습니다. 사실 이 책은 그러한 맥락에서 나온 것이기도 합니다. 정신분석이 어떻게 성경 해석을 더 풍요롭게 하는지, 목양에 어떻게 도움을 줄 수 있는지, 그리고 개인의 신앙에 어떻게 도움을 줄 수 있는지 드러내고자 하였습니다. 그래서 정신분석과 신앙적 자기 성찰이 실존적 삶에 여유를 줄 수 있음을 말하고 있습니다.

  이 책은 총 9장으로 이루어져 있습니다. 1장의 활력과 생동감의 원칙으로부터 9장 행복의 원형까지 각각 독립된 내용이면서 동시에 서로 연결점이 있게 구성되었습니다. 각 장의 제목은 대주제어로써 정신분석이 기본적으로 추구하는 것과 성경적 방향을 드러냅니다. 소제목들은 대주제어에 해당하는 내용을 전개하고 있습니다. 먼저 성경 말씀 및 본문을 제시하며 그것이 정신분석학 및 임상적 현장에서 어떻게 해석되고 펼쳐지는지 나타냈습니다. 장의 말미에는 토론 및 연구 질문들을 제시해 장의 중심내용을 상기(想起)할 수 있도록 했습니다. 예를 들어 1장 활력과 생동감의 원천은 성경본문 "이는 내 사랑하는 아들이요 기뻐하는 자요(마 3:17)"를 중심으로 예수님이 하늘의 음성을 들었던 장면을 제시하고 있습니다. 이 장면을 통해 활력과 생동감의 원천이 어디에서 오는지, 어떻게 얻을 수 있는지, 그 상태는 어떠한 상태인지 설명하고 있습니다. 정신분석적으로 특히 하인즈 코헛의 입장에서 이중축 자기, 창조적 긴장, 공감적 자기대상 채널, 보상구조의 확립, 방어구조의 재구성을 통해 이루어진다고 하였습니다. 존경, 총애, 일체의 자기대상 구조와 채널의 확립이 창조적 긴장을 갖게 하며, 거룩한 꿈과 이상을 갖는 보상구조를 확립케 합니다. 그리고 삶의 불안과 어려움을 처리할 수 있는 방어구조의 재확립이 필요합니다. 왜냐하면 이전에는 불편경험을 처리하는 개인의 기술이 오히려 문제를 악화시키고 불안을 고조시키는 방어구조였기 때문입니다. 그러나 이제는 건강하고 여유 있게 처리할 수 있는 방어구조가 확립되고, 이 모든 과정을 통해 삶에서의 활력과 생동감을 찾을 수 있음을 설명하고 있습니다.

이 책은 사람들에게 실존의 문제에 갇혀 더 큰 문제에 갇히지 말고 성찰을 통해 여유를 가지라고 말하고 있습니다. 그리고 정신분석의 과정과 회개 과정이 어떻게 만날 수 있는지 증명하고 있습니다. 정신분석을 통해 자기를 성찰함으로 회개의 과정을 도울 수 있습니다. 회개란 단순히 잘못했다고 자기 자책과 정죄를 하는 것이 아닙니다. 그러한 자기 정죄는 결국 또다시 그 행동을 반복하게 됩니다. 결국 반복되는 잘못과 정죄는 변화를 포기하고 상황과 대상 탓이라는 변명만 하게 됩니다. 하지만 회개는 굉장히 결연한 의지의 과정이며, 존 번연의 『천로역정』과 같습니다. 정신분석은 자기 내면의 숨겨진 상처를 보고 죄를 인식하게 합니다. 혼자서는 이러한 성찰 과정이 어려우므로 따뜻하고 지혜로운 상담자가 필요한데, 기도에서는 하나님이 우리의 상담자가 되십니다. 성령 하나님이 친히 상담자가 되심으로 이러한 회개의 과정을 도우시고 성화할 수 있도록 하십니다.

2002년 처음 교수님을 뵈었을 때를 떠올리면, 검은 머리에 굉장히 지적인 분위기셨습니다. 음악을 무척 좋아하시고 어쩌다가 노래를 들을 기회가 있었는데 노래를 잘 부르셨습니다. 때로는 수업 시간 전에 기타를 치는 사람이 나와 잠깐 찬양 타임을 했었던 것도 생각이 납니다. 교수님은 제자들과 함께 하는 것을 좋아하셔서 과 MT가 끝나면 늦은 시간까지 진솔한 대화를 나누었습니다. 그리고 제자들과 더불어 탁구, 농구, 배구, 축구 등 땀을 흠뻑 흘리도록 운동을 즐기시기도 하셨습니다. 제자들이 상담실을 오픈하여 임상적·재정적 성과가 있을 때면 몹시 흐뭇해하셨던 모습이 선합니다.

개인적으로 가장 기억에 남는 에피소드가 있습니다. 교수님이 군상담을 위해 일하셨을 때 책을 쓰셨던 적이 있었습니다. 그때 제가 원고를 통째로 잃어버리는 대실수를 했었습니다. 교수님은 손으로 글을 쓰시고 그것을 타이핑으로 옮겼는데, 제가 잃어버린 것은 바로 그 손으로 쓴 1차 원고였던 것입니다. 원고를 잃어버렸다는 것을 말씀드렸을 때 정말 어이없어하셨습니다. 당시 실수 당사자인 저는 얼마나 두렵고 떨렸는지 얼이 나가는 것 같았습니다. 당연히 크게 질책하실 거라 각오했는데, 질책을 하시기보다는 조용히 눈을 감으시고 기도하시는 듯했습니다. 그리고 말없이 그 긴 방대한 작업을 처음부터 다시 하셨습니다. 훗날 제게 "다시 무릎 꿇고 기도하면서 책의 완성도를 더 높였다"고 말씀하셨습니다. 아직도 몸 둘 바를 모르게 죄송하고, 묵묵히 작업을 끝내셨던 모습이 가슴에 남아 있습니다. 제자들이 즐겁게 먹는 모습을 보시는 것을 좋아하시고, 먹는 것에 아주 후하셨던 덕분에 어린 제자들은 교수님으로부터 맛있는 것을 많이 먹었습니다. 새우를 좋아하는데 많이 먹어보지 못했다고 했더니 새우 한 박스를 보내셨던 일, 소고기와 랍스타를 잔뜩 먹여주셨던 일도 기억납니다. 제자들은 교수님과의 드라마틱한 만남을 통해 정신분석에 입문하게 된 것, 그분의 유쾌한 농담과 웃음소리, 제대로 공부 안 하고 임상훈련에 미비했을 때 무섭게 호통치셨던 것, 인생의 고비 때마다 어떻게 도움을 받았는지 저마다의 이야기들이 한 보따리씩 있습니다.

교수님은 2020년 소천(召天)하시기까지 정말 책을 많이 보시고, 가르치시는 것을 멈추지 않으셨습니다. 정신분석학과 신학, 철학 그리고 과학을 연결하시고자 너무나 애쓰셨고 시간을 달려 연구하심으로 인해 머리가 완전 새하얗게 되시고, 본래의 연세보다 더 나이 든 모습이셨습니다. 그럼에도 제자들은 그저 교수님이 언제까지고 그렇게 가르치시며 계실 줄 알았습니다. 당신의 신앙관을 지키고 정신분석적인 삶을 살기를 고심하셨는데 갑작스러운 소천하심이 아직도 마음이 아픕니다. 올해로 벌써 5년이 되어 가는데 아직도 가슴에 구멍이 뚫린 것 같습니다. 그분의 유쾌한 웃음소리와 공부하라고, 기도하라고 훈계하셨던 목소리가 들리는 듯합니다. 왜 공부 안 하냐, 왜 기도 안 하냐, 똑바로 안 하냐 하시면서 혼내실 것 같아 새삼 반성하게 됩니다. 시간이 지날수록 때때로 더 그립고, 가르침이 고플 때가 있습니다. 오늘이 더 그러합니다. 가장 힘들었던 그 시절 교수님을 만나 살 수 있었습니다. 상담을 마치고 나오는 날 "하나님 감사합니다"라고 감사기도 했던 것이 생각납니다. 철저하게 혼자라고 생각되던 그때 하나님이 교수님을 만나게 하셨고, 그래서 다시 하나님을 만날 수 있었습니다. 내게 오는 한 사람은 주님이 보내신 귀한 영혼이라고 하셨던 말씀을 새기면서, 다시 더 열심히 공부하고, 말씀 보고, 기도하겠습니다. 교수님과 지내왔던 모든 시간이 감동이었습니다. 마지막으로 이 책을 통해 많은 분이 정신분석을 통한 성서 해석을 통해 '성찰이 주는 여유'를 느끼시게 되기를 소망합니다.

교수님을 그리워하며 제자
신인숙

계란으로 바위 칠 용기

나는 어떻게 살아야 하는가? 이 고민은 우리가 의식이 생기고부터 죽음에 이르기까지 삶의 매 과정에서 던지는 질문이다. 이 질문은 때때로 다음과 같이 구체화 되기도 한다. 나는 어떤 이상과 가치를 가져야 하는가? 나의 꿈을 어떻게 실현할 것인가? 내가 지금 올바른 길을 가고 있는 것인가? 지금 겪는 이 시련을 어떻게 극복해야 하는가? 어떻게 해야 시련의 매서운 폭풍 속에서 나의 꿈과 희망을 지킬 수 있을까? 이런 고민이 가장 치열했던 대학원 생활 초반부, 나는『정신분석과 성서 이해』를 읽었다.

4장이 내게 제일 다가왔다. 내가 폭풍 한가운데 있었기 때문일 것이다. 막상 철학과 대학원에 들어갔지만, 어떠한 준비도 되어 있지 않았고, 공부의 난이도와 양은 학부 때의 그것과 비교도 하지 못할 수준이었다. 첫 수업이 끝나고 나는 대학원을 그만둘지 말지 진지하게 고민했다. 나는 초라했고 겁먹었으며, 다음 수업이 두려웠다. 하지만 철학은 나의 꿈과 희망, 이상과 가치가 있는 곳이다. 이곳을 포기하면, 자존심은 일시적으로 지키겠지만, 영혼이 죽은 삶을 살아야 한다. 자존심을 지키고 다른 일을 하는 길과 깨지고 울면서 나를 갈고 닦아야만 하는 길. 나는 이 두 길에 놓였다. 책은 말한다. "우리는 불안과 우울의 시대를 살고 있다. … 개인의 아름다운 이상과 고결한 가치는 철저히 깨부수어진다. 그것들을 지키려면 개인은 폭풍을 감당해야 한다." 폭풍을 감내하고 나의 이상과 가치를 지키려 할 때, "주체는 상황을 변혁시키고자 계란으로 바위를 친다."

폭풍과 시련은 누구나 겪는다. 그것은 인간이 놓인 어쩔 수 없는 상황, 곧 "실존"이다. 그런데 오히려 이러한 실존적 상황이 나를 쉴 새 없이 훈련 시키지 않는가? 그리고 이런 훈련의 반복 속에서 나의 기술은 더욱 정교해지지 않는가? 폭풍과 시련을 겪지 않은 전문가는 없다. 마찬가지로 학문이 주는 인고의 과정을 겪지 않는 자가 어떻게 학자가 될 수 있겠는가? 나는 과감하게 계란으로 바위 치기를 결심했다. 계란으로 바위를 치는 반복 행위, 그리고 그때마다 깨지는 계란은 내가 학자로서 꽃피기 위한 훌륭한 밑거름이 될 것이다. 나의 해석은 바뀌었다. 아는 것은 아는 대로, 모르는 것은 모르는 대로, 틀린 것은 틀리는 대로 자신 있게 수업에 임하게 되었다. 매주 스터디와 강독을 열어 동료들과 치열하게 공부했고, 주변 교수님들의 애정 어린 지도를 받았다. 자신감이 생겼고 공부에 힘이 붙었다. 수업이 주던 공포는 차츰차츰 찻잔 속의 폭풍이 되었다. 이는 저자가 말하는 "기호해독"의 효과이다.

예나 지금이나 계란으로 바위를 칠 용기는 좀처럼 갖기 힘들다. 세상 사람들은 계란으로 바위를 치는 사람이 어리석다고 한다. 실로 계란으로 바위를 치는 행위는 비합리적이다. 그래서 어리석게 보인다. 하지만 계란으로 바위를 깨본 자는 그 행위의 가치를 아는 사람이다. 그리고 그 행위의 필요조건이 어리석음이라는 것을 아는 사람이다. 여기서 어리석음은 우공(愚公)이 산을 옮길 때 가진 우직함이다. 우직함은 계란으로 바위를 깨려는 자가 필수적으로 갖춰야 할 덕목이다. 계란으로 바위를 깨려는 자는 지금까지 없었던 것을 있게 하려는 자이고, 가능한 것에 불과한 것을 현실적인 것으로 만들려는 자이다. 그는 되지 않는 것을 되게 하려는 사람이기 때문에 각고의 노력이 요구된다. 그러한 노력은 우직함 없이 불가능하다. 겉보기에 어리석어 보임은 세상 사람들이 그의 우직함을 보지 못한 오독의 결과일 뿐이다. 이 책에서 저자가 반복적으로 강조한 보상구조의 확립이 계란으로 바위 치는 행위의 반복이다. 한낱 가능태에 불과한 나의 이상과 가치, 내가 지금 갖고 있지 않은 기술과 전문성을 현실 세계에서 펼치고 갈고 닦는 과정이 보상구조를 확립시키는 과정이다. 이는 바위가 깨질 때까지 계란으로 내리치는 반복적 훈련이다. 보상구조를 세우려는 노력은 개인의 영혼을 살아서 숨 쉬게 한다. 도서관에서 수없이 계란을 깨뜨리고 집에 돌아갈 때, 몸은 피곤하지만, 마음은 쾌청한 이유가 여기에 있다.

저자이신 김병훈 교수님은 내가 존경하는 스승님이시자, 나의 미래를 맡길 수 있는 어른이시다. 나는 교수님께 이상과 가치를 어떻게 설정할 것이며, 어떻게 그것을 현실에서 꽃피울지 배웠다. 그래서 내겐 김병훈 교수님을 만나 뵌 것 자체가 인생의 큰 자산이다. 교수님을 뵙지 못했더라면, 계란으로 바위 칠 생각은 꿈도 꾸지 못했을 것이다.

하인츠 코헛에 기반한 교수님의 정신분석 이론은 실로 개인의 삶과 개인이 속한 가족, 공동체를 변혁시킨다. 내가 그 변혁의 한 사례이다. 교수님으로부터 오랜 시간 훈련받으신 분석가 선생님께 장기간 상담을 받았다. 상담실에 처음 갔던 나와 지금의 나는 전혀 다른 사람이 되었다. 정신분석 상담 덕분에 나는 많은 성공 경험을 할 수 있었다. 지역 기피 고등학교에서 명문대학교에 진학했고, 학부 내내 장학금을 받아 등록금과 생활비를 충당했으며, 동 대학원에 진학해 칸트 철학 전공으로 석사 취득 후, 현재는 미국 박사 유학을 준비하고 있다. 나의 변화는 가족의 변화까지도 촉발했다. 아버지와 어머니는 꿈을 되찾으셨고, 동생도 꿈을 향해 힘차게 도약하고 있다. 이러한 성공 사례는 전적으로 김병훈 교수님의 이론에 기반한 실천의 결과이다. 상황분석에 매몰되지 않기, 개인의 보상구조를 찾고 그것을 유지하기, 주변의 선생님, 교수님들과 존경, 총애, 일체의 관계를 갖기, 기도하면서 자신에 대해서 분석하기와 같이 교수님의 이론은 고등학생 때부터 지금까지 내 실천의 근간이 된다. 내 삶의 궤적은 교수님의 이론에 따른 것이다. 그 이론은 고스란히 『정신분석과 성서 이해』에 담겨있다.

　이제는 교수님을 뵙지 못한다. 교수님을 보거나, 그분의 음성을 들을 수 없다. 하지만 여전히 그분을 만나 뵐 수 있다. 바로 그분의 글을 통해서. 교수님을 경험하는 방식이 조금 달라진 것뿐이다. 우리는 그분의 저서를 통해서 충분히 교수님을 경험할 수 있다. 교수님의 글은 체화된 일상 언어로 쓰여, 남녀노소가 쉽게 읽고 이해할 수 있다. 나아가 성서적 진리를 신학뿐만 아니라 문학과 정신분석, 그리고 철학의 관점에서 다각도로 다루고 있기 때문에 통합적인 진리를 만날 수 있다.

　언젠가 다른 글에서, 교수님께서는 "젊은이들에게 필요한 것은 위로가 아니라 용기"라고 말씀하셨다. 실로 우리에게 필요한 것은 계란으로 바위를 내리칠 용기다. 나는 『정신분석과 성서 이해』는 청소년과 청년들에게 그러한 용기를 심어줄 것이라고 확신한다. 내가 교수님을 만나 나의 삶이 송두리째 바뀌었듯, 뜻을 품은 모든 젊은이들이 이 저서를 통해 교수님을 경험하고, 본인의 삶을 변화시키는 계기가 되길 바란다.

　　　　　　　　　　　　　　　　　　　김지우 (연세대학교 철학과 석사)

남겨진 제자들

만남

　2007년 9월 가을의 문턱에서 서대문역 부근에 있던 김병훈 교수님의 개인 상담실에서 처음 만났습니다. 당시 저는 정신분석에 대한 아무런 사전 지식이 없었는데 단지 목사님이라는 지인의 말에 이끌리어 그분을 만나러 갔습니다. 한 시간 남짓 계속된 대화 속에서 교수님으로부터 단편적으로 발화되는 지식의 언어들이 저의 호기심을 자극하였습니다. 그렇게 교수님과의 인연이 시작되었고, 그분의 안내로 저는 혼돈과 불안과 환희로 가득 찬 무의식으로의 탐험을 떠나게 되었습니다.

　진리가 너희를 자유케 하리라! 제가 교수님에게 들었던 첫 번째 진리의 가르침이었습니다. 그 언어는 이후 끊임없이 저로 하여금 진리를 향한 순례의 길을 멈추지 않게 하고 삶을 추동합니다. 교수님께서는 시간과 공간의 테스트를 견뎌낸 지식만이 우리를 진리의 세계로 안내할 수 있고, 그러한 진리가 십자가와 부활, 예수 그리스도와 통합될 때 비로소 생명이자 사랑 그 자체이신 예수 그리스도의 뜻을 분별할 수 있다고 하셨습니다. 우리는 태어나기 전부터 가계도를 통해 전승되어 온 주관적 경험과 문화 속에서 성장해 갑니다. 문화와 이데올로기, 가풍, 사상, 가치관 등에 매몰되지 않고 온전한 주체로서의 내가 머무르는 무의식의 세계는 하나님이 계시는 곳이기도 합니다. 역사 속에서 검증되어 보편적·객관화된 지식은 깊은 흑암과도 같은 무의식 세계에서, 빛나는 보석과도 같은 진정한 나를 찾을 수 있도록 예리한 수술용 메스의 역할을 합니다.

가르침

교수님께서는 제가 개인적으로 찾아뵐 때마다 갈 바를 알지 못해 고통받는 제자들, 세상의 어려움으로 절망하는 영혼들에 대하여 이루 말할 수 없는 안타까움을 토로하셨습니다. 각자 자신의 삶에 대한 주인으로서 자기책임으로 사는 것 아니겠느냐는 저의 고집스러운 말에 교수님께서는 '내 양을 치라, 내 양을 먹이라'라는 소명의 말씀에 대한 순종을 말씀하셨습니다. 제가 하나님의 공의를 말할 때 교수님은 예수 그리스도의 사랑을 가르쳐주셨습니다. 진리를 어떻게 분별할 것인가라는 저의 물음에 교수님은 길이요 진리요 생명이신 분은 오직 예수님임을 설파하시면서 생명을 살리는 것이 진리임을 확신시켜 주셨습니다.

뭇 영혼들이 온전한 주체로서 이 땅에서 자신들의 공간을 만들어내면서 자리매김할 수 있도록 하기 위해서는 제대로 된 지식만이 안내자가 될 수 있다고 하셨습니다. 정신분석과 철학, 문학의 주옥같은 책들과 함께하는 전문 독서모임 '향연'은 미처 알지 못했던 저의 모습을 직면하게 하고 알아차리게 하고, 새로운 길을 담대하게 걸어갈 수 있도록 격려해 주었습니다.

남겨진 제자들

영혼들을 살리겠다는 일념으로 며칠씩 밤을 꼬박 지새우면서 책을 읽고 연구하는 교수님을 보면서 스스로의 건강을 돌보시라고 말씀드렸습니다. 그때 교수님은 세상 속에서 제대로 된 공간을 갖지 못하는 제자들을 살리려면 목숨을 걸 수밖에 없다고 하시면서 설령 이 길의 끝이 죽음이라 하더라도 그것은 끝이 아니라 시작이라고 하셨습니다. 그 마지막 만남을 끝으로 교수님의 상담실을 나오는 순간 저는 알 수 없는 깊은 슬픔으로 울음을 참을 수 없었습니다. 아마도 저의 영혼이 스승이자 영적 아버지인 그분과의 이별을 예감했었던 것 같습니다.

우리는 아직 연약합니다. 갑작스레 목자이자 스승, 영적 아버지를 잃은 우리는 교수님께서 가르쳐 주신 존경, 총애, 일체의 개념을 가슴에 새기고 이 세상을 향해 걸음을 옮깁니다. 비록 지금은 미약하지만 교수님의 가르침은 이 책을 통해 그리고 그분의 삶을 통해 계속 자라고 자라날 것을 확신합니다.

조미옥(전주지방법원 부장판사)

차례

머리말 · 4

교수님을 추억하며 / 신인숙 · 8
계란으로 바위 칠 용기 / 김지우 · 15
남겨진 제자들 / 조미옥 · 19

1장
활력과
생동감의
원천

1. 이중축 자기 ································· 30
2. 창조적 긴장 ································· 33
3. 공감적 자기대상 채널 ················· 40
4. 보상구조의 확립 ························· 47
5. 방어구조의 재구성 ······················ 52

2장
자기성찰의
시간

1. 무의식의 의식화 ························· 68
2. 현안 처리의 과정 ······················· 73
3. 긴장이완과 심신통합 ·················· 78
4. 신성 에너지의 충전 ···················· 83
5. 진리표상의 발견 ························· 89

3장
창조적
긴장의 몸

1. 리비도적 자아와 내적 파괴자 ········ 106
2. 존경하는 부모 원상 ···················· 112

	3. 긍정감정의 영향력	118
	4. 창조적 표상의 구축	125
	5. 충동의 표현기술	131

4장

**인생 폭풍의
의미 해부**

1. 상황분석의 한계 ················· 143
2. 죄책감의 처벌 기제 ············· 148
3. 초기 트라우마의 치료적 재활성화 ··· 154
4. 실존 구조의 이해와 수용 ······ 161
5. 죽음, 공포, 악의 통치 기술 ··· 168

5장

**모험과
축복의 삶**

1. 원가족으로부터의 분화 ········ 181
2. 분리 개별화 ························ 187
3. 건강한 충동의 계발 ············· 193
4. 부정과 포기 ························ 199
5. 변화를 향한 모험과 도전 ····· 204

6장

**율법과
진리의 삶**

1. 반응성 애착장애 ·················· 216
2. 히스테리(연극성 성격장애) ·· 222
3. 거짓자기 ····························· 230
4. 에너지의 변화 ···················· 237
5. 리비도적 대상항상성 ·········· 243

7장
진리의 변혁적 능력

1. 심리구조의 의미 ·· 256
2. 존경 경험의 결여 ······································ 261
3. 이상화 방어기제 ·· 264
4. 이상과 가치의 부재 ···································· 268
5. 삶의 목적의식 ··· 271

8장
공감적 관찰과 통찰력 창출

1. 직관적 추리 ··· 281
2. 공감적 관찰 ··· 285
3. 명료화의 체험 ··· 291
4. 정신적 산소 ··· 296
5. 통찰력 창출 ··· 303

9장
행복의 원형

1. 하늘나라의 의미 ·· 317
2. 마음의 공간 ··· 320
3. 최적의 경험 ··· 324
4. 행복 구현의 다섯 가지 방법 ························· 327
5. 새로운 경험의 창조자 ································· 339

1장

활력과 생동감의 원천

"이는 내 사랑하는 아들이요 기뻐하는 자라" (마 3:17)

우리는 활력이 넘치기를 바란다. 신체와 정신이 활력과 생동감으로 충만하고, 관계와 업무가 여유로운 상태를 원한다. 누구나 꿈꾸는 이상적인 모습일 것이다.

하지만 과연 현실은 어떠한가? 누적된 피로로 탁해진 정신과 무거운 몸으로 근육이 경직되어 있다.1 특히 과중된 업무와 직장 내 갈등이 쌓일 때 하루 일과는 괴로운 시간이 될 것이다. 이런 상태가 지속되면 스트레스를 풀기 위한 해소 채널을 찾게 된다. 그러나 무엇을 하던 정작 몸과 마음은 지쳐있다. 삶의 무게로 인해 누군가와 마음을 나누기도 힘들다. 건강한 삶을 영위하며 사랑과 행복을 만끽하고 싶지만 그럴만한 여유가 없다.

우리는 힘을 갖고 싶어 한다. 신체를 강건하게 하는 방법이 있다면 주저하거나 마다하지 않는다. 또한 지친 몸과 마음에 자극을 주는 모임이나 활동이 있다면 거기에 관심이 간다. 인간의 본능은 우선 몸과 마음을 풀어주는 자극대상을 강렬하게 추구한다. 때문에 고뇌의 어려움과 시간을 요구하는 정신활동으로의 접근은 하고 싶지 않다. 다만 쉽고 빠른 접근성과 효

---

1 이것은 몸에 긴장이 가득하다는 이야기이며, 정신분석학자들은 이것을 풀어내는 작업을 "tension discharge"라고 불렀다.

과가 있는 건강제품이나 알코올, 게임, 도박, 성, 그리고 약물 등이 먼저 다가온다. 본능이 그렇게 끌고 가는 것이다.

하지만 이러한 방법들은 자기파괴적이다. 대부분의 개인이 이런 방식에 심취하다 보면 언젠가 질병이 따라올 것이다. 게다가 직장과 가정에서도 돌이킬 수 없는 사건 사고가 발생한다. 원시적인 수준에서의 본능적 쾌락추구는 그 대가가 엄정하고, 지불해야 할 고통이 크다. 그럼에도 불구하고 많은 사람들은 건강한 신체와 정신적 활동을 통한 노력을 어려워한다. 반면 건강한 방법으로 활력을 증진시키는 사람은 매우 행복한 사람이다.[2] 건강한 방법이란 예를 들어 기도나 대화, 독서, 토론, 글쓰기 등의 영적 및 지적 활동, 산책이나 등산 및 운동 같은 신체 활동, 음악이나 그림과 같은 예술 활동 그 밖의 건전한 취미 활동 등의 많은 방법이 있다. 이러한 활동들이 내 몸과 생활에 습관화되어 있을 때 신체와 정신 모두 강건하게 유지할 수 있다.

이 장에서는 인간의 정신에너지가 어떻게 하면 최상의 수준으로 유지될 수 있을 것인가를 논의한다. 특히 정신분석학자들이 찾아낸 해법과 지혜에 근거하여 정신에너지의 확보를 위한 구체적인 방법들을 제시하려 한다. 하인즈 코헛의 이론을 중심으로 전통 정신분석학의 지혜를 활용하며, 개인의 활력과 생동감을 영원히 보장하는 심리구조가 어떤 것인가를 살펴본다. 먼저 코헛이 말하는 "이중축 자기"와 "창조적 긴장", "공감적 자기대상" 이론이 충분히 고찰될 것이다.[3] 그리고 "보상구조"와 "방어구조"의 논의를 통해서 어떻게 정신에너지가 확보되고 소비되는지, 늘 변치 않는 지속

---

2 이것은 승화 "sublimation"이라 부른다. Heinz Kohut, *The Analysis of the Self* (New York: International University Press, 1975), 144-145.
3 Heinz Kohut, *The Restoration of the Self* (Madison, CT: International Universities Press, 1977), 171-219.

적인 에너지 시스템 유지를 하기 위한 전략들은 무엇인지 연구한다.4

정신분석적인 개념을 통해 예수님의 세례와 광야시험의 의미를 논하고, 무엇보다도 세례 후 하늘에서 들린 음성, "이는 내 사랑하는 아들이요 기뻐하는 자라"는 음성이 어떤 의미가 있는지 정신분석학적으로 논의할 것이다. 예수님의 일생을 살펴보면 그 열정과 에너지가 대단했다. 예수님은 어린 나이임에도 성전의 율법학자들과 심도 있는 토론을 감행하셨고, 성전 앞 상인들에게 대노하여 꾸짖음으로 용기와 담대한 행보를 보여주셨다. 무엇보다 예수님은 십자가의 조롱과 죽음 앞에서도 소신과 의지를 관철하셨다. 이는 예수님의 정신에너지가 크고, 안정적이며, 흔들림 없었다는 사실을 증거한다.

마태복음 3장 17절에 나오는 본문 내용은 아주 이채로운 편집 구성이다. 예수님은 "사랑하는 아들이요 기뻐하는 자"라는 음성을 하나님으로부터 직접 듣고, 주변에 있는 사람들도 함께 그 사건을 목격했다. 이 "하나님의 아들 인정 선언"은 성서 전체를 통틀어서 아주 특별한 사건이다. 예수님을 당신의 "사랑하는 아들이요 기뻐하는 자"라는 확인 진술인 것이다. 이후 예수님은 광야에 나가 40일간의 금식기도와 사탄으로부터의 세 가지 시험을 감당하신다. 하나님의 아들 인정 선언 이후 예수님 홀로 최전방에 투입된 것이다. 이와 같은 성서적 연출은 어떤 의미가 있는 것일까? 특히 "정신에너지의 원천"이라는 주제와 관련된 "하나님의 아들 선언"의 의미는 어떻게 해석되어야 할까?

활력과 생동감은 우리 누구나 다 원하는 것이다.5 예수의 "하나님 아

---

4 Ibid., 195.
5 하인즈 코헛에 정신분석의 핵심 목표이다. Heinz Kohut, *How Does Analysis Cure?* (Chicago and London: The University of Chicago Press, 1984), 65, 97, 204.

들 인정 선언"이 정신에너지와 관련한 정신분석학적 관점에서 조명될 때 그 의미는 더욱 깊고 풍요롭게 우리에게 전달될 것이다. 그동안 성서는 문학적·역사학적·사회학적으로 연구되었다. 본서는 성서의 정신분석학적 연구를 시도하는 작업이다. 그동안 정신분석이 한국 교회 실정에서 오해의 소지가 있었는데 사실상 정신분석은 친기독교적이고 친성서적인 학문이다. 정신분석의 세계에 들어가서 자기 자신을 성찰하고 분석하다 보면 결국에 만나는 것이 성서적 진리이며, 삼위일체 하나님의 은혜이다. 정신분석 관점에서 성서를 읽을 때, 마치 성서의 구절이 지난 100여 년이 넘도록 매진한 정신분석학자들의 연구 결과와 일맥상통한 것을 알 수 있다. 또한 오히려 정신분석의 수많은 이론을 통합시켜주는 기능을 알게 된다.

현대인은 수많은 정보의 범람 속에 불안의 시대를 살고 있다. 성서는 하나님이 "사랑하는 아들이요 기뻐하는 자"가 바로 우리라는 사실을 외치고 있지만, 그 말씀을 몸과 마음으로 화답하는 사람은 많지 않다. 왜 우리 믿는 사람들의 마음에서 이 말씀이 경험되지 못하는 것일까? 성서의 말씀이 진리인 것을 믿으면서도 정작 그 말씀이 나의 존재에 대한 선언으로 느껴지지 않는 것 같다. 그것은 아마도 성서의 선언에 비해 나 자신의 현주소가 정확하게 일치하지 않는 것에서 오는 괴리감 때문이 아닐까? 사실 하나님의 "아들 선언"이 바로 나 자신이라면, 그때의 흥분과 감동은 엄청날 것이다. 만일 예수님의 에너지 시스템을 확인한 후에 그것으로 나를 보완하고 리모델링한다면, 하나님에 의한 '아들 선언' 표상에 전혀 거부감이 없을 것이다. 우리는 생동감과 활력의 주체가 되기를 원한다. 그것은 에너지 구조에 의해 증명되어야 하고, 에너지 원천과 관련한 나의 상태에 의해서 확인되어야 한다. 이러한 나의 에너지 구조의 점검과 변화를 통한 증명과 확인의 과정에서 올바른 방향 의식과 책임 있는 주체적 용단을 내릴 수 있게 되기를 희망한다.

1. 이중축 자기 Bipolar Self

현대정신분석학의 아버지 하인즈 코헛은 "이중축 자기"의 개념을 통해서 정신에너지의 생산과 유지에 관하여 설명한다.6 에너지는 어디에서 오는가? 프로이트는 과거에 해결되지 못한 마음의 상처가 계속해서 개인의 에너지를 고갈시킨다는 관점에서, 고착된 에너지를 이완할 수 있는 무의식의 의식화 기법을 제시했다. 만일 도로에서 사고가 발생하면 제 속도를 내지 못하고 정체된다. 이때 사고에 대한 처리가 원활하게 이루어지면 도로의 본래 기능이 회복된다. 이 원리가 프로이트가 말하는 "무의식의 의식화" 기법이다. 그것은 막혀버린 심리적 사고와 그로 인한 삶의 정체물을 청소하는 일이다. 막힌 곳을 뚫고 무너져 내린 흙더미를 치우는 일이다. 그래서 전통적 관점의 치료자들은 이런 아이디어에 의해 청소 이미지를 가지고 인간의 에너지 부양책을 강구했다.

하지만 하인즈 코헛은 다른 방법을 제시한다. 그의 모델은 사랑, 특히 쌍방의 사랑이 가장 강조된다. 코헛의 에너지 원천 이론인 "이중축 자기"는 바로 상호간의 사랑을 통해 생산되는 정신에너지의 구조를 획득한 사람을 가리키는 말이다. 내가 사랑하는 대상과 서로 사랑하는 관계로 연결될 때 두 축은 하나로 이어진다. 나와 대상이 서로 연결되어 전류가 통하는 상태, 그것이 이중축 자기인 것이다.7

---

6 하인즈 코헛은 1977년 『자기의 회복』을 통해서 "이중축의 자기" 개념을 상세하게 설명한다. Heinz Kohut, *The Restoration of the Self* (New York: International Universities Press, 1977)
7 Ibid., 180, 243.

우리는 누군가에게 매혹된 경험이 있을 것이다. 그런 그와 내가 서로 사랑하고 있음이 확인되는 순간, 세상의 주인, 존재의 주인, 창조의 주역이 된다. 그때 흥분과 감사가 넘치고, 긴장과 환희로 마음의 고통, 삶의 걱정과 염려가 모두 사라진다. 정신에너지 그 단어로는 부족하다. 존재의 구현이라고 할 수 있다. 주체와 객체가 한 몸으로 통하는 존재, 자기와 대상이 하나라는 일체감을 느끼는 환희, 이렇게 되면 정신에너지의 생산이 아니라 폭발이다. 이것이 정신적 에너지의 원천으로서 이중축 자기의 본래적 의미이다. 두 사람 사이에 흐르는 상호적인 긍정적 감정교류, 그것이 바로 이중축 자기의 구조를 세우는 기반이 된다.

여기서 중요한 것은 내가 사랑하는 사람과 주고받는 사랑으로부터 이중축 자기가 형성된다는 사실이다. 객체가 주체에 대한 사랑이 아무리 강렬할지라도 주체가 그 대상에 대한 매혹과 존경이 없다면, 이중축 자기의 형성에 전혀 기여하지 못한다. 일방적인 집착과 관심은 스토킹으로 진행될 수 있다. 내가 좋아하는 대상이 나를 향해 열정적일 때, 이중축 자기의 구조가 세워지고, 여기서 소진되지 않는 충만한 에너지가 창출된다. 혼자만의 감정이 서로 일치되는 순간에서 오는 전율과 흥분, 긴장, 그것이 바로 이중축 자기가 뿜어내는 정신적 에너지이다.

"이중축 자기"의 심리구조는 남녀 간의 사랑만이 아니다. 부모 자식 간의 사랑, 친구들 간의 우정, 스승과 제자 사이의 존경과 신뢰, 직장 상사와 후배간의 믿음과 의지, 하늘 하나님과 개체 인간의 영적 관계, 고결한 가치를 향한 주체의 추구와 그 가치 영역에서의 인정과 열매 등, 이 모든 것들이 이중축 자기의 건설을 가능하게 한다. 핵심은 두 주체 사이에 벌어지는 긍정적인 감정교류이며, 그 관계 경험의 지속성, 강도, 빈도수가 주요 원인이 된다. 꼭 사람이어야만 하는 것도 아니다. 사물이나 영역일 수도 있다.

예를 들어 자동차와 스피드에 남다른 관심이 있었던 청소년이 나중에 유명한 프로 카레이서가 되었다면, 그 사람은 카레이스 부분에서 이중축 자기의 구조를 성취한 사람이다. 김연아 선수는 피겨 스케이팅에서, 손흥민 선수는 축구에서 짜릿한 긴장감과 성공을 이루어냈고 찬사를 받고 있다. 이들은 모두 자기 전문 영역에서 "이중축 자기" 구조를 성공리에 이룬 사람이다. 어떤 사람은 그림을 통하여 또는 글쓰기를 통하여, 각자의 정신적 에너지의 충전을 확보한다. 그때 그 기술과 재능, 그리고 영역과 대상이 개인과 관련해서 이중축 자기의 구조를 이루어준다. 성공하는 사람은 자기의 전문 영역에서 이중축 자기를 경험하며, 행복한 사람은 자기가 만나는 대상과의 관계에서 이중축 자기를 느낀다. 그 관계에서 창조적 긴장이 발생하고 무한한 정신에너지를 부여받는다.

예수님은 아버지 하나님과의 관계에서 이중축 자기를 형성했다. 그가 하늘의 영광을 버리고 인간의 모습으로 내려올 수 있었던 것은 아버지 하나님의 명령에 자율적인 순종을 한 때문이다. 그리고 겸허히 작은 선지자 세례 요한의 인도하에 세례 의식에 참여했다. 인간세계의 가치를 존중하면서 하늘의 가치를 실현하고자 낮은 위치에까지 내려가는 겸양지덕을 보여주신 것이다. 그리고 예수님은 가장 존경하고 사랑하는 아버지 하나님으로부터 "사랑하는 아들", "기뻐하는 자"라는 칭호를 선사 받게 된다. 예수님은 존경하는 아버지로부터 인정받았기에 내적으로 충만한 기쁨과 에너지의 힘을 갖게 되었다. 또한 새로운 관계의 도약을 위해 금식과 시험의 연단 과정을 밟을 수 있었다. 이것이 이중축 구조의 힘이다.

인간은 이중축 자기 구조가 있을 때 무한한 힘을 전달받는다. 그것은 마르지 않는 샘물과 식지 않는 태양에너지와 같아서 고난과 역경을 이겨낼 수 있는 내적 강건함을 허락한다. 우리는 삶 속에서 무수한 장애물을 만나고 예기치 못한 사건들로 인해 나락으로 떨어지기도 한다. 하지만 이중축 자기의 구조가 있을 때 그 바닥에서부터 다시 올라올 수 있다. 그냥 주저앉지 않는다. 오직 푯대를 향하여 무한히 전력질주할 뿐이다. 한번 받은 소명을 철회하지 않는다. 그리고 설정한 계획과 목표를 포기하지 않는다. 장애물이나 시험이 있다고 해서 좌절하지 않는다. 따라서 이중축 자기 구조는 에너지 차원에서 무척 중요한 내적 장치이다. 그 구조가 있는 사람과 없는 사람은 차이가 클 수밖에 없으며 삶 속에서 이중축 자기 구조를 확장할 때 활력과 생동감 넘치는 인생을 살 수가 있다.

2. 창조적 긴장

우리는 일반적으로 긴장을 힘들어한다. 몸이 경직되고 서서히 마비되며, 심해지면 숨쉬기가 힘들고 식은땀 나는 경험은 무척 고통스럽다. 개인이 긴장 체험을 극적으로 강렬하게 하는 것이 "공황장애 panic disorder"이다. 일반적으로 긴장은 무의식적 공포, 곧 불안 때문에 발생하며, 정신적 불편 자극에 의한 신체적 증상이다. 공황장애의 진단 기준이 그 사실을 명료하게 잘 보여준다.

① 심계항진, 심장의 두근거림, 또는 심장박동수의 증가
② 발한
③ 몸이 떨리거나 후들거림
④ 숨이 가쁘거나 답답한 느낌
⑤ 질식할 것 같은 느낌
⑥ 흉통 또는 가슴 불편감

⑦ 메스꺼움 또는 복부 불편감

⑧ 어지럽거나 불안정하거나 멍한 느낌이 들거나 쓰러질 것 같음

⑨ 춥거나 화끈거리는 느낌

⑩ 감각 이상(감각이 둔해지거나 따끔거리는 느낌)

⑪ 비현실감(현실이 아닌 것 같은 느낌) 혹은 이인증(나에게서 분리된 느낌)

⑫ 스스로 통제할 수 없거나 미칠 것 같은 두려움

⑬ 죽을 것 같은 공포

이들 증상 중에 4가지 이상 나타나면 공황장애 진단이 내려질 수 있다고 DSM-5는 설명한다.[8] 모두가 다 긴장을 경험하는 데서 비롯되는 신체·정신적 증상들이다. 즉 불편 경험이 신체와 정신을 긴장시키면서 발생하는 증후들인 것이다.

공황장애뿐 아니라 긴장은 "신체 증상장애(신체화 장애)" "전환장애" "동통장애" "질병불안장애(건강염려증)" "신체이형장애(신체변형장애)" 그리고 "연극성 성격장애(히스테리성 인격장애)"와 "조현성, 조현형 성격장애(분열성, 분열형 인격장애)"의 주요 원인이 되기도 한다. 아마도 DSM-5에 나오는 수백 가지의 진단명들은 크고 작은 긴장 체험과 깊은 관련이 있다.

신체 증상장애(신체화 장애)는 고통스럽거나 일상에 중대한 지장을 일으키는 하나 이상의 신체 증상이다. 증상 중에는 동통 증상(머리, 복부, 사지, 흉부, 직장, 월경 중이나 성교 중, 배뇨 중에 나타나는 증상) 위장관 증상(소화불량, 설사, 생소한 음식의 거부 기간 이외에 일어나는 오심, 팽만감, 구토), 성적 증상(성적 무관심, 발기부전 또는 사정부전, 월경불순, 월경과다, 임신기간 전반에 걸친 구토), 신경학

---

8 미국정신의학회, 『정신질환의 진단 및 통계편람 제5판』, 권준수 외 11명 역(서울: 학지사, 2015), 220.

적 증상(협음, 운동이나 균형의 장애, 마비 혹은 국소적 쇠약, 연하곤란, 목의 소괴, 발성 불능, 요정체, 환청, 접촉이나 통증에 대한 무감각, 복시, 시력장애, 난청 또는 경련과 같은 전환증상, 기억상실과 같은 해리증상, 실신 이외의 의식상실)이 있다.[9] 전환장애는 수의적 운동이나 감각 기능의 증상, 경련 또는 발작이 있을 때 내려지고, 동통장애는 심리적 요인이 통증의 발생, 심한 정도, 악화 또는 유지에 주요한 역할을 한다고 판단되면 진단된다. 질병불안장애(건강염려증)는 스스로 심각한 질병이 있다고 생각하는 것이고, 신체이형장애(신체변형장애)는 외모에 대한 가상적 결함에 집착해서 사회적·직업적 또는 다른 중요한 기능 영역에서 심각한 고통이나 장애를 초래할 때 진단된다.

이 증상들은 프로이트 당시 유럽의 상류층 여성들이 자주 병원에서 호소한 내용이다. 당시 의학자들은 그 증상을 보이는 환자들을 가리켜 "히스테리"라는 진단을 내렸다. 그들 대부분 신체적 불편 증상들로 괴로워했다. 프로이트는 이들에게 지나친 성적 억압과 과도한 금기 의식이 있음을 인지하고 당시의 최면술과 목욕방법 이외에 자신이 개발한 정신분석치료를 실행해서 열렬한 호응을 얻었다. 특히 젊고 유능한 학자들로부터 인정받았다. 그 대표적 인물들이 바로 융, 아들러, 호나이, 클라인, 아브라함, 라이히, 랑케, 스테켈, 스트레이치, 존스, 아이크호른 등이다. 현재는 히스테리라는 진단명은 없어지고 대신 연극성 성격장애(히스테리성 인격장애)로 명명된다. 세부내용의 변화가 있지만 정신분석 임상문헌에서는 이전의 "히스테리" 개념에 기초하고 있다. DSM-5는 연극성 성격장애를 진단 내릴 때 다음의 증상 중 5개 이상이 관찰되는지를 살핀다.[10]

---

9   미국정신의학회, 『정신장애의 진단 및 통계편람 제4판』, 이근후 외 14명 역(서울: 하나의학사, 1995), 584~85.
10 미국정신의학회, 『정신질환의 진단 및 통계편람 제5판』, 727.

① 자신이 관심의 중심에 있지 않는 상황을 불편해함
② 다른 사람과의 관계 행동이 자주 외모나 행동에서 부적절하게 성적, 유혹적 내지 자극적인 것으로 특징지어짐
③ 감정이 빠른 속도로 변화하고 피상적으로 표현됨
④ 자신에게 관심을 집중시키기 위해 지속적으로 외모를 사용함
⑤ 지나치게 인상적이고 세밀함이 결여된 형태의 언어 사용
⑥ 자기극화, 연극성 그리고 과장된 감정의 표현을 보임
⑦ 피암시적임. 즉, 다른 사람이나 상황에 의해 쉽게 영향을 받음
⑧ 실제보다도 더 가까운 관계로 생각함

여기서는 신체적인 긴장이나 감각마비 증상이 언급되지 않고 있다. DSM-5는 그런 신체 증상들을 신체 증상장애, 전환장애 등의 진단명으로 세분화했기 때문이다. 그러나 정신분석 측면에서 볼 때 히스테리성 신체 증상과 감정증상으로 나누어진다. 연극성 성격장애 진단체계는 얕은 감정 표현을 통해 긴장을 풀어내는 성향 중심으로 세워졌다. 그들의 과장된 감정과 도발적이고 유혹적인 행동 및 친밀감 착각 행위들은 사실상 내적 긴장을 풀어내는 원시적 작업이다. 병리적 긴장의 원시적 해소방식이기에 그들은 주변 사람들에게 불편함과 당혹감을 준다. 그들은 긴장으로 인해 딱딱한 몸을 가지고 있으며, 그것을 풀어내는 건설적이고 창조적인 방법을 아직 계발하지 못한 상태에 있다. 물론 조현증과 우울증 환자들, 섭식장애와 중독 및 약물장애 환자들도 원시적 수준의 긴장 처리방식을 갖고 있다. 우리는 건강하고 창조적인 긴장 방출 채널이 확보되어야 한다. 만일 그것이 제대로 구축되지 않는다면, 경직되고 딱딱한 신체, 긴장되고 부자연스러운 행동, 얄팍하고 혐오스러운 감정 표현, 그리고 적대적인 관계 형태를 보이

게 된다.

프로이트 당시 유럽에서는 이러한 환자들의 치료가 최대의 관건이었다. 샤르코의 최면술 방법은 매우 각광을 받았지만, 부작용과 한계가 발견되면서 새로운 치료 방법들을 모색하게 되었다. 이때 프로이트는 "무의식의 의식화"라는 정신분석 기법을 찾아내었다. 프로이트의 『히스테리 연구』는 철저히 병리적 긴장의 증상과 원인 분석, 그리고 치료 방법을 논의한다. 처음에는 주변 의사들과 자문인들의 호응을 받지 못했다. 그러나 그가 자기의 개인적, 임상적 경험을 바탕으로 『꿈의 해석』을 출간한 후 뛰어난 인재들이 합류하게 되었다. 정신분석학의 탄생은 히스테리 환자들의 병리적 긴장 문제를 해결하기 위해 시작된 것이다. 긴장은 정신에너지의 건강한 흐름을 묶어버리고, 정신에너지의 생산과정을 봉쇄하여 에너지 채널 확보를 차단한다. 그래서 긴장형 사람들은 대체로 에너지가 약하여 활력과 생동감이 부족하다.

하인즈 코헛은 새로운 종류의 "긴장" 개념을 소개한다. 프로이트의 병리적 긴장개념과는 달리 그는 "창조적 긴장" 개념을 소개한다. 이는 개인이 열정을 품을 만한 가치와 목표를 가졌을 때 몸과 마음이 느끼는 흥분을 의미한다.[11] 개인에게 삶의 가치와 목표가 있다면 생활의 의욕은 더 활기찰 것이다. 그러나 목적의식이 없을 때는 살아가야 할 의미가 모호하게 되어 전체적인 삶은 가라앉고 무거워지게 된다. 은퇴 이후 많은 사람이 질병에 시달리거나 사고를 당하는 경우가 빈번하다. 그것은 그들의 삶에 창조적 긴장을 불러일으킬 자극제인 목적의식 부재로 인해 생기는 불행들이

---

[11] 하인즈 코헛, 『정신분석은 어떻게 치료하는가?』, 이재훈 역(서울: 한국심리치료연구소, 2007), 19-20. 역자는 여기서 필자의 "창조적 긴장"을 직역으로 해서 "긴장의 호(Tension Arc)"라고 번역했다.

다. 인간은 참 신비로운 존재이다. 창조적인 활동이 없으면 반드시 파괴적인 사건들이 뒤따라온다. 중간과 정지는 없다. 성장이 아니면 후퇴, 둘 중의 하나일 뿐이다. 그러기에 인간은 창조적인 긴장을 개발해야 한다. 그것이 없으면 병리적 긴장이 개인의 몸과 마음을 사로잡아버린다.

반면 창조적 긴장은 몸과 마음을 강한 흥분으로 이끄는데, 그것은 행복한 긴장이다. 예를 들어 김연아 선수가 밴쿠버 올림픽에서 자신의 연기를 마친 직후 강한 흥분과 창조적 긴장으로 충만했다. 그녀의 얼굴은 그 어느 때보다 아름답고 자랑스러웠다. 바로 이 순간, 김연아 선수가 경험한 그것이 창조적 긴장이다. 또한 올림픽 경기를 위해 링크에서 외롭고 힘든 자기와의 내적 싸움을 한 그 과정이 창조적 긴장이다. 목적을 둔 현재의 불편 과정, 그것이 창조적 긴장이다. 그녀는 평창동계올림픽 유치를 위해 연설문을 읽고 또 읽으며 준비했다. 연설 무대의 순간을 위해 홀로 준비하는 과정에서 겪는 긴장 그리고 흥분, 그것이 코헛이 말하는 창조적 긴장이며 건강한 정신에너지의 원천이다.

예수님의 사역 과정 역시 이러한 창조적 긴장의 과정임을 상징적으로 보여주고 있다. 예수께서 세례를 받고 나자 하늘에서 구름이 열리며 하나님의 음성이 들렸다. "이는 내 사랑하는 자요 기뻐하는 자다" 이 음성은 예수님을 강한 흥분과 창조적 긴장 상태로 꽉 채웠다. 나도 하나님 아버지를 사랑하고, 하나님 아버지 역시 나를 인정하시고 사랑하신다는 역사적 순간이었다. 이후에 광야 40일 금식기도와 사탄의 시험을 감당하셨다. 예수님의 구원 사역은 정신적, 영적 에너지가 충만한 상태에서 진행된 것이다. 하지만 예수가 겪어야 할 과정들은 만만하지 않았다. 녹록지 않았던 공생애 사역, 그리고 십자가에 달리심과 죽음. 이 모든 것들이 극심한 불안과 공포의 과정들이었다. 또한 외로움과 슬픔, 고뇌의 쓴잔을 마시는 경험이다. 그럼에도 불구하고 예수는 하늘의 구원 역사라는 거룩한 목적의식이 있었기에, 그 긴장된 경험의 여정을 용기 있게 걸어가셨다. 즉, 아버지 하나님을 향한 사랑과 그분의 인정, 그리고 아버지와 함께하는 인류 구원이라는 소명의식이 예수의 창조적 긴장이었고 에너지의 원천이었다.

우리는 여러 가지 방법으로 에너지를 충전한다. 무엇인가를 먹음으로써 에너지를 충전하는 구강기 방식이 있는가 하면, 히스테리성 인격처럼 여기저기 폭발하면서 에너지를 충전하려는 항문기 방식이 있다. 의미 있는 삶을 살고자 고결한 가치를 추구하며 아름다운 목표를 향해 에너지를 가질 때 남근기 방식으로 간주 된다. 물론 가치와 목표를 향해 가더라도 실패와 낙망이라는 잠재기의 과정을 겪는다. 그럼에도 그 장애물을 다 이겨내고 나면 목표의 성취와 가치의 완성을 보면서 결실의 기쁨을 누리는 성기기 방식의 에너지 충전이 이루어진다. 아마도 이것이 가장 튼튼하고 지속적인 에너지 원천일 것이다. 앞서 설명한 프로이트의 리비도 발달 5단계 이론은 오늘날 전 세계의 상식이 되었다. 그러나 이것이 다섯 가지 방식의 정신 에너지 원천이라는 주장은 널리 알려지지 않았다. 본래 정신분석학은 정신 에너지의 과학으로 출발했고, 그것이 프로이트의 고결한 목표였다. 증기기관차가 동력 에너지로 움직이는 것처럼, 인간도 에너지가 있어야 움직일 수 있다는 점에 착안했다. 프로이트는 인간의 에너지가 본능에서부터 나오고, 그것이 사회·문화적 점검을 받아 재구성된다고 설명했다. 이것이 중화와 승화의 개념이다. 즉, 프로이트는 원초적인 성본능 에너지가 중화되고 승화되어 사회·문화적으로 쓸모 있는 에너지로 바뀌어야 한다고 주장했다. 하지만 코헛은 이러한 이론을 부정하지 않으면서 관계와 대상을 통한 정신 에너지의 생산 방법에 대하여 조직적인 설명을 했다. "창조적 긴장" 이론은 그러한 설명들 중의 하나이다. 긴장이 반드시 병리적이지만은 않다. 긍정적이고 창조적인 아름답고 행복한 긴장이 존재한다. 그리고 그것 자체가 정신에너지의 보고가 된다.

3. 공감적 자기대상 채널

인간은 동물 중에서도 가장 의존성이 높을 것이다. 대부분 동물은 태어남과 동시에 걸어 다니고 어느 정도 성장하면 부모 곁을 떠나 혼자 생존해야 한다. 생존경쟁, 약육강식이라는 찰스 다윈의 논리는 동물 세계에 적합하다. 하지만 인간의 경우는 다르고, 어떤 면에서는 평생 의존적이다. 아리스토텔레스는 그것을 "인간은 사회적 동물이다"라고 말한다. 혼자서는 살 수 없고 누군가의 도움이 항상 필요한 존재, 그것이 인간이다. 인간은 신체적 측면보다 생각하고 느끼고 행동하는 정신적 차원에서 다른 사람들의 도움을 절대적으로 필요로 한다. 만약 외부 세계나 대상과 단절된 체 혼자만의 생각과 느낌으로 결단하여 행동으로 옮기게 되면 그 사람은 정신분열증에 가깝다. 인간은 다른 사람들과 함께 대화하고 토론하면서 문제해결을 할 때 더욱 풍성해진다. 감정의 부문도 그렇다. 혼자서 느끼고 다른 사람들과 나누지 않으면 그 감정은 소화되지 않고 축적된다. 이러한 감정은 체증이 되고 여러 가지 신체 증상이나 사고가 발생하게 된다.

예를 들어 분노감정이 오래 축적되면 고혈압이나 뇌출혈에 취약하고, 공포감정에 오래 노출되면 소화 장애나 암에 걸릴 수 있다. 인간관계에서도 공포와 분노감정이 오랫동안 지속되면 좋은 관계적 열매가 아니라, 대부분 찢어지고 깨지며 무수한 상처를 남기게 된다. 충동도 마찬가지이다. 쾌락충동이나 권력 충동이 제대로 소화되지 않으면 무기력증이나 행동장애가 나타난다. 그뿐만 아니라 사건 사고에 연루되어 삶이 무척 혼란스럽고 피폐해진다. 우울증과 정신분열증은 충동의 길이 막혀버릴 때 생기며, 개인은 물론 공동체 또한 상당한 답보상태에 빠지게 되는 원인으로 작용한다. 이러한 증상들은 사람과 사람 사이의 관계가 원만하지 않고 고립되어 있거나 방향성을 상실할 때 발생하는 것이다. 따라서 인간은 함께 생각하고 같이 감정적인 소화를 하며, 충동적 행위들에 대한 피드백을 나눌 필요가 있다. 이러한 구조 안에서 사회적 삶의 기반을 공고히 해야 한다. 동물과 달리 인간은 대상과 더불어 정신적이고 문화적인 차원의 심도 있는 관계를 해야 한다. 그렇기 때문에 이와 같이 복잡한 심리내적 작업을 위한 다른 이들의 도움이 절실하다.

하인즈 코헛은 "자기대상"과 "공감"이란 개념을 통해서 정신분석치료뿐 아니라 개인의 성숙한 변화의 핵심 조건을 잘 설명하고 있다. 그에 따르면 인간은 죽을 때까지 공감을 경험해야 살 수 있다.[12] 아무리 건강한 인간도 수 분 동안 산소가 공급되지 않으면 뇌사 상태에 빠지고 결국 소생할 가능성은 희박해진다. 산소가 육체의 생존에 필수 요건이라면, 정신적 차원에서의 산소가 있다. 그것이 바로 공감이다. 인간이 만일 이러한 정신적 산소를 제대로 경험하지 않으면 정서적 발육부진이 온다. 유아기에 이 경험이 부족하면 심각한 정신장애를 갖게 되고, 성인이 되어서도 정신적 산소 체험이 결핍되면 급속한 퇴행과 해체 현상이 일어난다. 건강한 인간일수록 내적 응집력이 견고하다. 그러나 아무리 응집력이 튼튼한 성인이라 할지라도 정신적 산소가 지속적으로 결핍되면, 정신적 응집의 해체와 구조적 파편화가 생긴다. 그리고 서서히 생기를 잃고 추락하게 된다. 인간은 일생을 통해 다른 사람들로부터 공감, 곧 정신적 산소를 공급받아야 한다. 그래야 자

---

[12] Heinz Kohut, *How Does Analysis Cure?* 47.

기의 건강한 정신을 유지할 수 있다. 이런 점에서 인간은 평생 의존적이며, 홀로 독립적인 존재로 살기 어렵다.

그러면 우리는 공감을 어떻게 받을 수 있는가? 정신적 산소가 그렇게 중요하다면 도대체 우리는 어떤 방식으로 그것을 확보할 수 있는가? 코헛은 "자기대상" 개념으로 이 질문에 대한 해법을 제시한다. 그에 따르면 공감으로서의 정신적 산소는 우선 세 가지 종류의 정서적 체험을 의미한다. 그것들은 각각 존경, 총애, 그리고 일체의 정서적 경험들이다.[13] 인간은 이들 세 가지 종류의 정서적 경험을 평생 해야 한다. 만일 그렇지 않으면 정신적 산소 결핍증에 걸린다. 특히 세 가지 중에 두 가지가 결핍되면 정신병리가 발생한다고 코헛은 밝히고 있다. 유아기에는 존경, 총애, 일체의 경험 대상은 주로 부모가 될 것이다. 하지만 부모 이외 다른 대상들을 통해서도 가능하다. 사람뿐 아니라 동물, 사물, 개념, 영역, 기술이나 가치, 그리고 이상과 공동체도 정신적 산소 대상으로 경험될 수 있다. 많은 이들이 반려동물과 함께하는 것은 "총애" 경험의 필요에서 오는 것이라 짐작할 수 있다. 미래의 꿈과 비전을 향해 달리는 사람은 꿈과 비전이라는 목적의식을 가지고 있다는 점에서 추상적 차원의 존경 경험이라고 할 수 있다. 청년들이 원하는 분야에 취업하면 자존감이 고양된다. 그 분야가 문화적 차원의 존경자기대상 역할을 하기 때문이다. 마음에 역사적 영웅을 품고 있으면, 그 영웅은 이미 신화적 차원의 존경자기대상 역할을 한다. 프로이트는 한니발 장군을 존경 대상으로 품고 있었다. 아버지 제이콥에 대한 실망이 커지면서 존경자기대상을 아버지에서 한니발로 대체한 사례이다. 일반적으로 히스테리 환자들은 존경자기대상을 찾아 방황하고, 강박 환자들은 총애자기대

---

[13] Ibid., 194.

상을 간절히 추구한다. 또한 분열 환자들은 일체자기대상의 경험을 꿈꾸고 있다. 여기서 존경, 총애, 일체의 개념은 문자적 의미라기보다는 에너지의 흐름임을 이해할 필요가 있다. 자기로부터 대상으로 에너지가 흘러가게 되면 그것은 존경 체험이며, 대상으로부터 자기에게로 에너지가 유입되면 그것은 총애경험이다. 그리고 두 존재가 함께 있으면, 그것 자체가 일체 경험이 된다. 즉 본인의 정서와 인지적 지각과는 상관없이 에너지의 흐름과 존재 양태를 통해 정신적 산소의 흐름을 파악할 수가 있다. 내 마음이 많이 가는 대상은 존경자기대상이다. 정신에너지가 집중되는 대상이 존경 체험을 선사하는 것이다.

그런 점에서 미움은 겉으로는 존경이 아닌 것 같지만 실제로는 우리가 존경했던 대상을 미워하며, 그 대상이 더 완전해지기를 바라는 마음에서 나오는 무의식적 활동으로 이해할 수 있다. 공포감정도 마찬가지이다. 그것은 대상에게 존재 자체의 위협을 느끼는 강렬한 에너지 투자가 일어난다는 점에서 변형된 형태의 존경 대상이라고 할 수 있다. 줄리아 크리스테바Julia Kristeva는 "아브젝트abject"라는 개념을 통해 공포증 및 경계선 장애 환자들을 설명하고 있다. 아브젝트 경험이란 인간이 한 대상에게 분노와 공포, 그리고 욕망의 정서를 함께 투여하고 있지만, 그 정서의 구체성들을 분화하지 못한 정서적 미분화 현상이다. 이처럼 다양한 감정과 체험의 동일 대상이 "아브젝트"이며, 이러한 경험은 주로 파괴적인 기능을 행사한다.[14] 따라서 그와 같은 부정적 감정의 체험들은 존경이라고 말하기 어렵다. 바칼 같은 코헛의 제자는 "나쁜 자기대상"이란 개념으로 그런 현상을 설명하

---

[14] 줄리아 크리스테바는 "아브젝트"가 나를 사로잡으면 귀신 역할을 하게 된다고 했다. 반대로 내가 그것을 승화시킬 수 있다면 '아브젝트'를 보유할 수 있는, 숭고함의 능력을 갖게 된다고 말한다. 줄리아 크리스테바, 『공포의 권력』, 서민원 역(서울: 동문선, 2001), 35.

고 있지만 대부분의 자기심리 분석가들은 그러한 용례에 반대한다. 왜냐하면 "자기대상", "공감"이란 단어는 무조건 좋은, 긍정적 경험만을 상징하기 때문이다. 비록 "아브젝트"처럼 "나쁜 자기대상"의 경우 에너지 투여가 강렬하게 일어나지만, 이것은 대상 리비도 투자 차원일 뿐 존경자기대상이라고 명명할 수 없다고 보는 것이다.

결국 중요한 것은 긍정적인 정서를 경험하도록 도와주는 대상이 자기대상이라는데 있다. 존경, 총애, 일체는 그런 맥락에서 이해되어야 한다. 만일 우리가 그러한 정서적 체험을 할 수 있다면 우리의 정신에너지는 강화된다. 개인적 차원과 집단 문화적 차원에서 경험하는 존경, 총애, 일체가 정신적 산소이며, 그것들을 경험하게 해주는 실체들이 바로 우리 정신에너지의 원천이 되는 것이다. 이러한 공감적인 자기대상들과의 경험을 통해 자기 구조는 튼튼해지며, 이상과 가치를 세울 수 있다. 개인은 이상과 가치가 확립될 때 소명의식과 목적의식이 견고해진다. 총애자기대상 경험으로 꿈꾸며 자신감 있게 나아갈 수 있게 된다. 또한 일체자기대상 경험은 재능과 기술을 발달시키며 든든함과 위로, 지치지 않는 힘을 얻게 한다.

예수님이 이 땅에서 크고 놀라운 일을 해내고, 마지막에 십자가의 고통스런 죽음의 관문을 통과할 수 있었던 것도 평소에 이룩한 에너지 구조 덕분이다. 예수님은 하나님의 아들이지만 육신의 몸을 입고, 이 땅의 질서 체계 안으로 들어오셨기 때문에 실존의 조건 안에서 살았다. 희로애락을 겪었고, 힘의 소진과 충전 과정을 염두에 두어야 했다.

예수의 존경·총애·일체자기대상 경험을 살펴보면, 예수님은 아버지를 존경하며 그분의 뜻을 이루고자 애썼다. 아버지의 뜻을 구하고, 말씀을 들으며, 그를 깊이 사랑하고 기도하심으로 교제했다. 예수의 아버지 하나님에 대한 경외와 순종하심을 볼 때 존경자기대상의 존재가 분명하다는 것을 알 수 있다. 예수는 이상과 가치의 구조가 확실했다. 인류 구원의 소명이 흔들리지 않았던 것은 지속적인 하나님 아버지와의 존경자기대상 경험과 그에 부응하는 자신의 결단과 순종이 오랜 시간을 거쳐 구조로 자리매김했기에 가능했다. 존경자기대상의 경험이 깊고 오랫동안 유지되면 이상과 가치 영역이 발전하기 때문이다. 코헛에 따르면 이상과 가치의 영역이 제일 중요한 정신적 에너지이자 정신적 산소이다. 그것은 개인의 본능적 욕망을 절제할 수 있는 힘을 부여하고, 아름답고 고결한 가치를 위해 시간과 열정을 모두 쏟을 수 있도록 해 주는 심리기제이다. 개인에게 이 영역이 허술할 때 중독이나 욕망에 이끌려 살아가게 된다. 탐욕과 환상이 난무해서 무질서한 삶이 만들어지는 것이다. 이상과 가치는 환상들을 조직화하고 체계화시키는 힘으로, 생각이 흩어지지 않고 한 곳으로 집중할 수 있도록 도와준다.

예수는 "이는 내 사랑하는 아들이요. 기뻐하는 자"라는 음성을 아버지에게서 들었다. 하나님은 요단강에서 예수의 세례를 지켜보는 모든 사람에게 그가 어떤 존재인지 각인시켜 주었다. 예수는 가장 사랑하고 경외하는 대상인 하나님과 주변 사람들로부터 총애를 받았다. 그의 정신에너지 창고가 얼마나 가득 채워졌는지를 익히 짐작할 수 있는 대목이다. 또한 예수가 향하는 곳마다 그의 가르침을 듣기 위해, 그로부터 치유 받기 위해 많은 사람이 몰려들었다. 이것은 예수의 총애에너지가 매우 충만하다는 사실을 증거한다. 사랑과 기쁨을 주변에서 늘 공급받는 분이기에 예수님은 많은 업무에 시달리시면서도 다시 힘을 내셨다. 그런 점에서 예수님은 모두가 바라보고 나아가야 할 표상이다. 우리는 누군가로부터 사랑과 기쁨의 존재로 인정받을 때 큰 힘을 받는다. 이것이 코헛이 말하는 총애에너지이다. 꿈과 포부, 자신감과 용기는 이 에너지를 통해 나온다.

또한 예수에겐 사역의 한배를 탄 제자들이 있었다. 같은 뜻, 같은 목적을 향해 기도하는 무리가 있었고, 예수와 함께 하늘나라의 뜻을 이 땅에 실현하기 위해 목숨을 내건 이들은 예수가 어디를 가나 동행했다. 이처럼 함께하는 이들이 늘 있었다는 점에서 예수는 일체자기대상도 풍요로웠음을 알 수 있다. 예수님의 함께 행하심은 일체 에너지 구조의 힘을 보여주는 것이다. 이러한 존경·총애·일체의 힘이 있었기에 바리새인, 대제사장, 서기관, 율법학자들, 사두개인, 그리고 정치지도자들의 권력에 굴하지 않고 도전적인 삶을 사셨다. 하늘나라를 선포하며 병든 자를 치료하고 귀신 들린 자를 해방시켰다. 그렇게 이 땅에 교회라고 하는 하늘나라의 표상을 현실화시키셨다.

하인즈 코헛은 "치료의 증거"가 환자의 자기대상 채널의 확장이라고 했다. 환자가 존경, 총애, 그리고 일체 경험을 할 수 있는 채널이 많아질수록 그 치료의 과정은 성공적이다.15 존경, 총애, 일체는 정신에너지의 핵심이며 리비도 에너지의 투자와 유치, 그리고 유치된 에너지의 활용 차원에서 이해되어야 한다. 존경은 리비도 에너지가 나에게서 대상에게 투자되는 것이고, 총애는 대상이 나에게 리비도 에너지를 투자하는 것이다. 일체는 상호적으로 투자된 리비도 에너지를 가지고 함께 누리고 기뻐하는 활동 경험이다. 이러한 채널이 공고해지면, 개인은 구조적으로 튼튼한 에너지를 확보할 수 있다.

---

15 코헛은 "정신분석치료의 본질은 환자가 적합한 자기대상들-거울 역할을 하는 자기대상과 이상화 자기대상-을 현실의 삶에서 발견하고 추구하여 그 대상의 지지를 받을 수 있는 능력을 새롭게 획득하는데 있다"고 말했다. 하인즈 코헛, 『정신분석은 어떻게 치료하는가?』, 120-121.

4. 보상구조의 확립

인간은 약점과 한계를 가지고 있다. 그리고 그 한계와 취약점을 보상하기 위해 이런저런 일을 한다. 어떠한 부분에 콤플렉스가 있다면 반대 경향을 찾기도 한다. 모두 개인의 보상구조와 깊은 관련이 있는 것이다. 보상구조는 기존의 취약성이나 열등감을 보상하고자 우월할 수 있는 것을 성취하려고 애쓰는 노력이 하나의 성격으로 자리를 잡은 것을 말한다. 예를 들어 수영 부문 올림픽 금메달리스트 마이클 펠프스는 어린 시절 ADHD 진단을 받았다. 그것은 "주의력결핍 과잉행동장애"라고 하는 아동기 장애 증상이다.16 아이들이 수업 시간에 집중하지 못하고, 외부 소음에 주의력이 결핍되는 경우 "주의산만Attention Deficit"의 문제가 있다고 판단한다. 그리고 수업 중 교실 안을 서성이거나 책상과 의자 위를 뛰어다니며 산만한 행동을 자주 보이게 되면 "과잉행동hyperactivity"이라고 본다. 이 두 개의 병리적 증상들을 보이는 아이들에게 ADHD 진단하고 "리탈린Ritalin(메틸페니데이트)"을 처방한다. 한번 시작하면 계속 먹어야 하는 이 약은 교과과정의 집중을 위해 ADHD 아동의 부모들에게 권장된다. 그래서 ADHD 진단을 받으면 대부분 "리탈린"을 복용한다. 세계적인 수영선수 펠프스도 이러한 ADHD라는 취약성의 역사가 있다. 그의 어머니 데비 펠프스는 학교에 제대로 적응하지 못하고 지나치게 산만한 아들이 집중할 만한 것을 찾아주기 위해 야구, 농구 등 여러 운동을 접하게 했고 그는 수영클럽에 다니면서 엄청난 잠재력을 발휘하기 시작했다. 처음 수영을 배울 때는 물에 대한 공포로 어려움이 있었지만 수영을 즐기고 새로운 기록을 성취해 나가면서 고도

---

16 미국정신의학회, 『정신질환의 진단 및 통계편람 제5판』, 61.

의 훈련 스케줄을 소화해 냈다. 수영이라는 성공적인 보상구조의 확립을 통해 자기의 인생을 재구성하는 데 성공한 사례이다.

이런 점에서 볼 때 보상구조는 한쪽 문이 닫히면서 다른 쪽 문이 열리는 것과 매우 유사하다.[17] 인생이 늘 불확실하고, 미래의 보장은 어디에도 존재하지 않는다. 삶이란 늘 변화의 위험 아래 있고, 건강한 인간은 변화에 대처해서 새로운 구조를 세울 수 있어야 한다. 현대의 삶은 더욱 그러하다. 정신분석 용어로 하면 "카운터 카텍시스counter cathexis"의 능력이다. 우리는 하나의 영역에서 자신의 두각을 나타내지 못하고 삶의 비전을 발견하지 못했을 때 다른 영역을 찾아보는 것이 필요하다. 개인의 불행은 재능이 없는 곳에서 비현실적인 환상과 실현 불가능한 꿈을 추구하는 것에서 비롯된다. 역량이 부족한 곳에 오래 머무르다 보면, 자신감과 긍정적인 평가보다는 스스로 부정적인 평가에 갇히게 된다. 이 경우 용단을 내려야 한다. 어느 영역으로 가서 삶을 개척할 때 내가 성공할 수 있겠는가? 이러한 질문을 진지하게 던져 보아야 하며, 기존의 체제에 안주하려는 유혹을 버려야 한다. 법조인을 꿈꾸던 S씨는 법학과 졸업 후 로스쿨 진학의 뜻을 이루지 못하고 공무원직에 도전해 말단으로 시작하게 되었다. 그는 법 관련 공무를 담당하다가 나중에는 법원 내 사무관으로 진급되었다. 그리고 그는 유학의 기회를 통해 법학박사 학위를 받았고 현재 국내 유수 대학의 교수로 재직하고 있다. 비록 자신이 원하던 판사, 검사, 그리고 변호사가 되지는 못했지만, 삶의 방향 전환을 통해 법대 교수로 보상받았다. 인생의 중요한 순간에 방향 전환으로 성공한 사례이다.

유아기에 아기는 제일 먼저 첫 번째 양육 대상인 엄마와의 관계에서

---

17 하인즈 코헛, 『정신분석은 어떻게 치료하는가?』, 245-246. 코헛은 여기서 "분석경험을 통한 보상구조의 안정화가 코헛의 주된 치료전략"임을 지적한다.

"방어구조"를 구축한다. 이것은 엄마로 인한 불편 경험을 처리하고 나름대로 자기를 보호하기 위해 마련한 심리기제들을 의미한다. 불편 자극에 대한 방어를 목적으로 하는 심리 기제들이 서서히 뿌리를 내려서 하나의 인격으로 굳어지게 될 때 그것을 가리켜서 방어구조라고 부른다. 그러나 유아는 아동기로 넘어오면서 점차 경험자극물이 더 확장되고 다양해진다. 따라서 기존의 방어체계로는 실존의 다양한 경험을 다 이해할 수도, 조직화할 수도 없게 된다. 이때 아동은 잠재기 과정을 거치면서 현실적 차원의 긍정 경험을 조직화하는 "보상구조"를 구축하기 시작한다. 방어구조가 불편 경험들에 대한 심리적 조직화라고 한다면, 보상구조는 긍정경험들에 대한 심리적 조직화 작업이라 할 수 있다. 물론 여기서 긍정 경험이란 철저히 주관적 기준에 따른 것이다. 객관적으로 볼 때 긍정적이지 않을 수 있지만, 경험하는 주체가 긍정적으로 느낄 때 그 경험은 서서히 보상구조로 자리를 잡을 수 있다.

예를 들어 어린 시절 동생에게 어머니의 품을 빼앗겨버린 M씨는 동생에 대한 질투, 엄마에 대한 분노, 그리고 자기 자신에 대한 연민이 많았다. 특히 엄마에 대한 분노는 누구보다도 엄마를 사랑하지만 자신도 모르게 엄마를 무시하는 형태로 분노하였으며, 정서적으로는 거리를 두었다. 여기서 엄마에 대한 분노와 거리두기는 방어기제에 해당한다. 빼앗긴 엄마에 대한 불편 경험을 분노와 거리두기로 조절하고 있기 때문이다. 대신 M씨는 홀로 있을 때 책을 보기 시작했다. 열심히 공부하여 좋은 성적으로 명문 법대를 졸업한 후 유능한 변호사가 되었다. 반면에 동생은 아직도 엄마와 밀착된 관계를 유지하며 가족 로맨스를 실천하고 있다. 여기서 M씨가 책을 보면서 지성을 키워나가고, 변호사란 직업을 갖게 된 것은 그의 보상구조 덕택이다. 그의 보상구조는 책과 직업이라 할 수 있다. M씨는 엄마라고 하는 욕망 대상, 행복 대상, 천국 대상을 포기하고, 대신에 책과 변호사 직업이라고 하는 노동 대상, 성취 대상, 업무 대상을 선택했다. 감성적인 구조는 덜 발달되었지만 지성 구조는 상대적으로 많이 발달되었는데, 이것은 엄마의 애정상실과 관련한 보상구조였던 것이다. M씨가 엄마와의 관계 역동보다 자신의 미래와 직업에 더 큰 열정을 키웠던 배경에는 엄마와 동생에 대한 미움과 거리두기가 깊이 깔려 있다. 가족역동의 문이 닫히고 직업세계의 문이 열렸으며, 엄마의 문이 닫히고 법조계의 문이 열렸다. 보상구조란 이런 것이다. 불편 경험을 상대하는 것이 방어구조라면, 그것을 떠나서 긍정 경험을 개발하려는 노력은 보상 활동이며, 그것이 심리구조로 뿌리를 내리면 보상구조가 된다. 일반적으로 방어구조는 가정의 삶에서 드러나고, 보상구조는 직업의 영역에서 드러난다. 방어가 수비적이라면 보상은 공격적이고, 방어가 정서적 측면이 강하다면 보상은 충동적·현실적 측면이 강하다고 볼 수 있다.

　예수님의 보상구조는 어떠했을까? 예수님의 방어구조는 가난한 목수의 집안에서 태어나 풍요롭지 못했다는 점에서 취약한 측면들을 상상해볼 수 있다. 그러나 예수는 개인의 삶보다 인류구속의 일, 병든 자를 치료하고 귀신들린 자를 해방시키는 일에 더 큰 관심을 기울였다. 제자들과 일반 서민들이 예수의 주변 사람들이었다. 예수는 자신의 안위보다 가르침과 치유 사역, 귀신 쫓아내기, 제자 양성, 그리고 이 땅의 하늘나라 실현이라는 궁극적 목적을 향해 달려 나갔다. 이상과 가치 영역이 확실했음을 알 수 있으며, 세상에서의 부귀영화, 사랑과 행복, 권력과 재물 등에는 관심이 없었다. 오직 천국의 실현과 인류의 구속이란 대명제 앞에서 스스로 고난의 길을 자처하신 분이 예수였다. 하늘나라를 세우는 일에 온통 심혈을 다 기울였다는 사실은 하늘나라가 예수의 보상구조였음을 증거한다. 보상구조는 역사적 성격을 띠고 있다. 한 인간이 태어나서 그의 현실적인 삶 속에 성취하려는 궁극적인 가치가 보상구조의 핵을 이룬다. 그래서 개인의 이상과 가치 영역에서, 그리고 존경과 경외의 영역에서 그 개인의 보상구조를 유추해볼 수 있고, 분석해볼 수 있다. 예수는 평생 인류구속과 천국의 구현이라는 큰 가치를 향해 생활상의 모든 불편을 다 감수했다. 그의 보상구조가 얼마나 크고 광대하게 깊은 뿌리를 내렸는지 짐작해볼 수 있다. 십자가에 달리셨을 때 예수의 죄목은 "유대인의 왕"이었다. 현실에서 예수는 유대인의 왕이 아니었다. 그러나 정신적으로 예수는 이미 유대를 넘어서 근동의 다른 나라들에 그 영향력을 미치기 시작했다. 예수는 비극적인 십자가의 고통을 직접 선택했고 감당했다. 그의 보상구조를 지키고자 죽음까지도 불사한 것이다.

보상구조란 이런 것이다. 그것은 가치이며, 개인의 긍정적 평가를 이루는 토대가 되는 노동영역이다. 인간은 늘 부족함을 느낀다. 실존의 한계가 인간을 실패와 비참으로 몰고 간다. 인간은 언제나 그 발목을 붙잡고 계속 존재를 위협하는 내적·외적 요소들을 갖고 있다. 그것이 실존이다. 에덴동산을 잃어버린 존재, 천국을 상실한 존재, 그것이 바로 현실적인 인간의 모습이다. 다시 에덴동산으로 돌아갈 수 없다. 우리는 대신에 다른 머물 곳을 찾아야 한다. 의미의 공간, 새로운 가치의 공간, 경험적 기쁨의 공간을 찾아야 실존의 삶을 견뎌 나갈 수 있다. 하나님은 아담에게 땀을 흘리는 노동을 통해서 땅의 소산을 먹어야 한다고 말씀하셨다. 그리고 땅은 인간에게 많은 "가시덤불과 엉겅퀴"를 내어서 인간은 "들에서 자라는 푸성귀"를 먹게 될 것이라고 말씀하셨다. 이는 인간의 죄로 인해 땅이 저주를 받았기 때문이다. "흙이니 흙으로 돌아갈 것"이 인간의 운명이라고 말씀하셨다. "죽는 날까지 수고를" 해야 할 것, "얼굴에 땀을 흘려야" 먹을 수 있는 것,

그것이 바로 우리 인간의 보상구조 속성이다. 수고와 땀의 영역이며, 저주받은 현실을 상대로 죽는 날까지 겪어야 할 비참의 영역이다. 그러므로 우리는 중요한 질문을 던져야 한다. 나는 무엇을 위해 수고와 땀을 흘리며, 죽는 날까지 무엇을 하며 살 것인가? 개인마다 그 영역과 구체적 대상은 다르지만, 그것이 보상구조이다. 우리는 이 영역에서 수고와 땀의 열매가 있을 때 힘을 얻고 계속해서 나아갈 수 있다.

5. 방어구조의 재구성

인생은 게임에 비유되기도 한다. 게임은 규칙 안에서 승자와 패자가 되는 냉혹한 승부의 세계를 일컫는다. 승자가 있으면 패자가 있고, 패자가 있으면 승자가 있다. 그리고 승패 과정을 겪으면서 게임의 법칙은 자주 바뀐다. 그런데 우리가 그러한 인생을 살다보면 무수히 많은 불편 자극들을 상대해야 한다. 그 자극들과의 싸움에서 과연 승자가 되느냐, 아니면 패자가 되느냐에 따라 우리 삶의 내용은 달라진다. 아무도 이 처절한 현실에서 빠져나갈 수 없다. 우리 모두 그 경기를 수행해야 한다. "방어구조"란 삶의 불편 자극을 상대하는 심리기제의 조직을 의미하며 주로 무의식적으로 진행된다. 따라서 그것은 한두 가지의 심리기제가 아니다. 그것은 복합적이며 다양한 기제들의 총합이다.

프로이트의 딸 안나 프로이트는 『자아와 방어기제들』이란 저서에서 다양한 방어기제를 소개하는데,[18] 일반적으로 방어기제들은 무수히 많은 분류로 구분된다.[19] 제일 먼저 "부인Denial"이 있다. 이것은 불편한 현실을

---

[18] Anna Freud, *Ego and the Mechanisms of Defense* (New York: International Universities Press, 1971).

경험하려고 하지 않는 회피이다. 현실 인식을 거부하는 것이 바로 "부인" 방어기제이다. 부인 방어기제는 그것을 사용하는 연령에 따라, 혹은 무엇을 부인하는지에 따라 양상이 달라진다. 연령이 어리다면 부인 기제를 쓰는 것이 크게 이상하지 않을 수 있다. 그러나 점차 그 사용 빈도와 강도가 줄어들지 않는다면 병리적이라고 볼 수 있다. 아이의 경우 위협적이지 않은 양육적 접근으로 시간을 들인다면 다치지 않고 충분히 진실에 접근할 수 있다. 반면 어른일 경우에도 자신의 행동에 대해서, 혹은 자신의 감정 상태에 대해서 인정하지 않고 전혀 그렇지 않다고 주장하는 경우들이 있다. 누군가 진실을 말해주면 존재 자체를 부인하거나 사건 자체는 인정하나 그것의 의미를 인정하지 않는다. 현실을 있는 그대로 인정하지 않고 자꾸 다른 허구의 것으로 덮으려고 하는 행위가 반복되고 객관성을 확보하지 않는 의미의 부인 기제의 반복은 병리적 조건에 해당된다.

"전치Displacement"는 불편 경험의 대상을 A에서 B로 바꾸는 행위이다. 외부 갈등에 직접 대응하지 못하고, 불편 자극의 본질 대상을 바꾸게 되는 것이다. 즉 불편 경험에서 직접 문제를 해결하려하지 않고, 대상을 바꾸어 감정적 문제를 해소하는 것이 "전치" 방어기제이다. 전치는 본래의 초점과 대상을 그나마 상대할 수 있는 주제와 대상으로 바꾼다. 전치의 경우 부인과는 다르게 어린아이들보다는 연령이 높을 때 사용하는 경향이 많다. 어릴수록 자신의 감정과 표현을 있는 그대로 표현하는 경우가 많기 때문이다. 연령이 높아질수록 감정을 직접적으로 표현할 때 오는 불편을 알기 때문에 점차 전치 방어기제를 많이 쓰게 된다. 보통 불편 감정을 전치하는데 적절한 해소 방식을 취하기 위해 사용되는 사회적 방식은 긍정적일 수도

---

19 Arthur J. Clark, 『방어기제를 다루는 상담기법』, 김영애 외 역(서울: 김영애가족치료연구소, 2005), 10.

있다. 분노의 감정을 운동이나 다른 예술활동 및 연구활동에 전치해서 거기에 에너지를 투자할 수 있다. 그러나 보통 병리적이라고 할 때는 본질을 회피하고 전치한 다른 것에 의존하여 왜곡과 회피를 강화하는 데 쓰이는 것을 말한다. 특히 가정폭력 및 학교폭력 등은 전치 방어기제가 과도하게 사용된 경우라고 볼 수 있다.

"동일시 Identification"는 주체가 어느 특정 대상을 자기와 동일한 인물로 착각해서 자기의 존재적 의미를 갖는 심리기제이다. 동일시 현상은 인간의 정상적 발달 과정을 위한 혹은 성숙을 위한 과정이 된다. 사회의 규칙이나 가르침을 동일시해야 존경받는 시민이 될 수 있다. 동일시하는 대상이 현실의 직접적인 대상이 아닐 수도 있다. 기독교인들에게 예수님의 동일시는 현실의 미약한 기반을 튼튼하게 만들 수 있는 긍정적인 영향력이 있다. 반대로 공격자와의 동일시, 혹은 피해자와 동일시 현상과 같이 환상 속에서 그 인물과 내가 동일시되어 현실에서 비정상적인 태도를 취하는 경우도 있다. 이러한 동일시는 갈등과 불안에 대한 다른 해결 방식을 찾지 못해 그 대상의 특성에 내가 대입되는 것이다. 가족 내 알코올성 폭력 문제가 있다면 아버지의 폭음과 폭력 행동을 그대로 반복할 수 있다. 또는 무기력하고 우울한 엄마의 말과 행동을 반복할 수도 있다.

"소외 혹은 고립 Isolation"은 주로 분열 구조의 환자들에게 나타나는데, 특정 경험을 다른 경험들과 무관하게 다루는 것이다. 주로 어떤 생각에 대한 집중으로 그 밖의 다른 생각이나 감정, 그리고 충동의 연결성을 잃어버리는 상태이다. 살다 보면 무수히 많은 불편상황과 감정을 경험하게 된다. 그때마다 모두 감정을 섬세하게 느끼고 소화 처리한다면 가장 좋은 방식이다. 그러나 충격이 큰 경우 고통스러움을 억제하기 위해 감정을 따로 통제하고자 한다. 감정을 경험한다는 것은 그만큼 큰 에너지를 요구하기 때문이다. 예를 들어 극한 슬픔과 두려운 사건을 경험하게 되면 그것을 있는 그대로 느끼기보다 배제하려고 노력하게 된다. 이성적으로 그것을 처리하면서 감정을 억압하고 감정에 휘둘리지 않으려는 것이다. 사건 자체를 전혀 기억 못 할 수 있고, 사건은 기억하나 감정 없이 제3자의 시각으로 이야기하기도 한다. 이처럼 감정을 통제하고자 하는 방식이 지나쳐 계속 감정을 배제하다 보면 경직된 성격이 형성될 수 있다. 보통 분열 구조 혹은 강박증적 사고방식의 경우가 이에 해당된다.

"투사Projection"는 자신의 좋고 나쁜 생각, 감정 또는 욕구를 다른 사람에게 귀속시키는 것과 관련된 방어 메커니즘이다. 내부 갈등에 대처방식으로 불편하거나 용납할 수 없는 감정을 경험하지 않도록 자신을 보호하는 방법이다. 개인은 투사를 통해 자신의 내면세계를 외부 상태로 인식하고 현실을 왜곡하여 타인에 대한 부정적인 인식을 만들게 된다. 예를 들어 직장에서 성공하고자 하는 욕구는 강하지만 실패를 두려워하고 자신감이 부족한 사람을 가정해 보자. 그는 자신의 두려움과 불안감을 인정하는 대신 방어 메커니즘으로 투사를 사용한다. 즉, 동료들이 열등감으로 자신의 성취를 시기한다고 생각하게 된다. 그래서 그는 그들의 비판적 피드백이나 조언이 건설적이고 의도가 좋더라도 자신의 능력에 대한 공격으로 인식한다. 내 안의 두려움이 왜곡된 시각을 만들게 되는 것이다. 이 방어 메커니즘은 불안감에서 벗어나 일시적으로 내부 긴장을 완화시킬 수는 있다. 그러나 장기적으로 자기 인식과 성장을 방해하기 때문에 해로울 수 있다. 자신의 무의식적 투영을 인식하고 근본적인 감정과 갈등을 이해해야 한다. 사실 임상에서 투사는 공감 능력의 시작이 될 수 있다. 타자의 마음을 미루어 짐작할 수 있고 추측할 수 있는 것은 건강하고 배려있는 인간관계를 위해 필요하다. 그러나 사고에 왜곡이 있을 수 있고, 의사소통하지 않는 지속적인 추측은 개인적 혹은 관계적으로 위험할 수 있다.

"합리화Rationalization"는 불편 경험을 좋은 것으로 포장하는 것을 말한다. 스스로 수용할 수 없는 동기들, 시기와 질투, 열등감과 분노, 욕망 등을 은폐하고 행동과 태도를 정당화하여 인정될 만한 설명을 사용하는 과정이다. 누구나 자신의 불편한 상황과 실수에 대하여 직면하거나 책임지기보다 변명하고 정당화시키려는 경향이 있다. 중독이나 폭력, 무기력 등의 원인을 사회의 구조적 문제와 대인 갈등에서 찾는 경우가 많다. 사건 상황을 직면하기는 두렵고, 자기 이미지를 손상시키지 않기 위해 합리화 기제를 사용하게 된다. 때로는 이러한 이유와 변명들이 그럴만한 이유가 되기도 한다. 그러나 합리화 기제의 과도한 사용은 사건의 본질과 내면의 진실을 왜곡할 수 있다. 외부 상황과 대상 탓으로 돌리는 변명을 고수한다면 진정한 변혁과 성장은 일어날 수 없다.

"반동형성Reaction formation"은 본래의 생각과 감정, 그리고 욕구나 충동은 매우 위험하고 용인하기 어려워 떠오르는 즉시 본래의 것과 정반대의 것으로 다스리는 것이다. 이는 사회적으로 용납할 수 없는 생각과 감정으로부터 자아를 보호하는 방법으로 작용한다. 개인은 반동형성을 통해 내면의 감정과 모순되는 방식으로 행동하며 종종 과장되거나 극단적인 태도를 나타낸다. 예를 들어 어떤 대상에 대한 분노와 적대감이 강한 경우 부정적인 감정을 인정하고 표현하는 대신 지나치게 친절을 베풀며, 그를 칭찬하고 도움을 제공한다. 친근함과 지지의 과장된 표현은 그에 대한 공격적 감정을 가리는 행위이다. 반대로 매혹적인 대상과 관계를 있는 그대로 인식하고 경험하기에는 감당할 수 없는 경우가 있다. 따라서 반사적으로 "저런 사람은 이기적이고 마음이 따뜻하지 않을 것이다" 등 나름의 합리화와 소외의 기제를 사용하여 부담스러운 경험과 대상을 피하게 된다. 사실은 내가 자신이 없는 것이고 갈등에 대한 두려움이 큰 것이지만, 그러한 대상을 선호하지 않아 피하는 것으로 경험하는 것이다. 호감을 거짓 혐오감으로 발전시키게 되면 이후 반사적으로 발생하게 된다. 이와 같이 반동형성은 습관처럼 혹은 반사적으로 불편 자극에 대한 반응이 자동화된 상태를 말한다.

"퇴행Regression"은 불편 자극이나 좋은 자극에 직면해서 과거의 원시적 수준인 원만한 욕구 충족이 이루어지고 세상과의 관계방식이 효과적이었던 초기 발달단계로 퇴보하는 것을 가리킨다. 이전의 좋았던 순간으로 되돌아가고 싶은 환상이 행동으로 현실화될 때 그것을 가리켜서 퇴행이라고 한다. 개인이 스트레스를 받으면 종종 성숙한 대처전략을 포기하고 대신 고착된 단계의 행동 패턴을 사용한다. 예를 들어 잘못이 지적될 때 수용하고 책임을 인정하기보다는 눈물로 호소하기도 하고, 진지하고 엄숙한 분위기를 견디지 못해 상황에 맞지 않는 언행으로 분위기를 돌리려고 하는 행동들이 있다. 자녀의 경우 동생이 생기면 큰 아이가 동생의 행동을 모방하거나 문제행동으로 관심을 끈다. 성인은 스트레스 대처에서 구강기 위로 방식을 택할 수 있다. 흡연과 음주, 손톱 물어뜯기, 혹은 과식 등의 퇴행적인 행동이 나타난다. 물론 퇴행이 반드시 나쁜 것은 아니다. 사랑하는 연인 혹은 부부 사이와 같은 편안하거나 신뢰할 만한 관계에서 경직과 경계가 풀린 유아적 행동은 관계의 윤활유 역할을 하기도 한다.

"억압Repression"은 불편한 경험을 아예 무의식의 세계로 가두어버리는 것이다. 억압은 고통스러운 상황에서 정신이 살아남기 위해 취하는 자기보호 차원의 반응이라고 볼 수 있다. 외상성 스트레스의 경우 해리되거나 부분 기억으로 남아있다. 감정의 경우에도 대면하기 힘들거나 고통스러우면 아예 수면 위로 떠오르지 못하게 막는다. 그러나 억압에 대해서 반드시 짚고 넘어가야 할 이유는 억압시켜 놓은 만큼의 에너지가 사용되어 가용에너지가 줄어들게 된다. 또한 억압된 것이지 사라지는 것이 아니기 때문에 다른 증상이 되어 돌아온다. 정신분석에서 억압의 영역을 지금보다 더 자유롭게 의식으로 올려놓고자 하는 이유가 여기에 있다. 프로이트는 언어를 사용한 자유연상을 통해 의식의 영역을 확장시키고자 하였다. 무의식에 있을 때는 인지하지 못하고 증상을 보였지만, 의식화하면 증상으로부터 자유로워지거나 혹은 의식하에 고통을 감내하여 문제 증상이 최소화된다.

마지막으로 "취소Undoing"는 한가지 실수와 죄악을 씻어내기 위해 다른 대가를 치르는 것을 말한다. 예를 들면 외도를 한 남편이 아내에게 죄책감을 갖고 있지만, 그 감정을 인식하기보다는 죄를 씻고자 고가의 선물들로 대체하려 한다. 또한 깊은 죄책감이 불러온 취소 작용으로 자신의 쌓아온 성과를 망치며 고통을 통해 무의식 안의 죄책감을 해소하기도 한다. "비참의 정화"라고 하는 줄리아 크리스테바의 개념은 일종의 "취소"라고 볼 수 있다. 가볍게는 누군가에 대한 험담을 한 후 그래도 그 사람이 좋은 사람이라면서 앞서 말한 내용을 취소하려고 하는 것도 있다. 강박적 행동은 본래의 자신에 대한 불편한 감정과 공격성 인식을 거부하는 것인데, 프로이트의 사례 중 자신의 성범죄 때문에 지폐를 강박적으로 다리는 남자의 경우도 잘못된 행동을 취소하기 위해 다른 과도한 좋은 행위를 하는 것이었다. 즉, 취소는 내가 했던 것을 하지 않은 것으로 바꾸기 위한 의례 활동에 가깝다.

이 밖에도 방어기제는 무수히 소개될 수 있다. 이상화, 멸시화, 분열, 극단화, 내사, 함입, 주지화, 신체화, 행동화, 해리, 억제 등이 있다. 핵심은 불편 경험을 있는 그대로 겪으며 소화 처리하는 과정을 어려워하고 두려워하는 것이다. 그 본질을 자꾸 왜곡하고 변형시켜 자기에게 편안한 것으로 만드는 것을 의미한다. "방어구조의 재구성"은 원시적이고 유아적인 미분화된 방어기제들의 사용을 줄이고, 성숙하고 분화된 성인 수준의 방어기제를 사용하는 습관을 기르는 것을 말한다. 예를 들어 부인, 분열, 투사, 이상화, 멸시화, 소외, 행동화, 신체화, 해리 등은 원시적인 일차적 수준의 방어기제들이다. 반면에 동일시, 주지화, 합리화, 억압, 반동형성, 억제, 취소 등은 비교적 더 성숙한 방어기제들이다. 원시적 수준에서 성숙한 수준으로 방어기제의 사용을 재구성하는 작업은 개인의 에너지 시스템을 더욱 생산적으로 만든다. 왜냐하면 원시적 방어기제일수록 개인의 에너지 소진이 크지만, 성숙한 방어기제는 상대적으로 에너지 소진이 적고 삶의 문제를 야기하지 않는다. 오히려 에너지가 안정되고 생산적인 수준으로 개인을 인도하는 이정표의 역할을 한다. 축구경기를 예로 든다면 방어구조는 그 팀의 수비이고, 보상구조는 공격이다. 수비팀이 불안하면 아무리 공격선수들의 역량이 좋아도 경기력이 떨어진다. 공격력도 좋아야 하지만 수비도 빗장 수비의 능력을 겸비해야 한다. "방어구조의 재구성"은 수비팀의 전력 강화이다. 선수교체를 통해 뛰어난 기량과 감각을 갖춘 선수들을 투입하는 작업이다.

예수님의 방어구조는 어떨까? 자료가 너무 제한적이라 그것을 추측하기란 쉽지 않다. 다만 예수님이 불편 상황에 들어갔을 때 어떻게 반응하셨는가를 보면 어느 정도 짐작해 볼 수 있다. 예수님은 "사랑하고" "기뻐하는 아들"이란 칭호를 받고 광야에서 40일 금식 기도를 마치면서 사탄의 시험을 받는다. 돌로 떡 덩이가 되게 하라는 사탄의 유혹은 구강기 방어를 상징하고, 성전에서 뛰어내리면 천사가 수종을 들 것이라는 유혹은 폭발 저항기 특징인 항문기 방어를 암시한다. 마지막으로 사탄에게 절하면 천하 왕국을 다 주겠다고 하는 시험은 가치와 선택의 측면이란 점에서 남근기, 잠재기, 성기기의 방어구조를 보여준다. 예수님은 이 모든 시험을 이기셨고 가장 완전한 방어구조인 성기기 단계에 계셨다고 볼 수 있다. 예수님이 하나님의 아들이면서도 인간의 아들인 세례 요한에게 세례를 받으신 것은 세상의 질서와 법도를 존중하신 것을 알 수 있다. 실제로 세금과 관련된 시험에서 "가이사의 것은 가이사에게, 하나님의 것은 하나님에게"라는 말씀은 물질 사용의 분화된 사고를 보여주신 것이다. 안식일에 병자를 치유하거나 제자들이 밀을 먹는 행위에 대한 바리새인과 율법사들의 공격에 "안식일에 선을 행하는 것이 악한 일을 하는 것보다 더 중요하다"는 말씀으로 그 지혜를 보여주었다. 이를 통해 예수님은 하늘의 법도와 질서를 받들고 지키셨다. 또한 아버지 하나님의 총애를 받으며, 그분의 뜻에 순종하는 아들이었음은 오이디푸스기를 성숙하게 잘 통과하셨다는 것을 가늠할 수 있다. 그리고 이후의 광야 시험과 공생애 활동을 통해 잠재기의 내적 훈련 과정을 잘 이겨내셨음을 통해 남근기 및 성기기의 성공적인 방어구조를 형성하셨음을 알 수 있다. 예수님은 세례와 시험 이후 공생애를 시작하시며, 자신의 안위보다 사회와 하늘의 고결한 가치를 위해 단 한 순간도 흔들리지 않는 신념을 보여주셨다. 십자가 죽음이란 불안과 공포 속에서 "이 잔을 없애 주십시오. 그러나 제 뜻대로 하지 마시고 아버지의 뜻대로 하십시오"라는 기도를 올리신다. 불편 자극의 최고 수위인 십자가의 죽음 앞에 당신의 내적 가치를 포기하지 않고 끝까지 고수하신 사실은 인간의 성숙한 발달적 표상을 몸소 보여주셨음을 확신할 수 있다.

바로 이것이다. 개인은 방어구조가 구강기에서 항문기, 남근기, 잠재기, 그리고 성기기로 재구성될 때마다 내적 가치의 실행자가 된다. 객체에 의해 흔들리는 방어구조가 아니라 주체가 온갖 위협과 공격을 다 막아냈다는 사실을 증거한다. 정신에너지는 방어구조가 튼튼할 때 더욱 충만해진다. 구강기 방어의 정신에너지는 늘 다 허비된다. 항문기 방어의 정신에너지는 집중되어 있지 않다. 남근기 방어의 에너지는 집중력이 있지만 지구력과 영향력에서 뒤처진다. 성기기의 방어 에너지는 변함이 없다. 늘 승리와 영광의 주인공이 되기에 충분하고 필적할 대상이 없는 완벽한 수비의 모습을 보여준다. 인간의 정신에너지는 이처럼 방어구조의 수준에 의해서 영향을 받는다. 그 수준이 높으면 높을수록 그 개인의 생활과 사회적 행보는 질적으로 다른 차원의 모습을 보여준다. 우리의 삶은 위협과 상처의 자극들로 가득하며 이에 대한 성공적인 방어는 에너지의 불필요한 유실을 철저히 막아준다. 따라서 에너지를 잘 확보하고 튼튼한 에너지 구조를 유지하려면, 무엇보다도 우리가 사용하는 방어기제들을 면밀하게 살펴보아야 한다. 그 기제의 수준이 어디에 있는지 탐색하며, 높은 수준으로 방어할 수 있도록 스스로 힘써야 한다. 개인의 에너지 공급 시스템은 정신적 차원에서 강건하고 강력한 시스템을 구축할 필요가 있다.

연구 질문들

1. 병리적 방어의 분쇄가 치료적 목표인 경우는 활력과 생동감의 인격 구조가 치료적 목표인 경우와 임상 현장에서 어떻게 다른가?

2. 이중축 자기와 창조적 긴장의 관계는 무엇인가?

3. 자기대상 채널의 확장이란 무슨 뜻인가?

4. 보상구조는 어떻게 건설되는가?

---

5. 방어구조는 어떻게 건설되고, 어떻게 파괴되는가?

참고문헌

Clark, Arthur J. 『방어기제를 다루는 상담기법』, 김영애 외 역. 서울: 김영애가족치료연구소, 2005.
Freud, Anna. *Ego and the Mechanisms of Defense*. New York: International Universities Press, 1971.
Kohut, Heinz. *The Analysis of the Self*. New York: International University Press, 1975.
_____. *The Restoration of the Self*. Madison, CT: International Universities Press, 1977.
_____. *How Does Analysis Cure?* Chicago and London: The University of Chicago Press, 1984.
_____. 『정신분석은 어떻게 치료하는가?』 이재훈 역. 서울: 한국심리치료연구소, 2007.
Kristeva, Julia. 『공포의 권력』, 서민원 역. 서울: 동문선, 2001.
미국정신의학회. 『정신장애의 진단 및 통계편람 제4판』, 이근후 외 14명 역. 서울: 하나의학사, 1995.
미국정신의학회. 『정신질환의 진단 및 통계편람 제5판』, 권준수 외 11명 역. 서울: 학지사, 2015.

2장

자기성찰의 시간

예수님은 하나님께 기도하셨다.
"자주 조용한 곳으로 가셔서"(눅 5:16)
"이른 새벽에 일어나 외딴곳으로 가서"(막 1:35)
"산에 올라가서 밤새도록"(눅 6:12)

현대인은 물리적 실체의 세계보다는 가상적 현실의 세계를 살고 있다. 역사적으로 현시대만큼 가상현실에 의해 직접적인 영향을 받던 시기는 없었을 것이다. 인터넷과 금융시장이 전 세계를 뜨겁게 달구어 놓는 지금, 우리는 그 무엇보다도 자기 통제의 능력을 키워야 하는 현실에 직면해 있다. 세상을 통제할 것인가, 아니면 자기 내면을 다스릴 것인가? 이것은 우리의 삶 앞에 놓여 있는 두 개의 갈림길에서 선택할 것을 요구한다. 외적 현실의 삶은 객체의 외재화된 삶을 의미한다. 반대로 내면세계의 삶은 주체의 내재화의 삶을 점검하는 것이다. 어거스틴은 하늘 도성과 세속도시 사이에서 고민하는 기독교인들에게 큰 울림을 주었다. 구원은 하늘의 도성에 속한 신자들에게 있다고 말이다.[1] 정신분석도 변화와 치유가 내적 삶에서 시작된다고 보고 있다. 과연 우리는 객체의 삶과 주체의 삶, 둘 중에 어느 삶의 세계로 들어갈 것인가? 유다와 예수님의 논쟁도 사실은 이러한 것이었다. 유다는 정치라고 하는 외적 현실의 제왕이 되기를 희망했지만, 예수님은 정신이라고 하는 내면세계의 통치자가 되어야 한다고 가르치셨다. 그래

---

[1] 성 어거스틴, 『신국론 요약 신앙핸드북』, 심이석 역(서울: 크리스챤다이제스트사, 1990); 존 번연, 『천로역정』, 이문숙 역(서울: 예찬사, 2002).

서 예수님은 인류에게 진리표상을 내보이셨다. 기도와 정신분석은 외적 현실의 문제들로 인해 방황할 것이 아니라 내적 변혁에 목표를 두고 고뇌하라는 주문을 하고 있다. 그래서 기도와 정신분석은 "자기분석의 시간"을 최고의 가치로 간주한다.

본 장은 성서를 바탕으로 예수의 기도에 관해 "자기분석"의 가치를 논하려고 한다. 자기성찰은 오랫동안 현자들과 종교적 위인들이 강조한 덕목이었다. 특히 현대의 정신분석학은 "자기분석"을 하나의 과학적 작업으로 승격시켰고, 전 세계 수많은 지성인과 지도자의 진리표상으로 자리매김하였다. 물론 기독교인들은 "자기분석"보다는 "자기성찰"이라는 단어가 익숙할 것이다. 그러나 자기분석은 전문적인 치유 경험의 과정이란 의미를 내포하고 있다. 정신분석이라는 말 자체가 이미 자기의 분석을 의미하며, 일반인들에게는 자기성찰, 혹은 자기 수양이라는 친숙한 언어와 같은 의미를 가지고 있다. 또한 다른 분야의 전문가들도 명상이나 요가, 그리고 관상기도의 경험을 중요한 가치로 주장하고 있다. 그것들 모두 자기분석과 유사한 형태의 실천 경험들이라고 할 수 있다. 그것은 예수 그리스도께서 우리에게 몸소 보여주신 실천적 가치이기도 하다.

성서는 예수님의 기도 생활에 관해 언급하고 있다. 성서에 따르면 예수님은 자주 기도하셨다. 이것은 기도의 경험이 정례화되었음을 의미하며, 익숙한 생활 습관이 되었음을 뜻한다. 예수님은 조용히 홀로 기도하셨다. 예수님은 시장 어귀나 성전에서 남들에게 보이기 위해 기도하지 않으셨다. 외딴곳에서 홀로 하나님과 긴밀한 대화의 시간을 가진 것이다. 이것은 실로 인간이 가야 할 길이다. 홀로서기의 아픔과 외로움, 그것은 현대인이 극복해야 할 현실적 과제이기도 하다. 예수님은 이미 당신의 기도 생활에서 그 과제를 수행하셨다. 예수님은 이른 새벽에 기도하셨다. 이것은 삶의 현실에서 부딪치는 문제들을 해결하고자 이른 아침 새벽을 깨우는 영성으로 깊은 자기성찰의 시간을 가진 예수 그리스도의 실재적 생활을 보여준다. 또한 예수님은 때때로 밤이 새도록 하나님께 기도하신 적도 있다. 이것은 하나님과 예수님 사이의 대화가 그만큼 깊고 열정적이며, 구체적이고 실제적인 주제들을 다루고 있었음을 짐작할 수 있게 해 준다. 기도는 모양이 아니라 내용이 핵심이 된다. 시간상으로 볼 때 예수님은 "자주", "이른 새벽", 그리고 "밤새도록" 기도하셨다. 공간적으로 예수님은 "조용한 곳", "외딴 곳", 그리고 "산에서" 기도하셨다. 이것은 기도의 시간과 공간에 관한 예수님의 지혜와 성서의 가르침을 볼 수 있는 상징이라고 볼 수 있다.

그런데 이러한 경험의 과정은 정신분석치료 및 자기분석의 과정과 아주 흡사하며, 그 구조는 거의 같다고 할 수 있다. 정신분석은 조용히 분석가와 단둘이서 심도 있는 대화를 나누는 작업이다. 그 작업 과정의 피분석가는 무의식의 의식화, 현안의 처리, 긴장 이완의 심신 통합, 정신에너지의 공급, 그리고 진리표상의 발견이라는 핵심과제를 수행한다.[2] 분석가는 여기 5가지 과제들을 피분석가가 잘 수행하도록 돕는다. 정신분석치료 및 자기분석의 과정은 피분석가가 자신의 내면세계로 들어가서 이러한 5가지 과제들을 성공적으로 수행하도록 이끄는 작업이다. 기도의 과정에서 예수님은 아버지 하나님과 대화하며 당신의 현안들을 처리하시고, 힘과 에너지를 얻을 뿐 아니라, 삶과 죽음에 관한 이정표를 획득하는 체험을 하셨다. 정신분석의 과정도 그러하다. 그것은 무엇보다도 "자기분석"의 과정이며 철저히 내적 세계의 통치자가 되도록 이끄는 훈련작업이다. 오늘날 세상은 외적 현실의 주제들에 의해 너무 휩쓸리고 있다. 내적 통제 internal locus of control

---

[2] 여기 다섯 가지의 작업은 필자가 개인적으로 기도할 때 경험하는 것들이다. 이 과정을 통하여 필자는 그동안 많은 문제를 해결했고, 좋은 열매와 한없는 축복을 받았다.

보다는 외적 통제external locus of control를 위해 분주하다. 그러나 정신분석은 사람들에게 객체의 삶이 아닌 주체의 삶을 살도록 촉구하며, 그 방법론으로서 자기분석의 길을 제시한다. 이런 점에서 볼 때 기도와 정신분석은 유사한 경험의 과정을 겪는다. 둘 다 홀로 외롭게 자기 내면세계로 들어가서 거기에 존재하는 생각, 감정, 충동들을 상대한다. 외적 현실인 재력, 인맥, 성, 권력, 직책, 조직 등의 주제가 아니라 표상, 정서, 욕구 등의 정신적 주제가 중심이 된다. 이들 정신적 요소는 대부분 개인이 스스로 직면해야 하는, 철저한 정신 내적 실체들이다. 물리적 실체뿐만 아니라 심리적 실체로도 눈에 보이지 않는다. 하지만 몸과 마음으로 강하고 분명하게 경험되는 것들이다. 정신분석은 "내적 변혁internal transformation"의 과정을 강조하고, 특히 코헛은 "변형적 내재화transmuting internalization" 3의 개념과 "원상imago" 개념들을 통해 인간이 외적 현실 보다 내면세계의 구체적 존재들에 의해 강력하게 영향받고 있음을 지적한다. 기도도 이러한 과정을 밟는다. 그것은 정신분석의 치료 과정을 다른 차원에서 겪는 것이다. 하나가 심리적 차원이고 다른 하나는 영적 차원이지만 자기분석과 성찰이란 점에서 공통분모를 갖고 있다. 현대인은 큰 비용을 들여 상담을 받고 있다. 예전의 성도들이 기도와 예배, 그리고 고해성사의 과정을 통해 처리하던 경험들이 이제는 전문적인 영역이 되었다. 자기성찰 작업이 외부 전문가의 도움을 필요로 한다는 사실을 보여주는 것이다.

---

3 하인즈 코헛, 『정신분석은 어떻게 치료하는가?』, 이재훈 역(서울: 한국심리치료연구소, 2007), 111-112.

1. 무의식의 의식화

기도는 무의식의 의식화 작업을 수행한다. 그래서 그 과정은 무척 고통스럽고 비참하다. 아마도 다수의 사람이 하나님과 개인적인 깊은 교제의 시간을 가지며 무릎 꿇고 기도하기를 거부하는 이유가 바로 그 고통과 비참의 체험 때문일 것이다. 인간은 고통과 비참을 좋아하지 않는다. 인간은 행복과 감동, 성공과 영광을 원한다. 고통과 역경, 비참과 추락의 경험은 아무도 원하지 않는다. 그러나 기도의 과정은 우리의 무의식적인 자료들을 의식으로 끌어올리는 일을 한다. 그것은 자연적으로 이루어진다. 정신분석학자들은 인간의 모든 질병과 사고 뒤에는 우리의 무의식적 힘이 작용한다고 선언한다. 객관적으로는 독립적인 사건 같지만 사건 당사자의 주관적인 상태, 특히 무의식적인 자료들에 의해 만들어졌을 가능성이 높다. 외부에서 벌어지는 사건들이 개인의 내적 역동과 관계가 있다고 말한다면 많은 사람들이 의아해할 것이다. 오토 컨버그는 저서 『내면세계와 외적 현실』에서 이 사실을 설명한다. 그리고 임상 현장에서 우리는 그 상관성을 자주 목격한다. 외적 사건과 내적 이슈의 상관성은 미신적인 추론 같지만, 정신분석의 작업을 수행하다 보면 그 상관성이 절묘하게 증명된다. 달리 말해서 우리가 당하는 고통과 비참은 그 원형이 우리의 무의식 세계에 존재하는 것이다. 그것이 말로 표현되면서 언어로 분쇄되고 의식화를 통해 충분히 마음의 소화 작업을 하지 않는 한, 그 고통과 비참의 사건은 되풀이될 수 있다. 내면세계에 묶여 있는 문제가 외적 현실의 사건으로 비화되는 그 과정은 무척 신비롭고 거부할 수 없는 실체로 증명된다. 정신분석의 주장은 간단하다. 만일 우리가 내면세계에 존재하는 마음의 쇠사슬을 끊어내면, 그때 우리가 겪는 외적 현실의 고통과 비참의 쇠사슬도 끊어진다.[4] 많은 사람이 고통과 비참의 고리를 끊어내기 위해 외적 현실을 탐구하고 거기에 집중한다. 문제해결의 열쇠가 외부에 있다고 보기 때문이다. 하지만 정신분석학자들은 비참과 고통을 겪는 개인이 그 고리를 끊어내려면 직접 자신의 무의식 세계에 들어가야 함을 말하고 있다. 거기서 비참과 고통의 장치를 찾아서 의식 밖의 세계로 가져와야 하며, 그것을 정서적 언어의 분쇄 과정을 통해 제거해야 한다고 믿는다. 이런 점에서 정신분석가의 여정은 기독교인과 아주 흡사하다. 둘 다 외적 현실에 집착하거나 거기에서 문제해결의 열쇠를 찾지 않고 자기 내면세계로 들어간다. 정신분석은 무의식의 의식화 작업을 촉구하고 기독교는 회개작업을 권면한다.

무의식 세계에는 무엇이 있을까? 무엇 때문에 사람들은 그 세계로 들어가는 것을 두려워하는 걸까? 거기에 귀신이나 괴물이 버티고 있는 것일까? 그리스 로마신화에는 죽음과 지하세계를 크로노스의 아들이자 신인 하데스가 통치한다. 그는 로마신화에서는 플루톤, 오르쿠스로 통하기도 하며 제우스와 포세이돈의 형제이다. 그의 아버지 크로노스는 자신의 아버지 우라노스처럼 자신도 자식들에 의해 쫓겨날 것이라는 신탁을 받고, 자식들을 산 채로 입에 삼키는 비정한 존재였다. 우리가 무의식 세계로 들어가게 되면 하데스가 관장하는 세계를 경험하게 될지도 모른다. 게다가 하데스라는 단어가 "눈에 보이지 않는 것"을 뜻하는 의미의 통칭이었던 점을 감안하면, 프로이트가 말하는 무의식의 세계와 신화에서 하데스가 관장하는 죽음과 지하의 세계는 어떤 연관성이 있는 것 같다. 이 둘 간의 연결에 대한 진실 여부를 떠나서, 우리는 무의식의 세계가 두렵고 떨리는 모험적인 경험을 가져다준다는 사실을 알고 있다. 우리가 분석을 받게 되면 예전에는 상상도

4 Charles Brenner, 『정신분석기법과 정신적 갈등』, 황익근 역(서울: 하나의학사, 1993), 22-23.

할 수 없었던 공포스러운 장면들이 기억되기 때문이다. 내가 기억하는 나의 모습은 빙산의 일각에 지나지 않는다. 나의 실체는 전혀 다른 과거를 갖고 있다. 무의식의 세계에 내가 기억하고 싶지 않은 과거들이 존재한다. 가슴이 떨리고 정신이 혼미해질 정도로 충격적인 사실들이 거기에 그대로 보존되어 있다. 과연 누가 그 장면들을 자신 있게 직면할 수 있겠는가? 그것도 자신의 과거가 생생하게 기억되는 것을 누가 담담한 심정으로 지켜볼 수 있겠는가? 아무리 강심장이라 해도 그것은 정말 힘들고 어려운 작업이다. 현대 심리학계에서도 많은 학자가 정신분석의 치료적 능력을 인정하지만, 정작 그 세계로 들어가는 것에 대해서 무척 불안해하고 격앙되어 있다. 무엇 때문에 장기간 분석을 진행해야 하는지 의심하며 폄훼한다. 하지만 정작 근원적인 치료는 그 방법 말고는 없다는 사실에 그들도 동의한다. 다만 시간이 오래 걸리고 과정이 고통스러우며 만만치 않은 비용에 난색을 표하는 것이다.

무의식 세계에 남아있는 진실, 불편한 사실이 개인을 떨게 만들고 도망가게 만든다. 그 모습은 마치 죽음과 지하 세계를 관장하는 신 하데스를 만났을 때 겁에 질린 모습과 아주 흡사할 것이다. 우리는 자기에 대해서 좋은 점만 기억하고 싶다. 누군가가 자신의 은폐 사실을 들춰내는 것을 견딜 수 없다. 그것은 사생활 침해이자 명예 훼손이다. 그러나 기도와 정신분석의 과정은 개인의 사생활을 적나라하게 다 들춰낸다. 그 과정에서 명예는 땅으로 추락한다. 실추된 명예를 회복하기도 전에 우리는 기도와 정신분석 과정에서 전혀 다른 명예 훼손의 자료들과 추악한 과거의 자료들을 반복해서 목격하게 된다. 그 고통과 비참의 경험은 이루 말할 수 없다. 그런데 성서는 말한다. "회개하라! 천국이 가까웠느니라." 이는 우리가 우리 무의식에 존재하는 과거를 다 입으로 고백하면 우리의 마음은 정화되고 천국의 기쁨을 누릴 수 있다는 것으로 해석될 수 있다. 더불어 외적 현실에서 벌어지는 비참의 사건, 징크스의 사건들을 끊어낼 수 있다. 마음의 천국이 실현되지 않을 수 없는 것이다.

　　예수님은 늘 기도하셨다. "외딴곳으로 물러가셔서 기도하셨고(눅 5:16)", "아직도 밝기 전에 한적한 곳으로 가사 기도하셨으며(막 1:35)", "산으로 가사 밤이 새도록 하나님께 기도하셨다(눅 6:12)". 십자가에 달리시기 전에도 예수님은 "이 잔을 없애 주십시오. 그러나 제 뜻대로 하지 마시고 아버지의 뜻대로 하십시오(막 14:36)" 하시며 땀방울이 핏방울이 되도록 기도하셨다. 이것은 예수님이 여러 상황에 직면하면서 "무의식의 세계"로 들어간 것을 보여준다. 산에 올라가서 밤새도록 기도하신 것은 예수의 자기성찰이 얼마나 깊은 수준에 도달했는가를 보여준다. 예수님은 자주 조용한 곳에서 기도하시면서 어떤 방해도 없이 홀로 무의식의 세계를 모험하셨음을 암시한다. 새벽 외딴곳에서의 기도는 더더욱 자기 내면의 순례 여행을 상징하고 있다. 무의식 세계로의 여행은 험난하고 고독하다. 그 여행은 자발적으로, 그리고 홀로 용기를 내어서 가는 미지의 탐험이다. 존 번연의 『천로역정』에서 크리스천은 홀로 천성문을 향하여 걷는다. 그곳은 황금성이 있는 곳이다. 그 최종 목적지 전에는 죽음의 강이 기다리고 있다. 게다가 그 여행은 무거운 짐을 지고, 홀로 외롭게 "좁은 문"을 향해서 걸어가는 순례 여정이다.[5] 아무도 그 길을 걸으려 하지 않는다. 크리스천은 좁은 문을 통과했을 때 짐을 내려놓을 수 있었고, 죽음의 강을 건넌 후에는 황금성의 하나님 나라에 들어갈 수 있었다. 무의식 세계로의 여행이 이와 같다. 그 길은 쓸쓸하고 고독하며 슬픈 길이다. 끝이 보이지 않는 좁은 길만이 우리 앞

---

[5] 존 번연, 『천로역정』.

에 놓여 있을 뿐이다.

따라서 무의식의 세계는 두 종류의 세상이 있다. 하나는 하데스가 이끄는 죽음과 지옥의 세계이고, 다른 하나는 예수 그리스도가 통치하는 황금성, 하늘의 도성이다. 개인은 기도와 정신분석을 통해 이 두 종류의 세계를 다 경험하게 된다. 그 세계는 낯설고 불안과 혼란을 가중시킨다. 심리학적으로 말하면 무의식의 세계는 개별 인간의 긍정 표상과 부정 표상들이 존재한다. 긍정 표상들은 개인에게 천사의 역할을 하고, 부정 표상들은 악마의 역할을 한다. 천사와 악마가 함께 공존해 있는 세상, 그것이 무의식의 세계이다. 예수님은 광야에서 40일 금식기도를 하면서 악마와 대면하셨다. 돌을 떡이 되게 하라는 구강기 욕구, 성전 꼭대기에서 뛰어내리라는 항문기 욕구, 그리고 세상을 갖기 위해 사탄에게 절하라는 남근기 욕구를 직접 대면하신다. 거기서 예수님은 떡이 아니라 말씀으로, 하나님을 시험하는 것이 아니라 오직 하나님만 경배해야 한다는 방향 목표를 분명히 하셨다. 기적을 일으키고 특별한 보호를 받으며 온 세상의 영광을 다 취하고 싶어서 인간은 종종 악마의 속삭임에 현혹되곤 한다. 그것이 사탄의 시험인 줄 알면서도 탐욕에 이끌린다. 그래서 사도 바울은 "욕심이 잉태한즉 죄를 낳고, 죄가 장성한즉 사망을 낳는다(롬 6:23)"고 고백했다. 예수님은 기도하시면서 당신의 구강기, 항문기, 그리고 남근기의 욕구 시험을 이겨내셨다. 예수님은 공생애를 하시기 전에 이와 같은 철저한 자기분석을 깊고 철저하게 거쳐 가셨다. 무의식의 의식화 작업은 여러 각도에서 벌어질 수 있다. 그것은 우리의 구강기, 항문기, 그리고 남근기의 욕구들을 자극한다. 무의식적인 욕구들이 의식 안으로 들어올 때 우리는 그 욕구에 의해 무력화될 수 있다. 예수님은 그 시험들을 통과하셨지만, 대부분 인간은 그 시험의 장벽을 넘지 못한다. 기적적인 변화를 꿈꾸는 요행 의식, 자기는 괜찮을 것이라는 우월의식, 그리고 부귀영화를 위해 잠시 악마와 타협하는 비윤리성은 무수히 많은 인간을 쓰러뜨리고, 결국 멸망의 길로 인도한다. 무의식의 의식화 작업은 우리 안에 존재하는 이러한 근본적인 악한 속성들을 들여다보고 언어로 분쇄하는 과정이다. 그것은 자기 안에 존재하는 부정적인 움직임을 있는 그대로 관찰하고 경험하며 고백하는 작업이다. 그리고 동시에 그 과정을 통해 더욱 강건한 개인으로 변화되어 가는 작업이다. 기도와 정신분석의 작업이 목표와 과정에 있어서 거의 동일한 이유가 여기에 있다. 둘 다 무의식적인 자료들을 상대한다. 그것은 두렵고 떨리는 모험의 여정이다. 자칫 상하거나 죽을 수도 있으며, 외롭고 고통스러운 광야의 여행과도 같은 여정이다. 예수님은 이 과정을 무척 중시하셨다. 기도를 통해서 예수님은 당신의 욕망을 철저히 분석하셨다. 그리고 그와 같은 자기분석 작업을 이른 새벽에, 밤이 새도록, 늘 한적한 곳에서, 그리고 광야에서 감행하셨다.

2. 현안 처리의 과정

현대 사회는 기술의 발전과 사회적 태도의 진화, 경제 구조의 변화로 인해 업무 환경에 많은 변혁이 있다. 이전에는 직접 대면 처리가 우선이었으나 이제는 그렇지 않다. 유비쿼터스 시대인 것이다. 작업을 수행하는 시기와 장소 측면에서 더 많은 유연성을 허용하고 있다. 원격 근무, 유연한 근무 시간, 다른 위치에서 근무할 수 있는 능력이 점점 일반화되면서 인격적인 관계와 교제의 폭은 줄어든다. 주어진 업무를 성공적으로 처리하는 것과 탁월한 성과에만 주목한다. 조직이 크고 정교할수록 더 그러하다. 감시와 평가의 체제 속에서 개인은 조직 내 생존을 위해, 그리고 실적을 위해 그저 열심히 일해야 한다. 선악과를 먹은 아담은 하나님으로부터 벌을 받아

땅이 엉겅퀴를 내며, 땀을 흘려야 그 소산을 먹을 수 있고, 들에 나는 푸성 귀에 만족하게 될 것이라는 신탁을 받았다. 정말 그 말이 피부에 와닿는다. 실존의 삶은 저주받은 삶이다. 조직 내 생존을 위한 투쟁은 세상 속에서 살고자 고군분투하는 연약한 인간의 몸부림일 뿐이다.

무엇보다도 가장 힘든 것은, 크고 작은 결정들을 수없이 내려야 하며, 선택한 일의 과정들을 지혜롭게 성공시켜야 하는 부담이다. 체력과 지혜가 소진되었을 때, 그 절망감과 열등감은 이루 말할 수 없다. 어떻게 연약한 인간이 수많은 현안에 대해서 늘 지혜로운 선택을 하고, 늘 성공적인 작업수행을 할 수 있겠는가? 게다가 조직은 관대하지 않으며 기다려주지 않는다. 개인의 성과가 지표로 확인되지 않을 때 그 개인은 서서히 열외 된다. 결국 중요한 것은 지혜로운 결정과 성공적인 작업수행이다. 이 능력이 우리에게 절실하다. 따라서 개인은 지혜로운 결정과 작업수행 능력을 스스로 가능한 한 빨리 개발해야 하는데, 그 구체적인 방법은 무엇이겠는가?

성서는 그것이 기도를 통해서 가능하다고 말하고 있다. 예수님도 생존을 위협하는 상황들 속에서 기도를 통하여 모두 성공리에 완수하셨다. 정신분석학자들은 개인이 자신의 무의식적 자료를 찾아서 점검하고, 그 자료들이 보여주는 길을 향해 선택할 때 좋은 열매를 맺을 수 있다고 확신한다. 개인은 사회 문화 속에서 주어지는 제한된 정보에 의존해서 중요한 결정들을 내린다. 제한된 의식이 만들어 내는 삶의 중요한 결정들이 결국은 그 개인의 삶을 고통과 비참으로 이끌어간다. 중요한 것은 나의 선택을 좌우하는 것이 어떠한 자료인가에 있다. 피상적이고 제한된 정보인지, 아니면 본질적 가치를 지닌 고차원 정보인지가 관건이다. 내재적이며 본질적인 가치를 지닌 정보는 내 안에서 소화된 진리에 기반하며, 이것을 통해 결정을 내릴 때 확신이 있고 자신감이 넘친다. 그렇기에 흔들림은 적고 성공률은 높아진다. 기도와 정신분석의 과정은 이런 점에서 무척 가치가 있다. 그 과정은 개인에게 고급 정보를 준다. 프로이트가 말한 것처럼 의식은 빙산의 일각에 지나지 않는다. 그것은 피상적인 정보이며 절대 본질적 정보가 아니다. 거기에 의존할 때 성공보다는 실패할 확률이 높다. 무의식의 자료들이 실체이다. 거기서 개인은 문제의 진단, 분석, 해법을 찾을 수 있다. 그리고 그러한 과정을 통해 취해진 결정들은 성공할 확률이 훨씬 높다. 기도와 정신분석이 위대한 이유가 여기에 있다. 무의식의 자료들은 개인과 사회의 감춰진 진귀한 정보를 열어놓고 취약성과 가능성에 대한 정확한 정보를 제공한다. 개인은 깊이 있는 비밀정보에 의거해 보다 현명하고 성공적인 선택을 할 수 있게 된다.

예수님은 기도를 습관처럼, 한적한 곳에서 밤새도록 하셨다. 이것은 예수님께서 당신의 무의식 자료들을 용기 있게 모두 점검하신 것이다.[6] 그리고 그 과정에서 차원 높은 정보들을 늘 취하셨고, 그 정보들에 의존해서 공생애의 크고 작은 현안들을 정교한 감각과 방법으로 처리하신 것이다. 예수님이 성전에서 가르치실 때 주변 사람들은 그 지혜와 용기에 대해 놀라고 감탄했다. 심지어 바리새인과 율법학자들조차 예수님과의 토론에서 이길 수 없었다. 예수님이 무수히 많은 정보를 갖고 계셨기 때문에 그들의 비열한 질문과 함정적인 질문들을 다 극복하셨다. 병자들을 고치실 때도 각 개인에게 맞는 미시적인 방법론을 사용하셨으며, 당신이 나서야 할 때와 그렇지 않아야 할 때를 정확하게 구분하셨다. 예수님은 세금 문제와 안식일 문제, 청결 문제, 그리고 성전 거룩성 문제 등과 직면해서도 남다른 해결

---

[6] 기도에 관한 여러 서적이 있지만 필자는 삼일교회 전병욱 목사의 『낙타 무릎』을 좋아한다. 왜냐하면 무릎을 꿇고 기도하는 그 과정이 오랫동안 자리를 잡으면서 만들어지는 낙타 무릎의 모양이 기도에 대한 집중과 오랜 세월을 상징적으로 보여주기 때문이다. 전병욱, 『낙타 무릎』(서울: 두란노, 2009).

책을 보여주셨다. 자연히 예수님이 가는 곳마다 사람들이 모였다. 그들은 예수님의 가르침을 듣고 싶어 했다. 이것은 예수님의 현안 처리에 있어서 그 지혜가 특별하고 배워야 할 것이 많았다는 것을 증명한다.

　기도와 정신분석이 현안 처리에 도움이 된다는 사실은 많은 목회자와 피분석가들이 다른 사람들에 비해 인생 설계에 능하고, 일상생활에서도 지혜를 구사하는 능력이 남다르다는 사실에서 증명된다. 특히 목회자들의 경우 매일 새벽마다 울부짖고 기도하는 삶에서 언제나 적나라한 무의식 자료들을 상대한다. 그와 같은 자기 점검의 토대 위에서 교회 내의 수많은 현안을 처리하고 갈등을 해결하여 교인들의 삶에 도움을 주는 목양 활동을 수행한다. 존경받는 목회자들은 한결같이 다 기도하는 사람들이다. 거기서 그들은 힘과 에너지, 지혜와 용기를 얻는다. 피분석가들도 마찬가지이다. 그들은 분석가와의 자유로운 대화를 통해서 자기 자신을 분석하고, 생활 속의 갈등 요소들을 점검한다. 크고 작은 현안들에 직면해서 그들은 분석 과정이 가져다주는 지혜와 용기를 사용한다. 그리고 많은 성공을 거둔다. "경영자 코칭"이 오늘날 사회에서 주목 받고 있다. 이것은 경영자들의 현안 처리 과정이 얼마나 스트레스이고 심적으로, 그리고 육체적으로 긴장과 갈등을 유발하는 고통스러운 작업인가를 암시한다. 경영자의 작은 선택이 그 조직 전체 구성원들의 삶에 영향을 준다. 최고지도자의 리더십이 그 조직 내의 분위기와 미래 방향을 결정하기 때문이다. 미국에서 활발하게 수행되고 있는 경영자 코칭이 이제 우리나라에서도 자리를 잡았다. 아마도 우리나라 경영자들이 무의식적 자료의 검토작업을 성공적으로 수행한다면 기업의 미래는 무척 밝을 것이다. 경영자의 선택 하나가 조직 전체의 삶과 죽음을 결정한다. 지도자의 현안 처리 능력이 얼마나 중요한가 하는 것은 제3세계 저개발국가의 정치 상황을 보면 잘 알 수 있다. 부정부패가 만연한 나라의 최고 정치지도자들이 피상적인 자료들에 의존해 중대한 결정을 내리면서 얼마나 참담한 결과가 도래하는지 모른다. 수많은 생명이 굶어 죽고 사회와 경제는 점점 병들어간다. 그럼에도 그 지도자들은 자신의 구강기, 항문기, 남근기 욕구 충족에 여념이 없다. 중요한 위치에 있을수록 자신의 무의식적인 자료들을 충분히 검토하고, 현안 처리와 정책 결정을 해야 한다. 하지만 현실에서 우리의 지도자들은 그러한 자기분석의 과정에는 투자하지 않고 있다. 만일 고위 공무원들과 기업 리더들이 자발적으로 자기분석과 성찰의 시간을 갖는다면 분명히 세상은 새로워질 것이다.

사실 기도와 정신분석은 우리에게 지혜와 용기를 준다. 우리가 무의식적인 자료들을 접하다 보면 어떤 함정에 취약한지를 알게 된다. 반복적으로 빠지는 나의 함정, 나의 징크스가 무엇인지 알게 된다. 우리는 현 상황에서 무엇이 가장 최선이며 무엇이 가장 좋은 결과를 낳을 것인지 비교적 정확하게 예견할 수가 있다. 과학은 객관적인 자료를 통한 정확한 예측을 목표로 한다. 무의식적 자료들은 우리에게 그와 같은 객관성과 예측 능력을 가져다준다. 기도와 정신분석이 개인을 심오하게 만드는 이유가 여기에 있다. 코헛이 정신분석은 사람을 "깊게" 경험하도록 돕는다고 말한 이유가 여기에 있다. 충분한 자료와 증거가 있을 때 우리는 용기를 갖게 된다. 상황이 힘들고 열악해도 정확한 정보와 그 증거 자료들은 현실을 타개하는 데 중요한 역할을 하며, 공포와 불안의 상황 속에서도 용기를 낼 수 있게 해준다. 예수님은 십자가에 달리시기 전날 밤새 기도하셨다. 반면 동행했던 제자들은 졸고 있었다. 홀로 땀방울이 핏방울이 되도록 기도하시면서 예수님은 십자가 뒤에 감추어진 아버지 하나님의 큰 뜻을 헤아렸다. 어디로 가서 무엇을 해야 할지 정확하게 알고 계셨지만 십자가의 고통과 죽음에 대한 공포는 인간 예수로서 감당하셔야 했다. 예수님은 그 순간 용기를 내셨는데, 그 용기는 육신에서 온 것이 아니었다. 하나님의 뜻을 알았기에 가능했다. 고차원 정보는 이렇게 우리에게 자신감을 주고 지혜와 용기를 부여한다. 그래서 기도와 정신분석은 심오하다.

3. 긴장이완과 심신통합

우리의 몸은 불편 경험이 엄습하면 자연적으로 반응하게 된다. 긴장으로 경직되며 마음은 불안해진다. 무겁고 딱딱한 신체와 불안하고 혼란한 마음은 늘 찾아오기 때문에, 우리는 그 문제를 적극적으로 해결해야 한다. 그렇지 않으면 질병이나 사고가 뒤따라온다. 긴장, 불안, 혼란은 우리가 상대해야 할 실체들이다. 현대인들은 이 세 가지 종류의 불편 경험을 수없이 한다. 더더욱 위험한 것은 그러한 불편 경험들이 우리의 신체와 정신을 분열시키게 만드는 것이다. 마음은 생각, 감정, 그리고 충동들로 이루어져 있다. 그중 어느 하나에만 매달리고 다른 존재들에 대해서는 망각해버린다. 특히 몸의 신호를 듣지 않는다. 몸의 소리가 가장 지혜롭지만 우리는 그 소리를 외면한다. 몸이 긴장되고 경직되어 있으면 그 소리를 듣지도 못한다. 긴장되고 딱딱한 몸이 오래 지속될 때 거기서 질병과 사고가 유래한다는 것이 정신분석학자들의 일반적 견해이다.

질병은 긴장이 몸속에 침투해서 개인의 생명력을 잠식할 때 생긴다. 의학계에서는 이것을 "신체화 장애 Somatization Disorder"[7]라고 부른다. 한편 감정과 신체의 상호성에 관한 연구 자료들은 불편 감정이 인간이나 동물의 신체에 각종 병을 일으킨다는 사실을 증거하고 있다. 정신적으로 고통스러

---

[7] 미국정신의학회, 『정신질환의 진단 및 통계편람 제5판』, 권준수 외 11명 역(서울: 학지사, 2015), 333.

운 경험을 하면 인간이나 동물은 소화기관, 배설기관, 호흡기관, 혈액순환, 장기활동 등 신체 전반에 문제가 생긴다. 게다가 면역력도 떨어지고 암세포가 활성화될 확률도 높아지며, 심장 및 뇌 관련 장애가 오기도 한다. 모두가 다 불편 경험이 야기하는 문제들이다. 이러한 문제들은 신체의 경직성을 불러오는 긴장감을 풀어내지 못했기 때문에 발생한다.

기도와 정신분석은 우리 신체의 긴장과 경직을 풀어내는 탁월한 효과를 보여준다. 우리는 편안하고 솔직한 대화를 하면 몸이 점점 가벼워진다. 특히 마음속에 묻어 두었던 상처와 공포의 이야기를 꺼내 놓을 때, 깊은 체중이 내려가고 막힌 담이 허물어지며, 두꺼운 쇠사슬이 끊어지는 기쁨을 느낀다.[8] 사실 깊은 상처와 공포의 자료들은 신체에 그대로 남아있다. 그렇기 때문에 정신분석 상담 과정에서 피분석가가 이러한 심도 있는 자료를 고백할 때, 신체는 긴장되고, 땀을 흘리거나 거친 호흡이 나오기도 한다. 이렇게 몸의 소리를 느끼고 토설할 때, 감정과 경직이 풀리고 가슴이 뚫리는 경험을 하게 된다. 비록 힘든 과정이지만 피분석가가 그 자료들을 말로 분쇄하면서, 담겨 있는 감정적 에너지들이 풀어질 때 몸이 가볍고 경쾌해지는 것을 느낄 수 있다. 상담을 받으면서 내담자들은 정서적으로 생기를 찾고 신체적으로도 더욱 건강해진다. 마음의 응어리들이 풀어지면서, 신체도 이완되고 편안해지는 느낌을 받는다. 상담이 지속되면서 내담자의 외적인 변화가 있는 것도 우연은 아니다. 기도도 마찬가지이다. 기도를 쉬지 않는 사람은 신체적인 긴장도와 경직성이 현저히 낮다. 만병의 근원이 마음에 있다는 사실은 고대로부터 전해 내려왔다. 하지만 매일 같이 기도할 때 신체가

---

[8] 감정을 털어놓는 것 자체가 긴장 이완을 돕는다고 페니베이커는 말한다. J. W. Pennebaker, *Opening up: Healing Power of Expressing Emotions* (New York: Guilford Press, 1997). 페니베이커, 『털어놓기와 건강』, 김종환·박창배 공역(서울: 학지사, 1999), 44.

점점 편안해지는 것은 경험자들에게 상식과도 같은 이야기이다. 실제로 불편하고 딱딱한 몸 때문에 힘들어하는 사람이 한 시간 이상 기도하다 보면 배설 활동과 호흡 활동이 원활해지는 경험을 한다. 이것은 신체의 긴장 이완이 많이 이루어졌다는 증거이다. 기도와 정신분석은 이렇게 긴장을 이완시키는 힘을 갖고 있다. 또한 기도와 정신분석 후에는 세상을 바라보는 마음이 달라지는 것을 경험하게 된다. 자연경관이 새롭게 보이고, 사람들을 바라보는 시각이 바뀌는 것은 심신 이완의 영향력과 결코 무관하지 않다. 긴장으로 꽉 찼던 마음이 긴장 처리로 인해 여유가 생겨 비로소 외부 세계를 느끼고 바라볼 수 있는 마음의 공간이 생긴 것이다. 예수님은 늘 여유로우셨다. 많은 일로 잠시 휴식을 취하셨지만, 긴장으로 인한 경직된 신체의 어려움을 내색하신 적이 없다. 예수님은 언제나 활력과 생동감으로 충만하셨다. 이것은 다른 요인들도 있겠지만 자주 깊게 기도하는 구조가 큰 영향을 주었을 것이라는 정신분석학적인 추론이다.

이런 점에서 인간의 육체와 정신은 서로 밀접하게 연결되어 있음을 다시 확인할 수 있다. 의료 전문인들조차도 마음이 육체의 질병과 직결된다는 사실을 부인하지 못한다. 우리는 마음과 육체가 서로 잘 소통할 때 건강을 유지하고 활력 넘치는 인생을 살 수 있다. 그러나 마음과 육체가 분열될 때, 그리고 정신활동이 억압될 때, 신체는 질병과 무기력증에 걸리고 만다. 정신활동이 죽으면 육체 기능도 저하되고, 육체 기능이 무너지면 정신능력도 허약해진다. 인간의 몸과 마음은 이렇게 상호 영향하에 있는 것이다.

정신분석적으로 볼 때 일반적으로 사고나 불행한 사건은 개인의 내적 긴장을 외재화 및 객관화한 것으로 이해한다. 사건 사고는 일종의 꿈처럼 개인의 무의식적 갈등의 표현이며, 긴장 방출의 채널이라고 간주한다. 사고는 그냥 일어나지 않는다. 그것은 우연한 사건이 아니다. 사건 사고는 그 이면에 존재하는 개인의 무의식적인 역동과 깊은 관련이 있다. 물론 개인의 무의식적 역동과 외적 사건 사고는 서로 반드시 인과관계에 있는 것은 아니다. 그러나 상관관계 속에 위치한다. 한 가지 사례를 들어보면, 정신분석 강의를 1년여 동안 들어온 여성이 있었다. 늘 억압하면서 긴장된 삶을 살던 그녀는 강의를 들으며 개인의 무의식적인 역동이 미치는 영향력을 배울 수 있었다. 이후 수강을 중단한 지 수개월 뒤 차량전복 사고를 당하고 3개월의 입원 생활을 하게 되었다. 치료받는 동안 그 여성은 자신에게 왜 그런 사고가 발생했는지 곰곰이 사유했다. 사실 그동안 정신분석 교육을 받으면서 잊혀지고, 의식에서 버려졌던 옛 기억들이 회상되어 몸과 마음이 편치 않았다. 이러한 불편 자극들이 주는 고통 때문에 강의도 참석하지 않고 또한 그것들을 누군가와 말로 분쇄하는 과정은 더더욱 하지 않았다. 결국 사고를 통한 "비참의 정화" 방법으로 그 긴장을 처리한 것이다. 비록 한 개인에게는 불행한 사고였지만 자신의 억압되고 축적된 긴장 에너지를 정화할 수 있는 기능을 대신했다. 그녀는 이 사고를 통해 깊은 자기 이해의 성찰과 통합을 가져다주는 귀한 기회로 경험했다. 이후 여유롭고 편안한 가운데, 가정과 직장에서 밀도 있는 인간관계를 잘할 수 있었다. 삶에는 많은 사건 사고가 있다. 그것을 어떻게 경험하고 해석하는가의 지혜를 기도와 정신분석이 도움을 제공한다. 기도와 정신분석은 긴장 에너지를 창조적으로 방출시키는 작업이다. 만일 그러한 작업이 없이 계속 긴장을 쌓아두게 되면 신체적인 질병과 파괴적인 행동화 또는 비참한 사고와 사건 연루 등으로 처리하게 된다. 이것을 줄리아 크리스테바는 "비참의 정화"라고 불렀다. 물론 모든 불행한 사건과 사고가 다 비참의 정화인 것은 아니다. 어떤 사건들은 무죄한 대속의 사고도 있고, 실존의 역학 속에서 벌어지는 자연 사건도 있다. 그래서 개인의 내적 역동과 외적인 특별 사건 사이는 인과관계가 아니라 상관관계인 것이다.

정화는 비참으로만 이루어지는 것이 아니다. 창조와 건설의 작업을 통해서도 가능하다. 특히 기도와 정신분석은 내적인 상처와 공포, 그리고 증오를 다루기 때문에 그 경험 자체가 이미 비참하고 고통스럽다. 게다가 그 비참한 고통의 과정을 언어로 고백하기 때문에 단순한 정화가 아니라 분쇄이다. 이러한 작업은 과거의 반복적인 악순환의 고리를 끊어내는 창조적인 효과를 가진다. 언어는 그 자체로서 하나의 새로운 창조물이다. 언어가 뿌리를 내리면 그것은 생명력을 가지며, 그 언어가 개인의 인격과 선택에 중대한 영향을 미친다.9 예수님은 사탄의 시험 속에서 말씀 언어를 통해 극복한 경험을 갖고 계신다. 예수님은 떡과 기적, 영광의 시험 앞에서 말씀과 신뢰, 그리고 경배의 표상을 가지고 승리하셨다. 신체와 정신이 하나 되는 특별한 순간으로, 심신통합의 과제를 이루는 쾌거로 해석될 수 있다. 이와 같이 기도는 사탄의 시험을 물리칠 수 있는 힘을 더해준다. 인간은 물질과 과욕, 영광 때문에 긴장한다. 그리고 그 긴장에 사로잡혀 자신과 남을 불행하게 만드는 위험한 선택을 한다. 특히 자기분석의 시간을 갖지 않는 사람들은 이런 상황에 자주 처하게 된다. 인간은 시시때때로 밀려오는 긴장과 불편의 느낌을 축적하고 억압하며 신체와 정신을 망가뜨리는 위험한 결과를 초래한다. 예수님은 늘 기도하셨다. 한적한 곳에서, 산에서, 그리고 자주 홀로 기도하셨다. 이것은 예수님이 자기분석의 시간을 게을리하지 않았음을 보여주며, 그로 인해서 신체 정신적 긴장을 이완시키고, 심신을 통합하는 창조적 삶을 선택했음을 짐작하게 한다. 우리는 기도 혹은 정신분석

9　줄리아 크리스테바는 인간이 언어 활동을 추구하지 않으면 우울증에 걸리며, 의미 상실의 비극에 처하게 된다고 지적한다. 줄리아 크리스테바, 『검은 태양: 우울증과 멜랑콜리』, 김인환 역(서울: 동문선, 2001), 27, 287.

의 과정을 통해서 자기분석과 자기성찰의 시간을 충분히 가지는 것이 중요함에도 바쁜 일상생활과 리비도적 욕망 때문에 간과하게 되고 놓쳐버리는 수가 많다. 중요한 것은 긴장 이완과 심신통합이다. 이것은 늘 수행되어야 한다.

4. 신성 에너지의 충전

인간의 체력은 한정되어 있고 삶은 많은 에너지를 필요로 한다. 이런 상황에서 우리의 몸은 빨리 지치게 되어 보완할 것을 찾게 된다. 어떻게 하면 우리가 지치지 않고 늘 생기 넘치는 삶을 살 수 있을까? 활력과 생동감이 넘치는 삶은 어떻게 만들어지는 것일까? 수많은 방법 중에서 기도가 단연 최고의 에너지 충전 채널이라고 주장하고 싶다. 예수님은 늘 기도하셨다. 이른 새벽 혹은 밤새도록 한적한 곳에서 홀로 기도하셨고, 또한 예수님은 광야에서 40일 금식기도를 성공적으로 마치셨다. 예수님의 기도 습관은 무척 굳건하고 삶의 중심적 활동으로 자리를 잡았다. 이것은 예수님이 아버지-아들의 관계를 아주 성공적으로 잘 구축했음을 증명한다. 인간은 아버지와의 관계에서 소통이 원활할 때 순리에 맞는 자연스러움으로 힘이 넘친다. 프로이트의 관점에서 볼 때 그것은 갈등에 의해 묶여있는 에너지가 적기 때문이다. 사실 우리들의 몸과 마음에서 에너지를 소진시키는 것은 갈등과 마찰이다. 인간관계의 갈등이 많거나, 내적 자극들과 마찰이 있을 때 저절로 누수되는 에너지가 많게 된다. 가만히 있어도 힘이 빠지고 신경쇠약증의 원인이 되기도 한다. 프로이트는 아버지와 갈등하는 오이디푸스 콤플렉스에 빠져 있었고, 각종 신경쇠약의 증세를 드러내기도 했다. 그는 아버지 대신으로 카르타고의 명장 한니발 장군을 가슴에 품었고, 현실에서는 베를린의 이비인후과 의사 플리스와 친밀하게 관계했다. 프로이트는 플리스와 자주 서신 교환을 통해 의견을 나누었다. 그리고 자신의 고민을 털어놓을 정도로 그를 존경하며 따랐다. 무기력과 쇠약한 느낌을 치료하고자 환상과 현실 차원에서 존경 대상을 무의식적으로 찾은 것이다. 프로이트에 따르면 신경쇠약증은 과도한 자위나 몽정을 하는 사람들에게도 자주 나타난다고 한다.10 자위나 몽정은 내적인 흥분상태를 해결하기 위한 배출 행위이다. 다시 말해 강박적 자위와 몽정의 행위는 아직 존경할 만하고 사랑하는 대상을 찾지 못하고, 스스로 긴장과 갈등을 절제하지 못한 상태에서 에너지를 버리는 행위라고 볼 수 있다. 건강한 대상과의 성행위는 에너지를 생산하지만, 자위와 몽정은 대상이 없는 자기만의 해결이란 점에서, 그리고 사회적 시선에 대한 죄책감으로 심리적 갈등을 일으키고, 그 갈등이 에너지를 빠져나가게 한다.

그런데 하인즈 코헛은 인간의 무절제한 성적 충동은 아버지와 관계가 깨질 때, 즉 아버지에 대한 존경심이 무너질 때 발생한다고 보고 있다.11 여성의 경우는 물론 어머니에 대한 존경심의 상실이 그 원인이다. 이것은 인간의 에너지가 존경 혹은 이상화 기제와 깊은 관련이 있고, 에너지의 탈진은 존경 혹은 이상화의 상실에서 온다는 주장을 암시한다. 또한 이러한 현상은 왜 사람들이 우상을 만들고 숭배하는지에 대해서도 설명이 가능하다. 인간은 힘을 필요로 하고, 그것은 본래 위대한 대상으로서의 아버지 혹은 어머니에 의해서 유아에게 전달된다. 유아기와 아동기 동안에 어머니와 아버지에 대한 존경이 충분히 경험되면, 그 경험은 유아의 내면에 원상imago

10 지크문트 프로이트, "신경 쇠약증에서 불안 신경증을 분리시키는 근거", 『프로이트전집12-억압, 증후 그리고 불안』(서울: 열린책들, 1997), 43.
11 앨런 시걸, 『하인즈 코헛과 자기심리학』, 권명수 역(서울: 한국심리치료연구소, 2002), 178, 191; 하인즈 코헛, 『정신분석은 어떻게 치료하는가?』, 56-57.

으로 자리를 잡을 것이다. 그러나 만일 어머니나 아버지가 존경 기능을 행사하지 못하게 되면, 유아는 힘의 유입과 자기 내적 흥분의 통제 능력에 실패하게 된다. 자연히 성도착증이나 신경쇠약에 걸리게 되고 신경증 환자의 덫에 빠져서 불행한 삶을 살 수밖에 없다. 따라서 중요한 것은 존경 대상과 그 관계 경험이다. 그 대상이 튼튼하면 튼튼할수록 그리고 그 대상과의 관계가 좋으면 좋을수록 아이는 힘의 탈진을 겪지 않는다. 오히려 열정적으로 매사 긍정적이고 적극적인 자세로 세상을 탐구하며 즐길 것이다. 하지만 실존의 세계는 아이들에게 충분한 존경 부모 체험을 허락하지 않는다. 유아의 생후 3년 시기를 책임지는 엄마의 심리상태는 아버지에 의해 영향을 받고, 어머니는 배우자를 존경할 수 없어서 내적으로 힘들어하고 있다. 아버지 역시 사회에서 인정과 안정적인 위치를 가질 수 없어 무기력하거나 에너지가 불안정하다. 이런 상태는 부부의 관계를 아름답게 가꾸기보다는 소원해지거나 원망하는 등 관계의 갈등과 고립이 고조될 수 있다. 이때 부모는 심리적, 정서적으로 점차 에너지가 고갈되고 지치게 되며 아이의 관계를 향한 욕구를 충족시킬 수 없게 된다. 즉 존경할 만한 멋진 대상으로서의 역할을 할 수가 없는 것이다. 이는 아이들의 존경 욕구를 상당히 훼손시키는 결과를 가져온다. 결국 아이는 존경하는 부모 경험의 미비로 인해 현실에서 괴로워하고 내적인 공허감에 시달리게 된다. 이를 해결하고자 이상화와 우상화, 도착, 신경증, 반사회성 비행 등의 다양한 문제 속으로 빠져들게 된다. 하지만 그럴수록 에너지는 더욱 고갈되며 파편화될 수밖에 없다. 만일 현실적으로 적절한 에너지 충전을 강구하지 않는다면 실존 자체가 위협받을 수밖에 없게 된다.

　　정신분석학자들은 방어구조의 분쇄와 보상구조의 확립에 그 해법이 있다고 말한다. 에너지가 충만해지려면 심리구조의 강화 작업이 선행되어야 한다. 그리고 이 작업은 언제나 존경자기대상과 함께 시작된다. 존경자기대상과의 연결 없이는 에너지 생산이 일어나지 않는다.[12] 존경자기대상 경험은 현실과 환상의 영역 모두에서 가능하다. 하나님과 깊은 교제는 이런 점에서 존경자기대상 체험을 하게 하고 탈진된 인간의 회복을 가능하게 할 수 있다. 정신분석 과정도 역시 이와 같은 기능을 한다. 피분석가는 존경할 수 있는 분석가와의 관계에서 진술한 대화를 한다. 마음의 소통이 원활해지며 에너지는 다시 생산되기 시작한다. 그 에너지는 이중축 자기가 만들어 내는 에너지이고, 무엇보다 존경자기대상이 제공하는 에너지이다. 존경자기대상과의 관계에서 오는 에너지는 파편화되어 있는 자기를 응집시켜 주고, 자신의 내적 욕망을 다스릴 수 있는 능력을 강화해 준다. 정신분석을 받는 사람들이 자기조절능력과 원활한 인간관계를 만들 수 있는 이유가 여기에 있다. 일단 상담 관계가 구축되면 그것만으로도 개인의 에너지 시스템을 즉각 회복시키고 정상 가동시킨다.[13] 물론 이 구조는 영속적인 것은 아니다. 상담 관계가 깨지면 같이 무너져 버리는 일시적인 에너지 구조에 지나지 않는다. 아직 뿌리를 내리지 못한 구조이기에 언제든지 무너질 수 있는 위험성이 있다. 구조가 탄탄하게 세워지기 위해서는 존경자기대상과 이중축 자기의 구조 체험이 오랫동안 지속되는 것이며, 그것이 서서히 내재화될 때까지 견디는 것이 중요하다. 정신분석이 10년, 20년 동안 장기 치료를 하는 이유가 여기에 있다. 과거에는 일주일에 5일 혹은 6일을 분석했다. 오늘날에도 이런 전통적 기준을 중시하지만, 현대 정신분석학자들은 일주일에 하루 혹은 이틀씩 10년 20년의 분석도 적절하다고 판단한다.

---

[12] 코헛은 인간의 심리구조가 존경자기대상과의 관계 경험으로부터 형성된다고 지적한다. 앨런 시걸, 『하인즈 코헛과 자기심리학』, 245-246.
[13] 이것을 가리켜서 "일시적 구조화(temporary structurelization)"라 부른다.

따라서 중요한 것은 존경자기대상과의 이중축 자기 구조 체험이다. 그리고 그것은 신앙 안에서 가장 확실하게 경험될 수 있다. 하나님은 위대한 전능성을 갖고 계신 분이다. 우주의 창조주이시며, 만물의 통치자이시다. 동시에 당신의 아들을 보내사 희생하시면서까지 우리를 사랑하시는 큰 덕망의 주님이시다. 힘과 사랑 두 가지 요소를 완벽하게 갖추셨음에도 우리를 침범하거나 통제하려 하시지 않는다. "구하라 주실 것이요. 두드리라 열릴 것이다"라고 하신 말씀대로 주님은 늘 우리 옆에서 기다리신다. 우리가 주님을 향하여 외면하고 분노하며 떠나려 해도, 우리를 심판하거나 처벌하지 않으신다. 그저 십자가의 고통을 대신 짊어지시면서 우리를 향한 구속의 사랑을 멈추지 않으신다. 우리가 주님을 존경하기만 하면 이중축 구조는 바로 만들어진다. 그리고 우리 안에서 영원히 샘솟는 에너지 생산이 이루어진다. 주님과의 관계는 우리가 떠나지 않는 한 영원히 존속된다. 우리가 무릎을 꿇고 기도하는 그 순간 이미 이중축 자기의 구조는 확립되고 거기서 엄청난 에너지가 분출된다. 하나님은 이 세상 존경자기대상 중 최상의 존재이시다. 그 에너지는 신성에너지이므로 영원히 메마르지 않고 샘솟듯 흘러넘치는 에너지 체계를 구축한다.

예수님의 공생애 사역을 살펴보면 거룩한 것과 그렇지 않은 것을 분별하셨으며, 광야시험에서도 구강기, 항문기, 남근기 등의 욕망에 현혹되지 않으셨다. 이 땅에 인간의 몸으로 거하셨지만 언제나 하늘의 뜻을 기억하며 당신의 사명을 고난 가운데서도 감당하셨다. 이렇게 하실 수 있었던 것은 예수님의 이중축 자기구조가 견고하였기 때문이다. 그리고 언제나 주변에 총애와 일체 대상들이 즐비했다. 아버지 하나님과의 진솔한 관계 능력은 예수님이 다른 사람들과 진실된 관계를 맺도록 하는데 크게 기여하고 있다. 예수님은 이상과 가치, 그리고 재능과 기술의 영역에서도 최고의 기능을 보여주셨다. 이것은 예수님이 아버지 하나님과의 원활한 의사소통이 없었다면 불가능한 일이다. 기도는 자기분석의 시간으로써 에너지 시스템을 활성화한다. 에너지 상태가 점점 좋아지고, 장기간 지속될 경우, 심리구조로 내재화될 수 있다. 무엇보다도 우리가 하나님과 깊은 대화 체험을 한다면 신성에너지를 받는 과정이 된다. 예수님은 그 과정을 자주 하셨고, 깊게 하셨다. 그만큼 이중축 자기구조가 견고했음을 미루어 짐작할 수 있다. 영적인 관계와 신성에너지 유입의 가능성은 우리에게 희망을 준다. 우리의 과거가 어떠하다 할지라도 그것이 문제가 되지 않는다. 유아기에 아무리 병리적인 부모를 만났거나 버림을 받았더라도 다른 가능성이 존재한다. 인간은 누구나 다, 남녀노소 동서고금을 막론하고 신성에너지를 받기만 하면 언제든지 새로워질 수 있다. 믿음으로 인해 새로운 피조물이 될 가능성이 누구에게나 열려 있기에, 출생의 비밀이나 환경의 제약은 궁색한 변명이다. 정신분석치료는 지속적인 비용투자를 해야 하는 작업이지만 기도는 다르다. 그것은 언제 어디서나 가능하다. 아버지와의 관계가 불행했다고 하더라도, 그리고 어머니와의 관계가 심각했다고 하더라도 인간은 신성에너지의 유입을 통해서 자신의 인생을 더욱 빛나게 구성할 수 있다. 작은 공간이라도 처음 내 집 마련을 하게 되면 그것은 재력가가 대저택을 구입한 기쁨보다 더 크다. 행복, 기쁨 그리고 에너지는 철저히 주관적 경험에 의해서 결정된다. 유아기와 아동기에 상처와 갈등이 심각하면 심각할수록 신성에너지를 통해 새로운 구조를 형성하면서 얻게 되는 자기 치료와 회복의 기쁨은 가히 비교할 수가 없다. 고난이 깊으면 영광도 장대한 법이다. 신성에너지는 그 모든 악조건을 오히려 전화위복으로 만드는 위력을 지니고 있다. 누구나 다 이런 점에서 평등하게 자아실현을 할 수가 있고, 그 기쁨을 마음껏 누리고 나눌 수 있는 것이다.

5. 진리표상의 발견

우리는 존재에 대하여 너무나 모르고 있다. 나라는 존재에 대해서도 신의 존재에 대해서도 피상적인 앎은 있을 수 있으나 진정한 의미에서 존재와의 만남은 상당히 어려운 일이다. 마틴 하이데거는 "존재"의 개념을 통해 존재가 개현하더라도 체험 능력이 부족해 그것을 다 알 수 없다고 하였다. 이미 예수님께서 친히 이 땅에 현존하시면서 드러내셨지만 동시대인 모두가 그를 "그리스도시요 살아 계신 하나님의 아들"이시라고 고백하지는 않았다. 하나님은 지금도 순간순간 모든 것을 통하여 이 세상에 당신을 드러내고 계신다. 하지만 그 하나님을 체험하는 우리 각자가 체험 능력이 부족하여 하나님 존재의 현현을 제대로 파악하지 못하고 있을 뿐이다. 하나님은 그 존재를 열어 놓으셨다. 남은 것은 우리의 결단이고 우리의 참여이다. 깊고 정교한 하나님의 체험은 우리에게 아주 특별한 시간이 될 것이다.[14] 기도의 체험이 깊어질 때 무의식의 자료들을 의식화할 수 있고 긴장을 처리해서 심신 통합을 성취할 수 있게 된다. 그럴 때 크고 작은 현안을 지혜롭게 처리할 수 있고 형통한 삶을 살 수 있다. 또한 우리는 기도 체험으로 놀랍고 경이로운 신성에너지를 확보할 수 있다. 그러나 단순히 기도의 시간을 갖는다고 모두 같은 에너지와 같은 영향력을 확보하는 것은 아니다. 일반적인 관계에서도 개인들은 각자의 대상관계 역동을 처리하는 능력에 따라 서로 다른 결과와 차이를 보인다. 같은 대상이라 할지라도 누구는 따뜻하게 경험하는 반면 누구는 차갑게 느껴지면서 다른 관계의 양상을 보일 수 있다. 기도를 통한 하나님과의 관계 경험 역시 마찬가지이다. 개인마

---

[14] 마르틴 하이데거,『존재와 시간』, 이기상 역(서울: 까치, 1998).

다 기도를 통한 하나님과의 경험 수준은 아주 다르게 나타난다.

그 체험 수위가 깊고 넓은 사람은 앞에서 언급한 무의식의 의식화, 현안 처리의 과정, 긴장이완과 심신통합, 신성에너지 충전의 4가지 기능을 충분히 경험할 수 있다. 더 나아가 하나님과의 소통 과정에서 경이로운 진리표상을 발견하기도 한다. 그것은 현안 처리를 위한 해법 표상과는 다르다. 이는 현안이 아닌 존재의 근원적인 구조에 관한 표상에 가깝다. 그래서 필자는 이러한 특별한 깨달음을 "진리표상"이라고 명명한다. 즉 기도하는 사람이 자기 존재의 근원 구조를 특별하게 깨닫는 것이다. 예를 들어 정신분석가들은 이것을 가리켜 "전이신경증"이 극에 달해 폭발하면서 그 신경증이 전혀 예측하지 못했던 방법으로 해결되는 "핵심적 치료 경험"이라 부른다.[15] "정신적으로 완전하게 소화된 후의 특별한 깨달음의 과정"일 것이다. 존재의 근본적인 구조에 대한 깨달음, 무의식적 방어구조가 분쇄되면서 일어나는 깨달음, 그것은 득도의 깨달음이고, 위대한 진리의 발견이다. 베토벤이 운명 교향곡 5번을 완성한 후에 찾아오는 심연의 표상, 시인 네르발이 죽음 앞에서 은혜로 극복한 후에 가지는 "죽은 그리스도"와 같은 표상, 줄리아 크리스테바가 철학·문학·언어학·정신분석학의 세계에서 고뇌하면서 깨닫는 "비참의 정화"와 "검은 태양"의 표상, 그러한 것들이 바로 진리표상의 발견이다. 프로이트는 플리스와 서신을 통해 오랜 시간 관계를 나누며 자신의 꿈 내용과 아내 이야기를 하였고, 어느 순간 "오이디푸스 콤플렉스"의 진리를 발견하면서 정신분석의 기틀을 다지게 되었다. 프로이트는 그 깨달음 이후 대학 내 명예 교수직과 정신분석의 기틀을 세울 수 있었던

---

15 "전이신경증(transference neurosis)"의 유도는 고전주의 정신분석의 핵심 치료 과정이다. 치료 과정에서 벌어지는 전이신경증은 치료에 도움이 되는 것으로 이는 정신분석치료 과정 중 분석의 과제 및 치료의 긍정적 기회가 되기도 한다. Heinz Kohut, *The Analysis of the Self* (New York: International Universities Press, 1971), 94.

수요모임까지 구축할 수 있었다. 진리표상의 발견은 이처럼 인생에서 특별한 전환점을 가능하게 해 주는 힘이 있다. 그것은 존재의 근원에 대한 특별한 진리를 찾아내는 작업이다. 아이작 뉴턴이 떨어지는 사과를 보면서 만유인력의 법칙을 발견하고, 아인슈타인이 상대성 원리를 찾아 원자핵분열의 이론을 찾아냈을 때, 그와 같은 진리의 발견이 여기에 해당한다. 이러한 진리의 발견은 당사자뿐만 아니라 인류에게도 크게 공헌한다. 또한 많은 사람에게 힘과 능력을 더해주고 용기와 꿈을 심어준다.

    예수님은 그와 같은 진리표상들을 기도하시면서 찾아냈다. 습관적으로 기도하시고, 밤이 새도록 기도하시며, 땀방울이 핏방울이 되도록 기도하시는 주님은 결국 공포와 절망의 십자가를 피할 수 없다는 진리표상을 찾아내셨다. "이 잔을 없애 주십시오. 그러나 제 뜻대로 하지 마시고 아버지의 뜻대로 하십시오"라는 결연한 의지의 고백을 하셨다. 십자가 선상에서 "엘리 엘리 라마 사박다니. 아버지여 아버지여 어찌하여 나를 버리시나이까" 하는 신음 소리는 위대한 진리표상이자 인류 구원의 진리표상을 현실화하는 극한 경험에서 터져 나온 것이다. 또한 하늘의 과제 앞에 선 인간의 절규이자 신음이었다. 진리는 그냥 주어지는 것이 아니다. 진리표상을 찾는 과정은 도전과 모험을 요구하며 고통의 터널을 지나야지만 획득되는 것이다. 십자가 표상도 달라졌다. 이전의 십자가는 죄인을 단죄하는 저주의 상징이었으나 예수님의 비극적인 십자가 사건은 인류 구원의 효시가 되었다. 그래서 강도와 살인자의 멍에였던 십자가가 이제는 구원과 대속의 상징으로 변했다. 십자가 상징은 이제 새로운 진리를 담게 된 것이다. 이러한 표상의 변화와 의미의 변혁이 가능했던 것은 바로 하나님과 깊은 교제가 선행되었기 때문이다.

    기도는 위대한 창조를 만들어 낸다. 예수님의 기도는 인류 구원의 십자가 상징을 창조했다. 그것은 인류의 최고 진리로써 오랜 시간 우리를 지켜주는 정신적·영적 표상이 되었다. 십자가와 부활의 진리표상이 온 세계 모든 존재를 향한 영원한 진리로 자리매김한 것이다. 이것이 기도의 위대한 역사이다. 자기 내면의 세계로 들어가는 개인은 십자가의 고통과 부활의 영광을 경험한다. 그것이 바로 예수 그리스도께서 몸소 보여준 진리이며, 믿는 성도들이 각자 자신의 삶 속에서 증명해야 할 진리이다.

존재의 새로운 구현은 기도하는 개인의 내적 열매이지만, 동시에 정신분석치료의 목표이기도 하다. 정신분석은 왜 존재하는가? 왜 여러 분야에서 정신분석을 화두로 삼고 있는가? 그것은 정신분석이 구현해 내는 다양한 진리들과 해법들 때문이다. 기도와 마찬가지로 정신분석은 개인을 철저히 주관적 세계의 통치자가 되도록 안내해 준다. 즉, 정신분석은 개인이 자기의 생각, 감정, 그리고 충동의 세계에서 방황하는 객체가 되는 것이 아니라 주체가 되도록 촉구한다. 인간은 영웅이 되기를 원하고, 제국 건설의 꿈을 갖고 있다. 인류 역사는 제왕의 꿈을 지닌 이들의 혈전이었다. 그런데 정신분석과 기독교는 이제 사람들에게 외적 현실의 통치자가 아니라 내면 세계의 제왕이 되어야 한다고 가르치고 있다.[16] 예수가 십자가와 부활의 경험을 통한 최고 진리를 인류에게 선보였던 것처럼 정신분석도 방어구조의 분쇄라고 하는 십자가 고통과 보상구조의 확립이라고 하는 부활의 영광을 강조한다. 보상구조가 방어구조를 극복할 때, 즉 부활이 십자가를 보상할 때, 삶의 전환이 실현된다. 그동안 개인의 삶을 묶고 있었던 영적 쇠사슬이 끊어지는 것이다. 신음하던 영혼이 자유를 얻고, 병리에 사로잡혀 있는 정신이 마침내 해방을 얻는다.

---

16 이것은 오토 컨버그의 저서 『내면세계와 외부 현실』의 핵심 내용이다. 오토 F. 컨버그, 『내면세계와 외부 현실: 대상관계 이론과 그 적용』, 이재훈 역(서울: 한국심리치료연구소, 2001).

따라서 인간은 두 가지 세계에서 각자 결단하며 살아간다. 어거스틴이 『하나님의 도성』에서 밝힌 것처럼 "하늘의 도시"에 사는 인간과 "세속의 도시"에 사는 인간들이 있다. 전자는 자기 내면세계를 진지하게 사는 사람이요, 후자는 외적 현실 속에서 다른 타자들과 전쟁하는 삶을 사는 사람이다. 대부분 사람은 외적 현실을 실체라고 여긴다. 그곳이 삶의 현장이라고 생각한다. 하지만 자기분석의 시간을 갖는 사람은 다르다. 기도와 정신분석의 길을 걷는 이들은 외적 현실이 아니라 내면세계가 우리의 본질이요, 궁극적 실체임을 깨닫고 있다. 그들은 내면세계의 진리표상들을 발견한다. 외부 세계의 진리를 찾고자 하는 외적 현실의 주체들과는 달리 그들은 정신세계의 진리를 체험적으로 찾아내려고 하는 도전과 모험의 주체들이다. 예수님은 유대인의 정치적 왕이 되려고 하지 않으셨다. 다만 외적 현실에서 위대한 정신적 가치를 구현하려고 노력하셨다. 그분은 가난한 자와 병든 자, 고아와 과부, 창기와 세리, 그리고 죄인과 연약한 자들에게 힘과 용기를 주는 데 모든 노력을 다하셨다. 치유와 가르침, 그리고 제자 만들기 등의 사역이 그와 같은 가치구현을 가능하게 했다. 예수님이 정치적 왕이 되기를 바랐던 유다는 결국 은 30냥에 예수를 팔았다. 이는 외적 현실의 정치 세계에서 예수님이 권력을 취하지 않는 것에 대한 불안과 분노에서 연유한 것이다. 유다는 내면세계의 통치자가 아니라 외적 현실의 권력자가 되기를 희망했다. 예수님과 유다는 함께 있었지만 서로 전혀 다른 이상과 가치를 가지고 있었다.

진리표상이란 무엇인가? 그것은 개인이나 공동체가 직면하는 문제에 대한 해법을 의미한다. 과학과 종교가 추구하는 방향이 바로 그것이다. 과학은 외적 현실 즉 자연세계의 문제를 해결하고, 종교는 내면세계인 정신영역 문제를 해결한다. 예수님은 마음의 세계에서 통치자가 되기를 원하셨고, 그렇게 가르치셨다. 인간은 자연세계와 사회 속에서 제왕이 되기를 원하지만, 예수와 성서는 우리가 정신세계와 문화 속에서 진정성 있는 통치자가 되기를 권면한다. 오늘날 세계는 정신적 문제들에 의해 혼돈에 빠져 있다. 자연적 가치들이 절대적인 오늘날 우리의 삶이 이제는 가상현실이라고 하는 제3의 세계가 미치는 영향력에 의해 좌충우돌하고 있다. 물리적 세계가 아닌 가상 세계가 실제로 존재하는 실체이며, 그 세계의 가치들이 외적 현실에 강력한 영향을 미치는 실체임이 증명되고 있다. 아마도 금융시장이 그 좋은 사례가 될 것이다. 전 세계의 금융시장은 이제 자연적 실체가 아니라 정신적 실체에 의해 크게 동요된다. 사람들은 생각, 감정, 그리고 충동에 의해 돈이라고 하는 물리적 존재를 투자하기도 하고 거둬들이기도 한다. 금융시장은 실체를 알 수 없고 확인할 수 없는 정보에 의해 출렁거린다. 외적 현실이 아니라 가상 세계의 요소들이 그 시장을 통치하는 것이다. 그래서 주식과 펀드, 그리고 가상화폐 투자의 전문가들은 한결같이 말한다. 외적 정보에 의해 움직이기보다는 자기 내면의 통제와 치리가 더 중요하다고. 투자자는 외적 정보와의 싸움이 아니라 자기 내면의 불안과 혼돈이라는 적과 싸워서 이겨야 한다. 외적 현실이 아니라 내면세계의 주인이 되어야 한다. 그것이 금융시장에서 승리하는 방법이다.

정신분석 용어로 말하면 대상을 통제하는 것이 아니라 자기를 통제하는 기술을 갖는 것이 중요하다. 기도와 정신분석의 세계는 내면세계를 다룬다. 외적 현실에 대한 논의도 결국은 내면세계의 통치력을 키우기 위한 도구일 뿐이다. 유다는 외적 현실 세계에서 살았고, 그 세계의 문제를 해결하는 진리표상을 찾아 방황하였다. 그러나 예수는 내면세계에 뿌리를 내렸고 그 세계의 문제를 해결하는 진리표상을 찾고자 하셨다. 마침내 예수는 십자가와 부활이라는 진리표상을 발견하셨다. 그 표상은 수천 년간 인류의 영혼을 구원하는 가장 위대한 진리표상으로 자리매김했다. 아인슈타인은 떠났지만 그의 상대성 진리는 남아있다. 프로이트도 세상을 떠났지만 그의 정신분석은 현대인의 정신세계를 이해하는 초석이 되었다. 에디슨의 전기는 인류를 풍요롭게 하고 있으며, 하인즈 코헛의 "정신적 산소" 이론은 이 세상에 남아 많은 사람의 내적 변혁 과정의 효시가 되고 있다. 이것이 바로 진리표상의 힘이다. 성서는 "진리가 너희를 자유하게 하리라(요 8:32)"고 말씀한다. 인간은 늘 크고 작은 문제들과 현안에 둘러싸여 있다. 그 문제들의 해결은 진리를 찾음으로써 가능해진다. 자연세계의 진리가 반드시 정신세계의 진리와 일치하는 것이 아니며, 그 반대도 마찬가지이다. 어느 세계의 진리를 좇을 것인가? 우리는 그 선택 앞에 놓여진다. 기도와 정신분석은 정신세계의 진리를 좇아서 도전하고 모험할 것을 요청한다. 따라서 정신세계 혹은 마음의 세계의 진리를 찾는 데는 두 가지 방법론이 존재한다. 기도의 방법론, 그리고 정신분석의 방법론이다.

우리는 첨단의학과 자연과학, 그리고 물질만능주의에 살고 있지만 놀랍게도 그 모든 문제의 해법이 자기성찰과 내적 변혁에 있음을 발견한다. 스티븐 코비는 『성공하는 사람들의 7가지 습관』에서 첫 번째 원칙으로 "내면으로부터 시작하라"고 권하고 있다.[17] 그가 직접적으로 기도와 정신분석을 이야기하지는 않는다. 그러나 그는 자기성찰과 분석의 가치를 강조하고 있다. 종교와 정신분석의 영역이 아니라 경영학의 영역에서 그는 자신이 찾은 진리표상을 외치고 있다. "내면에서 시작하라" 이것은 오늘날 행동주의 심리학자와 인지치료 학자들이 수없이 강조하는 "통제의 위치Locus of Control"이론과도 일맥상통한다. 그들도 외부 현실을 통제하려는 사람보다

---

[17] 스티븐 코비, 『성공하는 사람들의 7가지 습관』, 김경섭 역(서울: 김영사, 1994), 21.

내면세계를 통제하려는 사람이 현실에서도 승리를 거둔다고 하는 진리를 외치고 있다. 기도와 정신분석은 오랜 역사 동안 그 진리를 수행해 왔다. 예수님이 "자주", "밤새도록", "이른 새벽에", "한적한 곳에서" 기도하신 것은 결국 당신의 내면세계에 대한 통제 능력을 강화하기 위함이었고, 그 세계의 통치에 필요한 진리표상을 획득하는 데 있었다. 자기분석의 시간을 통해 예수님은 무의식을 의식화하고 긴장이완의 심신통합을 추구하며, 현안 처리와 진리표상, 그리고 신성에너지를 획득하셨다. 정신분석의 시간과 기도의 시간이 같은 목표를 향해 정진한다. 내면세계를 사는 사람들은 모두 내적 세계를 통제하며 정신적이고 영적인 가치를 가슴에 담았다. 그리고 그 가치를 구현하고자 최선을 다한다. 그들이 바로 어거스틴이 말하는 하나님의 도성에 사는 사람들이라고 할 수 있다. 이들이야말로 객체가 아닌 주체의 삶을 사는 사람들인 것이다.

연구 질문들

1. "전이 신경증"의 본질과 기능에 대하여 설명하라.

2. 의식적 수준의 자료처리가 심층적 자료처리에 비해 안전한 이유는 무엇인가?

3. 경직되고 딱딱한 신체의 이완이 정신에 미치는 영향은 무엇인가?

4. "영적 에너지" 혹은 "신성 에너지"란 무슨 말인가?

5. 문제에 대한 해결책을 찾는 것이 왜 중요한가?

참고문헌

Brenner, Charles. 『정신분석기법과 정신적 갈등』, 황익근 역. 서울: 하나의학사, 1993.
Bunyan, John. 『천로역정』, 이문숙 역. 서울: 예찬사, 2002.
Covey, Stephea R. 『성공하는 사람들의 7가지 습관』, 김경섭 역. 서울: 김영사, 1994.
Freud, Sigmund. "신경 쇠약증에서 불안 신경증을 분리시키는 근거", 『프로이트 전집12-억압, 증후 그리고 불안』, 서울: 열린책들, 1997.
Heidegger, Martin. 『존재와 시간』, 이기상 역. 서울: 까치, 1998.
Kernberg, Otto F. 『내면세계와 외부 현실: 대상관계 이론과 그 적용』, 이재훈 역. 서울: 한국심리치료연구소, 2001.
Kohut, Heinz. The Analysis of the Self. New York: International Universities Press, 1971.
_____. 『정신분석은 어떻게 치료하는가?』, 이재훈 역. 서울: 한국심리치료연구소, 2007.
Kristeva, Julia. 『검은 태양: 우울증과 멜랑콜리』, 김인환 역. 서울: 동문선, 2001.
Nazio, J. D. 외. 『프로이트에서 라깡까지-위대한 7인의 정신분석가』, 이유섭 외 역. 서울: 도서출판 백의, 1999.
Pennebaker, J. W. Opening up: Healing power of Expressing Emotions. New York: Guilford Press, 1997.
_____. 김종환·박창배 공역. 『털어놓기와 건강』, 서울: 학지사, 1999.
Siegel, Allen M. 『하인즈 코헛과 자기심리학』, 권명수 역. 서울: 한국심리치료연구소, 2002.
St. Augustine. 『신국론 요약 신앙핸드북』, 심이석 역. 서울: 크리스찬다이제스트사, 1990.
미국정신의학회. 『정신장애의 진단과 통계편람 제4판』, 이근후 외 14명 역. 서울: 하나의학사, 1995.
전병욱. 『낙타 무릎』, 서울: 두란노, 2009.

3장

창조적 긴장의 몸

"여러분의 몸은 성령님의 성전이다"(고전 6:19)
"육체의 몸이 있으면 영의 몸도 있다"(고전 15:44)
"우리 모두 죽지 않고 변화된다"(고전 15:51)
"우리는 살아계신 하나님의 성전이다"(고후 6:16)
"우리가 지금은 흙으로 빚은 사람의 몸을 지니고 있으나
언젠가는 하늘에 계신 그리스도와 같은 몸을 갖게 될 것이다"(고전 15:49)

성서의 본문 중에서 과학적으로 이해하기 어려운 대목이 있다. 그중에서도 육체의 몸과 영의 몸을 구분한 사도 바울의 이론이다(고전 15:44). 이 이론은 옛사람과 새사람의 기준이 되고, 믿는 사람들이 나아가야 할 방향을 제시한다. 우리는 모두 새사람으로 변화되어야 하는데, 그 작업은 육체의 몸에서 영의 몸으로 바뀌는 일을 통해 현실화된다. 바울은 "우리는 이 육체의 집에서 탄식하며 하늘의 몸을 입게 될 날을 고대하고 있다(고후 5:2)"고 고백하면서 "우리는 살아계신 하나님의 성전(고후 6:16)"이라고 지적한다. 그리고 "누구든지 그리스도 안에 있으면 새로운 존재이다. 옛사람은 없어지고 새사람이 된다(고후 5:17)" 이것은 그리스도를 내 안에 모시면 우리가 옛사람에서 새사람으로, 그리고 육체의 몸에서 영의 몸을 가지게 된다는 사실을 강조하고 있다. 매우 희망적이고 용기가 생기는 말씀이다. 인간은 누구나 변화를 원한다. 과거의 병리적 인간에서 미래의 창조적인 인간으로 변혁되기를 간절히 염원한다. 다만 구체적인 방법을 모르고 방황하거나 체념해서 질병과 사고 그리고 쾌락의 시간을 보내고 있을 뿐이다. 사도 바울은 옛사람이 새사람이 되는 방법으로 우리가 예수 그리스도를 따라 예수 그리스도 안에 속하면 새롭게 변혁될 것이라고 가르친다. "주님은 영이시므로 주님이 계신 곳에는 자유가 있다(고후 3:17)"는 사도 바울의 고백은 사실상 자기 자신의 간증이다. 그는 예수를 핍박하며 초대 기독교인들을 박해하고 살인했던 병리적 인간이었다. 그러나 바울은 다메섹 도상에서 예수를 만난 후 이전의 '사울'에서 벗어나 '바울'이 되었다. 그는 인격 변화의 중심에 예수 그리스도가 있음을 자기의 직접적인 체험으로 알았고, 이제 그 진리를 다른 사람들에게 전파하고 있다. 변화의 중심에 예수 그리스도가 있다. 흙으로 빚어진 아담을 좇아 육체의 탐욕과 고통에 몸부림치던 인간이 예수 그리스도를 마음에 모시면 생명을 주시는 영, 그리스도의 몸을 입은 사람으로 바뀔 수 있다. 그 구체적인 방법은 자유롭게 하는 영, 곧 그리스도 성령을 우리 몸에 받아들이는 것이다.

과연 이것이 무슨 의미일까? 흙의 존재 아담의 후손이 예수 그리스도 영의 존재로 거듭난다는 것, 육체의 몸에서 영의 몸으로 변화된다는 사실과 그 과정의 핵심으로서 예수 그리스도와의 동일시를 강조하는 사도 바울의 외침은 도대체 어떻게 이해하고 설명해야 할 것인가? 몸, 흙, 영, 이러한 그리스도의 개념들이 어떻게 해서 인간존재의 새로운 변혁을 가능하게 한단 말인가? 일반 과학의 언어는 이 과정의 진정성을 설명하기 쉽지 않다. 엄밀히 말해서 자연과학은 흙에 관한 진리이기 때문이다. 예수 그리스도의 영의 몸은 자연과학의 진리보다는 정신과학의 진리로 파악할 때 이해와 설명에서 더 명쾌하고 정교해진다. 정신과학적으로 영의 몸과 예수 그리스도의 연관성을 증명하는 것이 가능하기 때문이다. 그동안 인문 사회과학의 언어는 비약적으로 발달해왔다. 특별히 정신분석, 철학, 그리고 신학의 언어는 인간 내면세계의 역동을 이해하는 데 중심적인 기여를 한다. 특히 정신분석의 언어는 영의 몸과 육체의 몸에 대한 구분 기준을 설명할 수 있고, 왜 예수 그리스도인지를 명쾌하게 증명할 수 있다. 본 글이 여기서 논의하려는 핵심이 바로 이것이다.

어떻게 이것이 가능할까? 먼저 정신분석은 인간의 정신 체계가 사실상 몸 안에 다 축적되어 보관되고 있다고 말한다. 인간의 정신 경험은 사라지지 않는다. 눈에 보이지 않고 손으로 만질 수 없지만, 인생의 역사는 우리 몸속에 그대로 보존되어 있다.[1] 좋은 경험은 물론 나쁜 경험도 그대로 저장되어 있다. 그래서 프로이트는 몸은 무의식의 저장고라고 말했다. 의식은 기억하지 못해도 몸은 기억한다. 몸은 우리 과거의 모든 것을 빠짐없이 간직하고 있으며, 무의식의 형태로 남아있다. 따라서 육체의 몸이 영의 몸이 되려면, 먼저 무의식의 저장고가 새롭게 정리되어야 한다. 특히 그 저장고에 새롭게 들어가는 자료들은 더럽고 추한 것이 아니라 신선하고 깨끗하며, 거룩하고 아름다운 자료들이 많이 들어가야 한다. 더러운 물이 담긴 용기에 깨끗한 물을 계속해서 부으면 점점 그 물은 깨끗해진다. 어떤 경험을 하느냐에 따라서 인간의 무의식 창고는 다른 모습을 가지게 된다. 프로이트에 따르면 인간의 정신병리는 무의식 속에 억압된 쾌락과 파괴충동, 그리고 부정적인 감정과 나쁜 표상들에 의해 생긴다. 몸 안에 존재하는 충동, 감정, 그리고 표상들이 병리적 긴장을 발생시키고, 개인의 마음과 영혼을 어둡게 만들 때 그것은 육체뿐 아니라 정신도 병들게 만든다. 그래서 프로이트는 무의식에 저장된 충동, 감정, 그리고 표상들의 소화 분쇄작업을 촉구한다. 그는 몸이 병리적 긴장에서 해방되어 보다 청결하고 가벼운 몸, 활력 넘치는 몸으로 바뀌기 위해 그와 같은 소화 분쇄작업이 필요하다고 말한다. 정신분석치료의 목적은 과거에 소화되지 못한 불편 경험의 재소화에 있다. 그 과정을 통해 몸과 마음은 긴장과 압력을 벗어나 가벼운 상태로 나아지

---

1 줄리아 크리스테바도 여기에 동의하면서, 무의식 속에 숨겨진 충동들이 존재한다고 말한다. 줄리아 크리스테바, 『반항의 의미와 무의미』, 유복렬 역(서울: 푸른숲, 1998), 113-114.

게 된다.

그런데 하인즈 코헛은 육체의 변화, 무의식적 심리구조의 변화를 위해서 현재, 그리고 미래를 위한 긍정적 경험의 필요성을 강조한다. 과거의 소화불량을 해결하려는 프로이트식 전통주의 치료도 중요하다. 그러나 코헛은 새롭게 세워지는 심리적 구조를 더욱 중요시하며, 오히려 과거보다 미래를 향한 현재의 긍정 경험이 더 효과적이라고 강조한다.[2] 그래서 그는 "정신적 산소"라고 부르는 "자기대상" 경험을 강조하는데, 이른바 "존경", "총애", "일체"이다. 인간은 건강과 창조성을 위해 존경, 총애, 일체의 경험을 해야 한다.[3] 코헛은 그중에서도 "존경" 경험이 제일 중요하며, 그 경험을 통해서 강건한 심리구조가 형성된다고 보았다. 건강한 인간은 활력과 생동감이 넘치는 창조적인 인간이다. 일상이 언제나 창조적인 긴장과 흥분으로 가득한 인간이 건강한 인간이며, 사도 바울의 용어로 설명하면 "영의 몸"을 입은 인간이라고 할 수 있다. 프로이트가 바라보는 영의 몸은 무의식 속에 존재하는 쓰레기들을 청소하고 개인의 영혼을 사로잡고 있던 부정적 감정과 표상들을 분쇄하는 작업을 통해 이루어진다. 즉 과거의 쇠사슬을 끊어버리는 것이다. 바울의 용어로 하면 옛사람의 옷을 벗고 옛사람의 지식과 명예를 배설물처럼 다 버리는 것이다. 즉 욕망과 탐욕의 포기가 프로이트의 "영의 몸" 확립 방법이었다. 그러나 코헛은 옛사람의 포기도 중

---

2 코헛은 건강한 자기는 "성숙 과정에서 생각할 정도로 또는 장기적으로 파편화되고 조화가 깨지는 경향으로부터 자유로운 심리구조"라고 말한다. 하인즈 코헛, 『정신분석은 어떻게 치료하는가?』, 이재훈 역 (서울: 한국심리치료연구소, 2007), 111.
3 코헛은 존경·총애·일체의 경험들이 심리구조를 건설한다고 본다. 정신분석학자들 가운데 페어베언이 이와 같은 입장을 갖고 있다. 그에 따르면 "좋은 대상관계는 심리구조의 일부를 구성한다. 그러나 나쁜 대상들은 억압되고 배후에 숨겨져 있다가 그 주체 안에 분열적 자리를 형성시킨다." 애너-마리아 리주토, 『살아있는 신의 탄생: 정신분석학적 연구』, 이재훈 역 (서울: 한국심리치료연구소, 2000), 132-133. 재인용.

요하고 욕망과 탐욕의 부정도 중요하지만, 더욱 중요한 것은 새사람이 되는 것을 말한다. 그것은 존경 체험을 필두로 하는 자기대상 채널의 확장이며, 건강한 심리구조의 건설로서 현실화 된다. 그에 따르면 건강한 심리구조로서 활력과 생동감 넘치는 삶을 살 수 없게 될 때 탐욕과 욕망이 올라오고 개인의 영혼을 장악한다고 보았다.

따라서 영의 몸은 새로워진 몸이란 측면에서 코헛이 말하는 "활력과 생동감"의 창조적 인간의 몸을 의미한다. 그리고 육체의 몸은 프로이트가 말하는 억압되고 분열된 욕망과 탐욕의 무의식적 방어구조들이다.[4] 정신분석치료는 방어구조의 재구성과 창조적 심리구조의 완성에 있다. 그리고 이러한 작업은 제2의 탄생을 가져온다고 말한다. 비록 언어적 표현은 다르지만 정신분석에서 말하는 제2의 탄생은 성서가 전하는 거듭나는 영혼의 개념과 아주 흡사하다. 육체의 몸에서 영의 몸으로 변화해야 한다는 것은 정신분석 용어로 하면 병리적인 방어구조의 인간에서 창조적인 보상구조의 인간으로 거듭나는 목표를 갖는다. 사도 바울은 자신의 삶 속에서 그와 같은 중생의 체험을 확실히 했다. 그는 예수 그리스도를 만나면서 전혀 새로운 인간으로 변화되었는데, 그 요인은 철저히 예수 그리스도의 영이었다. 예수를 만나기 전 그는 지식과 명예가 있었음에도 내적 자유가 없었다. 그래서 분노와 미움, 시기와 독으로 가득 차 스테반 집사를 돌로 쳐 죽이도록 군중을 동원했다. 당시 그는 욕망과 탐욕, 증오와 살기의 주체였다. 내적 평안과 자유가 없었던 그는 자신이 "곤고한 자"였고, "사망의 몸"에 묶여 자신이 "원하는 선은 행치 아니하고" 오히려 "원치 않는 악은 행한다"며 비통해했다. 그런데 그가 예수 그리스도를 만난 후 새사람이 되는 전환점을

---

4 Anna Freud, *Ego and the Mechanisms of Defense* (New York: International Universities Press, 1971).

가졌다. 시기와 독을 버리고 명예와 지식이라는 포장들을 다 떨쳐 버릴 수 있었다. 프로이트와 전통 분석이 말하는 방어구조의 철저한 분쇄작업을 성공리에 마친 것이다. 이제 그는 철저히 예수 그리스도의 영에 사로잡혀서 예수의 제자이자 사도가 되었다. 또한 "주님은 영이시므로 주님이 계시는 곳에는 자유가 있다(고후 3:17)"고 고백하면서 자신이 예수의 영을 입으면서 자유로운 영혼이 되었음을 자랑스럽게 말했다. 코헛의 언어로 하면 예수의 영이라는 보상체계가 그의 심리구조 안에 성공적으로 뿌리를 내렸고, 그 구조 덕분에 완전히 새로운 사람으로 다시 태어났다고 할 수 있는 것이다. 바울은 육체의 몸에서 영의 몸으로 부활하는 것이 어떤 것인지를 자기 체험을 통해서 알았다. 자기 삶의 역사가 그것을 증명하고 있었기 때문이다. 그는 예전과 달리 감옥에 있으면서도 평안과 기쁨의 존재일 수 있었다. 발목은 쇠사슬과 쇳덩어리로 묶여 있지만 간수들에게 존경받았고, 오히려 그들이 구원을 위해 간청하는 영적 지도자가 될 수 있었다. 영의 몸을 입은 사람은 이렇게 상황에 의해 휘둘리지 않는다. 오히려 상황이 영의 사람을 존경하고 예의를 갖추게 된다. 비록 사도 바울의 고백이 현시대의 정신분석 용어는 아닐지라도 그의 고백은 정신분석치료 과정의 핵심 전략들을 잘 설명해주고 있다. 그의 논리는 육의 인간에서 영의 인간으로의 변화이다. 육체의 인간에서 영의 몸으로의 전환이 구원의 과정이다. 정신분석은 그 과정을 병리적 심리구조에서 창조적 심리구조의 전환이라고 부른다. 비록 사용하는 언어는 다를지라도 각자가 설명하려고 하는 본질은 같다. 인간 내면에 존재하는 심리구조, 충동, 감정, 그리고 표상들은 육체적 수준에서 영적 수준으로 발전해야 한다. 그것이 치료이며 구원이다.

1. 리비도적 자아와 내적 파괴자

　인간의 몸은 무의식의 저장고이다. 거기에는 무수히 많은 대상 경험이 축적되어 있다. 경험은 사라지지 않고 몸속에 쌓이게 된다. 대상과의 경험은 자기의 형성에 영향을 미치고, 자기의 구조는 대상관계의 역동에 영향을 미친다. 우리의 무의식은 몸으로 가장 정교하고 명료하게 표현된다. 몸의 움직임은 우리 무의식의 자료들이 어떤 것들인지를 파악할 수 있도록 도와준다. 의식보다 몸이 먼저 알아차리며 생각보다 몸이 먼저 사태 파악에 나선다. 그래서 육감이란 말이 있다. 주로 무의식의 역동이 잘 지각되고 처리되는 사람들이 몸의 감각을 잘 발달시킨다. 인간은 사유하는 동물이지만, 동시에 몸으로 느끼는 동물이기도 하다.

　사도 바울이 말한 "육체의 몸"은 정신분석적으로 "병리적인 방어구조"에 해당한다. 프로이트는 그것을 가리켜서 "아직 길들여지지 않은 원본능"이라고 불렀고, "가학적이고 억압적이며 처벌적인 금기들"이라고 구분했다. 원시적 욕구들과 처벌적인 금기가 개인을 묶어 놓는다. 자유가 없고 강박증, 공포증, 히스테리, 불안증, 혹은 성도착에 시달린다. 안나 프로이트는 인간의 병리적인 구조를 이야기할 때 구체적인 방어기제들, 특히 원시적인 방어기제들에 대해 논의했다. 분열, 부인, 신체화, 이상화, 멸시화, 투사적 동일시, 내사, 함입, 행동화 등의 기제들이 깊은 병리를 양산한다고 보았다.[5] 그와 같은 병리적인 구조들은 제거되어야 한다. 그래서 프로이트와 안나 프로이트는 병리적인 방어구조의 분쇄가 치료의 방법이자 목표였다. 병리적인 방어구조는 사도 바울이 말하는 율법에 얽매여서 자유가 없

5　Arthur J. Clark, 『방어기제를 다루는 상담기법』, 김영애 외 역(서울: 김영애가족치료연구소, 2005).

는 "옛사람"이며, 위니캇이 말하는 "거짓자기"의 삶이다. 위니캇은 사람들이 자기의 본래적인 삶을 살지 않는다고 지적한다. 그래서 "참자기"는 부인되며, 현실에 순응하기 위해 자기의 본심과 욕구를 숨기고, 심하면 의식에서 아예 제거한다. 결국 위선과 거짓으로 가득한 인격을 갖추게 되는데, 내적 평안과 기쁨은 사라지고 오직 상황에 순응하여 생존만을 향한다. 사도 바울이 말하는 "옛사람", "육체의 몸"이란 바로 이런 것이다. 하늘이 부여한 인간만의 신성이 개발되지 않는다. 성령 충만이 가져오는 창조적 기쁨과 삶의 여유가 없어 몸은 무겁고 딱딱하다. 건강염려증이나 신체화가 만연하고 뜻하지 않은 사고와 사건으로 늘 불안하고 혼란스럽다. 그래서 성숙하지 않은 구강기와 항문기 성향의 욕구 충족이 난무하고 유아적이다. 이러한 미성숙한 행동화와 욕망과 탐욕에 눈먼 상태는 더 이상 진리를 받아들일 수 없는 "회칠한 무덤" 같은 존재가 된다.

페어베언은 그와 같은 문제들을 "리비도적 자아"와 "내적 파괴자"의 개념으로 설명했다.6 그리고 이것들을 가리켜서 "부차적 자아들"이라고 명명하고, 사실상 함입한 "내적 대상"의 결과라고 말했다. 그는 본래 영국 에든버러에서 철학을 공부하고 독일과 프랑스에서 신학을, 이후 에든버러에서 의학을 수련하며 정신분석에 발을 디뎠다. 철학과 신학, 의학, 그리고 정신분석을 연구한 그였기에, 그의 이론은 무척 심오하다. 다작을 남기지 않아서 아쉽지만, 그의 논문들은 『성격에 관한 정신분석적 연구』에 다수 수록되어 있다. 이들 논문에서 페어베언은 귀신의 존재를 일종의 "내적 대상"이라고 설명했다.7 유아는 양육자와의 관계에서 감당하기 어려운 경험들을

6　도널드 페어베언, 『성격에 관한 정신분석학적 연구』, 이재훈 역 (서울: 한국심리치료연구소, 2003), 178-179.
7　Ibid., 201-202.

자기 내면에 함입하고 중심자아와는 구별되는 영역에 분열시켜 놓는다. 주로 유아에게는 "흥분시키는 대상"과 "거절하는 대상"의 경험이 좌절로 간주된다. 그 대상들은 마음속에 "내적 대상"으로 자리를 잡는다. 유아는 성장한 후에도 흥분과 거절의 내적 대상과 정서적 역동을 지속함으로써 유아기의 미숙한 언어와 행동을 계속 반복하게 된다. 페어베언은 유아의 중심적 자아가 "흥분시키는 대상"과 "거절하는 대상"과의 관계를 포기할 수 없다고 했다. 중심적 자아로부터 떨어져 나온 부차적 자아들은 각각 그 내적 대상들에 집중된다.[8] 그래서 유아의 리비도가 "흥분시키는 대상"에 집중되어 수용된 "리비도적 자아", 그리고 "거절하는 대상"에 집중되어 수용된 "내적 파괴자"가 구축된다. 유아의 심리 내면에서 이 부차적 자아들—리비도적 자아와 내적 파괴자—은 중심적 자아와는 분열되어 있으면서, 성장한 후에도 계속해서 그 수준의 대상관계를 반복한다. 흥분시키는 대상을 만나 리비도적 자아가 반응하고, 거절하는 대상을 만나 내적 파괴자가 반응함으로써, 흥분과 좌절을 반복해서 경험하는 불행의 소유자가 된다. 프로이트가 말하는 욕망과 탐욕의 원본능 활동, 그리고 가학적이고 처벌적인 금기의 초자아 활동이 이렇게 리비도적 자아와 내적 파괴자라는 새로운 이론으로 정교하고 명확하게 설명된다.

사도 바울이 말하는 "옛사람", "육체의 몸", "흙으로 빚은 아담의 몸"을 입은 우리는 흥분과 좌절을 반복하게 된다. 즉 우리의 "리비도적 자아"와 "내적 파괴자"에 의해 계속해서 신음하게 된다. 사도 바울이 "오호라 나는 곤고한 자로다. 내가 원하는 선은 행치 아니하고 원치 않는 악은 행하는도다. 이 사망의 몸에서 누가 나를 건져내랴"라고 고백한 것은 그의 안에

---

8 Ibid., 232.

있는 "리비도적 자아"와 "내적 파괴자"의 존재, 병리적 방어구조에 대한 절망적인 신음으로 이해될 수 있는 것이다. 과거를 청산하고 새롭게 산다는 것이 얼마나 어려운가를 페어베언의 이론이 잘 보여주고 있다. 우리는 "리비도적 자아" 때문에 쉽사리 유혹에 빠지고 시험에 넘어진다. 흥분을 일으키는 외적 자극 앞에서 리비도적 자아는 그냥 함락되고 만다. 사람들은 성적 매력을 발산하는 대상 앞에서 혹은 재력가나 권력자 앞에서 긴장하거나 불편할 수 있다. 그럴 때 우리는 우리 자신의 "리비도적 자아"와 "내적 파괴자"의 상태를 분석해 볼 필요가 있다. 중독의 문제를 갖고 있거나 히스테리 증상에 묶여 있는 사람들이 있다. 성도착의 문제에 묶여서 담대함과 강건함을 상실한 개인들도 있다. 이들은 모두 "흥분" 자극에 약한 "리비도적 자아"의 피해자들이다. "내적 파괴자"는 개인에게 죄책감과 증오의 감정을 되풀이시킨다. 강박증, 공포증, 비행, 도착증은 모두 "내적 파괴자"에 의해 현실화 된다. 개인을 평안과 기쁨으로 인도하지 않는다. 언제나 속박과 강제의 침범들이 있다. 페어베언에 따르면 분열성의 환자들은 거의 모두가 다 "거절하는 대상"으로 인한 "내적 파괴자"의 부차적 자아에 압도된 사람들이다. 그들은 외부 자극을 침범으로 여기기 때문에 늘 세상으로부터 철수하고 도망가는 분열성의 인격구조를 유지한다. 분열성의 심리구조는 무척 위험한 병리적 방어구조이다. 그 구조를 변화시킨다는 것은 간단하지 않으며 대부분 성공보다는 실패로 끝날 확률이 높다.

필자가 바울의 "옛사람", "육체의 몸", "흙으로 빚은 아담"의 후손 개념을 페어베언의 "리비도적 자아"와 "내적 파괴자" 개념에 연결시키는 이유가 여기에 있다. "리비도적 자아"와 "내적 파괴자"는 개인의 대상관계에서 끊임없이 "흥분시키는 대상"과 "거절하는 대상"을 만들어낸다. 과도한 흥분과 과도한 좌절에 묶여서 신음하며 허덕이는 존재가 바울처럼 절규한다. 자기 안에 존재하는 "리비도적 자아"와 "내적 파괴자"로 인해 현실적인 대상관계에서 과도한 흥분으로 집착하고 좌절의 울분으로 폭력적인 모습이 된다. 이러한 모습은 아직 바울이 되기 전의 핍박자인 사울의 모습과도 같다. 사울은 리비도적 자아와 내적 파괴자에 사로잡힌, 마치 귀신 들린 환자의 삶을 살았던 것이다. 그래서 그는 평안과 기쁨을 누릴 수 없었다. 오히려 평안과 기쁨을 누리는 초대 교인들을 박해하고 죽이는 사악한 파괴자로서의 삶을 살았다. 바울은 우리가 옛사람을 버리고 육체의 몸에서 떠나야 한다고 강조한다. "흥분과 좌절"의 자극들로부터 우리를 보호할 수 있는 시스템을 만들어야 한다고 말하고 있다. 페어베언은 "흥분시키는 대상"과 "거절하는 대상"을 기독교에서 말하는 "귀신" 개념과 연결시킨다.[9] 옛사람과 육체의 몸은 이들 귀신에 의해 움직여지는 인격이자 육체이다. 몸이 흥분과 좌절에 휘둘려지는 상태, 그것이 바로 옛사람이자 육체의 몸을 한 인간 모습이다.

    귀신은 내쫓아야 한다. 그래야 해방되고 정상적인 삶을 살 수 있다. 과도한 흥분과 좌절을 주는 자극들은 어디에 있는가? 그리고 그러한 자극들에 영향을 받는 나의 존재는 언제, 어떤 상황에서 발생하는가? 귀신이 들어가서 활동하는 시기와 공간, 그리고 증상들은 무엇인가? 예수님은 말씀으로 귀신을 다 쫓아내셨다. "사탄아 물러가라!"는 명령으로 귀신은 사라졌다. 정신분석은 언어적 분쇄기법을 쓴다. 이런 점에서 볼 때 예수님과 제자들의 귀신 쫓는 역사는 현대 분석가들의 방어구조의 언어적 분쇄 방법과 같은 공통점을 갖고 있다. 우리의 무의식에 귀신이 존재한다. 그것은 페어베언이 말하는 내적 대상이다. "리비도적 자아"와 "내적 파괴자"가 바

---

[9] Ibid., 174-175.

로 그런 귀신의 존재이다. 흥분 앞에 무릎을 꿇고, 좌절 앞에 분노하는 인간은 모두 귀신에 들려 있는 셈이다. 가인이 아벨을 죽였던 역사는 "내적 파괴자"의 인류 역사이다. 이스라엘 사람들이 황금 송아지를 만들고 이방 바알 신 앞에 절하는 행동들은 "리비도적 자아"가 만들어낸 병리 활동들이다. 하나님은 이스라엘 백성들을 "리비도적 자아"와 "내적 파괴자"로부터 해방시키고자 광야 40년의 훈련으로 인도하셨다. 우리 안에도 이들 귀신이 존재한다. 즉, 병리적인 방어구조들이 존재한다. 우리는 이러한 육체의 몸 때문에 신음하고 있다. 과도한 흥분과 과도한 좌절을 발생시키는 육체의 몸, 그것이 바로 사도 바울이 외치는 옛사람이며, 사망의 몸이다.

긴장의 측면에서 보면 과도한 흥분과 과도한 좌절은 신체에 강한 병리적 긴장을 가져온다. 신체가 경직되고 딱딱해진다. 우리 몸은 흥분시키는 대상에 의해 긴장하고, 거절하는 대상에 의해 딱딱해진다. 병리적 긴장이 만들어 내는 몸 그것은 사망의 몸이며, 바울이 끊임없이 외쳐대는 육체의 몸이다. 그 몸은 병리적 긴장에 사로잡혀 있다. 전통 정신분석 기법은 언어적인 고백을 통해서 피분석가의 몸에 남아있는 병리적인 긴장을 풀어낸다. 언어로 육체의 몸을 수술하는 작업이다. 그런데 문제는 인간의 몸속에 존재하는 병리적인 긴장을 분쇄해서 제거하는 작업이 과연 현실적으로 가능한 일이냐는 것이다. 과연 아무런 후유증이 발생하지 않는다고 보장할 수 있는가. 물론 임상 현장에서 피분석가가 분석 과정에서 자유연상과 진솔한 고백을 통한 언어적 분쇄작업을 하면 병리적 긴장이 풀어지면서 무척 매력적이고 아름다운 존재로 거듭나는 것을 많이 목격한다.[10] 그런데 예수님은 말씀하셨다. 인간의 몸에서 귀신을 쫓아냈더라도 다른 귀신들이 그

---

10 줄리아 크리스테바, 『반항의 의미와 무의미』, 302-303.

안에 들어오는 것을 막지 못한다면, 귀신 하나를 내쫓고 일곱 귀신을 불러들일 수 있다고 말이다. 무작정 몸속에 있는 억압된 기억을 불러일으키고 그것을 무분별하게 토설하거나 감정적 분출을 하게 한다면, 이후 그 이전보다 대인관계와 정신건강이 더 위험해질 수 있다. 왜냐하면 아무리 병리적인 구조라 할지라도 그 개인의 삶을 유지했던 구조이다. 만일 대체할 수 있는 보상구조의 설계와 구축 없이 무분별하게 병리의 분쇄와 토설과 분출이 진행된다면 방향성과 구조 상실로 인해 더욱 허약해질 수 있다. 이것이 바로 긴장해소 방법의 위험성이며, 방어구조의 분쇄에 초점을 맞추는 전통적 치료기법의 과제이다.

2. 존경하는 부모 원상

병리적 긴장의 결과인 딱딱하고 경직된 육체는 인간의 질병과 사고의 주된 원인이 된다. 그래서 전통적으로 분석가들은 무의식의 의식화 기법을 사용해서 병리적 긴장을 유발하는 내적 표상들을 언어적으로 분쇄하는 치료법을 활용했다. 하지만 하인즈 코헛은 이와 같은 제거, 수술, 분쇄기법 이외에 새로운 치료기법을 제시한다. 그것은 분쇄가 아니라 강화 기법이다. 강화empowerment기법은 피분석가의 취약한 심리구조를 강화하는 것이다. 피분석가가 현안을 잘 처리하고 스스로 창조적이며 꿈과 이상을 향해 나아가는, 존재의 이유와 생의 목적이 있는 삶을 살도록 유도한다. 그래서 긴장을 제거하는 것이 아니라 창조성과 목적성의 긴장을 강화하는 것이다. 병리적 긴장의 제거가 전통 정신분석의 치료적 목표였다면, 창조적 긴장의 확립은 현대 정신분석의 치료적 전략이다. 어떻게 하면 개인에게 창조적 긴장이 일어나게 할 것인가? 그것이 관건이다. "존경하는 부모 원상idealized parental imago"은 이런 문제를 해결하기 위한 코헛의 치료적 해법이다. 핵심 전략은 "흥분"의 내용이자 속성이다. 전통적으로 "흥분"이 문제가 된 것은 그것이 주로 쾌락적이고 원시적이며 원 본능 차원을 내포하고 있었기 때문이다. 정신분석학자들은 흥분의 속성이 육체성에서 정신성으로 승화되어야 함을 강조한다. 다만 정신분석학자들은 에너지라는 단어를 쓰고 사도 바울은 몸이란 단어를 썼을 뿐이다. 정신분석에서 말하는 육체적 에너지에서 정신적 에너지로의 전환은 사도 바울의 육체의 몸에서 영의 몸으로의 전환과 전혀 다를 바가 없다. 중요한 것은 흥분의 내용이 육체인가, 아니면 정신인가이다. 이것이 치료적 변화의 핵심이다. 페어베언도 이점을 감지하고 있었던 것 같다. 그래서 그는 다음과 같이 자신의 이론을 요약 정리한다.

> 과도하게 흥분된 요소와 과도하게 거절된 대상이 떨어져 나간 후에 남아 있는 중심적 자아의 '수용된 대상'은 중심적 자아가 리비도적 자아와 내적 파괴자를 발생시키는 요소를 제거한 후에 안전하게 사랑할 수 있는 탈성화되고 이상화된 대상의 형태를 취한다.[11]

여기서 중요한 개념은 "안전하게 사랑할 수 있는 탈성화되고 이상화된 대상"이다. 인간은 대상을 통해서 변화된다. 대상은 인간의 근본적 경험 실체이며, 그 대상의 속성과 내용에 따라 인간의 성격구조가 결정된다. 인간은 건강하고 성숙한 대상을 만나면 유연하고 발달적인 자아를 형성할 수 있다. 반대로 미숙하고 파괴적인 대상을 만나면 원시적이고 미분화된 충동적인 자아의 수준에 머무르고 만다. 페어베언은 흥분과 긴장의 속성에 대

---

11 Ibid., 179-180.

해 주목했고, 탈성화되고 이상화할 수 있는 대상과의 관계에서 오는 흥분 경험이 치료적이라는 사실을 알고 있었다. 그는 탈성화된 이상적 대상의 양육적·치료적 가치를 충분히 인식하고 있었다.

탈성화 되고 안전하게 이상화할 수 있는 대상으로부터의 흥분 경험에 대한 이론은 코헛에 의해 본격적으로 통합되며 심도 있는 접근이 이루어졌다. 코헛은 자신의 모든 정신분석 이론을 "존경"이라는 "탈성화되고 이상화된 대상"으로부터의 "흥분" 경험을 중심으로 조직화했기 때문이다. 그는 세 가지 종류의 흥분 또는 욕구에 대해 이야기 한다. 그것은 모두 탈성화되고 이상화된 대상과의 관계에서 오는 흥분 경험이다. 그리고 그는 이 세 가지 종류의 흥분 경험은 인간이 정신적으로 생존하기 위해서 꼭 평생 경험해야 하는 "산소"와 같은 것이라고 강조했다.

> 아이의 자기는 거울 역할을 하는 자기대상에서 생명력과 자신감을 확인받고자 하는 욕구, 이상화된 원상에 의해 위로받고 고양되고 싶은 욕구, 그리고 말없이 지지해주는 제2 자아들을 주변에 두고 싶은 욕구에서…[12]

필자는 여기 세 가지의 근본적인 욕구를 달리 번역했다. 왜냐하면 통용되고 있는 번역본들에서는 언어가 가지고 있는 의미 전달 기능이 제대로 이루어지지 않았기 때문이다. 그래서 거울을 "총애"로, 이상화를 "존경"으로 그리고 쌍둥이 혹은 제2 자아를 "일체"로 번역했다. 다시 말해서 이상화, 거울, 쌍둥이가 아니라 존경, 총애, 일체라고 하는 대상경험이 양육적이고 치료적이라는 입장을 견지한다. 타 번역본들의 "이상화된 부모 원상"

---

[12] 하인즈 코헛, 『정신분석은 어떻게 치료하는가?』, 45.

이라는 직역을 "존경하는 부모 원상"이라고 대치했다. 이상화가 아니라 존경이라고 하는 이유는 전통적으로 이상화는 아주 원시적이고 병리적인 방어기제로 치부되고 있기 때문이다. 코헛의 idealizing selfobject 개념은 존경자기대상이지, 이상화 자기대상이라고 할 수 없다는 것이 필자의 소신이다. 좀 더 구체적으로 설명하면 아이나 환자는 정신적 산소를 경험해야 한다. 그러나 이상화 방어는 정신적 산소가 아니라 정신적 일산화탄소이다. 그래서 기존의 번역을 위와 같이 대치한다.

하인즈 코헛은 인간이 새로워지고 성숙해지려면 "존경" 체험이 제일 중요하다고 말한다. 그의 저서 『자기의 분석』은 자기애적 인격 및 행동장애 환자들을 어떻게 치료할 것인가에 관한 정통 정신분석학적 기법해설이다. 거기서 그는 이들 환자의 치료 가능성을 환자가 분석가를 "존경"할 수 있느냐에 초점을 두었다.13 전통적으로 자기애 환자는 정신분석치료의 대상이 아니었다. 정신분석치료의 대상은 심리구조가 강건하고 응집된 사람 곧 신경증 구조의 환자들이다. 그 밖의 다른 환자들은 "부정적인 전이"의 문제로 인해 정신분석치료보다는 지지와 강화 혹은 교정 치료가 적절하다고 생각했다. 하지만 코헛은 비록 자기애 환자들이 신경증 구조의 환자들처럼 굳건한 구조가 아니라 할지라도, 그들이 분석가를 향해 존경전이를 활성화할 수만 있다면, 정신분석치료의 대상이 될 수 있다고 말한다. 즉 인간이 대상을 존경하는 능력이 있을 때 변화의 가능성이 있다는 말이다. 이것은 환자가 자기 내면에 "존경하는 부모 원상"이 아직 살아있고 미약하나마

---

13 하인즈 코헛은 심리구조가 취약한 환자들을 치료할 때 존경전이가 필요하며, 거기에 의지해서 분석적 작업을 진행할 수 있다고 설명한다. 그는 그것을 "전능대상의 치료적 활성화(The Therapeutic activation of The ommipotent object)"라고 불렀다. Heinz Kohut, *The Analysis of the Self* (New York: International Universities Press, 1971), 35.

외적 지지 자극에 의해 활성화될 수 있는 상태이기에 가능하다는 뜻이다.[14] 결국 정신분석치료는 "존경하는 부모 원상"이 미약할지라도 존재한다면, 그 존경 가능성을 기반으로 정신분석치료의 온갖 지혜와 해법을 다 동원해서 새로운 인격으로 변화시킬 수 있다는 새로운 이론을 창출하는 것이다.

따라서 중요한 것은 "존경"의 경험이다.[15] 그것이 인간을 새롭게 하는 힘이다. 사도 바울의 용어로 설명하면 우리가 예수 그리스도에 대한 믿음이 있으면, 곧 정신분석 용어로는 예수 그리스도에 대한 존경전이 능력만 있으면, 우리는 과거 병리적 긴장의 몸에서 미래의 창조적 긴장의 몸으로 변화되는 존재가 될 수 있다. 병리적 긴장의 몸은 사도 바울이 말하는 육체의 몸, 옛사람에 해당하고, 창조적 긴장의 몸은 영의 몸, 곧 새사람을 의미한다. 코헛에 따르면 존경이라는 흥분 체험이 창조적 긴장을 유발한다. 좀 더 설명해보자. 우리가 누군가를 좋아할 때 마음속에 흥분이 일어난다. 그 흥분은 육체적일 수 있고, 정신적일 수도 있다. 만일 우리가 어떤 대상 앞에서 성적 충동을 느낀다면 그것은 육체적이다. 그러나 만일 믿음과 신뢰라면 그것은 정신적이다. 이런 점에서 코헛이 말하는 존경은 기독교 신학에서 말하는 "믿음"에 해당한다고 볼 수 있다. 존경은 믿음과 동의어가 되는 것이다. 우리의 몸 또는 우리의 무의식에는 "존경하는 부모 원상"이 존재한다. 유아는 일차적 양육자와의 관계에서 좋은 경험을 했을 때 대상에 대한 긍정적 느낌을 갖는다. 그리고 그 긍정적 느낌은 유아의 마음속에 긍정적 이미지를 그려지게 할 것이다. 유아는 초기 5~6년 동안 부모 대상과의 관계에서 좋았던 경험들을 갖고 있다. 만일 좋았던 경험이 하나도 없다면 그 생존은 위협될 것이다. 살아있는 인간은 과거에 좋았던 경험의 정신적

14 Ibid., 25-34.
15 Ibid., 37-101.

산소를 마셔왔다는 것을 전제하기 때문이다. 유아기에 이렇게 반복적으로 경험된 부모 대상의 이미지는 점차 뿌리를 내린다. 그 원상은 유아가 성장한 후 전혀 기억하지 못하더라도 존재한다. 그 "존재하는 부모 원상"은 언제라도 활성화되기만 하면 서서히 제 기능을 행사하게 된다.

"존경하는 부모 원상"의 활성화가 왜 중요한가? 그것은 아이에게, 그리고 성인이 된 어른에게도 내적인 평안과 기쁨의 근원이 되고, 탈성화된 긍정적 정서체험의 강화가 이루어지기 때문이다. 일단 이 원상이 활성화되면 더 이상 과거의 병리적인 긴장의 신체와 인격구조에 의해 노예화되지 않는다. 돌파구가 마련되어 있기 때문이다. "존경하는 부모 원상"이 깨어나면 창조적 긴장의 몸을 느끼며, 흥분에 대한 자기조절과 절제의 능력을 행사한다. 즉 존경 경험은 탈성화로 인도하는 힘을 갖고 있다. 인간은 존경 자기대상이 주변에 있을 때 행동과 면모에 신경 쓰게 된다. 아무렇게나 충동적으로 행동하지 않는다. 이것이 바로 사도 바울이 그렇게 강조하는 "예수 그리스도의 영"의 가치이다. "주님은 영이시므로 주님이 계시는 곳에는 자유가 있다(고후 3:17)", "예수 그리스도의 사람들은 육체와 함께 정욕과 욕심을 십자가에 못 박았다(갈 5:24)", "우리가 지금은 흙으로 빚은 사람의 몸을 지니고 있으니 언젠가는 하늘에서 오신 그리스도와 같은 몸을 갖게 될 것이다(고전 15:49)", "우리가 죽지 않고 변화된다(고전 15:51)" 예수 그리스도의 영은 역사적으로 수많은 인류의 등불 역할을 하였다. 초대교회 예수님의 제자들은 소수였지만 이제 전 세계 수많은 이들이 예수 그리스도를 경외하고 존경하며 따르고 있다. 예수 그리스도는 인류에게 존경전이를 불러일으키고, 그 정신적 역동 경험으로 그들의 삶을 재건하고 있다. 마치 분석가가 환자의 존경전이를 바탕으로 환자의 삶을 재구성하는 것과 같은 이치이다.

다시 말하면 우리 안에는 누구나 다 "존경하는 부모 원상"이 존재한다. 이것이 활성화되면 그 인간은 새롭게 재구성될 수 있다. 우리는 다. 누군가를 존경하고 그 대상과 더불어 심도 있는 관계, 대화의 관계 그리고 결단과 모험의 관계를 경험할 때 서서히 병리적 긴장의 존재에서 창조적 긴장의 존재로 변화해 간다. 우리에게는 가장 존경할 수 있고 심도 있는 대화와 관계를 할 수 있는 예수 그리스도가 계신다. 그의 영이 우리 안에 거할 때 우리는 예전에 사장시켜 놓았던 "존경하는 부모 원상"을 부활시킬 수 있다. 그리고 그 원상은 우리의 몸에 창조적인 긴장을 불어 넣는다. 탈성화된 흥분이요, 합목적적인 흥분이기에 그 흥분은 치료적이고 변혁적이며 창조적이다. 우리가 존경 체험을 오랫동안 반복적으로 하다 보면 서서히 그 존경자기대상을 닮아간다. 건강한 동일시의 과정이 일어나는 것이다. 그리고 그러한 경험이 반복되면서 서서히 존경자기대상의 "변형적 내재화Transmuting Internalization"가 일어나는데, 이것은 외부의 존경자기대상이 심리내면의 자기구조로 뿌리내리는 것을 의미한다.[16] 이러한 고결한 내재화가 이루어지면 그 사람은 더 이상 병리적 긴장 때문에 고생할 필요가 없다. 왜냐하면 창조적 긴장과 흥분이 몸과 마음을 가득 채우기 때문에 언제나 활력과 생동감 넘치는 몸의 주인공이 될 수 있게 한다. 그것이 바로 영의 몸일 것이다.

3. 긍정감정의 영향력

인간은 감정의 동물이다. 사랑하고 미워하는 인간관계는 모두 감정적인 변화에 의해서 만들어진다. 일반적으로 여성이 감정적이고 남성이 이성

---

16 Ibid., 79-83.

적이라고 하지만, 사실상 여성과 남성 모두는 감정적으로 첨예한 자기 내면의 발달 과정을 밟는다. 감정이 메마르면 정신분열증의 모습으로 변해가고, 이성이 척박해지면 그것은 조울증의 모습으로 추락한다. 인간에게 감정과 이성은 꼭 필요한 필수적 요소이고, 인간이 다른 동물에 비해 월등히 뛰어난 만물의 영장이 되는 이유는 감정과 이성의 통합능력에서 온다. 그런데 우리의 몸은 철저히 감정에 의해서 영향을 받는다. 긍정적인 감정이 올라올 때 몸은 무척 가볍고 경쾌해진다. 코헛이 말하는 창조적 긴장과 흥분의 몸이 바로 그것이며 사도 바울이 외쳤던 부활한 인간의 "영의 몸"이 바로 그것이다. 하지만 부정적인 감정들은 인간의 몸에 병리적인 긴장을 불러일으킨다. 우선 몸은 경직되고 무거워지며 탄력성과 순발력을 잃어버린다. 감각은 점점 무디어져 한여름에 겨울옷을 입고 추운 겨울에 여름옷을 입는 촌극이 발생한다. 병리적 긴장으로 인한 육체의 몸이 가지는 극단의 증상들이다. 따라서 사도 바울이 말하는 "육체의 몸"과 "영의 몸"의 구분, 코헛이 말하는 "병리적 긴장"의 몸과 "창조적 긴장"의 몸의 구분은 모두 몸이 경험하는 감정에 의해 결정된다고 해도 결코 과언은 아니다. 우리는 우리가 경험하는 감정의 종류들을 파악하고 잘 다스려서 긍정적인 감정이 충만할 수 있도록 노력할 필요가 있다. 그때 우리 몸은 육체의 수준에서 영의 수준으로 변혁될 수 있다.

제일 먼저 인간의 몸을 딱딱하게 만드는 것은 분노의 감정이다. 분노는 인간에게 미움과 살기, 증오와 적대감을 불러일으키고, 인간관계나 사회적 역동에서 파괴적 폭발을 만들어내는 주요 인자가 된다. 현재의 혐오범죄나 묻지마 살인 등은 한 인간의 분노가 불특정 다수에게 향한 충동의 폭발적인 병리 행위이다. 우리가 목격하는 대부분의 범죄는 사실상 분노감정에 의해 만들어진다. 청소년들이 학업에 대한 흥미를 잃고 비행의 길로 접어드는 것도 분노감정이 주된 원인이다. 성서에서 가인의 살인도 시기심과 질투에서 나온 분노 행위였다. 프로이트가 『토템과 터부』에서 형제들이 연합해서 족장인 아버지를 살해했다는 이론의 밑바탕에는 인간의 분노감정의 실체가 깔려있다. 멜라니 클라인이 말하는 유아의 엄마에 대한 가학적인 환상도 모두 분노감정에 기반해 있다.[17] 그래서 분노감정은 특별히 조절하고 통제되지 않는 한 개인과 가족, 사회공동체에 해악을 끼치는 위험성을 가진다.

공포감정은 무엇인가? 그것은 분노감정에 사로잡힌 인간이 자신이 분노하는 대상에게 보복당할 것이라는 추측에서 기인하는 감정이다. 긍정적인 감정일 때는 대상에 대한 공포가 생기지 않는다. 공포감정은 대상에 대한 분노감정이 전제 되어있음을 암시한다. 그래서 멜라니 클라인은 "분열적 자리"의 심리구조를 논하면서 분노와 공포감정이 동전의 양면처럼 주체의 대상관계를 결정짓는다고 말했다.[18] 유아가 일차적 양육자인 엄마대상에게 공포를 느끼는 것은 자신이 먼저 엄마의 파괴를 꿈꾸는 가학적 환상과 분노감정에 사로잡혀 있었기 때문이다. 따라서 공포와 분노감정은 사실상 같은 존재이며, 어느 하나를 의식에서 지각하면 다른 하나는 무의식에 남아있다고 볼 수 있다. 게슈탈트의 전경과 배경은 이런 점에서 좋은 설명 이론이다. 공포가 전경일 때 그 배경은 분노이고, 분노가 전경일 때 그 배경은 공포가 된다. 그래서 공포에 사로잡힌 자가 자주 사용하는 방어기제가 분노이며, 분노에 사로잡힌 자가 사용하는 병리적 방어기제가 공포이다. 공포와 분노는 이렇게 하나의 존재이다. 클라인에 따르면 분열 구조의 환자들은 모두 이 두 가지 극적인 감정들이 무의식에 자리 잡고 있는 상태이다.

17 지그문트 프로이트, "토템과 터부", 『종교의 기원』, 이윤기 역(서울: 열린책들, 1997).
18 Melanie Klein, *Contributions to Psychology Analysis* (London: The Hogarth Press, 1968), 292.

우울은 어떤 감정인가? 그것은 대상상실과 파괴에 대한 책임감에서 비롯된다. 아브라함과 프로이트의 우울증 이론은 특히 프로이트의「애도와 우울증」논문에서 잘 드러난다.[19] 거기서 프로이트는 대상상실의 애도와 대상집착의 우울증을 구별한다. 사랑하는 사람의 죽음은 시간이 지남에 따라 정상적인 애도의 슬픔으로 진행되지만, 증오와 분노 대상의 죽음은 집착의 우울증이 발생한다. 애도가 세상이 무너질 것 같은 슬픔이라면 우울증은 나 자신이 무너지는 슬픔이다. 내가 무너지기 때문에 일상이 회복되지 못하고 혼란스럽다. 증오하고 분노했던 그 대상은 내가 사랑하고 애착했던 대상이다. 대상을 향한 가학적 환상이 가득할 때 그 대상 상실은 분노와 증오의 감정이 소화되지 못한 채 자신을 향하고 죄책과 우울을 수반한다. 클라인에 따르면 유아가 엄마에 대한 가학적 환상이 극에 달했을 때 엄마가 아프거나, 멀리 떠나거나 죽게 되면, 유아는 엄마의 불행과 죽음이 자신 때문이라고 믿게 된다. 그때 아이는 슬픔과 당혹감에 엄마를 다시 살리기 위해 온갖 노력을 다한다. 클라인은 우울과 죄책감의 관계를 잘 조명하고 있다.

수치는 죄책감의 다른 얼굴이다. 대상의 상실과 불행이 자기 책임이라는 죄책감은 주체로 하여금 자기 자신을 폄하하게 한다. 이때 수치감이 발생한다. 다른 말로 하면 우울감정이 대상을 향할 때는 죄책감이고, 자기를 향할 때는 수치감이 된다. 따라서 죄책감이 많으면 수치감도 그에 따라서 많아지고, 수치감이 깊으면 죄책감도 깊어진다. 에릭 에릭슨과 같은 정신분석학자는 수치감에 비해 죄책감이 단계적으로 더 성숙한 감정이라고 주장한다. 그래서 그의 발달단계 이론에서 수치감은 더 원시적이고 방어적

---

[19] S. Freud, "Mourning and Melancholia," standard Edition, 14: 237-258 (London: Hogarth Press, 1957).

이며 병리적인 감정으로 분류되고 있다. 하지만 동양에서는 수치감의 긍정적인 기능을 조명한다. "후안무치厚顔無恥"의 개념을 통해서 자기의 부족함을 깨닫는 수치감이야말로 변화의 가능성을 열고 겸손과 협력으로 인도하는 정서란 점에 높이 평가한다. 하지만 분명한 것은 수치감과 죄책감 모두 개인의 절망과 우울감정에 직결되어 있고, 그 감정들은 모두 병리적으로 긴장된 몸의 주된 원인이 된다는 사실이다. 즉 분노, 공포, 죄책감, 수치감, 우울감정은 부정적인 감정들의 대표 감정들이다. 이러한 부정 감정들은 인간의 몸을 긴장되게 하고 병들게 하여 무거운 육체로 만들어버린다.

반면에 대표적인 5가지 긍정의 감정들이 있다. 그것들은 감사, 기쁨, 자유, 신뢰, 그리고 자신감이다. 제일 먼저 감사의 감정은 주체의 특정 대상 혹은 객체를 향한 긍정감정이다. 클라인은 저서 *Envy and Gratitude*에서 감사의 감정을 논의하는데, 우리가 가지고 있는 시기심과 질투가 유발하는 적대감에서 이제는 감사하는 마음으로 발전해야 한다는 사실을 내포하고 있다. [20] 더 나아가 코헛은 존경, 총애, 일체 등의 긍정적 감정을 토대로 정신분석의 이론을 재구성했다. 코헛의 존경 개념은 감사의 감정과 아주 유사하다. 총애는 기쁨의 감정에, 일체는 여유의 감정과 가깝다. 그리고 개인은 이 세 가지 기본 감정에 충만할 때 대상에 대한 신뢰감정과 자기의 자신감을 풍요롭게 발전시킨다고 말할 수 있다. 긍정적인 감정 다섯 가지 이론은 필자가 조직화한 것이며, 코헛의 자기심리학에 근거한 이론임을 밝힌다. 필자는 임상 현장에서 긍정감정의 위력을 늘 목격한다. 우리는 긍정감정에 들어갈 때 치유가 일어난다. 코헛이 존경, 총애, 일체, 그리고 자신감의 감정들을 강조한 이유가 여기에 있고, 에릭슨이 신뢰감정의 가치를 높게 평

---

[20] Melanie Klein, *Envy and Gratitude & other works* 1946-1963 (seymour Lawrence: Delacovte Press, 1975).

가한 이유가 여기에 있다. 긍정감정의 기능성과 효용성은 오늘날 행복심리학과 능력심리학 그리고 긍정심리학 등에서 거론되고 있다. 하지만 인간의 긍정적 감정 역동에 관한 이론은 하인즈 코헛의 자기심리학과 상호 주관 정신분석에서 가장 첨예한 조직화가 이루어졌다. 그들에 따르면 치료는 긍정감정의 강화에 있는 것이지, 그것의 박탈에 있지 않다. 긍정감정 경험은 그것 자체가 이미 치료적이다. 긍정감정의 경험이 안정화에 접어들면 서서히 부정감정을 견딜 수 있는 내성이 생겨난다. 이렇게 점차 부정감정을 소화하고 통합하는 능력을 키워나가는 것이 중요하다고 지적한다. 이제 욕망의 좌절이라고 하는 전통적 치료 방식 및 성숙이론은 도전받고 있다.

감정의 바다에서 유영하며 사는 것이 인간의 운명이다. 우리는 부정적인 감정의 바다에서 표류할 때 긴장된 병리적 육체의 구조를 갖는다. 신체화, 행동화, 그리고 외재화의 문제를 낳게 되고[21] 온갖 질병과 사고는 이때 발생한다. 반면에 긍정감정이 충만히 차오르면 자신감과 대상 신뢰가 강화되어 창조적 삶을 영위한다. 그래서 요한은 "네 영혼이 잘 됨 같이 네가 범사에 잘 되고 강건하기를 내가 간구하노라(요삼 1:2)"라고 말했다. 『현대인의 성경』 번역으로는 "사랑하는 자여, 그대의 영혼이 건강한 것처럼 그대의 모든 일이 잘되고 몸도 건강하기를 기도합니다"로 재해석된다. 여기서 요한은 사도 바울과 같은 맥락에서 "영혼"이 건강하면 "몸"도 건강하고 만사형통한다는 이론을 제시하고 있다. 따라서 긍정감정의 가치는 가히 놀랄 만큼 위력적이다. 실제로 임상 현장에서 내담자의 삶은 내담자가 분석가를 존경하고, 분석가가 내담자를 총애하기 시작할 때 신비하게도 잘 풀린다. 그것이 상담의 비밀이며, 분석의 신비이다. 임상전문가들은 이것을

---

21 필자의 논문, 「긴장처리의 5가지 반응 양식」을 참고하라.

가리켜서 "평행과정parallel process"이라고 부른다.[22] 그것은 내담자가 분석가와의 관계에서 경험하는 긍정감정의 구조가 상담실에서만 머무는 것이 아니라는 사실을 말한다. 내담자에 따라서 이성 혹은 동성을 대할 때 어려움이 있는 경우가 있다. 다른 대상은 편하게 대하는데 유독 특정한 성이나 부류의 사람을 만나게 될 때 불편함을 느끼는 것이다. 이럴 경우 사회생활이나 대인관계에서 불필요한 자극과 긴장으로 인해 관계의 어려움을 겪게 된다. 그런데 같은 성별 혹은 다른 성별의 분석가와 편안한 정서적 경험을 하게 되면, 이 경험은 상담실에만 국한되지 않는다. 직장이나 일상생활에서도 긍정감정의 관계를 자연스럽게 만들고 점차 이러한 관계들이 확장되는 것을 알 수 있다. 그래서 내담자와 분석가 관계의 긍정감정이 중요한 것이다.

사도 바울이 우리가 예수 그리스도의 영과 우리의 관계가 긍정적일 경우 만사형통한다고 말하는 이유가 여기에 있다. 요한이 "영혼이 건강하면 범사에 잘 되고 몸도 건강해진다"고 말한 과학적 근거도 바로 여기에 있다. 물론 바울이나 요한은 "평행과정"이라는 개념이 없었지만 자신들의 경험을 통해서 그와 같은 진리를 증거하고 있다. 이런 점에서 사도 바울이 말하는 육체의 몸에서부터 영의 몸으로의 전환이 가능하게 되는 구체적인 방법론이 확정되었다. 그것은 바로 긍정감정 관계의 평행과정이다. 인간은 누군가와 더불어 긍정적인 감정의 관계를 구축하고 유지하면, 거기서 끝나는 것이 아니다. 그 긍정적인 감정의 관계는 확장된다. 인간이 예수 그리스도의 영을 받아들이고 성령 충만의 상태가 될 때 그와 같은 기쁨과 여유, 평안과 신뢰, 감사와 자신감의 관계는 거기서 끝나지 않고 점차 다른 관계로

---

[22] H. F. Searles, "The Informational Value of The Supervisor's Emotional Experience," *Psychiatry*, 18 (1955): 135-146. 평행과정은 슈퍼바이저가 상담자를 지도할 때 환자에 대한 상담자의 경험이 슈퍼바이저에게 전이 된다는 이론이며, 프로이트의 "전이" 개념의 확장이라 볼 수 있다.

확장된다. 긍정감정의 평안과 기쁨은 더욱더 배가 되고 인간의 몸은 창조적 흥분과 긴장으로 가득 차게 된다. 그러면서 병리적 긴장과 억압의 부정 감정들을 다 순화시키게 된다. 예수 그리스도의 영으로 인해 내가 기뻐할 때, 감사와 자유의 역동을 누릴 때, 우리의 몸과 마음은 새로워진다. 그 새로워진 몸과 마음은 다른 사람들과의 관계에서도 감사와 신뢰, 기쁨과 자신감의 관계로 변화시킬 수 있는 토대가 된다. 그리고 우리는 영의 몸, 창조적 긴장의 몸, 이상과 가치, 꿈과 포부, 재능과 기술로 기뻐하는 몸과 인격의 주체가 된다. 그것은 바로 긍정감정의 바다로 뛰어드는 우리의 용기에서 비롯되며, 그 첫발을 예수 그리스도와 함께 혹은 분석가와 시작할 수 있다. 인간은 감정의 존재이다. 이는 우리 존재의 색깔을 결정하며, 육체에 머무느냐, 영의 수준으로 올라가느냐를 결정해 준다.

4. 창조적 표상의 구축

인간은 생각하는 동물이다. 인간이 다른 동물들과 비교되는 것은 이성과 지성 때문이다. 지구상의 어느 동물도 인간의 지성과 견줄 수 없고, 그 덕분에 첨단 문명을 발전시킬 수 있었다. 인간은 이미 여러 행성을 탐사했고 지금도 우주에 대한 연구는 계속되고 있다. 세계 어디에서나 서로 얼굴을 보며 대화할 수 있고, 거리와 공간의 제약을 뛰어넘는 디지털 트랜스포메이션 시대이다. 이제는 시공간의 의미가 무의미할 정도로 정보의 딜레이 없이 연결되어 있다. 모두가 인간의 이성과 지성을 대표하는 표상능력과 깊은 관련이 있다. 데카르트는 "나는 생각한다. 그러므로 나는 존재한다"고 말함으로써 합리주의 철학의 기초를 세웠다. 생각은 인간의 특별한 능력이다. 합리주의는 인간이 문명 창조를 성공시킨 기반이고, 서구사회가 동양에 비해 크게 발전할 수 있었던 배경이다. 서구 합리주의는 과학 문명과 예술, 그리고 종교에 이르기까지 놀라운 변혁의 토대가 되었다.23 합리주의를 개인적 차원에서 본다면 논리성과 추상성의 능력이다. 인간은 행동주의 유형과 철학주의 유형으로 나뉠 수 있다. 전자는 감정이나 충동에 의해 움직이지만, 후자는 사고와 논리, 진리와 법칙에 근거해서 움직인다. 철학자가 전략을 세우면 행동가가 실행에 투입된다. 철학자는 설계를, 행동가는 실천을 담당하는 것이다. 우리나라 전통 언어로 사변 철학은 문인을, 행동은 무인을 낳는다. 물론 철학과 행동의 통합은 이상적이지만, 인간은 어느 한쪽으로 기울게 되어있다. 깊은 사유를 통해 문제를 이해하고 해결 방향성을 가진 개인은 지도자가 되고 시스템을 관장한다. 지식이 없으면 지식이 있는 사람에 의해 지배당한다. 설득당하는 자가 있는가 하면 설득하는 자가 있어서 논리적인 주종관계, 전략적 상하체계가 만들어질 수밖에 없다.

    정신분석학자들은 이런 점 때문에 "이성"의 가치를 좀 더 중요하게 여기고 있다. 특히, 치료 과정이라 할 수 있는 "훈습working through"은 정서적 돌발과 소화 경험 이후에 찾아오는 특별한 통찰insight을 가리키고 있다.24 자기의 병리적 방어구조에 대한 경험적 깨달음, 병리적 긴장 등의 원인에 대한 경험적 진리의 획득이 바로 훈습의 결과인 것이다. 그래서 분석가들은 피분석가가 좌충우돌하다가 스스로 깨닫도록 인도한다. 그때 깨닫는 진리는 평생 그 개인의 삶의 지침이 되고 울타리가 될 것이기 때문이다. 특히 상호주관 정신분석학자들은 이와 맥락을 같이 하여, "인지적 명료화cognitive

---

23 막스 베버, 『프로테스탄트 윤리와 자본주의 정신』, 박성수 역(서울: 문예출판사, 2010).
24 프로이트는 이 용어를 1937년 "자아의 리모델링 과정"이란 의미로 사용했다. S. Freud, "Analysis terminable and interminable" Standard Edition 23: 209-253.

articulation"의 기능을 강조하였고,[25] 줄리아 크리스테바는 "기호해독"의 의미를 강조하였다.[26] 이것은 명쾌한 정보가 주는 기능에 대한 강조이다. 우선 상호주관 분석가들의 화두인 인지적 명료화는 개인이 겪는 불편한 감정이나 갈등 혹은 공허의 내용과 원인이 분명하게 포착될 때, 그 경험이 아무리 고통스럽다고 할지라도 견딜 수 있다는 것이다. 이것은 이른바 컨버그 라인의 "포커싱Focusing"과도 같은 기능이다. 신체적으로 무겁고 경직되며 답답한 증상이 올라올 때 그 증상과 연결된 정교한 해석 언어를 찾아내면, 불편한 신체 증상이 소화되어 제거된다는 이론이다. "포커싱", "인지적 명료화", "기호해독"은 마치 체한 느낌이 다 소화되어 깨끗이 정화되는 현상과 같은 기능을 한다. 우리가 어떤 경험을 할 때 매우 불편하고 도무지 그 경험의 의미와 본질이 무엇인지 알 수 없다면 바로 정신적 체증이 생긴다. 음식물이 소화되지 않아 거북한 것처럼, 정신적으로도 소화가 되지 않는 경험을 하면 제일 먼저 몸에 신호가 온다. 신체적인 마비와 경직, 답답함, 두통이나 위장장애 등 갖가지 신체 증상으로 극대화된다. 이것들은 정신적 체증이 만들어내며, 이해할 수 없는 경험이 만들어내는 신체적 증상이다. 즉, 정신적 소화의 실패가 몸의 부정적 증상의 원인이 되는 것이다. 상호주관 학자들은 그것을 가리켜서 경험 통합의 실패에서 오는 "신체화somatization"라고 불렀다.[27] 그동안 인간은 이성을 사용해서 자연과 인간관계가 만들어내는 온갖 문제들을 해결해 왔다. 그러면서 문명과 과학도 발달했다. 인간의 몸과 정신의 관계에 있어서 정신의 혼탁함이 몸의 불편과 소화 장애 증상

---

[25] R.D.Stolorow, G. E. Atwood and B. Brandchaft, Psychoanalytic treatment: An Intersubjective approach (Hillsdale, NJ: The Analytic Press, 1987), 87.
[26] 크리스테바는 기호해독이 안 될 때 우울증에 걸린다고 한다. 줄리아 크리스테바, 『검은 태양』, 김인환 역(서울: 동문선, 2004), 209.
[27] Stolorow etal, *Psychoanalytic Treatment*, 70.

을 낳는다면, 정신의 명쾌함이 그러한 병리적 증상들을 해결하는 핵심 기능을 한다. 신체의 온갖 증상들은 모두가 다 정신적 소화불량의 결과이기에, 역으로 정신적 소화 작업이 신체의 온갖 병리적 증상들을 치료하고 해결할 수 있다는 논리도 성립된다.

표상의 위대한 기능이 이것이다. 인간은 자기의 뇌리에 뜨는 단어와 이미지에 의해 영향을 받는다. 그때 뜨는 단어와 이미지가 개인에게 정신적 경험의 명료화와 구체적인 소화 작업에 공헌하면 통합적인 발전을 이룩한다. 반면 그때 뜨는 표상이 명료화와 소화 작업에 도움이 되지 않는다면 계속해서 불편 경험을 반복하게 된다. 또한 그에 따른 신체적 이상 증상 발생을 막을 수가 없다. 개인의 표상이 "인지적 명료화", "기호해독", 그리고 "포커싱"의 기능을 하지 못할 때 신체적 질병이나 파괴적인 행동 혹은 불행한 사고에 접하게 되는 것이다. 인간의 표상 세계가 갖는 중요성이 여기에 있다. 학문의 깊이와 철학적 사유의 인간이 깊고 넓은 경험의 세계를 소화하고 정복할 수 있는 이유이다. 그래서 오래전에는 통치자나 지도자가 되려면 반드시 철학과 신학, 그리고 예술과 종교의 안목을 가져야 했다. 그 이유는 지도자의 표상이 그 조직의 내·외적 사건들에 대한 이해와 해결의 핵심이 되기 때문이다. 만일 지도자의 표상 세계가 편협하고 제한적이면 그 조직은 서서히 위축되고 단순해지며 기계적으로 될 가능성이 높다. 경험의 깊이와 넓이, 그리고 높이는 그 개인이나 조직의 표상 능력에 달려 있다. 아무도 그 표상 능력을 대신해 줄 수 없다. 표상은 철저히 주관적 주체의 작업이다. 설령 누군가가 단어와 이미지를 넣어준다고 해서 그 표상의 효과는 충분히 기능하지 않는다. 표상은 주체의 경험적 결과이기 때문에 외부에서 넣어주는 것으로는 아무 효과가 없다. 주입식 교육이 실패하는 이유가 바로 이것이다. 진리는 스스로 찾고 노력해서 발견할 때 참 진리가 된다. 내가 찾지 않고 다른 사람이 제공하는 진리는 아무리 위대한 진리라고 해도 나의 소화 능력 때문에 충분히 기능하지 못한다. 좋은 무기도 다룰 줄 모르면 소용이 없고 자기 몸에 익숙하지 않으면 무용지물과 같은 이치이다. 표상과 진리는 자기 안에서 나올 때 힘이 있다. 외부 자극에 의해 움직여지는 진리는 진리가 아니다. 그것은 바람에 따라 흩날리는 겨와 같은 불안한 진리일 뿐이다.

    병리적 긴장의 몸에서 창조적 긴장의 몸으로 바뀌려면 제일 먼저 우리의 표상 세계에 대한 변혁적인 성숙을 이루어야 한다.[28] 사도 바울이 예수 그리스도의 영과 성서 말씀을 강조한 것과 예수님이 씨 뿌리는 자의 비유를 통해 하나님의 말씀을 가르치신 이유도 여기에 있다. 하나님의 말씀은 진리 그 자체이다. 그것은 자연세계뿐만 아니라 정신적·영적 세계의 통치 원리이고 소화 기능의 핵이다. 다시 말하면 우리가 병리적 긴장에 의해 몸이 불편해지며 답답함이 차오를 때, 적절한 하나님 말씀 특히 예수 그리스도의 말씀은 그 병리적 긴장을 한순간에 날려 버리는 힘을 보여준다. 말씀이 우리 정신뿐 아니라 몸도 건강하게 지켜주는 이유가 바로 여기에 있다. 하나님의 말씀은 표상 중에서도 최고의 권위를 자랑한다. 표상은 정보와 다르게 주체의 내적 작업이다. 하나님의 말씀은 정보와 표상보다 상위에 있고 내적·외적 경험의 주체와 객체의 통합이라는 종합적 기능을 갖추고 있다. 그래서 하나님의 말씀은 "인지적 명료화", "기호해독", "포커싱 focusing"의 기능을 한다. 그리고 거기에서 한 걸음 더 나아가 개별적 인간에게 삶의 가치와 목표를 잡아준다. 표상의 소화 능력뿐 아니라 표상의 방향성과 목적성의 기능을 한다. 이것은 다른 말로 하면 표상의 방어 분쇄 기

---

[28] 크리스테바는 기호해독이 안 될 때 신체 증상이 나타난다고 본다. 줄리아 크리스테바, 『검은 태양』, 66.

능과 표상의 보상구조 건설기능이다. 우리는 우리 내면에서 뜨는 단어와 이미지를 통해 방어를 분쇄하기도 하고 이상과 가치의 실현을 위해 끝까지 정진하는 보상구조 능력의 강화를 이루기도 하는 것이다.

　사도 바울은 예전에 바리새인이었고, 가말리엘 문하의 최고 석학이었지만, 마음에 뜨는 표상들은 그의 영혼을 평안과 기쁨으로 인도하는 것이 아니라 오히려 쇠사슬에 묶고 가슴에 못 박는 율법의 정죄와 심판이었다. 그의 표상은 방어 분쇄 능력이나 보상구조 건설의 기능을 하지 못했다. 그 표상은 몸의 긴장 강화로 인해 사망의 몸, 육체의 몸, 썩어질 육체의 존재로 전락하게 했다. 그는 곤고한 자였고, 그 사망의 기운으로 인해 자신뿐 아니라 다른 무죄한 사람들도 핍박하는 파괴적 인간의 전형이었다. 정신적 경험이 소화되지 않고 오히려 더 큰 불편만을 가동하는 그의 율법표상들은 영혼이 쇠잔해지는 원인이었고, 그의 핍박과 가학의 원인이 되었다. 그러나 스데반은 죽음의 과정에서도 평안과 기쁨의 존재였다. 그는 스데반의 몸이 병리적 긴장의 몸이 아니라 창조적 긴장의 몸이었음을 목격했다. 그러던 그가 예수님을 믿게 되고 "사울아, 사울아 네가 어째서 나를 핍박하느냐!" 주님의 말씀이 사울의 가슴에 각인되었다. 사울은 눈부시도록 찬란한 주님의 현현에 앞을 볼 수 없었고, 선지자를 만나 치료받을 때까지 내적 고뇌의 시간을 가졌다. 그리고 그는 예수 그리스도의 영과 말씀에 사로잡히기 시작했다. 그의 표상 세계가 변혁을 이룬 것이다. 그의 마음에 뜨는 단어와 이미지는 예수 그리스도에 관한 생명표상이 주를 이루었다. 이제 그는 삼층천 하늘을 볼 수 있었고 그의 표상 세계는 과거의 모든 병리적 긴장에서 벗어나 창조적 긴장과 흥분, 영적 소명의 인간으로 거듭날 수 있었다. 하늘나라를 이 땅에 세우는 것, 예수 그리스도의 영을 사람들에게 전파하는 것이 이제 그의 핵심 표상이 되었다. 그 표상의 가치는 바리새인이자 가말

리엘 문하에 있으면서 가졌던 표상과는 비교할 수 없었다. 그 표상은 그에게 "명료화", "해독", "포커싱"의 기능뿐 아니라 "가치와 이상", "꿈과 포부", "재능과 기술"의 기능을 발휘했다. 그는 천막을 지으면서 예수 그리스도의 영을 전파하였다. 비로소 그는 스데반 집사가 보여주었던 영혼의 평안과 기쁨을 자신의 온몸으로 체험할 수 있었다. 그의 몸이 고결한 영으로 변화한 것이다.

5. 충동의 표현기술

충동은 행동을 향한 내적 자극이다. 개인에 따라서 그것을 인식하는 사람이 있는가 하면, 전혀 인식하지 못하고 자동으로 행동을 하는 사람이 있다. 행동주의 심리학자들은 동물실험을 통해서 자극에 대한 반응기제를 연구했다. 자극에 즉각적으로 반응하는 행동기제, 그것이 행동주의 심리학의 연구 영역이며, 정신분석 기제로 하면 충동 기제라 할 수 있겠다. 상황은 주체에게 자극을 주는데 머리 자극, 가슴 자극, 뱃심 자극이 다르게 나타난다. 여기서 머리는 생각, 가슴은 감정, 뱃심은 충동에 해당한다. 충동 표현이 자연스러운 사람은 으레 뱃심에서 올라오는 표상대로 움직인다. 용기와 배짱이 있는 사람의 전형이다. 충동은 주체의 움직임이다. 욕망이 주체의 동력이라면 금기는 객체의 동력이다. 충동은 욕망에서 비롯되며 언제나 금기와의 관계에서 적절한 타협, 갈등, 반복의 형태로 표현된다. 이런 점에서 개인의 충동 역사는 주체적 경험의 역사라 할 수 있다. 건강한 유아는 초기 6년 동안 자기의 충동을 마음껏 발산할 수 있는 기회와 환경을 갖는다. 위니캇이 말하는 "안아주는 환경", "충분히 좋은 엄마", "보복하지 않는 엄마", "살아남는 엄마"는 유아의 충동을 처벌하지 않는다. 왜냐하면 충동의 표현이 유아의 주체성, 자율성, 그리고 목적성을 키워주기 때문이다. 충동이 제한을 받고, 통제를 당하면 그 아이는 주체성, 자율성, 목적성을 가지기 어렵다. 자칫 위니캇이 말하는 "거짓 자기"의 삶을 살게 될 위험이 높아진다.[29] "충동"과 "금기" 사이에서 인간은 언제나 갈등한다. 어린 시절에 마음껏 충동을 표현해 본 아이는 자기 존재의 해체 가능성을 스스로 체험하게 된다. 그러나 어린 시절에 충동의 표현이 철저히 억압될 경우 그 아이는 성장하면서 충동 표현에 관한 비현실적 환상을 갖게 된다. 여기에 해당되는 경우 성인이 된 뒤에도 자기 충동 조절의 실패로 삶의 벼랑 끝에 서게 되는 사람들이 있다. 중년기에 맛본 충동의 쾌락은 억제하기가 어렵다. 충동의 표현과 체험에 대한 욕구가 유아 시절에 막혀있었기에 그 욕구가 더 강력하게 남아있기 때문이다. 그래서 성인의 충동 표현은 위험하고 부작용이 심하다. 일반적으로 겉과 속이 다른 이중성격과 위선, 거짓과 포장의 인간은 이와 같은 어린 시절의 충동 억압에서 비롯된다. 위선과 거짓 포장은 본질의 은폐이다. 어린 시절부터 이들은 자기의 본질과 속마음을 은폐하도록 강요받았다. 충동은 위험한 것이라 하며 표현하지 못하도록 묶어 놓았다. 그 결과 그들은 자기 내적 진실의 솟구침에 대해 외면해야 했다. 계속해서 올라오는 내면의 외침을 모른 척했고, 위니캇의 "거짓 자기"가 이미 강력한 구조로 자리 잡았다. 그 사람들은 무엇이 진실이고 무엇이 위선인지조차 구분할 줄 모른다. 그저 생존이 우선일 뿐이다.

건강한 사람은 충동을 살리면서 금기도 존중하는 탄력성을 가진 개인이다. 이것은 어린 시절에 충동을 마음껏 표현하며 어떤 충동이 창조적이고 어떤 충동이 파괴적인지 경험적으로 체득하고 그 과정을 통해서 훈련된

---

[29] 마델레인 데이비스·데이빗 월브릿지, 『울타리와 공간』, 이재훈 역(서울: 현대정신분석연구소, 1997), 135.

다. 우리 안에 올라오는 모든 충동이 다 유아적이거나 비현실적인 것은 아니다. 어떤 충동들은 무척 아름답고 활력적이다. 예를 들어 프로이트는 생명본능과 죽음본능을 구분하고, 쾌락충동과 공격충동을 구분했다. 그에 따르면 쾌락충동이 생명을 향해서 표현될 수도 있고 죽음을 향해서 나아갈 수도 있다. 공격충동도 마찬가지이다. 생명을 향한 공격충동이 있는가 하면 죽음을 향한 공격충동이 존재한다. 우리가 어린 시절에 훈련되어야 할 것은 주관적인 차원에서 어떤 쾌락충동과 공격충동이 생명을 강화하는지를 몸의 감각으로 익히는 것이다. 죽음을 향한 쾌락과 공격은 무척 파괴적이다. 그것은 모든 병리의 근원이며, 아무도 그 힘을 제어하기 어렵다. 무분별한 쾌락과 비행이 여기에 해당할 것이다. 그러나 생명을 향한 쾌락과 공격은 경쟁적인 사회에서 주체의 소리를 확보할 수 있도록 해 준다. 두드리지 않는 자를 위해 문은 열리지 않고, 하늘도 스스로 돕는 자를 돕는다. 우리는 가능한 한 빨리 그리고 정교하게 우리를 위한 생명의 쾌락과 공격충동을 익혀야 한다. 그래서 그러한 충동들이 현실 관계에서 자연스럽게 표현되는 기술을 익혀야 한다. 건강한 충동의 표현 능력은 기술이며, 어린 시절에 우리가 꼭 정교하고 깊게 체득해야 할 감각이다. 생명을 향한 충동표현의 기술은 개인에게 활력과 생동감을 주며 사회공동체의 기쁨과 여유에 기여한다. 개인의 쾌락과 공격충동들이 지혜롭게 개발되어야 한다. 그래야 사회에서 환영받는다.

일반적으로 창조적 긴장을 유지하는 사람은 긍정적인 충동표현의 기술을 개발하기가 용이하다.[30] 마음에 여유가 있으면 모든 일이 순조로운 법이다. 에너지는 전염성이 있어서 한쪽의 긍정 에너지는 다른 쪽의 긍정 에

---

[30] 이것은 코헛의 핵심 이론이다. Kohut, *How Does Analysis Cure?* (Chicago and London: The University of Chicago Press, 1984), 43.

너지를 유발한다. 그래서 창조적 긴장의 몸을 갖고 있는 개인은 그 내면의 활력과 생동감으로 다른 이들의 활력과 생동감을 끌어내는 힘이 있다. 그들은 적절하게 쾌락과 충동을 긍정적으로 사용할 줄 알며, 자기와 타인에게 기쁨과 여유를 선사한다. 코헛은 성숙한 개인이 보여주는 인격적 변혁의 열매를 가리켜서 지혜, 공감, 창의성, 이상, 그리고 유머를 말했는데, 모두 창조적 긴장의 몸을 가진 사람들에게서 관찰될 수 있는 것들이다. 사도 바울이 자신의 "사망의 몸"에 대해서 탄식하며 스스로 "곤고한 자라고 고백했을 때, 그 몸의 속성은 창조적 긴장이 아니고 병리적 긴장에 사로잡혀 있었다. 그때 몸은 쾌락충동과 공격충동을 생명이 아닌 죽음으로 향하게 된다. 코헛은 그러한 경향을 가리켜서 자기구조의 해체, 파편화의 결과라고 하였다. 이때의 몸은 흩어지는 자기의 존재를 응집시키고자 병리적인 방법들을 동원한다. 중독, 성도착, 비행, 그리고 그 밖의 자기 파괴적인 행위들이 다 여기에 속한다. 그것들은 인간 본연이 지향하는 충동의 결과가 아니다. 프로이트가 말한 것처럼 본능을 절제하지 못해서가 아니다. 코헛의 관점에서는 창조적인 방법으로 쾌락과 공격충동을 표현하는 법을 배우지 못한 결과이다. 또한 내·외적 자극들에 의해 파편화 되어가는 주체의 심리구조를 붙잡으려는 궁여지책에 불과하다. 위험한 욕동의 표현은 취약한 심리구조와 파편화된 심리상태의 결과이지, 결코 인간의 본래적인 충동의 결과가 아니란 이야기이다.

이것은 충동과 욕동에 대한 새로운 안목을 더해준다. 코헛에 따르면, 인간이 존경하는 부모 원상과 현재의 공감적 자기대상 채널이 있을 때 정서적으로 안정되고 여유가 있다. 이럴 때 나오는 충동들은 긍정적이고 창조적이며 개인과 사회에 공헌하는 결과를 가져온다. 특히 건강한 개인이 고결한 가치와 아름다운 이상을 향해 헌신할 때, 그 존경 심리구조는 개인의 쾌락충동과 공격충동이 생명을 향해 표현되도록 이끌어 준다. 거룩한 목적을 향한 개인의 충동들은 프로이트가 우려한 위험한 본능의 표출이 아니다. 그것들은 인간의 존엄성과 위대함을 증명하는 충동들이다. 사도 바울의 인생과 예수 그리스도의 인생이 이것을 증명해 준다. 바울은 실라와 더불어 옥에 갇혔을 때 절망하거나 비관하지 않았다. 오히려 옥중에서 찬송하는 충동으로 표출되었고, 그 위대한 충동은 감옥의 창살을 무너뜨리고 간수를 회개시키는 창조적인 열매를 낳았다. 예전의 '사울'이었다면 아마도 곤고한 사망의 몸에 갇혀서 비관과 절망의 희생자 표상으로 해체되었을 것이다. 그는 예수 그리스도의 영과 하늘나라의 표상으로 인하여 상황의 불행 앞에 좌절하지 않았다. 오히려 그는 고난의 현장을 강건하게 헤쳐 나갔다. 옥중의 간수들이 그를 존경하고 특별한 애정을 선사하게 되는 결과는 창조적 충동이 가져오는 열매가 얼마나 고결한 지 잘 증거해 준다. 예수님은 어린 시절부터 성전에서 지성인들과 논쟁을 벌이셨고 그 논쟁에서 패한 적이 없다. 예수님의 지식과 설득력이 얼마나 뛰어났는지 짐작할 수가 있다. 바리새인과 율법학자들, 사두개인과 서기관들이 예수님의 지성과 논증에 굴복했다. 게다가 성전 안에서 장사하는 무리에게 예수님의 공격충동은 파괴에 가까운 공격이었다. 가판을 엎으셨고, 상인들을 다 내쫓으셨기 때문이다. "내 성전은 기도하는 집이다. 너희는 이 집을 강도의 소굴로 만들었다(눅 19:46)"라며 호통치셨다. 그리고 사도 바울도 "누구든지 하나님의 성전을 더럽히면 하나님이 그 사람을 멸망시킬 것이다(고전 3:17)"라고 말했다. 이런 점에서 성전 안 상인들에 대한 예수님의 공격충동은 외적으로는 파괴적 행동이었지만, 본질적으로는 하나님 성전의 거룩성을 지키려는 의도가 담긴 분노감정의 표출이었다. 생명을 향한 공격충동의 극적 표현의 대표적인 예가 바로 예수님이 성전 안에서 보여주셨던 분노와 파괴일 것이다.

이러한 분노와 공격은 아름답다. 그것은 겉으로는 파괴적이지만 실상은 가장 거룩한 것이다. 히틀러 앞에 굴하지 않고 죽는 순간까지 저항한 한스와 소피 남매의 공격충동, 오스트리아의 농부 재거스테러의 신앙적 저항의 외침은 공격충동이 얼마나 거룩하고 위대할 수 있는지를 잘 보여주는 구체적 실례들이다.31 인류의 역사도 이러한 선구자들의 아름다운 공격충동 때문에 더욱 발전해 나갔다. 프랑스 대혁명을 이룬 시민들의 공격충동, 우리나라 독립운동의 주체인 민중들의 공격충동, 이는 새로운 역사의 장을 여는 생명의 충동이자 창조적 충동이었다. 그런 창조적 충동들로 인해서 개인과 세상은 변혁되어 간다. 이때의 몸은 가볍고 고귀한 흥분의 영의 몸이며 죽음과 공포를 이겨낸 부활의 몸이다. 네로 황제의 박해 앞에서 초대 교인들은 사자에게 물어뜯기고 화형에 처하면서도, 찬송을 멈추지 않고 평안과 기쁨의 감정 상태로 순교했다. 죽음의 순간에도 결연히 맞서 나아간 그 거룩한 충동은 오직 영의 옷을 입은 창조적 기독교인들만이 할 수 있는 위대한 충동이다. 인류 역사에도 이와 같은 위대한 공격충동이 많이 존재한다. 코헛은 영웅의 가슴 속에 예수의 표상이 자리 잡고 있었다고 고백한다.32 아름다운 이상과 고결한 가치, 그리고 존경하는 영웅의 인도를 받는 공격충동은 그 자체로 거룩하며 세상을 변혁시키는 혁명적인 충동이다. 예수님의 공격충동이 새로운 역사를 열었고, 예수님의 쾌락충동이 병자와 죄인, 창기와 세리, 가난하고 취약한 자들을 향한 사랑으로 나아갔다. 인류 구원의 사랑은 그분의 창조적이고 생명을 향한 쾌락충동의 결과였다. 충동이 이처럼 거룩하고 고귀할 수 있음이 증거되는 것이다.

---

31 Heinz Khout, *Self Psychology and the Humanis* (New York: W. W. Norton, 1985), 45.
32 Ibid., 45.

연구 질문들

1. 정신과 육체가 분열되는 이유는 어디에 있는가?

2. 우리는 사기당하거나 자기 파괴적인 선택을 반복하는 사람들의 경향을 어떻게 이해해야 하는가?

3. 긍정적인 감정의 경험은 몸에 어떤 영향을 끼치는가?

4. 기호해독과 이상과 가치는 왜 중요한가?

5. 우리는 충동과 금기 사이에서 어떻게 해야 하는가?

참고문헌

Freud, Anna. *Ego and the Mechanisms of Defense*. New York: International Universities Press, 1971.
Freud, Sigmund. *"Mourning and Melancholia."* Standard Edition, 14: 237-258. London: Hogarth Press, 1957.
Freud, Sigmund. *"Analysis terminable and interminable"* Standard Edition, 23: 209-253.
Kohut, Heinz. *The Analysis of the Self*. New York: International Universities Press, 1971.
_____. *Self Psychology and the Humanis*. New York: W. W. Norton, 1985.
_____. 『정신분석은 어떻게 치료하는가?』, 이재훈 역. 서울: 한국심리치료연구소, 2007.
Klein, Melanie. *Contributions to Psychology Analysis*. London: The Hogarth Press, 1968.
_____. *Envy and Gratitude & other works 1946-1963*. seymour Lawrence: Delacovte Press, 1975.

Searles, H. F. "The Informational Value of The Supervisor's Emotional Experience." *Psychiatry 18*. 1955.
Stolorow, R.D. & G. E. Atwood and B. Brandchaft. *Psychoanalytic treatment: An Inter subjective approach.* Hillsdale, NJ: The Analytic Press, 1987.
Davis, Madeleine & Davis Wallbridge.『울타리와 공간』, 이재훈 역. 서울: 현대정신분석연구소, 1997.
Clark, Arthur J.『방어기제를 다루는 상담기법』, 김영애 외 역. 서울: 김영애가족치료연구소, 2005.
Fairbairn, William.『성격에 관한 정신분석학적 연구』, 이재훈 역. 서울: 한국심리치료연구 소, 2003.
Freud, Sigmund. "토템과 터부",『종교의 기원』, 이윤기 역. 서울: 열린책들, 1997.
Kristeva, Julia.『검은 태양』, 김인환 역. 서울: 동문선, 2004.
_____.『반항의 의미와 무의미』, 유복렬 역. 서울: 푸른숲, 1998.
Rizzuto, Ana-Maria.『살아있는 신의 탄생: 정신분석학적 연구』, 이재훈 역. 서울: 한국심리치료연구소, 2000.
Weber, Max.『프로테스탄트 윤리와 자본주의 정신』, 박성수 역. 서울: 문예출판사, 2010.

4장
인생 폭풍의 의미 해부

"주님, 주님, 우리가 죽게 되었습니다!"
예수님이 일어나 바람과 성난 파도를 꾸짖으시자 폭풍이 그치고 물결이 잔잔해졌다.(눅 8:24)
"너희 믿음은 어디 있느냐"
"도대체 이분이 누구신데 바람과 물을 보고 명령해도 복종하는가?"(눅 8:25)

예수님과 제자들이 호수 저편으로 가기 위해 배를 탔다. 직전에 예수님은 수많은 군중 앞에서 설교하셨기 때문에 배에 오르셔서 깊은 잠이 드셨다. 때마침 큰 광풍이 몰려와 배가 침몰될 위기가 왔다. 제자들은 아비규환이 되어 "주여, 주여, 우리가 죽게 되었습니다! 어찌 우리를 돌보지 아니하시나이까" 하고 예수님께 간곡히 말씀드렸다. 반면 놀라운 것은 예수님의 반응이었다. 그 자리에서 바로 "바람과 성난 파도"를 꾸짖으셨고 광풍은 말씀에 순종하여 조용해졌다. 그리고 제자들을 향해 "너희 믿음은 어디 있느냐?" 하시며 책망하셨다. 신약성서 일화 중에서 이것은 눈에 띄는 대목이면서 해석의 여지가 많은 부분이기도 하다. 광풍과 예수님의 관계는 무엇이며, 광풍과 제자들, 그리고 배는 각각 어떤 의미의 관계를 맺고 있는가? 정신분석과 조직심리학의 관점에서, 그리고 철학과 신학의 관점에서 이 일화를 해석한다면 과연 그 의미는 어떻게 구성될 것인가?

사실 우리는 삶 속에서 무수히 많은 크고 작은 돌풍들과 직면한다. 그러한 돌풍들이 우리 삶의 터전을 위협하고, 우리가 사랑하는 사람들을 고통스럽게 한다. 이러한 불행한 사건들은 우리를 긴장하게 하고 철저한 무력감에 이르게 한다. 우리는 실존의 삶을 유지하기 위해서, 그리고 번영의 기쁨을 위해, 간헐적으로 또는 집중적으로 몰려오는 삶의 폭풍들을 적절하게 다룰 수 있어야 한다. 사랑하는 가족과 나를 지키기 위해서라도 폭풍은 극복되어야 하고 철저히 정복되어야 한다. 그런 점에서 예수 그리스도의 "바람과 성난 파도"를 향한 꾸짖음, 그리고 제자들을 향한 "믿음"의 질문을 살펴보지 않을 수 없다. 우리는 예수 그리스도를 닮아가는 사람들이다. 하지만 우리는 자연세계의 특별한 움직임인 폭풍에 대한 통제권을 가지고 있지 않다. 우리가 바람과 파도를 꾸짖는다고 해서 폭풍이 누그러지지 않는다. 지난 몇 년간 전 세계는 COVID19로 비참과 절규의 시간을 보냈다. 광풍과도 같은 재해에 대하여 우리는 속수무책 당할 수밖에 없었다. 비통하지만 "믿음"과 "능력"이 없는 우리의 한계를 느끼고 있을 뿐이었다.

하지만 예수님은 "믿음"의 문제를 거론하시면서 우리가 바람과 성난 파도, 폭풍을 해결할 수 있다는 암시를 주셨다. 참 이해하기 어려운 장면이다. 인간에게 돌풍을 잠재울 수 있는 능력이 있다는 것인가? 구약 성서에서 요나는 하나님의 명령을 피해 달아난 배 위에서 폭풍을 만나자 바로 선원들에게 자신을 바다에 던지라고 했다. 요나를 삼킨 바다는 잠잠해졌다. 돌풍과 요나의 이야기에서 폭풍을 잠재운 요나의 믿음을 알 수 있다. 또한 야훼 하나님은 욥과의 관계에서 폭풍의 존재를 확인하신다. "그때 여호와께서 폭풍 가운데에서 말씀하셨다(욥 38:1)." 이것은 예수님이 폭풍에 대한 권위를 갖고 계신 것처럼, 야훼 하나님은 폭풍을 활용하고 계신다는 사실을 증거한다. 실제로 선지자 예레미야는 "보라 나 여호와가 폭풍과 회오리바람 같은 분노로 악인들의 머리를 칠 것이다(렘 23:19)"라고 증거했고, 시편 기자는 "주께서 광풍으로 그들을 추격하소서, 주의 폭풍으로 그들을 두렵게 하소서(시 83:15)" 하며 기도하고 있다. 심지어 에스겔 선지자는 "그러므로 나 여호와가 말한다. 내가 분노하여 폭풍이 일게 하고 폭우가 쏟아지게 하며 큰 우박 덩어리를 떨어지게 하여 너희가 회칠한 담을 헐고 박살을 내어 그 기초가 드러나게 할 것이다. 그 담이 무너져서 너희가 거기에 치이면 그 제서야 너희가 나를 여호와인 줄 알 것이다(겔 13:13~14)." 이사야 선지자도 "전능하신 여호와께서 뇌성과 지진과 큰 소리와 회오리바람과 폭풍과 무서운 불꽃으로 그들을 벌하실 것이니 예루살렘과 싸우는 모든 나라가 꿈처럼 사라질 것이다(사 29:6~7)"고 예언한다. 따라서 성서의 기자들은 한결같이 하나님이 자연세계의 활동에 대한 통치권을 갖고 계심을 증언한다. 폭풍은 하나님의 명령하에 있으며 단독적으로 그 파괴적 행사를 추진할 수 없다. 그래서 욥기에서 사탄은 욥에게 악을 행하기 이전에 먼저 하나님에게 허락을 받는다. 사탄의 역사도 하나님의 권위 아래에 있다. 사탄은 인간에 대한 폭풍 같은 불행 사건을 이행하기 전에 반드시 하나님의 허락을 받는다. 욥은 그와 같은 재난으로 재산과 종들, 가축과 건강까지 다 잃어버렸다. 잿더미 위에서 피부병으로 고통을 겪는 욥에게 세 친구가 위로하려 했지만 오히려 더 큰 심판과 정죄만이 뒤따랐을 뿐이다. 욥은 폭풍과 하나님 앞에서 철저히 무력했고, 모든 것을 다 잃은 그에게 하나님께서 다음과 같이 이르셨다. "내가 땅에 기초를 놓을 때에 너는 어디 있었느냐?(욥 38:4)" "땅의 기초를 받치고 있는 것이 무엇이냐? 새벽에 별들이 함께 노래하며 하늘의 천사들이 기뻐 외치는 가운데 땅의 모퉁이 돌을 놓은 자가 누구냐? 바닷물이 깊은 곳에서 쏟아져 나올 때 누가 그 물을 막아 바다의 한계를 정하였느냐?(욥 38:6~8)" 하나님 말씀의 핵심은 하나님이 자연세계를 관장하시고 자연세계의 시작과 끝, 그리고 과정까지도 책임지신다는 메시지이다.

욥과 예수님은 다 같은 의인이고, 결백한 가운데 고통을 겪었다. 그러나 예수님은 욥과는 달리 폭풍을 잠재우심으로 죽음을 이겨내신 부활과 창조의 주인임을 증명하셨다. 그리고 제자들에게 하나님에 대한 "믿음"의 가치를 강조하셨다. 다시 말하면 제자들도 믿음을 가지면 자연재해를 통제할 수 있고, 죽음도 극복할 수 있음을 각인시키셨다. 과연 그럴까? 인간이 자연재해와 죽음의 장벽을 넘어설 수 있을까? 정신분석과 철학, 신학과 사회과학은 성서 본문 해석의 새로운 지평을 열어준다. 폭풍은 자연세계에 실재하며 우리의 삶에도 그와 같은 불행과 비참의 사건들은 수도 없이 밀려든다. 바다 한가운데에서 제자들이 만난 폭풍우는 과연 어떻게 이해하고 극복되어야 하는 것인지, 우리는 현대 인문 사회과학의 지혜를 빌어서 심도 있게 논의하고자 한다. 실패와 추락은 실존적 인간이 겪는 삶의 한 부분이다. 그리고 그 폭풍을 어떻게 상대할 것인가가 문제의 핵심이다. 한 가지 분명한 것은 인생에서 내가 만난 폭풍의 의미를 이해하기만 해도 그 폭풍에 의해 존재를 잃어버리지 않는다는 사실이다. 이것이 의미의 이해가 갖는 위대한 힘이다. 폭풍의 의미 해부는 이런 점에서 가치가 있다. 2,000년 전 예수님과 제자들이 만난 폭풍과 요나와 욥이 목격한 폭풍의 진실은 단순히 그들의 사건으로써만 끝나지 않는다. 분명 오늘날 우리에게 중요한 계시를 전해줄 것이다. 필자는 여기에서 다섯 가지의 논점을 제시한다.

1. 상황분석의 한계

현시대는 지구 반대편의 이야기들이 실시간으로 전달된다. 세상과의 연결을 느끼고, 이제 우리는 전혀 이질적인 존재들이 아니라 서로에게 영향을 주는 의미 있는 존재들이 되어간다. 그러나 나와 연관이 없던 세상과 상황, 그곳의 사건들을 접할 때 주관적으로 공감할 수 있는 유사 경험의 역사가 없다면 무척 당황스럽다. 기아와 전쟁, 사고와 질병 등 내가 경험하지 못했던 사건들과 먼 나라의 이야기들을 현장에서 보듯 목도하게 된다. 왜 저런 일들이 생기는 것일까? 물질과 식량이 넘쳐나는 세상에 기아와 질병에 허덕이는 그들은 이념 때문에 전쟁을 치르고 전제주의 통치체제로 인권이 유린되는 척박한 상황에 놓여있다. 우리는 이러한 이야기를 들을 때 무력해지고, 무지해지고, 나아가서는 그것과 무관하다는 회피로 나가게 된다.

상황분석은 이런 것이다. 그것은 사회과학적 분석이기에 개인의 내적 역동은 무시된다. 인간의 모든 문제와 고통은 정치·사회·경제의 복합적 요인에 의해 만들어진다. 개인은 그 거대한 사회적 물결 앞에 떠밀려 가는 아주 작은 겨자씨, 혹은 잎사귀 하나에 불과하다. 세상은 개인 하나쯤 없이도 잘 돌아가며, 개인이 거대한 세상과 상황을 상대하기에는 그 힘이 턱없이 모자란다. 계란으로 바위치기를 하기보다 사회의 엄중한 체제에 순응해서 생존과 번영의 삶을 사는 것이 현명하다. 역사의 물결 앞에 연약한 개인은 아무런 영향력이 없다. 그저 바라보면서 괴로워할 뿐이다. 가족치료학자들은 내담자를 대할 때 이와 같은 상황분석을 한다. 만일 ADHD 증상을 보이는 아동이 상담에 의뢰되었을 때, 가족치료 전문가들은 우선 집안에 흐르는 사랑과 권력의 상호작용을 탐색한다. 그리고 그 탐색의 자료에서 아이가 겪게 되는 불행과 고통의 실체를 확인한다.[1] 가족치료 전문가는 자녀가 갈등과 불완전한 가족 상황의 희생양이라는 관점을 유지하므로, 아동이 치료되기 위해서는 가족이 먼저 치유되어야 한다고 본다. 그래서 가족 내에 실질적인 권력자와의 유대관계를 먼저 진지하게 유지한다. 장기적인 분석을 염두에 두는 것이다. 가족이 변해야 자녀가 치료될 수 있고 그러한 가족의 변화를 이끌려면 실질적인 권력자의 역할이 막강하기 때문이다. 치료자가

---

[1] 가족치료자는 환자를 가족내 역기능적인 관계가 만들어내는 불편정서의 희생자로 간주한다. Irene Goldenberg and Herbert Goldenberg, 『가족치료』, 김득성 외 역(서울: 시그마프레스, 2001), 109.

실질적 권력자와의 유대를 통해서 가족 전체의 정서적 분위기를 긍정적으로 유도하면 자녀의 상태는 서서히 좋아질 것이다. 이러한 논리를 체계론적 상황분석이라고 하며 본래 사회과학 시각에서 유래되었다. 개인이 속해 있는 사회·정치·경제적 상황에 대한 정확한 이해와 설명이 그 개인의 변화에 큰 역할을 할 것이라는 전제가 깔려있다. 이것은 임상 현장에서 매우 의미가 있다. 실제로 자녀는 가족 내의 분위기가 달라지면 증상 완화와 치료적 성숙의 방향으로 좋아질 수 있다. 개인은 사회 혹은 가정이라고 하는 조직 체계의 영향력 아래 있다. 그것은 분명한 사실이고, 그런 점에서 사회과학적인 분석, 상황분석은 우리에게 가치 있는 자료들을 제공하고 있다.

그러나 여기에는 개인의 주관적이고 주권적인 문제가 도외시된다. 삶은 개인의 주체성과 개인을 둘러싼 조직 및 상황의 상호작용을 통해서 만들어진다. 개인은 결코 환경이나 상황에 의해 이끌려 지내야만 하는 나약하고 무력한 존재가 아니다.[2] 때로는 오히려 개인이 전체 상황과 조직을 변혁시키는 역동적 주체가 되기도 한다. 개인의 영향력이 무시되는 이해와 설명체계, 진단 체계는 아무리 그럴듯해도 결국엔 개인의 존엄성과 가치를 떨어뜨린다. 가족치료의 이론과 설명이 임상 현장에 매우 큰 공헌을 하고 있지만, 개인보다 조직을 변화시키는 노력이 얼마나 힘이 드는 작업인지 그 한계를 체감할 수 있다. 그래서 가족치료 전문가이자 정신분석가인 머레이 보웬은 개인의 변화를 통해 가족을 변화시키는 개인 가치론을 다시 내세웠다. 보웬에 따르면 한 사람의 구성원이 변화하면 나머지 가족 구성원들도 어쩔 수 없이 변하게 되는 구조로 바뀐다.[3] 따라서 아무리 상황이 부정적이

---

2 환경의 자극에 민감하고, 그것으로 인한 의심과 공포의 결과가 편집증이다. 이들의 문제는 자기의 내적 경험을 객관화함으로써 자기로부터 분열시키는 데 있다. 에리히 프롬 "개인적 자아도취와 사회적 자아도취", 『인간의 마음』, 황문수 역(서울: 문예출판사, 1977), 108.

고 절망적이라 할지라도 희망은 존재한다. 한 사람의 변화가 그만큼 위대하다.

그러나 앞서 예를 들었던 온갖 폭풍 재해들은 우리의 통제권을 벗어난 것이기 때문에 거기에 도전장을 낼 수 없다고 믿는다. 누가 성난 파도의 폭풍과 기싸움을 벌이겠는가? 누가 계란으로 바위를 치겠는가? 돈키호테 같은 무모한 사람이 아니고서야 현실적으로 상대할 수 없는 대상에게 대적하겠는가? 다윗과 골리앗의 이야기도 수천 년 전 성서의 사건이지, 오늘날에는 골리앗이 세상을 주도하고 있지 않은가? 모세가 가나안을 살펴보기 위해 보낸 12명 정탐꾼 중 10명이 저들의 장대함에 겁이 질린 보고를 하였다. 그들은 한결같이 '저들에 비하면 우리는 메뚜기'라면서 가나안 점령은 상상할 수 없는 무모한 도전이라고 일축했다. 반면 여호수아와 갈렙은 10명의 정탐꾼과 정반대의 보고를 했다. 그들은 여호와 하나님의 약속대로 그 땅으로 인도해 주실 것을 믿었다. 그 10명의 눈에는 여호수아와 갈렙이 현실을 제대로 파악하지 못하고 전력 비교조차 할 수 없는 무지한 자들로 보였을 것이다. 예수님의 제자들도 이와 같았다. 바람과 성난 파도가 휘몰아치자, 그들의 표상은 이제 곧 폭풍에 삼켜지는 난파객이었다. 그들 눈에는 아무것도 보이지 않았고 오직 거대한 파도와 성난 바람의 회오리만 있었다. 아무런 희망이나 대책도 없이 그야말로 절망적 상황이자 죽음의 상황이었다.

그런데 예수님의 자세는 무척 달랐다. 우선 예수님은 폭풍을 거대한 존재, 통제권 바깥에 있는 강력한 세력으로 간주하지 않았다. 그리고 예수님은 사나운 기세의 폭풍을 꾸짖어 잠잠케 하였다. 폭풍은 제3의 세력도 아

---

3 머레이 보웬의 가족치료가 오랜 임상실험과 치료 경험 후에 내린 결론이다. Muray Bowen, *Family Therapy in Clinical Practice* (New York: Aronson, 1978).

니고, 대단한 위력도 아니었다. 실제로 폭풍은 예수님 앞에서 더 이상 기세를 펴지 못했다. 이는 예수님의 관점과 제자들의 관점에 현저한 차이가 있음을 보여준다. 이러한 관점의 차이가 다른 결과를 가져왔다. 제자들의 관점에서는 죽음의 공포로 아비규환인 반면 예수님은 그 상황을 이기시고 도리어 제자들에게 "너희의 믿음은 어디에 있느냐?" 탄식하실 뿐이었다. 제자들은 꾸지람을 들었다. "믿음"이 없는 것에 대한 책망이었다. 제자들은 상황을 분석했지만, 예수님은 속마음을 분석하셨다. 일반적으로 겁이 많은 사람일수록 상황분석을 한다. 행동주의 심리학자들이 발견한 "통제의 위치Locus of Control" 이론은 자존감이 낮은 사람일수록 통제의 위치를 외부 상황에 둔다. 이른바 "외적 통제론External locus of control"이다. 통제의 위치가 외부에 있다는 것은 삶 속에서 실패와 좌절의 경험이 많았음을 반증한다고 볼 수 있다. 따라서 삶의 이런저런 사건들을 과민하게 혹은 과대 해석해서 나에게 해가 될 것이라고 단정한다. 이러한 상황 해석으로 인해 외부 상황 중심, 그리고 통제하고자 하는 대상 중심적 사고를 하는 경향이 있다. 반면에 자존감이 높은 사람들은 "내적 통제론Internal locus of control"을 주로 사용한다.[4] 그들은 삶의 여러 가지 사건들 속에서 일단 자기 내면 통제를 우선으로 하며, 외부 상황 역시 자신의 통제 안에 있다고 생각한다. 그렇기 때문에 철저히 상황적인 사건들을 자기 내적인 역동과 연관시키는 주체적 해석의 자세를 보여준다. 해석의 주체가 어디인가? 바깥인가, 아니면 내부인가? 객체인가, 아니면 주체인가? 상황인가, 아니면 내면인가? 시스템 분석인가, 아니면 내적 역동 분석인가? 예수님이 제기한 "믿음"의 주체는 상황분석도 아니고 대상 중심적인 것도 아니다. 그것은 개인의 내적 역동을 가리키는

---

4 J. B. Rotter, "Genevalized expectancies for internal versus external control of reinforcements" Psychological Monograph, 1966, 80 (1, wholo No, 609).

말이다. 폭풍은 현실적으로 보면 외적인 사건인 것 같다. 그러나 "내적 통제론Internal locus of control"을 따르는 사람들의 가슴 속에서 그것은 하나의 도전이요, 자극에 불과하다. 그것은 주체가 상대해야 할 또 하나의 삶의 장애물일 뿐이지 삶과 죽음을 결정하는 절대적 큰 권력이 될 수 없다.

우리는 상황을 보는 해석에 너무 익숙해져 있다. 이것은 자기의 주체를 잃어버리는 어리석은 행위이다. 정신분석과 기독교 신앙은 이와 같은 상황 중심적인 해석의 자세를 배격한다. 두 전문 영역은 "겨자씨 한 알만한 믿음만 있어도 이 산을 들어서 저 산으로 들어 옮길 수 있다"는 주체의 내적 소신을 강조한다. 개인의 담대함과 강건함은 그와 같은 내적 소신에서 나온다. 상황을 보는 사람은 타협한다. 상황에 따라 반응하는 사람은 환경의 노예가 된다. 그렇기 때문에 인생의 폭풍이 더 자주 그들에게 나타난다. "외적 통제론"에 빠져 있는 사람은 인생에서 무수한 실패와 추락의 상황을 더 빈번히 만날 수밖에 없다. 왜냐하면 변화와 해결의 힘이 모두 외부와 대상에 있기 때문이다.

2. 죄책감의 처벌 기제

개인의 심리역동은 타인과 사회에 영향력을 행사한다. 겉으로 보기에는 계란이 바위를 향해 돌진하는 것처럼 보이지만, 실제로 개인의 영향력은 상상 그 이상이다. 한 인간이 줄 수 있는 사회적 변혁의 힘은 우리의 예측을 초월하고, 인간의 신비로운 능력을 다시 느끼게 해 준다. 만일 서방교회에 아우구스티누스, 곧 성 어거스틴이 없었다면 크게 발전할 수 있었을까? 왜 역사 속에서 동방교회는 그 위력을 떨치지 못하고 서서히 약화 되었을까? 동방교회에는 어거스틴과 토마스 아퀴나스 같은 위대한 신학자들이 나오지 않았다. 그래서 기독교 교리의 철학적·과학적·신학적 종합이론이 상대적으로 구축되지 못했다. 인류의 역사는 특정 그룹이나 나라와 같은 거대 조직이 끌고 가는 것처럼 보여도 실상은 한 개인의 위대한 영향력이 늘 존재한다.

정신분석에 따르면 개인의 주변 상황에서 "비참"한 사건이나 "불행"한 일 혹은 "질병" 등이 발생하면 제일 먼저 "죄책감"의 역동을 유추해 본다. 죄를 지은 인간은 스스로 자기 처벌을 통해 죄책감의 무게에서 벗어나려 한다. 이것은 인간 안에 있는 정화의 욕구로써 마치 우리가 음식물을 섭취하고 소화 배설의 작업을 거치는 것과 그 과정이 아주 흡사하다. 인간은 무수한 정신적 경험을 한다. 그 경험 중 특별히 불편 자극들은 개인의 신체와 정신에 병리적인 긴장을 발생시킨다. 특히 인간이 스스로 죄의식을 느낄 때 그 죄책감의 존재는 개인의 병리적인 긴장을 강렬하게 발생시킨다. 인간은 긴장 처리를 위해 소화하고 배설해야 한다. "감정적인 정화emoticnal catharsis"는 이러한 필요에서 비롯되었다.[5] 프로이트의 "피학적 인격", 줄리아 크리스테바의 "비참의 정화", 그리고 멜라니 클라인의 "죽음 본능"은 이런 맥락에서 이해할 수 있다. 프로이트가 예측한 것처럼 죄책감이 죄의 행위와 사건을 유발한다. 크리스테바가 지적하는 것처럼 우리는 우리의 죄책감을 씻어내기 위해 스스로 처벌하고자 비참한 사건을 만들어 낸다. 클라인의 관점에서 인간은 자기 파괴에 대한 경향성을 갖고 있다. 특히 자기 파괴 경향성인 우울적 심리구조의 기능은 자기로 인해 일차적 양육자인 엄마가 아프거나 죽거나 상실될 때 더 활성화된다. 이들 이론에 따르면 우리가 인생 가운데 겪는 무수히 많은 불행의 사건은 상황이 만들어 내는 것이

---

5 감정정화(catharsis)의 치료기법은 프로이트에 따르면 브로이어의 히스테리 환자의 치료기술이었다. 지그문트 프로이트, 『나의 이력서』, 환승완 역(서울: 열린책들, 1997), 29.

아니라, 우리가 우리 자신의 죄를 씻기 위해 스스로 처벌하는 작업이다. 죄책감은 온 인류에게 다 퍼져있다. 특히 유아 시절 부모의 불행을 목격한 사람은 더 많이 깊은 죄책감에 사로잡힌다. 그래서 개인은 주체의 능력과 영광, 성공과 행복보다는 주체의 실패와 비참, 불행과 추락 사건을 더 추구한다. 죄책감을 정화하려는 강력한 욕구가 그와 같은 외적 불행사건을 일으키는 것이다.

이런 관점에서 예수님과 제자들의 폭풍 사건을 조명해 볼 수 있다. 제자들은 갑자기 불어닥친 폭풍 때문에 혼비백산, 아비규환이었다. "주여, 주여, 우리가 죽게 되었습니다." 그들은 배가 침몰해서 죽을지도 모른다는 환상에 사로잡혀 극도의 공포감을 경험하고 있었다. 반면에 예수님은 바람과 성난 파도로 배가 출렁이는데도 조용히 주무셨다. 어떤 상황 가운데에서도 평정과 여유로움을 유지하는 자기 휴식의 전형을 보여주신 것이다. 폭풍 사건에 대한 극명하게 대조적인 장면이 아닐 수 없다. 제자들은 그 자극에 대하여 곧바로 공포감정 반응을 보이고 죽음 표상에 압도되었다. 그런 상황에서 공황 반응을 일으키지 않을 수 없을 것이다. 상황 자체가 공포와 죽음의 상황이다. 그러나 앞에서 이야기한 것처럼 상황분석은 도움이 되지 않는다. 게다가 그것은 본질적으로 성서의 메시지도 아니며 정신분석과 철학의 방향도 아니다. 정신분석, 철학, 그리고 신학은 항상 모든 문제에 대하여 단독자인 인간의 내면세계 안에서 그 해답을 찾으려고 한다. 그런 점에서 이들 세 가지 인문과학의 분야는 정치, 경제, 사회, 가족치료 등과 같은 사회과학과는 구별이 된다. 따라서 제자들의 죽음 공포에 관하여 인문학자들의 질문은 다르게 전개된다. 제자들은 왜 폭풍우의 자극에 대하여 공포와 죽음의 표상을 갖게 되었고, 그 과정에서 절규와 고통의 포로가 되었는가? 도대체 그들은 어떤 죄를 지은 것인가? 그들의 죄책감은 어디에 연유하며, 폭풍을 관통하는 배의 침몰 사건을 유발하는 큰 죄는 도대체 무엇일까? 성서는 이 부분에 대해 침묵하고 있다. 다만 예수님이 "어찌하여 너희들은 믿음이 없느냐?"라고 꾸짖으신 대목에서 그 단서를 찾아야 한다. 사실상 가장 큰 죄는 믿음의 포기이다. 인간은 믿음을 포기할 때 자기 추락과 파괴의 나락으로부터 자기를 구원할 수 없다. 인간은 본래 성장 발전해야 한다. 인간은 진화해야 한다. 성장 발전하는 것 자체가 인간 본연의 임무이며, 그것을 포기할 때 가장 큰 죄가 성립한다. 기독교 신학에서 이레니우스는 인간이 본래 태어날 때 하나님의 형상을 하고 있지만, 성장하면서 하나님의 능력과 사랑에 유사한 수준까지 스스로 발전시켜야 한다고 말했다. 하나님의 형상이 하나님의 유사성으로 발전될 때 가장 모범적이고 훌륭한 기독교인이 되는 것이다.[6] 그런데 믿음의 포기는 하나님 유사성으로의 진화를 사전에 차단하고, 영원히 그 목적을 사장시켜 버린다. 인간은 삶의 가치와 목표가 없을 때, 하나님에 대한 자기의 믿음, 또는 하나님이 주시는 은총과 축복에 대한 믿음을 포기한 셈이 된다. 성령의 능력을 믿지 않는 죄, 그것이야말로 가장 큰 죄가 아닐까? 이것은 하인즈 코헛의 관점에서 보상구조의 건설을 포기하는 것이다. 삶의 목적성에 대한 포기, 존경 자기대상의 총애 가능성에 대한 포기, 그것은 개인의 삶을 바닥으로 추락시키는 주요 인자가 된다. 폭풍은 그냥 오지 않는다. 그것은 인간 심연의 죄, 무의식적인 죄책감과 깊은 관련이 있다. 죄의 행위가 아니라, 죄의식이 폭풍 같은 불행사건의 원인이 되는 것이다. 정신분석학자들은 이런 역동을 가리켜서 내적 역동의 외적 현실화, 또는 무의식 자료의 객관화라고 한다. 자기 내면에 있는 부정적인 느낌과 표상을 소화해야 한다. 인간은 그것들을 소화하지 않으면 체

---

[6] 존 힉, 『신과 인간 그리고 악의 종교 철학적 이해: 아우구스티누스에서 플란팅가까지 신정론의 역사』, 김장생 역(서울: 열린책들, 2007), 226.

중으로 사망에 이를 수 있다. 그래서 자기도 모르게 무의식적인 자료들을 외부 상황에 사건화함으로써 스스로 정신적 소화불량을 해결하려 한다.

물론 이 이론은 여러 가지로 위험성을 내포하고 있다. 우리가 겪는 불행과 비극이 우리 내면의 역동에 기인하며 특히 죄책감에 의해 만들어지고 있는 것이라면, 실제로 불행과 비참한 상황에 내몰린 자들에 대한 보상과 그들의 억울함을 어떻게 설명할 것인가? 자칫 개인에게 모든 불행과 비극의 원인을 부과하여 현실을 묵과하게 되고, 가해자를 옹호하는 극단 논리가 되는 것은 아닌가? 우리가 겪는 모든 인생의 폭풍들이 우리의 허약한 보상 구조, 믿음의 상실, 죄책감의 처벌 기제에 기인한다면 도대체 이 땅의 범죄자, 가해자, 악행자는 전혀 잘못이 없다는 말인가? "비참의 정화" "무의식의 객관화" 이론은 이런 점에서 여성주의 학자들에게 집중포화를 맞았다. 이러한 이론은 마치 피해자를 정죄하고 가해자를 정당화시키는 논리를 강화해 줌으로써 이 세상을 더 무법하고 약육강식이 판치게 된다고 보았다. 또한 인간의 존엄성은 말살되고, 잔혹한 상황에 내몰린 자들에게 위로와 공감이 아닌 더 큰 정죄와 심판을 가하게 된다.

사실 욥의 세 친구도 이러한 이론을 견지했다가 엘리후 선지자와 하나님께 크게 제재를 당했다. 욥이 갑작스럽게 재산과 가족, 그리고 건강까지 잃게 되자 위로하러 온 친구들은 그에게 당시의 주된 해석 이론이었던 고난의 인과응보, 곧 불행은 죄에 의해 만들어진다는 것을 근거로 회개시키려 했다. 그들은 확신에 차서 욥을 회부하고 평가하며 회개를 촉구하는 결론을 내렸다. 욥은 자신이 죄를 범한 적이 없다고 항변하였지만, 세 친구는 욥의 인생 폭풍이 범죄 사실과 연관되지 않고는 설명할 방도가 없다며 그를 계속 추궁했다. 결백을 주장하는 욥과 유죄를 입증하려는 세 친구 사이에서 엘리후와 하나님은 욥의 손을 들어주었다. 즉 하나님은 죄 없는 고난과 불행도 존재한다는 사실을 욥의 삶을 통해 입증해 주신 것이다. 욥의 세 친구는 그에게 용서를 빌어야 했고, 번제를 드려 자신들의 죄를 씻어야 했다. 하지만 죄 없는 불행이 존재할지라도 죄로 인한 비극과 불행이 없다는 말은 결코 아니다. 욥의 세 친구 이론은 당시의 정통 이론이었다. 누구도 그 이론에 반기를 들 수 없었다. 실제로 구약의 야훼 하나님은 이스라엘이 이방신을 섬길 때마다 그들의 죄를 깨우쳐 주고자 전쟁 패배, 자연재해, 온갖 장해를 보내주셨다. 죄가 없을 때는 승승장구하던 이스라엘이 죄를 범하면 늘 패배하고 추락했다. 이것은 죄로 인한 처벌 이론을 뒷받침해 주는 역사적 증거임이 분명하다. 그리고 임상 현장에서 우리는 개인의 깊은 죄의식이 그의 성공과 행복, 그리고 영광을 가로막는 지속적인 장애물이 되고 있음을 수없이 목격한다. 성장 가도의 중심에서 어느 날 어처구니없는 작은 실수로 모든 성과를 하루아침에 무너뜨린다. 진정 좋은 기회가 주어졌음에도 불구하고 그것을 쟁취하기보다 도외시하고 거절한다. 좋고 편안한 길이 얼마든지 있음에도 굳이 더 노력해서 고통과 가시밭길로 스스로 들어간다. 그곳에 가면 불행과 절망의 삶이 기다리고 있음에도 불구하고 그것을 전혀 인식하지 못한 채 그 구렁텅이로 들어가는 수많은 사람의 선택은 죄책감의 처벌 기제 이외에는 설명할 길이 없다. 물론 모든 불행과 비극이 죄책감의 결과라고 단정 지을 수는 없다. 그러나 대부분의 고통과 추락이 개인의 죄책감과 상관이 있다는 주장에 대해서는 부인하기 어렵다. 많은 임상 현장의 자료들이 그것을 증명한다.

예수님의 제자들은 아직 상황분석의 이론적 입장에서 벗어나지 못했다. 그래서 그들은 외적 불행사건과 내적 불편 심리의 연관성을 상상조차 할 수 없었다. 그러나 예수님은 "너희 믿음이 어디 있느냐?"는 말씀으로 제자들이 객관적 관찰자의 자리에서 내려와 주관적 경험자의 자리로 들어가게 가르치신다. 모든 사건은 원인이 있다. 그 사건들의 원인이 모두 나의 내적 역동에 있는 것은 아니지만, 우리는 그것의 가능성을 염두에 둘 필요가 있다. 예수님도 이 땅에서 공생애를 시작하실 때 그 첫 메시지가 "회개하라, 천국이 가까워졌느니라"였다. 그리고 대부분 정신분석가들과 코헛을 비롯한 상호주관학자들까지도 방어구조의 언어적 분쇄의 가치는 배격하지 않는다. 우리가 겪는 불행과 실패의 많은 원인이 우리 내면의 뿌리 깊은 죄의식과 관련되어 있다. 그것을 해결하기 전까지 우리가 겪는 불행과 실패의 징크스는 깨지지 않는다. 물론 보상구조의 건설이 일정 부분 해결해 주기도 한다. 그럼에도 보상구조의 확립과 방어구조의 재구성이 모두 함께 이루어진다면 그것은 완전한 통합이며, 이레니우스 교부가 말하는 하나님의 유사성 성취이다.

3. 초기 트라우마의 치료적 재활성화

정신분석학자들은 "전이" 개념을 중요시하고, 또한 "초기 경험의 재활성화Reactivation of early experiences" 이론을 강조한다. 이것은 기본적으로 투사의 기제에서 비롯되며, 우리 안에 있는 무의식적 자료들이 현실 상황에서 객관화되는 과정을 가리켰다.7 융은 이 과정을 "과거사의 회귀"라고 불렀고, 역사학자들은 "역사는 반복된다"는 말로 같은 입장을 설명하였다. 우리는 과거의 특정 경험을 반복한다. 비참, 상처, 실패, 그리고 불행의 경험을 되풀이한다. 이러한 "반복 강박"은 제어할 수가 없다. 그 역사적 순환의

---

7 하인즈 코헛의 현대정신분석학적 치료기법 핵심이론이다. 그에 따르면 자기애장애 환자의 치료는 환자의 과거 존경대상경험의 재활성화를 추구한다. 프로이트와 전통분석가들은 비참한 사건을 재활성화하지만, 코헛은 긍정사건의 재활성화를 통해서 치료한다. Heinz Kohut, *The Analysis of the Self* (New York: International Universities Press, 1971), 39 ff.

수레바퀴는 멈추지 않는다. 왜 이런 반복의 역사가 일어나는 것일까? 무엇 때문에 인간은 과거의 상처나 비통을 반복하며 그 과정에서 무엇을 성취하려고 하는 것인가? 코헛에 따르면 우리는 스스로 변화하려고 하고, 좀 더 나아지기 위해 각자의 주관적인 방법으로 성숙을 향한 모험과 도전을 아끼지 않는다고 한다. 인간은 생명이 있는 한 미래를 향하여 전진하고, 그 과업을 이루기 위해 자기 발목을 붙잡고 있는 과거의 병리적 쇠사슬을 끊고자 노력한다. 과거의 쇠사슬은 끊어낼 수가 있다. 특히 우리는 그것이 미래의 아름다운 이상과 고결한 가치를 이루는 데 장애물이 된다면 그 쇠사슬을 끊어내고자 과감히 고난과 상처의 경험 세계로 용기 있게 뛰어들어야 한다. "초기 트라우마의 치료적 재활성화Therapeutic Reactivation of early Trauma"는 바로 이런 용기와 결단을 설명하는 이론이다.[8] 우리는 과거의 상처와 비참 사건을 반복한다. 이전의 병리적 외상들, 영혼의 올무를 끊어내고 뽑아버리기 위해서이다. 과거의 상처를 해결하려면 그 경험의 현장 속으로 돌아가야 한다.

우리가 현재 경험하는 "폭풍" 사건은 우리의 성숙과 용기가 가져다주는 모험의 과정일 수 있다. 그것은 과거의 상처, 실패, 공포, 비극, 절망의 현장을 현재 이 자리에서 재현시켜 과거의 고리를 끊어내는 작업을 하는 것이다. 실로 그것은 가슴 떨리는 작업이고, 과감한 도전이나 수술 못지않은 두려움의 시간이다. 이때 실패하면 부작용이 뒤따를지도 모른다. 자칫 가볍게 건드리면 다른 상처 부위까지 걷잡을 수 없는 상황으로 전개될 수도 있다. 그러나 만일 성공한다면 우리는 해방된 자유인이요, 미래의 이상과 가치를 향해 장애물 없이 전진할 수 있는 결과를 가져온다. 그런데 수술을

---

[8] J. David Kinzie and J. Fleck, "Psychotherapy with severely traumatized refugees," American Journal of Psychotherapy, vol 41(1), Jn, 1987, 82-94.

하려면 우선 전반적인 건강과 체력의 기본적인 힘이 뒷받침되어야 한다. 따라서 우리가 "초기 트라우마의 치료적 재활성화" 차원에서 만나는 폭풍 사건은 우리가 예전에 비해서 더 강건해졌고, 과거의 폭풍 사건을 해결할 만한 내공이 충분히 쌓였다는 것을 의미하기도 한다. 우리의 무의식은 우리가 강건해졌을 때 폭풍 사건을 준비시킨다. 한 내담자의 사례가 있다. 그 내담자는 놀랍게도 자신이 기도를 하면 꼭 나쁜 일이 일어난다고 토로했고, 기도하는 것이 두렵다고 했다. 그래서 그 공포 때문에 기도를 잠시 멈추고, 대신 성경 읽기에 주력한다고 했다. 일리가 있는 말이다. 강건한 사람에게만 그만큼 더 강한 사탄 마귀가 우리를 연단한다. 어찌 보면 우리가 겪는 인생 폭풍은 우리의 내공이 상당 수준에 이르렀음을 암시하기도 한다. 과거의 상처는 현재의 병리적 방어구조로 볼 수 있는데, 병리적인 방어구조들은 우리의 전진과 성취에 큰 장애물로 작용한다. 과거의 불행사건을 재현시키고 그 장애물을 치워 낼 때 병리적인 방어구조도 분쇄되고 창조적인 구조가 세워진다. 이런 점에서 "폭풍" 사건은 저주가 아닌 축복의 기회이다. 그 사건은 과거의 저주를 끊어내고 축복의 문을 여는 작업이다. 그래서 우리는 과거 상처를 해결하고자 그와 유사한 비참의 구조를 만들어 내는데, 폭풍처럼 우리의 존재를 덮치는 사건으로 다가오는 것이다.

이런 점에서 예수님과 제자들이 호수를 건너면서 만난 폭풍은 위험한 사건이 아니라 감사할 사건이었다. 제자들은 폭풍 사건의 의미를 제대로 간파하지 못했다. 왜냐하면 그들은 상황분석에 익숙했기 때문에 다른 해석의 관점을 가지지 못했다. 제한된 관점과 고착된 시선으로 세상을 바라보기에 축복의 기회가 될 사건을 저주와 죽음의 사건으로 해석했다. 예수님께서 "너희의 믿음이 어디 있느냐?"고 꾸짖을 만한 것이다. 사실 제자들은 그동안 예수님과 함께 사역하면서 많은 변화를 성취했다. 예수님의 기적,

사랑, 말씀, 관계를 함께 체험하면서 그들은 정신적으로, 영적으로 크게 성장했다. 특히 이 폭풍 사건 이전에 그들은 예수님과 함께 여러 마을에서 몰려든 사람들을 돌보고 목양해서 가르치는 일에 주력했다. 예수님의 말씀이 사람들에게 각인되고, 그들의 삶과 인격에 변화가 일어나는 것을 보면서 무척 고양되어 있었다. 그들은 정서적으로, 지성적으로 상당한 성취를 이룬 것이다. 따라서 그들은 폭풍 사건을 재경험할 수 있는 능력을 이미 갖추고 있었다. 다만 그들이 그것을 인식하지 못했을 뿐이다. 이와 같은 실패는 욥의 인생에도 나타난다. 욥은 의인 중의 의인이요, 여호와 하나님께서 기뻐하시는 당신의 종이었다. 그런데 그에게 사건들이 연달아 발생하자 그는 서서히 주님을 원망하고, 자기의 삶을 후회하기 시작했다. 재난 앞에서 그는 쓰러졌고, 그 뒤에 존재하는 하나님의 크신 창조적 섭리를 깨닫지 못했다. 비록 그가 죄없이 겪은 고통이긴 하지만, 그 고통 뒤에 존재하는 하나님의 창조적 계획을 그가 다 파악하지 못했다는 점에서 그의 믿음은 지극히 제한적이었다. 물론 세 친구의 인과응보 이론은 틀린 것이었다. 그러나 축복을 향한 과거의 올무 제거라는 중차대한 하나님의 뜻을 욥은 인식하지 못했다. 그래서 여호와 하나님은 "폭풍 가운데" 나타나셨다. 그리고 욥에게 말씀하셨다. "내가 땅의 기초를 세울 때 네가 어디에 있었느냐?" 하나님의 꾸짖음에 욥은 회개하였다. 더불어 그의 무죄함을 인정받았을 뿐 아니라 시험 이전보다 두 배 이상의 축복을 받았다. 의로운 성도의 고난은 놀라운 축복으로 보상된다는 이치가 다시 증명되는 사건이 된 것이다. 예수님의 제자들도 깨닫지 못했다. 그들은 폭풍이 우리가 좀 더 강건해지기 위한 연단의 과정인 것을 알지 못했다. 예수님이 실망하고 아쉬워하셨을 만한 일이다. 그동안 훈련이 잘되었고 기회가 주어졌지만, 제자들은 아직 공포와 죽음의 시험 관문을 통과하지 못했다. 훗날 예수님이 십자가를 지고 고통과 멸시를 받으며 사형당하실 때도 그들은 모두 도망가기에 바빴다. 그때까지도 제자들은 죽음과 공포를 이길 수 있는 말씀을 확보하지 못한 것이다.

정신분석가들은 반복적으로 과거의 상처를 재현하고 재경험하는 것에 대해 많은 연구를 했다. 그들 모두가 현재 우리가 경험하는 비참한 사건들이 다 과거의 상처 고리를 끊기 위한 치료적 재활성화라고 말하지 않는다. 다만 코헛은 이에 대해 암시하는 언급을 했다. 그에 따르면 환자는 분석가에 대한 존경전이를 발전시키고, 그 필요가 충족이 되면, 그러한 존경전이 안에서 이전에 포기되었던 발달적 필요를 재활성화한다고 한다.9 다른 말로 하면 인간이 과거의 상처 세계로 들어갈 수 있는 용기는 정신적 산소를 제공하는 존경자기대상이 있을 때 나온다. 인간은 의지할 만한 대상이 있을 때 용기를 낸다. 모험과 도전은 누군가가 힘을 주기 때문에 가능한 것이다. 이런 점에서 제자들의 폭풍 사건은 예수님에 대한 존경전이와 그에 따른 충만한 에너지 때문에 생긴, 그들의 과거 상처 치료라는 무의식적 의도가 있다고 해석할 수 있다. 물론 그들은 이 과정을 대화로 풀지 않고 행동으로 갔다. 어부였던 베드로는 바다에서 여러 가지 위기 경험을 했을 것이다. 그러한 그가 폭풍 앞에서 혼비백산하고 곧바로 죽음이 연상되는 것을 보면, 과거에 폭풍과 관련한 상처가 있었을 것이라는 추측을 해볼 수 있다. 그런데 베드로는 과거와는 달리 이번에는 예수님이 폭풍을 꾸짖고 잠잠케 만드시는 것을 보고 감탄했을 것이다. 그는 이 사건을 통해서 과거의 어떤 공포를 치료했을 가능성이 높다. 훗날 그가 예수님을 위해 십자가에 거꾸로 매달리고, "주는 그리스도시요 살아계신 하나님의 아들이십니다(마

---

9 Heinz Kohut, *How Dose Analysis Cure?* (Chicago & London: The Unversity of Chicago Press, 1984), 84, 104.

16:16)"는 고백을 한 것을 보면 바다와 폭풍 사건에서 보여주신 예수님에 대한 절대적 신뢰가 지대한 영향을 끼친 것으로 보인다.

프로이트와 전통 분석가들은 과거의 상처가 반복되지만, 그것이 치료적 목적이 아니라 퇴행 현상의 속성이 짙다고 우려한다. 그래서 페어베언도 그의 『성격에 관한 정신분석적 연구』에서 분열성 환자들의 초기 구강기의 관계, 특히 최초의 부분 대상인 젖가슴과 관련한 구강기적 관계를 재현하는 퇴행 방어기제를 쓴다고 지적하였다.[10] 또한 줄리아 크리스테바도 인간의 충동이 과거 사건의 재현이자 정서를 담고 있다고 설명한다.[11] 즉 인간이 과거 사건을 재현하지만 치료적 목적이 아니라 단순한 과거 사건의 반복이란 점을 강조하면서 원시 부족 시대의 "토템의식"이며 기독교의 "성만찬"은 모두 초기 족장 아버지 살해 사건의 재현임을 강조하였다.[12] 또한 클린턴 전 대통령 사례분석으로 잘 알려진 호르게 드 그레고리오Jorge De Gregairo는 『나의 이성 나의 감성』에서 린다 사례를 소개하며, 그녀가 과거 어머니의 역할을 재현한다는 사실을 지적했다. 그녀가 자기 자신에 대한 분석과 통찰이 없었기 때문에 과거 엄마의 상처 경험을 그대로 반복하는 징크스를 보인다고 해석했다. 대부분의 전통주의적 관점을 가진 분석가들은 이러한 해석에 동의하는 편이다.[13] 하지만 프로이트는 이런 재현된 과거 사건들의 의미를 환자가 깨닫게 되면, 그 반복의 쇠사슬이 끊어진다고 보았다. 사실상 정신분석은 그와 같은 과거 사건의 재현을 분석실 안에서 유도

---

10 로널드 페어베언, 『성격연구에 관한 정신분석학적 연구』, 이재훈 역(서울: 한국심리치료연구소, 2003), 56.
11 줄리아 크리스테바, 『공포의 권력』, 서민선 역(서울: 동문사, 2001), 28.
12 지크문트 프로이트, "인간 모세와 유일신교", 『종교의 기원』, 이윤기 역(서울: 열린책들, 1997), 125.
13 호르게 드 그레고리오, 『나의 이성 나의 감성』, 김미겸 역(서울: 한국심리치료연구소, 2007), 46-47.

하고, 거기에 대한 해석을 통해서 환자가 그와 같은 악순환의 고리를 끊게 할 수 있다. 여기에서 비롯된 이론이 "전이 신경증"이고, "구조적 신경증"이다.[14] 그래서 쥬앙다비드 나지오는 정신분석치료를 가리켜서 "유도된 편집증", "유도된 히스테리"라고 부르기도 했다.[15] 이것은 폭풍 사건을 치료적으로 연출할 수 있고, 그것이 바로 정신분석치료의 본질이라는 이야기이다. 전이 신경증이 바로 그러한 연출된 폭풍 사건 속에서 환자가 더 이상 공포와 증오의 악순환에 빠지지 않도록 도와주는 작업이다. 실제로 그 상처의 쇠사슬이 끊어지는 많은 사례가 보고되었다.

따라서 폭풍 사건은 부정적인 것만은 아니다. 보기에는 저주 같고 불행 같지만, 그 속의 역동으로 들어가 본질을 이해하게 되면, 치료와 축복의 사건이 된다. 욥은 폭풍 같은 재난의 과정을 겪고 나서 두 배의 축복을 받았다. 예수님의 제자들은 폭풍 사건을 겪고 난 후 예수님에 대한 신뢰와 인류 구원의 사역에 대한 열정을 더 불태울 수 있었다. 무엇보다도 코헛이 지적한 것처럼 정서적으로 의지할 수 있는 대상 앞에서 제자들이 폭풍의 사건을 경험한 것이다. 그들은 고립되지 않았다. 정신분석학자들은 "자기대상"이 없는 상태에서 끔찍한 폭풍 사건을 겪게 되면 피해자의 정서적으로 묶인 감정은 고립되고 통합되지 않아 분열된다고 한다. 또한 유사 자극에 처해지면 자신도 모르게 그 폭풍 사건을 재현하여, 다시 피해자가 되는 악순환에서 벗어나지 못한다고 지적한다. 따라서 인생의 폭풍 사건은 여러 가지로 처리될 수 있다. 그것은 우리가 무력하게 계속 피해자가 되는 반복 징크스로 영원히 우리를 병들게 할 수도 있다. 반면 폭풍 사건을 겪으면서 그 의미를 깨닫고, 그 사건의 기원을 기억해 냄으로써 악순환의 고리를 끊

---

14 지크문트 프로이트,『히스테리 연구』, 표원경 역 (서울: 열린책들, 1998), 252-253, 380-381.
15 쥬앙다비드 나지오,『히스테리의 정신분석』, 표원경 역 (서울: 도서출판 백의, 2001), 148.

어낼 수 있다. 그리고 또 다른 방법은 존경하는 대상의 도움을 입어 과거 상처의 재현이라는 폭풍 사건을 겪으면서도 이전과는 다르게, 상처가 아니라 안정과 기쁨의 결과를 낳을 때 그 상처의 쇠사슬은 끊어질 수 있다. 제자들은 세 번째 경우였다. 그들은 더 이상 폭풍을 겁낼 필요가 없었다. 예수님이 그들과 함께 있는 한 그들은 자연세계의 그 어떤 괴물에 대한 공포와 죽음의 위협도 이겨낼 수 있었다. 정서적으로 강건하고 사회적으로 담대한 개인으로 거듭나는 것이다.

4. 실존 구조의 이해와 수용

"실존"이란 말은 "버려진", "추방된", "내쫓긴", "추락한" 등의 의미를 담고 있다. 듣기만 해도 아주 참혹하다. 편안한 환경에서 내쫓겨 광야에서 슬피 울며 이를 가는 자의 주관적 경험, 그것이 "실존"이다. 현실의 "비극적" 측면이며, 인간이 삶 속에서 겪어야 하는 온갖 불행, 비참, 질병, 죽음, 장애, 멸시, 조롱, 그 모두가 실존이라는 말의 의미 속에 들어있다. 20세기 1차, 2차 세계대전을 겪으며 철학자들은 인간의 본성에 대해 철저히 회의하고, 니체는 "신은 없다"라며 자유로운 영웅으로 살자고 외쳤다. 하지만 실제로 자유분방하고 제멋대로 실존을 누렸던 인물은 장 폴 사르트르였다. 보브와르와의 개방결혼이 화제가 되었고 숱한 염문을 뿌렸던 사르트르는 프랑스 젊은이들의 사상적 지도자였으며, 20세기 실존주의를 대표하는 지성인으로 인정받고 있다. 물론 "불안"을 이야기한 키에르케고르,[16] "허

---

[16] 키에르케고르는 실존론 철학의 시조로 인정될 수 있다. 그는 불안과 절망을 가리켜서 "죽음에 이르는 병"이라 일컬었다. 그것은 하나님을 믿는 마음이 없다는 점에서 가장 큰 죄라고 역설한다. 쇠얀 키르케고르, 『죽음에 이르는 병』, 김용일 역(대구: 계명대학교출판부, 2006).

무주의"를 논한 니체, "한계상황"을 논의한 하이데거도 모두 실존주의 철학자들이다. 또한 롤로 메이와 빅터 프랭클은 실존주의 심리치료의 대가로 평가받고 있으며, 카프카는 대표적인 실존주의 문학가로 인정되었다. 이들 실존주의 철학자와 치료자, 문학가들이 주목하는 주제는 인간의 비참한 경험 세계이다. 카프카는 『성』에서 직업을 얻고자 방황하는 젊은 측량사의 고통과 사기당함을 고발하였다. 『심판』에서는 이유를 알 수 없는 고소 사건과 사형집행의 당사자가 되는 인간의 모습을 그렸으며, 『변신』에서는 경제활동을 못 하게 되자 가정에서조차 벌레 취급당하는 현대인의 비극을 말하고 있다. 키에르케고르는 절망과 불안의 개념을 통해서 죽음의 병에 걸린 인간을 지적했다. 마틴 하이데거도 인간이 처한 상황 자체가 유한하고 제약적임을 밝히며, 특히 시간이라는 한계상황이 인간을 철저히 무능력, 무가치한 존재로 추락시킨다는 사실을 지적한다. 빅터 프랭클은 아우슈비츠 수용소에서 죽어간 600만의 유대인을 대표하는 실존주의 치료자로서 자신의 수용소 경험을 통해 죽음과 공포 앞에서 드러나는 인간의 적나라한 본질을 생생하게 증언하였다. 그는 결국 비참한 현대 인간이 가장 필요로 하는 것은 살아야 할 이유, 곧 삶의 의미를 깨닫는 것이라고 선포한다.[17] 롤로 메이도 인간의 비극과 용기에 대한 저술에서 실존주의 철학의 가치를 고양시킨다. 그에 따르면 가장 위대한 인간은 비극과 폭풍 속에서도 용기를 잃지 않고 자기가 가슴에 품은 고결한 가치를 추구하는 인간이다.

모든 실존하는 사람은 자기-긍정(self-affirmation)의 특징, 즉 그 중심을 보존하려는 요구를 가지고 있다. 인간 존재 안에 있는 이 자기-긍정에 부여하

---

[17] 빅터 프랭클, 『삶의 의미를 찾아서』, 이희재 역 (서울: 아이서브, 1998).

는 특별한 이름은 "용기(courage)"이다.18

나는 실존주의의 심리치료가 삶의 비극적인 면을 강조한다는 사실이 전혀 비극적이라는 인상을 주지 않는다고 믿는다. 오히려 전혀 그 반대이다. 순수한 비극의 직면은, 아리스토텔레스와 다른 사람들이 역사를 통하여 우리에게 상기시켜 주었던 것처럼, 심리적으로 고도로 정화되는 경험이다. 비극은 인간의 존엄성과 위엄에 불가분하게 연관되어 있고, 그리고 오이디푸스(Oedipus)와 오레스테스(Orestes)와 같은 희곡에 나타난 것처럼 인간 존재의 위대한 통찰의 순간이 가져다주는 부산물이다.19

실존주의는 비극과 불행의 인간을 다루고 있다. 어찌 보면 다루기 쉽지 않은 주제인데, 오히려 독자들은 그들의 작업에서 위로와 용기를 얻는다. 비참의 세계에 들어가 길을 잃지 않고 오히려 그 세계가 선사하는 진리를 경험하는 것이 현대인의 마음과 상처를 안아주게 된다. 카프카의 작품은 유독 우리의 가슴 아픈 현실을 공감해 주고, 사르트르의 『구토』와 철학은 우리의 정신적 쇠사슬을 끊도록 종용한다. 이런 점에서 실존주의는 분명히 불안과 우울의 시대를 사는 우리에게 귀한 안내자가 된다.

예수님의 제자들은 어떠한가? 그들은 모두 예수님을 만나기 전에 비참과 불행이 무엇인지를 아는 사람들이었다. 예수님이 하늘의 가치, 살아야 할 실존적 이유를 제시하자, 그들은 모든 것을 버리고 예수님을 따랐다. 실존주의는 20세기뿐 아니라 2,000년 전에도 존재했다. 참혹한 인간의 삶은 그때에도 존재했었다. 그들의 인생은 늘 폭풍에 시달렸다. 훗날 사자에

---

18 롤로 메이 편집, 『실존주의 심리학』, 이정기 역(경기: 상담신학연구소, 2005), 122.
19 Ibid, 131p.

게 물려 죽고 화형에 처해 죽어가는 초대교회 성도들의 결연한 용기는 예수님을 통한 실존주의 의미 요법이 그들 가슴에 깊게 뿌리 내렸기 때문에 감동을 일으킬 수 있었다. 인생 폭풍은 늘 있었다. 예수님은 비참의 가치를 알고 계셨다. 예수님은 인생 폭풍의 비참한 현실과 현실 세계의 공포와 죽음 기능에 대해서 누구보다도 더 잘 알고 계셨다. 그렇기 때문에 땀방울이 핏방울이 되도록 기도하셨다. 그래서 이 잔을 내게서 물릴 수 있다면 물리게 해달라고 처절하게 절규하신 것이다. 하지만 이는 곧 예수님이 십자가의 비참을 이미 이해하고 수용하는 입장에서 아버지 하나님과 당신 마음의 교류를 표현한 장면이기도 하다. 즉, 감정과 생각, 그리고 충동을 솔직하게 털어놓는 의사소통의 시간을 상징한다. 예수님은 피하지 않았다. 실존의 비참과 한계상황을 있는 그대로 인식하면서 경험하고 그 고통의 실체를 삶의 구조로 수용하셨다. 그러므로 편안하게 주무실 수 있었다. 인생 폭풍 속에서 과연 누가 예수님처럼 편안하게 쉴 수 있겠는가? 실존의 비참 구조를 명확히 이해하고 용기 있게 수용한 사람, 곧 예수님만이 그렇게 할 수 있다. 누구도 불가능하며 그래서 제자들은 "죽음"의 공포에 혼비백산했다. 그것이 인간의 모습이다. 아우슈비츠 수용소에서 프랭클이 목격한 것은 살기 위해 인간의 존엄성과 내적 가치를 버리고, 폭풍 앞에 나뭇잎처럼 이리저리 떠다니는 무리를 보았다. 인간의 내적 가치는 사라지고 살고자 하는 욕망만 있는가 하면, 죽음의 공포 앞에서 모든 것을 내려놓고 이미 내적 자기 살해를 한 사람들이 있었다. 그들은 살아있으나 이미 죽은 목숨, 저항할 힘이나 용기도 없이 가스실로 인도되는 영혼을 잃어버린 존재들이었다. 하지만 프랭클은 그 죽음과 공포의 현장에서도 인간의 자존심을 지키며, 아름다운 삶의 가치와 고결한 이상을 붙잡고 있는 사람들을 보았다. 실존 상황의 해석과 의미 부여의 차이가 전혀 다른 실존적 삶의 결과를 가져왔다. 프랭클의 "의미 요법"은 인생 폭풍과 세상 폭풍의 현장에서 살아남는 과정을 통해 만들어진 실존의 열매였던 것이다.

실존 상황의 한계와 비참 구조, 우리는 그것을 피할 수 없다. 죽음은 인간에게 부여된 현실이고, 시간도 인간에게 부여된 한계이다. 하이데거가 『존재와 시간』에서 밝힌 한계상황의 내용이다. 여기에 따르면 불행한 사건과 추락의 경험은 개인의 죄에서 비롯되는 것이 아니다. 그것은 치료를 위한 객관화 과정도 아니다. 그것은 그냥 현실일 뿐이다. 인간은 태어나면서 바로 고통의 세계로 들어선다. 그래서 불교에서 싯다르타는 "인생은 고통이다"라고 말했고, 불교의 윤회사상은 이 땅에 태어나는 것 자체가 비극이며, 열반의 실패라고 못 박았다. 그 고통과 불행의 조건을 있는 그대로 받아들이고, 죽음을 향해 한 걸음 더 의지적으로 내디딜 때, 다시 살아나는 십자가 부활의 역사가 일어난다. 불교는 그것을 "백척간두百尺竿頭 진일보進一步"라 했다. 백 척(30m 정도)이나 되는 장대 끝에 서서 벼랑 끝 낭떠러지로 떨어지는 한 걸음을 더 내딛는 것을 말한다. 이러한 용기는 죽음의 공포를 있는 그대로 수용해 그 속으로 나 자신을 던질 수 있는 진정한 힘에서 나온다. 예수님의 십자가 사건이 그것이며, 부활은 그 구조의 이해와 수용 이후에 가능해진다. 인생 폭풍을 피하려고 하면 재난이 되지만, 용기 있게 그대로 수용해 나아가면 자기 쇄신과 제2의 인생을 가능케 한다. 그래서 그것은 부활의 예고이다.

성서에서 요나는 폭풍을 만나자 거기에 깃든 하나님의 뜻을 이해했다. 요나는 니느웨 성으로 가서 하나님의 계시를 전달해야 하는 소명을 뿌리치고 배를 탔다. 그는 원수가 더 잘되는 것이 보기 싫어 하나님의 명령을 거부하고 멀리 떠나려 했다. 그러나 그가 탄 배가 바다를 항해할 때 성난 파도와 폭풍이 그 배를 삼키려 했다. 하나님의 폭풍 사용은 그때 이루어졌다.

요나는 그 폭풍의 의미를 이해했다. 그리고 비참의 의미를 수용해 "나를 바다에 던지라"라고 했다. 선원들이 폭풍의 바다에 요나를 던지자 바다는 잠잠해지고 평안한 항해 길을 열었다. 실존 구조의 이해와 수용은 바로 이런 것이다. 인생 폭풍의 의미를 이해하고, 그것이 제시하는 하늘의 뜻을 받아들이는 것, 그것이 바로 폭풍을 해결하는 유일한 길이다. 제자들은 그 의미를 아직 이해하지 못했다. "기호해독"에 실패한 그들로서는 죽음의 포로가 되고 말았다. 폭풍의 존재가 제자들의 영혼을 삼켜버린 것이다. 우리는 불안과 우울의 시대를 살고 있다. 인간성의 말살과 비인간화의 문명 아래 인간의 가치와 존엄성은 존중받기보다 짓밟히고 있다. 개인의 아름다운 이상과 고결한 가치는 조직 문화에서 빈번히 부서진다. 그것들을 지키려면 개인은 폭풍을 감당해야 한다. 폭풍 앞에 두려워 떨면 그 이상과 가치는 사라져 버린다. 사실 정신분석치료도 내담자를 치료하기 위해 그가 가장 공포스러워하는 과거 상처 상황으로 인도한다. "유도 편집증", "유도 히스테리"라는 개념들이 그것을 증명한다.[20] 행동주의 치료도 마찬가지로 "직면"을 중요시한다. 물론 직면의 과정을 갑작스럽게 하는 것이 아니라 서서히 진행하는 "조직적 둔감화 systematic Desensitization"기법을 사용한다.[21] 핵심은 공포 상황의 이해와 수용이다. 우리가 우리 자신을 실존의 비참 구조 안으로 밀어 넣을 수 있는 용기, 그 용기가 모든 문제를 해결한다. "전이 신경증"의 공포와 비참 구조 안으로 들어갈 때 우리는 문제의 핵심을 분쇄할 수 있다. 이때 제2의 탄생이 이루어지며, 부활의 서곡이 시작된다. 예수님의 제자들은 아직 이 베일을 알지 못했다. 욥도 그가 인생 폭풍을 만나자 자기가 태어난 날을 저주했다. 하지만 이후 욥은 그 과정이 하나님의 위대한 섭

---

[20] 쥬앙다비드 나지오, 『히스테리의 정신분석』, 148.
[21] J. Wolpe, *Psychotherapy by reciprocal inhibition* (standford CA: Standford university Press, 1958).

리 가운데 일어난 사건임을 알게 되었다. 나중에 그가 두 배로 축복받은 사실이 그것을 증거한다.

　　실존 구조의 이해와 수용은 상황분석과는 다른 것이다. 상황분석에서는 주체가 빠져 있다. 개인의 영향력도 무시된다. 그러나 실존주의는 주체가 살아있다. 비극적인 상황에 의해 이끌려 가는 순응적 주체가 아니다. 주체는 실존주의에서 상황에 거슬러 올라간다. 주체는 상황을 변혁시키고자 계란으로 바위를 친다. 그것이 바로 실존주의의 가르침이다. 십자가에 매달려 죽임을 당하는 과정에서 인간은 이미 무수히 많은 것을 해결하고 있다. 십자가의 고통과 공포를 견디는 순간 우리는 새로운 존재로 거듭나게 된다. 인간은 할 수 없으나 예수를 믿는다면 그것이 가능하다. 우리는 십자가를 질 수 없다. 그러나 예수를 믿는 믿음은 그 십자가를 거꾸로도 질 수 있다.

　　실존주의는 현재를 사는 인간의 비참과 고통을, 있는 그대로 이해하고 수용하도록 가르친다. 그것은 오늘날 상황분석의 가족치료자들에게 중요한 도전이다. 가족치료자들은 환자를 가족의 비참 구조의 희생자이며, 피해자로 이해하고, 환자의 변화가 아니라 가족의 구조조정을 더 중요하게 여긴다. 실제로 그렇게 해서 좋은 치료적 결과들이 만들어진다. 그러나 보웬의 마지막 결론에 귀를 기울일 필요가 있다. 가족 전체를 변화시키는 것은 개인을 변화시키는 것보다 몇 배나 더 어렵고 험난하다. 그러나 한 개인의 변화는 그 가족 체계의 자연스러운 변화를 이끌어낸다. 이것이 바로 예수님과 유다의 차이다. 유다는 전체 체계의 변화를 시도했다. 그것은 정치적·군사적 행동이다. 그러나 예수님은 십자가를 선택했다. 당신이 실존 구조의 비참 세계로 들어가셨다. 그리고 마침내 그를 따르는 제자들도 똑같이 그 비참 구조에 들어갔다. 그러면서 세상은 서서히 바뀌었다. 예수 그리스도의 가르침과 표상이 이 땅에 자리를 잡게 되었다.

5. 죽음, 공포, 악의 통치 기술

자기가 태어난 날을 후회하는 욥에게 하나님은 그냥 나타나지 않으시고 폭풍 가운데 나타나셨다. 왜 그러셨을까? 욥은 지금 인생 폭풍을 만나서 모든 것을 잃었다. 재산, 가족, 건강, 그리고 명예까지 다 잃었다. 남은 것은 마지막 생명뿐이었다. 그렇게 죽어가는 욥에게 하나님은 폭풍과 함께 나타나셔서 당신께서 그 주인이심을 보여주셨다. 그러나 욥은 깨닫지 못했다. 여호와는 욥에게 말씀하셨다. "네가 아직도 전능한 자와 다투겠느냐? 나 하나님을 책망하는 너는 이제 대답하라(욥 40:2)" "너는 네가 의롭다는 말을 하기 위해서 내 심판을 무시하고 나를 악으로 단정할 셈이냐?(욥 40:8)" 인간은 인생 폭풍에 직면했을 때 종종 하나님을 원망한다. 폭풍이 가져다주는 공포, 죽음, 그리고 악의 출현으로 인해 인간은 하나님에게 대항한다. 인생 폭풍 뒤에 있는 하나님의 큰 뜻을 보지 못하기 때문이다. 구약성경에서 엘리야가 이와 똑같은 모습을 연출한다. 그는 혼자서 바알 선지자 3,000명을 상대할 정도로 대단한 선지자이자 하나님의 능력의 종이었다. 그런데 아합왕의 아내 이세벨의 "내가 정녕 너를 죽이리라"는 협박 앞에 맥없이 무너졌다. 그는 "유다에 속한 브엘세바에 이르자 자기와 속한 사환을 그곳에 머물게 하고 스스로 광야로 들어가 하룻길쯤 가서 한 로뎀나무 아래에 앉아서 죽기를 구하며" 하나님의 근심을 샀다. 여호와께서는 엘리야에게 "네가 어찌하여 여기 있느냐(왕상 19:3~9)"라고 물으셨지만, 엘리야는 계속해서 "저희가 내 생명을 찾아 취하려 하나이다(왕상 19:10)" 하며 절망 속에 있었다. "여호와께서 지나가시는데 여호와 앞에 크고 강한 바람이 산을 가르고 바위를 부수나 바람 가운데에 여호와께서 계시지 아니하며 바람 후에 지진이 있으나 지진 가운데에도 여호와께서 계시지 아니하며, 또 지진 후에 불이 있으나 불 가운데에도 여호와께서 계시지 아니하더니… 엘리야야 네가 어찌하여 여기 있느냐(왕상 19:11-13)" 엘리야는 역시 깨달음 없이 같은 대답이다. "오직 나만 남았거늘 그들이 내 생명을 취하려 하나이다(왕상 19:14)" 엘리야는 하나님을 원망하고 있었다. 여호와 하나님의 사자가 "숯불에 구운 떡과 물 한 병"을 주었고 그를 어루만져 주었지만 그는 공포와 절망의 늪에서 다시 나오지 못했다. 바알 선지자 3,000명과 싸웠던 그의 용기와 믿음은 이제 없었다. 결국 하나님은 엘리야의 사역을 종식시키고 아벨므홀라 사밧의 아들 엘리사에게 기름을 부어 선지자가 되도록 명령하실 수밖에 없었다. 당시에 하나님은 엘리야에게 바람, 지진, 불 등을 일으키시며 자연세계의 창조주, 전능자이심을 보여주셨다. 그러나 한 번 공포와 절망에 빠진 엘리야는 거기서 더 이상 헤어나지 못했다. 욥도 절망에 빠지자 하나님을 원망했고, 예수님의 제자들도 폭풍 앞에서 죽음의 공포에 사로잡혀 예수 그리스도 하나님의 전능성을 잊어버리고 말았다. "너희 믿음이 어디 있느냐"고 하신 예수님의 책망은 엘리야를 향해 여호와께서 "네가 어찌하여 여기서 있느냐"는 꾸짖음과 같은 맥락이었다. 그러나 엘리야도 제자들도 그 꾸짖음의 의미를 충분히 깨닫지 못한 것 같다.

폭풍이란 무엇인가? 그것은 죽음과 악을 상징하며 우리에게 공포를 불러일으킨다. 죽음과 악의 문제는 인간 실존의 문제이고, 공포는 정신세계의 핵심 장애물이다. 인간은 성장하면서 공포에 대한 통치 능력을 발달시키고, 악을 선으로 바꾸는 능력을 키워나간다. 죽음은 인류의 악의 상징이자, 공포의 원인이다. 인간은 죽음 앞에선 공포에 떤다. 예수님의 제자들이 폭풍 앞에서 두려워하며 "우리가 죽게 되었나이다"라는 고백은 죽음에 대한 공포 때문이었다. 죽음은 악이며 공포감정을 수반한다. 어니스트 베커는 『죽음의 부정 The Denial of Death』에서 인간이 죽음에 대한 공포를 인식하지 않고 망각하기 때문에 생존할 수 있다고 말한다.[22] 만일 인간이 죽음의 순간을 있는 그대로 경험한다면 그 충격이 너무 커서 견딜 수 없게 된다. 공포가 너무 크면 인간은 그 자리에서 죽을 수도 있다. 실제로 원시 부족 사회는 많은 금기와 터부들이 있었다. 그것을 어기면 재앙과 죽음이 내려진다고 믿었다. 만일 누군가 부지불식간 어떤 금기를 어기고, 그것을 인식하게 되면, 공포에 질려서 즉사하기도 하였다. 프로이트는 금기 위반의 정신적 충격, 즉 공포심의 위력을 강조하기 위해 이 사례를 인용했다. 그러한 사례는 공포감정의 파괴성이 죽음에 이르는 무서운 결과성의 사실을 가리키고 있다. 공포의 감정이 심해지면 사람은 심장마비가 올 것 같은 공황에 사로잡히는데, 이때 어떤 방법으로도 공황과 죽음의 영향력을 뿌리칠 수가 없다. 여과 없이 경험하는 죽음의 공포, 그것은 공황장애를 일으키기에 충분하고, 아프리카 부족의 사례에서처럼 실제로 죽을 수도 있다. 이것이 정신의 파괴력이다. 인생 폭풍이란 무엇인가? 그것은 인생을 위기와 해체로 끌고 가는 불행한 사건을 의미한다. 죽음을 몰고 올 질병, 갑작스러운 실직, 진학 실패, 이혼, 사별, 패망, 재해 등이 여기에 속한다. 개인에게 공포감정을 불러일으키는 악한 파괴적 사건이다. 실존주의는 이와 같은 폭풍들을 상대해야 하는 것이 인생이라고 말한다. 그리고 성서에서 폭풍들은 철저히 하나님의 주권과 통치하에 움직인다고 선언하고 있다. 물론 하나님이 그와 같은 것들을 실행한 분은 아니다. 죽음과 공포, 악은 사탄이 만들어 낸다. 그러나 사탄은 하나님의 허락 없이 악을 자행할 수 없다.

---

22 Ernest Becker, *The Denial of Death* (New York: The Free Press, 1973).

욥기에서 사탄은 "참소자"로 나온다. 이것은 죽음, 공포, 악의 실행자인 사탄의 존재에 대해 어떤 암시를 제공한다. 사탄은 큰 조직 안에서 "검사"의 역할을 담당한다. 천사는 변호사, 하나님은 판사 역할을 수행한다. 혹자는 사탄이 하나님의 그림자라고 말하기도 한다. 하나님의 그림자 이론은 죽음, 공포, 악이 사탄의 작업이기는 하나 동시에 하나님의 그림자이므로 하나님 이면의 모습이라고 보는 것이다. 그리고 하나님이 인간의 고통 당함을 공감하시게 되면서 예수 그리스도를 보내셨다고 본다. 하지만 필자는 하나님의 그림자라는 이론의 위험성을 지적하고 싶다. 그것은 인류 역사의 악이 하나님 책임임을 암시해 준다. 참소하는 사탄의 악행을 허용하시되, 생명을 지켜주시는 하나님이 그 악행에 책임이 있다는 결론에 이르게 된다. 이렇게 하나님의 악한 요소, 곧 그림자 존재를 이야기하는 것은 매우 위험한 발상이다. 그것은 악의 절대성을 선포하는 것이 되며, 또한 하나님의 전능성과 선하심을 의심하고 침해하는 것이기 때문이다. 오히려 필자는 인생 폭풍들의 "악"의 속성을 고려해 볼 때, 악은 실존의 한 조건이라고 보는 것이 더 적합하다고 본다. 그리고 인간은 그 악에 대한 통치 능력을 강화시켜 나아갈 의무가 있다고 말하고 싶다. 다시 말해서 악은 선의 도구이다. 인간은 죽음, 공포, 악을 통치하시는 하나님과의 교제를 통해 자신이 겪는 실존적 문제들을 대처하고 해결해 나가야 한다. 그것이 실존이며 하나님의 섭리이다. 인간은 죽음, 공포, 악이라고 하는 실존의 장애물들을 극복하면서 인생의 의미와 가치, 그리고 기쁨을 증진시켜야 할 실존적 존재이다. 죽음, 공포, 그리고 악에 대한 통치 능력은 하나님에게만 있는 것이 아니다. 그 능력은 하나님, 특히 예수 그리스도의 십자가와 부활 사건을 믿는 성도들도 체득할 수 있다. 그렇게 체득하면서 사는 것이 인생이며, 악과 죽음에 대한 하나님의 섭리이다. 만일 인간사에 악이나 죽음이 존재하지 않는다면 인간에게 실존의 기쁨과 행복도 없을 것이다. 기쁨과 행복은 인생 가운데 존재하는 악, 죽음, 공포의 조각들을 극복하는 과정에서 생겨난다. 즉, 인생 폭풍의 해결 능력 강화, 그리고 그것의 통치 능력 증진에 있다. 누가 더 건강하고 위대한 인간인가? 악과 공포, 그리고 죽음의 위협을 전혀 느끼지 않고 천진한 어린아이처럼 사는 인간인가? 아니면, 수많은 실존적 고통이 만들어내는 비극적 사건들을 해결해 가는 진취적이고 창조적인 능력자인가? 성숙은 악과 공포의 부재가 아니다. 성숙은 악과 죽음, 그리고 공포의 통치 능력의 증진이다.

이런 점에서 예수님께서 제자들에게 "너희 믿음이 어디 있느냐?"라고 물으신 것은, 야훼 하나님이 로뎀나무 아래의 엘리야, 호렙산의 엘리야에게 "네가 어찌하여 여기 있느냐?"라고 책망하신 것과 일맥상통한다. 욥을 보더라도 그는 악에 대한 통치 능력이 충분하지 않았다. 다만 그는 악에서 떠나있었다. 그러나 폭풍과 재난들을 겪으면서 그는 인생 폭풍을 최종적으로 다스리시는 하나님의 사랑과 능력을 발견하게 되었다. 그가 두 배의 축복을 받았다는 것은 그의 악, 죽음, 공포에 대한 통치 능력이 그만큼 발전했음을 의미한다. 우리는 악에 대한 통치 능력을 발전시켜야 한다. 죽음과 공포는 악의 중심적 요소들이다. 그것들은 사탄이 사용하는 주된 무기이기도 하다. 검사는 피고의 머리카락 하나와 같은 죄도 다 찾아내려고 한다. 욥기서의 사탄과 세 친구는 검사 편이었다. 엘리후는 변호사 역할을 했다. 하나님은 최종 심판의 대법원장이셨다. 소송 과정에서 욥은 결국 승리했고, 욥을 참소했던 세 친구는 배상해야 했다. 하나님은 악의 그림자를 갖고 계신 것이 아니다. 하나님은 악의 과정을 허용하신 것뿐이다. 그것은 검사가 자기의 수하들과 함께 피고의 문제를 찾아내는 작업과 같다. 그와 같은 악의 과정은 하나님께서 제한된 범위 내에서 사탄의 수사권 발동을 허락하신 것

뿐이다. 만일 원고가 무죄하다면, 그는 더욱 의로워지게 되고 무고하게 소송당한 것에 대해 손해배상을 받을 수 있다.

인생은 무수한 갈등들의 연속이다. 마음의 소송 사건들은 헤아릴 수 없을 정도로 많다. 악은 이와 같은 갈등에서 비롯된다. 하나님은 그런 갈등과 소송사건에 대한 책임이 없다. 왜냐하면 그것들은 모두 인간들 사이에서 벌어지는 불협화음의 결과이기 때문이다.[23] 인생 폭풍 사건들은 우리가 누군가로부터 참소당하고, 고소당했다는 사실과 같은 이야기이다. 그와 같은 폭풍들의 책임이 우리의 죄 때문인지, 아니면 무고를 범하고 있는 고소자의 책임인지는 시간이 지나면서 벌어지는 법정 공방의 과정이 밝혀줄 것이다. 참소를 당하고, 악과 공포에 대해 피해자가 겪는 고통은 무척 비극적이다. 인생은 수많은 갈등, 시기, 질투가 난무하는 관계의 여정이다. 그 여정에서 겪게 되는 고소 사건들은 개인을 충격에 휩싸이게 하고 파괴하기도 한다. 그러나 의인은 그 과정에서 살아남는다. 물론 죽는 사람도 있다. 그러나 그것은 세상 법정의 일이다. 세상에서는 무죄한 사람이 억울하게 누명을 쓰고 실형을 선고받기도 한다. 인간은 완벽하지 않기 때문에 세상의 검사, 변호사, 판사, 그리고 배심원단의 시스템은 실수하고 때로는 잘못된 판단을 하기도 한다. 그러나 하나님은 다르시다. 하늘의 법정은 땅의 법정과는 다르다. 욥의 경우 땅의 법정에서는 패소했지만, 하늘의 법정에서는 승

---

[23] 프로이트의 정신분석학은 인간의 내적 갈등에 대하여 연구한다. 또한 정신분석에 영향을 받은 가족치료자들도 환자 뒤에는 가족 내 갈등이 존재한다는 사실을 지적한다. 데오도르 리즈 Theodore Lidz와 그 동료는 정신 분열 가족들이 결혼 분열과 결혼 왜곡의 갈등을 겪고 있음을 연구 관찰했다. T, Lidz, A Cornelson, S. Fleck & D. Tervy "The intrafamilial environment of schizophrenic patients: II. Marital schism and Mental skew," *American Journal of Psychiatry*, 114, 241, 248. 인간의 삶은 이미 가정에서부터 갈등의 연속이며, 그 갈등에서 비롯되는 문제들이 넘쳐난다는 사실을 보여준다. 하나님은 이런 갈등과 질병에 대한 책임을 갖고 있지 않으시다.

소한 사례이다. 따라서 시련은 소송 제기자와 그를 중심으로 구성되는 검사팀이다. 마귀, 귀신, 악마는 모두 사탄의 팀원들이며, 그들은 언제든지 실존 인간을 향하여 소송을 제기한다. 개별 인간은 그 소송 체험을 통하여 더욱 강건해지고, 소송 주장이 만들어내는 죽음, 악, 공포에 대한 승소 능력을 키워야 한다. 그것이 실존의 삶인 것이다. 예수님의 제자들은 갑자기 폭풍을 만났다. 실존의 바다는 무수히 많은 소송 분쟁에 휘말리게 한다. 하지만 인간은 그 분쟁 과정에서 더욱더 정교한 존재로 거듭난다. 폭풍 앞에 혼비백산했던 제자들은 아직 소송 경험이 적은 천진한 사람들이었다. 폭풍 사건은 이런 점에서 그들이 겪을 무수한 소송 사건들의 예시라고 할 수 있다. 예수님의 십자가 사건에서도 제자들은 폭풍의 공존에 시달렸다. 그들은 두려워하며 뿔뿔이 다 도망갔다. 하지만 예수님의 승소 소식인 부활사건을 접하자 다시 모였다. 그리고 더 나아가 소송에서 승리할 수 있는 강건하고 담대한 하늘의 사역자, 땅의 단독적 주체자로 거듭날 수 있었다.

현대인은 불안과 우울의 증상을 안고 살아간다. 이것은 현대인들의 삶이 늘 죽음, 공포, 악이라고 하는 인생 폭풍에 끊임없이 시달리며, 패소한 적이 많다는 사실을 보여준다. 만일 그가 무죄하다면 언젠가는 죽음, 공포, 악에서 벗어날 수 있으며, 통치 능력을 더 확보하게 된다. 실존의 삶은 무수한 갈등의 연속이다. 개인이 아무리 의로워도 주변에서는 그를 의롭게 보지 않는 경우가 허다하다. 참소하는 사탄의 영이 수많은 사람의 영혼에 침투하기 때문이다. 게다가 우리가 정말 의인인지, 아니면 죄인인지 모를 때가 많다. 그것은 사안에 따라 다를 것이다. 우리는 어느 사안에서는 의인일지라도 다른 사안에 대해서는 죄인일 수 있다. 이 땅에서 벌어지는 모든 폭풍은 우리 자신의 의로움과 죄 됨의 영역들을 해석하고 판별하는 데 큰 도움이 된다. 비록 그 과정은 아프고 고통스럽지만 우리가 만일 승소한다면 그 고통의 대가는 충분히 보상받는다.

    정신분석은 우리가 죄인인가, 아니면 의인인가의 논쟁에서 심층적인 자료들을 제시한다. 이른바 무의식적 자료들이다. 우리는 의식적으로 의인일 수 있다. 그러나 폭풍 사건들을 통해 특정 사안과 관련한 죄를 인정할 수밖에 없을 때가 있다. 욥도 하나님을 원망한 죄로 패소할 수밖에 없었다. 실존의 삶은 무수한 "참소" 사건들을 만들어 낸다. 우리는 세상에 나가서 다른 존재들과 갈등하며 살아야 한다. 그 안의 갈등과 제약 안에서 참소당하고, 법적 공방에 시달리며 억울한 고통을 겪게 된다. 그것이 실존이다. 우리가 무죄하다 할지라도 분쟁에 휘말린다. 인간들 사이에 욕망, 시기, 질투, 미움, 분노는 태초부터 존재했다. 실존적 상황은 천진난만한 유아의 세계에서 갈등과 분쟁, 그리고 소송의 삶인 성인의 세계로 들어간 것을 의미한다. 우리는 사탄의 참소와 소송 과정에서 자신의 죄 성과 죄 된 행위들을 낱낱이 다 파헤쳐지는 끔찍한 경험을 한다. 피하고 싶고 도망가고 싶지만, 실존은 그것을 허락하지 않는다. 때로는 현재의 소송 과정에서 과거의 다른 분쟁들도 함께 거론되기도 하는데, 그 과정에서 오히려 명예 회복의 기회를 얻기도 한다. 치료적 재활성화의 과거 트라우마 해결은 이런 점에서 무척 감사하고 경이로운 일이 아닐 수 없다. 그러나 소송 자체는 너무 고통스럽다. 그것은 지옥과도 같은 경험이다. 실존 구조의 비극성이 우리를 옥죄는 것이다. 그러나 끝까지 무죄할 경우, 하나님은 우리의 손을 들어주신다. 우리가 의롭고 그분에 대한 믿음이 투철하면 결코 소송 과정을 두려워할 필요가 없다. 우리는 믿음을 가지고, 의롭고 성실하게 현실의 갈등들을 다루어야 한다. 갈등 처리 과정에서 우리는 죄인으로 전락할 수 있지만, 하늘 법정에 대한 신뢰가 있다면 인생 폭풍 앞에 두려워 떨며 죽음과 악의 포로가 되는 일은 없을 것이다. 우리는 살아가는 동안 죽음과 공포, 그리고 악에 대한 통치 능력을 키워야 한다. 그것이 바로 하나님의 우리에 대한 기대이시고 소망이시다. 죄책감, 치료의 과정, 실존의 과정이 우리에게 폭풍 같은 고통과 비참을 겪게 하지만 그 과정은 우리에게 실존의 문제들에 대한 면역기능을 강화해 줄 것이다. 하나님께서 사탄에게 참소권과 검찰 조사권을 허락하시는 이유가 여기에 있다. 우리는 우리 자신을 늘 증명하면서 여러 사안에 대한 우리의 의로움을 확장시켜 나아가야 할 것이다. "현재의 고난은 장차 올 영광과 족히 비교할 수 없기 때문이다(롬 8:18)."

연구 질문들

1. 불행한 사고와 문제를 외부와 상황만 분석할 때 생기는 위험은 무엇인가?

2. 불행한 사건이 어떻게 개인의 죄책감과 연결되어 있는가?

3. 과거의 상처와 아픔을 다시 기억하는 것이 왜 중요한가?

4. 비극과 불행의 삶이 실존적 현실이라는 주장은 타당한가?

5. 죽음, 공포, 그리고 악과 같은 힘을 이길 수 있는 비결은 무엇인가?

참고문헌

Becker, Ernest. *The Denial of Death*. New York: The Free Press, 1973.
Bowen, Muray. *Family Therapy in Clinical Practice*. New York: Aronson, 1978.
Kinzie, J. David. & J. Fleck. "*Psychotherapy with severely traumatized refugees.*" American Jonrnal of Psychotherapy, vol 41(1), Jm, 1987.
Kohut, Heinz. *How Dose Analysis Cure?* Chicago & London: The Unversity of Chicago Press, 1984.
Lidz, T. A Cornelson, S. Fleck & D. Tervy "*The intrafanilial enoivoment of schizo phremic patients: II. Maritalschism and Mental skew.*" American Jouvnal of Psychiatry.
Rotter, J. B. "*Generalized expectancies for internal versus external control of reinforcements*" Psychological Monograph, 1966.
Wolpe, J. *Psychotherapy by Reciprocal Inhibition*. Standford CA: Standford university Press, 1958.
De Gregorio, Jorge. 『나의 이성 나의 감성』, 김미겸 역. 서울: 한국심리치료연구소, 2007.
Freud, Sigmund. 『나의 이력서』, 환승완 역. 서울: 열린책들, 1998.
_____. 『히스테리 연구』, 표원경 역. 서울: 열린책들, 1998.
_____. "인간 모세와 유일신교", 『종교의 기원』, 이윤기 역, 서울: 열린책들, 1997.
Fromm, Erich. "개인적 자아 도취와 사회적 자아도취", 『인간의 마음』, 황문수 역. 서울: 문예출판사, 1977.
Goldenberg, Irene. & Herbert Goldenberg, 『가족치료』, 김득성 외 역. 서울: 시그마프레스, 2001.
Hick, John. 『신과 인간 그리고 악의 종교철학적 이해: 아우구스티누스에서 플란팅가까지 신정론의 역사』, 김장생 역. 서울: 열린책들, 2007.
Fairbairn, William. 『성격연구에 관한 정신분석학적 연구』, 이재훈 역. 서울: 한국심리치료연구소, 2003.
Frankl, Victor. 『삶의 의미를 찾아서』, 이희재 역. 서울: 아이서브, 1998.
Kristeva, Julia. 『공포의 권력』, 서민선 역. 서울: 동문사, 2001.
May, Rollo. 『실존주의 심리학』, 이정기 역. 경기: 상담신학연구소, 2005.
Nazio, J. D. 『히스테리의 정신분석』, 표원경 역. 서울: 도서출판 백의, 2001.
Søren Kierkegaard, 『죽음에 이르는 병』, 김용일 역. 대구: 계명대학교출판부, 2006.

5장
모험과
축복의
삶

"너는 네 고향과 친척과 아비의 집을 떠나
내가 지시할 땅으로 가거라"(창 12:1)

인간의 운명은 불가사의하다. 아무도 정확히 알 수 없고, 어떤 삶의 내용이 펼쳐질지 예측할 수 없다. 처음 된 자가 나중 되고, 나중 된 자가 먼저 되는 경우가 허다하다. 인간의 운명은 불확실하고 누구도 함부로 재단하거나 규정할 수 없다. 그래서 더욱 신비롭다. 모든 것이 다 명확하다면 신비로 존재하지 않는다. 드러나지 않는 것, 감추어진 부분이 있기에, 그것은 우리의 마음을 설레게 하고, 늘 적절한 긴장을 유지하게 해 준다. 대상관계에서도 친밀한 대상을 다 알고 있다고 생각하지만 오랜 세월을 함께 부딪치다 보면 인간 존재의 신비와 무한한 가능성을 새삼 느끼게 된다. 순간 낯설고 몰랐던 부분들이 튀어나와 우리를 놀라게 하기 때문이다. "신비"와 "낯설음"의 체험은 불안과 긴장을 야기하지만, 그럼에도 불구하고 그것은 우리의 삶을 보다 생동감 넘치게 해준다.[1]

---

[1] 현대 과정철학은 "경험"의 의미를 강조한다. 변화는 새로운 경험을 필요로 한다. 그리고 새로운 경험이란 그 경험에 대한 해석으로 이해된다. 방어는 새로운 경험을 원천적으로 봉쇄하는 무의식적 기제이며, 치료는 그러한 방어를 분쇄할 수 있는 새로운 경험에서 가능해진다고 본다. 특히 상호주관 정신분석학자들은 경험의 존재화를 논하면서, 자기대상이 제공하는 정당성 부여가 방어분쇄를 가능케 한다고 말하고 있다. R. Stolorow, G. Atwood & B. Brandchaft *Psychoanalytic treatment: An Intersubjective approach* (Nillsdale, NJ: The Analytic Press, 1987), 72-73.

하나님의 섭리도 삶의 불확실성 속에서 인간에게 인도와 훈련, 그리고 축복의 과정을 겪게 하는 것 같다. 우리는 성서를 통해 이스라엘 백성의 삶이 출애굽 이후 예측 불허였고, 오직 하나님과 백성들 사이에 벌어지는 관계 역동에 의해 늘 새롭게 재조직화되었음을 알 수 있다. 하나님은 아브라함에게 자신이 살던 집, 고향 하란 땅을 떠나서 낯선 가나안 땅으로 가라고 명하셨다. 아브라함은 그 말씀에 순종했고, 그렇게 이스라엘 민족의 역사는 시작되었다. 하나님은 "떠남"을 강조하신다. 고향으로부터 떠나고, 친척·아비 집에서 떠날 것을 명령하신다. 왜 하나님은 익숙하고 예측이 가능하며 그래서 안정적인 고향으로부터 떠나라고 하시는 것일까?

본론에서는 성서가 전하는 "떠남"의 지혜에 대하여 살펴보려고 한다. 특히 창세기 12장에서 하나님이 아브라함에게 명령하신 "떠남"의 의미에 대해서 정신분석학적인 논의를 해보려고 한다. 하나님의 "떠남"의 명령은 어떤 의미를 담고 있는가? 수천 년 전의 그 명령은 오늘날에도 유효한가? 비인간적이고 탈 존엄성의 시대에 살고 있는 실존적 인간들에게 "떠남"은 과연 어떤 의미이며, 어떻게 도움이 될 수 있는가? 이들 질문에 대답하기 위하여 필자는 정신분석이론을 소개하고 임상적인 차원의 정신병리와 심리치료의 자료들을 함께 사용하려고 한다.

1. 원가족으로부터의 분화

아브라함이 고향과 친척, 집을 떠나야 한다는 하나님의 명령은 정신분석과 가족치료적 관점에서 원가족으로부터의 분화 문제와 직결되어 있다. 사람은 성장하면서 가능한 한 집을 떠나는 것이 바람직하다. 나이가 들어서도 부모에게 의존할수록 냉혹하고 치열한 세상을 상대하는 전투 능력을 키우기 어렵다. 본래 가족의 기능은 안락함과 피신처의 의미가 있다. 가정은 사랑과 회복의 힘을 주는 공간이다. 현실 사회의 경쟁은 만만치 않으며 냉혹하고 잔인하다. 그래서 우리는 가정에서 안정과 휴식의 경험을 통해 재충전하고, 다시 치열한 세상으로 나아간다. 만일 안주와 기댐에 너무 익숙하다 보면 전투의지와 경쟁 감각을 제대로 키우기 어렵다.[2] 안락하고 익숙한 가족의 기능에 너무 오랫동안 의지하고 있으면 새로운 돌파구를 만드는 의지 또한 계발되지 않는다. 그래서 혹자는 인간을 두 가지 종류로 구분한다. 하나는 안주와 풍요의 인간이고, 다른 하나는 모험과 긴장의 인간이다. 비록 전자의 인간이 복되고 여유로워 보이지만, 세상은 그리 만만치 않다. 인간이 안주와 풍요의 삶을 살다 보면 추락하게 되어있다. 그러나 후자인 모험과 긴장의 인간은 많은 고통과 장애물을 만나지만 그때마다 정신을 집중해서 총력을 기울이면 그만큼 성숙해진다. 도전적이고 진취적인 삶은 모험을 두려워하지 않는 사람의 것이다. 안주와 기댐의 사람은 열정을 갖기 어렵다. 그래서 사람들은 부자가 3대를 넘어설 수 없다고 말하기도 한다. 왜냐하면 풍요와 안락을 주는 재물의 소유도 세대를 거치면서 도리어 그것이 후손들의 도전적 모험과 진취적 열정을 식게 만들기 때문이다. 인간은 도전과 모험보다 안전과 확실성에 더 큰 가치를 둘 때 서서히 후퇴하게 되어있다. 열정과 도전을 두려워하지 않는다면 실패와 성공의 과정을 통해 점점 더 강건하고 튼튼한 내공을 쌓아 나간다. 그러나 풍요와 여유로움이 주는 안락함에 안주하다 보면 안정감이라는 그물망에서 빠져나오지

---

2 페어베언은 전체주의 체계에서 정부가 사람들로 하여금 가족을 떠나지 않고 가족 대상들에게 의존하도록 방치한다고 한다. 시민의 분리 불안을 조장함으로써 그들을 쉽게 통제할 수 있도록 순종적이고 의존적인 대상으로 만들기 위함이다. 이와 같은 문제가 전체주의 사회에서 일어난다. 로널드 페어베언, 『성격에 관한 정신분석학적 연구』, 이재훈 역(서울: 한국심리치료연구소, 2003), 108.

못해 전투의지가 감소 되고 성장이 멈춰져 결국 퇴보하게 된다.

강건한 개인이 되려면 부모로부터 독립해야 한다.[3] 즉 물리적으로, 재정적으로, 그리고 정서적으로 독립적이고 자율적인 존재가 될 때, 비로소 자유롭고 건강한 개인이 된다. 임상 현장에서 성인이 된 이후에도 부모에게 의존적인 자녀는 사회적 관계와 일에서도 풀리지 않는 경우를 많이 목격한다. 원가족으로부터 독립하지 않고 계속 같이 머물게 되면 사랑과 직업의 영역에서 미약성이 드러난다. 왜 이런 현상이 일어날까? 부모의 사랑을 듬뿍 받은 자녀가 왜 세상에서는 뒤처지는 것일까? 어디에 그 원인이 있는 것일까? 정신분석학자들은 두세 사람이 모이면 그룹이 형성되고, 그 그룹 안에서 항상 사랑과 전쟁, 긴장과 갈등이 조성된다고 본다. 이때 정서적으로 가장 취약한 개인은 억압당하고 팽배한 긴장 때문에 눌리는 현상이 일어난다. 가족 역동을 보다 보면 자녀들이 다 성공하는 가운데 유독 한 자녀가 불행과 실패 속에 근심거리로 전락한 경우가 종종 있다. 이것은 가족 내 불편 기류가 가족 구성원 중에 가장 취약한 구성원에게 영향을 주게 되고, 그러한 상황이 계속 반복되면서 생기는 현상이다. 그룹이 자아내는 불편과 긴장, 그것을 특정 구성원이 다 흡수하고 병이 나는 일이 빈번하게 일어난다. 그래서 가족치료학자들은 치료 대상 아동이 바로 그런 "희생양"에 해당한다고 본다.[4] 건강한 구성원일수록 가족 내의 불편과 긴장을 흡수하

---

3   존 A. 샌포드, 『융학과 정신분석가가 본 악』, 심상영 역(강릉: 심층목회연구원, 2003), 102~103. 샌포드는 아이가 부모의 독립된 생활을 방해하기도 한다고 지적한다; 하빌 헨드릭스 『연애할 땐 YES 결혼하면 NO가 되는 이유』, 서민아 역(서울: 프리미엄북스, 2004), 40. "부모가 아이의 독립성을 방해하기도 한다. 아이가 눈에 보이지 않을 때 정작 불안을 느끼는 사람은 아이가 아니라 엄마 아빠다."; 배르델 바르데츠키, 『따귀 맞은 영혼』, 정현숙 역(서울: 궁리출판, 2002), 119. 여기에서 바르데츠키는 만성질환의 부모가 자식의 독립을 방해한다는 사실을 지적하고 있다.

4   Irene Goldenberg, Herbert Goldenberg, 『가족치료』, 김득성 외 역(서울: 시그마프레스, 2001), 19. 골든버그 커플은 환자를 "확인된 희생자"라고 부른다.

기보다는 자기의 독립적인 길을 찾아 나간다. 심리구조가 허약할 때 그 불편 구조에서 빠져나오지 못하고, 서서히 더 망가지는 결과를 겪는다. 희생양은 그러한 구조 속에 빠져 분화와 독립을 성취하지 못한 경우에 해당된다고 볼 수 있다.

이런 점에서 자기의 고향과 친척, 집을 떠나는 것이 중요하다. 하나님이 말씀하신 "떠남" 명령은 아브라함을 위한 명령이었다. 아브라함을 사랑하신 하나님께서 불편과 긴장의 가족, 우상이 가득 찬 하란 땅으로부터 떠나라고 말씀하신 것이다. 그것은 아브라함을 살리시기 위한 명령이며, 아브라함이 가족으로부터 분화하도록 하기 위한 지도적 말씀이었다. 아브라함의 나이 75세에 주님으로부터 이런 분화와 독립의 요청이 이루어졌다. 이것은 원가족과의 미분화된 상태에서 융합되어 사는 삶이 평생 지속된다는 사실을 암시한다. 원가족과 융합되어 있을 때 사람들은 세상 밖으로 나오기가 쉽지 않다. 부모와 함께 사는 청년 및 중년들은 그 융합구조로부터 스스로 탈출시킬 수 없다. 누군가가 강력히 이끌어 주기 전에 탈출은 불가능한 것이다. 어린 시절에는 엄마의 품이 좋고 편안한 자유 공간인 집이 좋다. 그러나 그러한 따뜻한 공간에 너무 오래 있으면 성장하기 어렵다. 인간은 성숙하기 위해서라도 도전과 모험의 삶을 살아야 한다. 실패하더라도 진취적 모험의 인생을 살 때 강건해진다. 이때에는 실패도 성공에 속한다. 왜냐하면 실패 경험이 인간을 더욱 단단하게 만들어 주기 때문이다. 실패를 경험하는 진취적 도전자가 더 강건하고 담대한 투사가 된다. 그래서 우리는 옛날부터 "젊어서 고생은 사서도 한다"는 말을 많이 들었다. 거친 들판과 황량한 사막을 향하여 젊은 영혼은 질주해야 한다. 집에서 나와 세상을 활보해야 한다. 그것이 바로 성인이 되었다는 증거가 된다. 그래서 원시 부족들은 성인식이라는 통과의례를 통해 젊은이들이 집을 떠나 위험한

산 중에서 혼자 견디는 시험을 받는가 하면, 높은 나무 위에서 외밧줄에 의지하여 뛰어내리는 죽음을 불사한 시험을 겪어야 했었다. 집 밖의 세계는 죽음과 공포의 공간이다. 불안과 낯설음의 세계이고, 긴장과 경쟁의 공간이다. 거기서 살아남는 자가 비로소 "성인"의 자격을 갖는다. 야훼 하나님이 아브라함에게 말한 "떠남"의 명령과 일맥상통한 일이 아닐 수 없다. 인간은 안주의 세상, 의지의 공간, 따듯한 삶의 세계, 그곳을 포기하는 결단을 내려야 한다. 그래야 진취적이고 모험적인 주체가 된다.[5]

원가족은 유아기부터 가장 근본적인 인격을 형성하고 생존을 보장하는 보금자리이자 둥지와 같은 곳이다. 거기서 인간은 부모의 보호와 돌봄 아래 성장해 왔다. 마치 나무 위 둥지에서 부모가 물어다 주는 먹이를 먹고 자라는 어린 새들처럼, 인간도 원가족 안에서 부모가 가져다주는 양식과 사랑을 먹으며 자란다. 하지만 일정 기간이 지나면 둥지를 벗어나야 한다. 자연의 섭리가 그렇다. 살아있는 생명은 생존을 위해 치열한 전투의 현장으로 나가야 한다. 가정을 떠나서 자신의 재능과 기술을 개발하고 세상에 자신의 위업을 달성해야 한다. 그런데 젊은이가 냉혹한 현실에서 일의 승부에 집중하기보다 원가족의 다양한 이슈에 묶여있으면, 결국 현실의 경쟁에서 뒤처질 수밖에 없다. 실제로 임상적으로도 원가족에 묶여있는 사람보다 그렇지 않은 사람들이 사랑과 일의 영역에서 더 좋은 결과를 내고 있음을 많이 목격한다. 부모의 격려와 성원은 힘이 될지 모르지만, 각박한 현실에서는 오히려 전투의지를 약화시키는 허점을 갖고 있다. 인간이 성장하기 위해서는 물질적·정신적·사회적으로도 자율적인 경험의 확대가 필요하

---

[5] 조셉 캠벨·빌 모이어스,『신화의 힘』, 이윤기 역(서울: 고려원, 1999); A 반 겐넵,『통과의례: 태어나면서 죽은 후까지』, 전경수 역(서울: 을유문화사, 2000); 빅터 터너,『의례의 과정』, 박근원 역(서울: 한국심리치료연구소, 2005).

다. 원가족 품 안에 있으면 마치 둥지에 계속해서 머무는 다 큰 새처럼 아이의 수준에서 더 나아가지 못한다. 그래서 아프고, 고통스럽고 두렵다고 할지라도 원가족을 떠나야 한다. 친척, 본토, 아비의 집을 떠나라는 성서의 말씀은 이런 관점에서 이해해야 할 것이다.

구약성서 창세기는 이스라엘 조상들에 대한 역사를 소개하고 있다. 아브라함, 이삭, 야곱, 그리고 요셉에 이르는 이스라엘 족장의 역사를 볼 때, 이들 중 세 사람이나 본토 아비 집을 떠나서 낯선 환경의 삶을 살게 되었다. 아브라함은 75세에 하란 땅을 떠났다. 야곱은 형 에서의 보복이 두렵기도 했지만 삼촌 라반이 살고 있는 하란 땅으로 도주해서 21년간을 일꾼으로 노역했다. 요셉은 형제들에 의해 노예로 팔려 이집트의 관원 보디발의 집에서 집사의 직책을 감당하다가 보디발의 아내에 의해 모함을 받고 감옥에 갇히는 비극을 경험한다. 즉, 창세기는 이스라엘의 족장들이 원가족을 떠나 척박한 다른 세계에서 고된 노동의 삶을 살았음을 증언하고 있다. 그리고 그들은 비록 그 노동과 유배의 삶이 고통스러웠다고 할지라도 고난의 과정을 통해 더욱 강건하고 지혜로우며 능력이 있는 사회 구성원으로 성장했다. 떠남이 불안과 고통을 야기하고 노동과 비참의 경험을 겪었을지라도 종국에는 삶의 승자가 될 수 있었다. 따라서 본 성서 말씀이 우리에게 선사하는 교훈은 우리가 안락한 환경에 머물고 싶은 유혹에서 벗어나 냉혹한 환경에 용기 있게 들어갈 때 진정한 의미에서 성숙이 일어난다는 사실이다. 서구사회에서는 대학 진학 후에도 원가족에 머무는 경우 주변으로부터의 불편한 시선을 감내해야 한다. 성인이 부모 집에 머문다면 어떤 문제가 있는 것으로 간주한다. 부정적인 시선을 그들에게 보내는 것이다. 가족치료의 관점에서 보면 그것은 원가족과 분화를 거부하고 있는 유아적 행위이고 자신뿐만 아니라 원가족의 다른 구성원들에게도 해를 끼친다고 이해한다. 여기서 분화란 재정적·정서적·사회적 독립과 자율성을 의미한다. 만일 젊은이가 나이 들어서까지 원가족에 그대로 머물게 되면 이들 세 영역에서 분화를 성취하지 못하게 된다. 미분화된 융합의 수준에 머물러 어른으로 발전하는 것이 아니라 오히려 아이의 수준으로 퇴행하는 위험성이 따르는 것이다. 따라서 인간은 성장하면서 반드시 자기의 보금자리를 떠나야 한다. 원가족의 물질적, 정서적 유착에서 벗어나 스스로 독립적으로 해결하는 자율 능력을 보여주어야 한다. 그래야 성숙하고 강건한 사회적 일원으로 거듭날 수 있다고 보는 것이다.

2. 분리 개별화

보웬과 같은 가족치료학자들이 원가족으로부터 분화를 강조했다면, 마가렛 말러 같은 정신분석학자도 아이가 엄마로부터 정서적으로 분리하고 자신의 개별성을 획득해야 하는 "분리개별화"의 과정을 강조한다.[6] 말러는 『유아의 심리적 탄생』이란 저서에서 유아가 성장하면서 일차적인 양육자, 곧 엄마와의 관계에서 정서적인 독립을 획득하는 능력을 과학적인 언어로 설명하고 있다. 그녀에 따르면 어머니와의 분리를 충분히 견딜 수 있고, 스스로 자신을 지탱하는 내적 정서 능력이 있을 때 비로소 "심리적 탄생"을 할 수 있다. 엄마의 몸속에서 10개월을 지내던 아이가 엄마와의 육체적 분리인 탄생을 경험하듯이, 막 태어난 아기도 3살 때까지 엄마와의 공생, 부화, 연습, 재접근, 그리고 독립이라는 발달 과정을 거쳐서 심리적으로 스스로 설 수 있는 능력을 가지는 "심리적 탄생"을 성취한다. 그 성취를 가

---

6 마가렛 말러·프랫파인·애니버그만, 『유아의 심리적 탄생: 공생과 개별화』, 이재훈 역(서울: 한국심리치료연구소, 1997).

리켜 "개별화" 혹은 "리비도적 대상항상성"이라 불렀다.[7] 보웬이 말하는 분화는 안락한 가족 환경으로부터의 탈출을 강조한다면, 말러의 분리개별화는 엄마 대상으로부터 분리해서 혼자 설 수 있는 철저한 정서적 독립능력을 염두에 두고 있다. 특히 정서적 독립능력이 강조되는데, 이것은 아이가 엄마 없이도 혼자 있을 수 있는 능력이며, 엄마 이외의 다른 대상들에게 마음을 주면서 행복한 시간을 보낼 수 있는 능력이다. 홀로 자신만의 집중 활동 능력을 보여주는 것을 가리켜서 정신분석학자들은 "리비도적 대상항상성"이라고 부른다.

우선 아이가 혼자 놀 수 있어야 한다. 놀이는 주체가 자연스럽게, 그리고 자유롭게 선택하는 행복한 활동이다. 조르주 바타유는 "유희"라고 불렀고,[8] 프로이트와 페어베언은 그것을 "리비도"라는 통합적 조직화 언어를 사용했다. 주체가 행복을 느끼는 신체적, 정신적 경험이 리비도라는 점을 감안할 때, 유아는 어린 시절 자기가 기뻐하는 유희 활동을 통해서 리비도 에너지의 계발을 해 나간다는 사실을 알 수 있다. 인간은 행복 경험을 하면서 자신감과 진취성의 삶을 만들어 나갈 수 있다. 어린 시절 아이가 홀로 집중하는 유희 활동을 할 때 그 놀이 대상이 안전하고 생산적이면 더할 나위 없이 좋다. 내적으로 불안과 혼동이 가득한 아이는 편안히 놀 수 있는 능력을 키우지 못한다. 예를 들어 "피카Pica(이식증)"라고 하는 DSM-IV 진단은 아이들이 이상한 것들을 먹는 행위를 가리키는데, 고무나 비닐, 실, 종

---

[7] Ibid., 157.
[8] 바타유는 노동과 유희의 차원에서 인류의 역사를 조명한다. 그에 따르면 서양 기독교는 유희에서 노동으로 그 가치의 변화를 이룩함으로써 문명 건설에 큰 공헌을 했다. 그러나 에로스의 유희는 결코 사라질 수 있는 것이 아니라 언제든 다시 나타나는데, 그 옛날 디오니소스 축제와 오늘날의 악마주의가 그렇다고 이야기하고 있다. 죠르주 바따이유, 『에로스의 눈물』, 유기환 역(서울: 문학과의식, 2002), 41, 77, 80.

이 등을 먹으면서 위험한 결과를 초래하는 경우이다. 만일 아이가 장난감 놀이나 다른 아이 및 어른들과 행복하게 교제하는 능력을 충분히 계발했다면, 그와 같은 이상한 섭식 활동이 생기지 않았을 것이다. 이것은 아이가 파괴적인 구강기 활동 경험이 있다는 것을 암시한다. 태어나서부터 3년 사이, 즉 말러가 말하는 분리개별화 과정 중에 심각한 정서적 상처를 받은 것이 분명하다. 아이는 엄마를 떠나서 홀로 자신만의 건강하고 생산적인 쾌락활동을 아직 찾아내지 못한 것이다. 그래서 정상적인 대상이 아니라 비정상적인 대상들을 계속 추구하는 반복적인 문제를 갖게 된다. 그와 같은 병리적인 섭식 활동은 자신의 내면에 차오르는 불안과 혼동의 긴장을 처리하기 위한 습관적 행동이다. 위험한 물질들을 먹는 행위들을 통해서 자기의 불편한 정서와 긴장을 해소한다. 그것은 자기 파괴적인 긴장 처리 방식이고, 전도된 쾌락활동이라는 점에서 리비도의 병리적 발달이라 할 수 있다.

따라서 중요한 것은 건강하고 생산적인 방식으로 좋은 대상들과 쾌락활동을 하는 능력이다. 이 능력이 계발될 때 성공과 행복의 주인공이 될 수 있다. 하지만 개인이 홀로 있을 때 불안과 혼동, 그리고 긴장감에 의해 내적인 붕괴를 경험하는 경우가 있는데, 그것을 가리켜서 "리비도적 대상항상성"의 획득 실패라고 부른다. 구체적으로 설명하면 아이는 엄마와의 관계에서 융합과 분리의 과정을 반복한다. 말러는 유아기의 융합 시기를 가리켜 공생의 단계라고 불렀다. 유아가 엄마와 하나가 되어 일체감을 느끼면서 행복해하는 시기이다. 보통 엄마는 정신분석의 관점에서 쾌락과 욕망의 대상이며, 동시에 세상과 환경, 공동체와 이웃의 무의식적 동일 표상이 된다. 엄마와 행복한 시간을 많이 가진 아이는 세상에서 다른 대상과도 행복한 질적 시간을 영위할 수 있다. 엄마가 큰 세상이기 때문이다. 분명한 것은 아이가 엄마를 상대로 하는 행복한 경험이지, 엄마가 아이를 상대로 경험하는 심리 경험이 아니라는 점이다. 공생의 시기에 유아는 엄마와 동일체를 느끼고, 한 몸 된 존재로 착각할 정도의 미분화 상태에 있다. 아이는 엄마와의 공생, 일체, 융합의 시간을 거치면서 엄마 이외의 세상과 그 대상들에 대한 관심을 발달시키는데, 그러한 관심을 가리켜서 "대상리비도"라 부른다.

아이는 행복한 공생 경험이 충분했을 때 다른 대상들에 대한 관심을 키우기 시작한다. 엄마 이외의 대상에게 눈을 뜨기 시작하는 것이다. 그래서 마치 알에서 깨어나는 병아리처럼, 아기는 엄마라는 알로부터 바깥으로 나와 다른 대상과 환경에 대한 호기심을 갖기 시작한다. 이 과정을 말러는 부화hatching와 연습practicing 과정이라 부른다.[9] 부화는 알에서 깨어나 엄마의 품 안에 있으면서, 외부 세상에 대한 관심을 갖는 것이고, 연습은 엄마로부터 떨어져 나와 근거리에서 쾌락활동을 추구하는 경험적 과정을 의미한다. "재접근" 단계는 아이가 엄마로부터 멀리 떨어져서 놀이와 탐구를 하다가, 갑자기 불안을 느낄 때 다시 엄마를 찾아가는 행위를 가리킨다. 홀로 엄마 이외의 리비도 대상과 유쾌한 시간을 가지다가 문득 엄마 생각이 나서 모든 것을 다 팽개치고 안전과 행복의 근원지인 엄마를 찾아가는데, 다시 찾아간다는 의미에서, "재접근" 단계라고 불렀다. 이때 엄마가 늘 그 자리에 있고 재접근한 아이를 반갑게 맞으며 환한 기쁨의 대상 역할을 하는 것이 중요하다. 그러면 아이는 자기를 향해 늘 따뜻하며 그 자리에 여전히 존재하고 있는 엄마 표상을 자기의 심리 내면에 안착시킬 수 있게 된다. 실제로 엄마 없이 홀로 있는 시간에도 자기 마음속에 존재하는 엄마 표상으로 인해 늘 편안하고 즐거울 수 있다. 이럴 때 "리비도 대상항상성"을 성취했다고 볼 수 있다. 엄마라고 하는 대상에게 리비도를 투자한 것이 안정화

---

[9] Ibid., 80ff, 95ff.

되어 항상 그와 같은 내적인 안정과 여유를 가진다는 점에서 항상성이 도입된 것이다.

만일 아이가 공생, 부화, 연습, 재접근 단계에 있을 때 엄마의 질병이나 사망을 겪게 되면 정서적으로 매우 위험할 수 있다. 그 경우 리비도적 대상항상성을 성취할 수 없고, 평생 공허와 갈등의 삶을 살게 된다. 또한 엄마가 아이의 정서적 세계에 침범하거나 학대와 방치와 같은 병리적 관계에 있을 때도 아이는 내면에 리비도적 대상항상성을 획득하지 못하게 되고 유쾌하고 생산적인 활동을 할 수 있는 능력 또한 제한된다. 정신분석학자들은 인간의 병리와 불행이 모두 유아기의 이러한 상처에 기인한다는 입장이다. 유아기의 상처가 많고 깊을수록 안정과 평화의 느낌보다 불안과 긴장의 연속인 삶을 살게 된다. 자율적인 독립과 자기만의 건강하고 생산적인 리비도 활동의 틀을 구축하지 못한다. 즉 개성이 살아있는 자율적 인간으로서 세상 안에서 자신이 기뻐하는 직업 활동과 만족스러운 관계 활동을 할 수 있는 능력을 성취하지 못하는 것이다. 리비도적 대상항상성이 획득되지 못했고, 분리개별화의 발달과제가 성취되지 못했기 때문에 그와 같은 비참한 불행의 결과를 맞는 것이다. 따라서 인간은 사랑과 행복의 대상인 엄마를 충분히 경험하다가, 엄마로부터 분리되어 보다 더 놀랍고 행복한 세상에서 자유롭고 진취적인 인생을 누려야 한다. 그러기 위해서 아이는 자기 내면에 안착한 엄마 표상으로 리비도적 대상항상성 능력을 획득해야 하며, 성공적인 분리개별화의 과제를 수행해야 한다. 즉 엄마를 잘 떠날 수 있고, 엄마를 떠나서 더 행복할 수 있어야 한다.

아브라함, 야곱, 그리고 요셉은 안락한 공간으로부터 스스로 떨어져 나와 낯선 공간으로 뛰어들었다, 그들은 모두 첫 번째 공간에서 충분한 행복을 경험했기에 2차 공간에서도 홀로 설 수 있는 능력을 보여주었다. 75세였던 아브라함은 하란에서 큰 부를 이룬 성공적인 기업가였다. 그런 그는 하나님의 명령대로 그곳을 떠났다. 야곱은 어머니 리브가의 특별한 총애를 받으면서 행복하게 살았고, 삼촌 라반에게 가서도 능력 있는 남성상을 보여 주었다. 요셉의 경우도 마찬가지이다. 라헬은 그에게 늘 채색옷을 입혔고 야곱 또한 그에 대한 애정이 특별했다. 요셉이 야곱과 라헬 사이에 태어난 첫 번째 자식이자 오래 기다렸던 열매였기 때문이다. 요셉은 고향으로부터 떠나 노예로 팔려 가는 혹독한 연단의 공간에서 자신의 지성적 능력과 정서적 성숙의 힘으로 보디발 아내의 유혹을 물리쳤다. 이후에 시련은 있었지만 결국 이집트 왕 바로의 신임을 얻어 국무총리로 발탁되었다. 리비도적 대상항상성과 분리개별화를 건강하고 생산적으로 잘 성취한 개인들인 것이다. 그래서 그들은 이스라엘뿐 아니라 인류 모두에게 축복의 표상이 된다. 엄마와의 분리개별화 과제를 성공적으로 잘 마쳐 삶의 아름다운 열매를 맺는 축복된 인간의 모델이 되는 것이다.

    우리는 삶 속에서 여러 대상과 만나고 헤어지는 과정을 반복한다. 이른바 상호적 인간관계의 활동들이 전 생애에 걸쳐 벌어지는 것이다. 이때 분리개별화의 리비도적 대상항상성을 갖고 있는 사람은 그 관계에서 만남과 헤어짐의 역동을 잘 운영할 수가 있다. 어느 특정 대상에게 너무 병리적으로 집착하는 행위가 사랑과 이상화의 이름으로 자행될 때 그 사람은 분리개별화의 과제를 수행하지 못한 사람이다. 이성 관계에서 그 대상에게 함몰되고 철저히 묶여버려서 자기 할 일을 제대로 하지 못한다면, 그 사람은 유아시절에 잃어버린 엄마대상을 지금 현재의 애정대상에게 투사하고 있는 것이다. 연습과 재접근 단계에서 문제가 생겼을 것으로 추정할 수 있다. 또한 이성에 대한 관심이나 직업적 성공에 대한 의지가 과도하게 집착적인 경우에도 그 사람은 공생의 부화 과정에 어떤 특별한 상처를 겪었을 확률이 높다. 대상에 대한 관심이 충분히 계발되지 않았을 때 겪는 상처로 그 시기에 고착되는 "발달 정지Developmental Arrest"가 일어나게 된다. 공생의 부화 관계에 발달 정지가 일어나면 향후 분열적 심리구조의 고통을 겪게 된다. 부화의 연습단계에서는 경계선 장애가 일어나고, 재접근 단계에서는 자기애 구조가 만들어진다. 반면에 분리개별화를 성공적으로 성취하고 리비도적 대상항상성을 획득한 사람은 마침내 가장 건강한 법과 노력의 가치와 씨름하는 신경증 심리구조로 들어간다. 결국 일차적 양육 대상인 어머니를 잘 떠나는 것이 정서적인 발달의 중심 과제이다. 그 과제가 잘 성취되지 못할 때 인간은 분열 구조, 경계선, 그리고 자기애의 심리구조를 갖게 된다. 그리고 그것으로 인한 불행과 비참의 사건들은 그가 평생 짊어지고 가야 할 삶의 십자가가 된다.

3. 건강한 충동의 계발

인간은 본래 자유로운 존재이다. 주체로서의 인간은 자신의 내적 충동이 지시하는 대로 자연스럽게 살게 되어있다. 충동은 개인의 자연스러운 리비도 활동이며, 그것이 건강하고 생산적으로 잘 구현될 때 자신뿐 아니라 세상에서도 자유를 누리며 살게 된다. 인간은 누구나 자유를 추구하고, 속박을 꺼린다. 누구나 노예가 되기보다는 주인이 되기를 희망한다. 하지만 어떤 개인은 자유를 만끽하지만 다른 이는 자유가 아닌 속박과 묶임의 존재로 허덕인다. 왜 이와 같은 차이가 발생하는 것일까? 왜 누구는 자유와 행복의 주인공이 되고, 다른 누구는 제한과 비참의 피해자가 되어 인생을 살아가는가? 그 차이는 도대체 어디서 오며, 과연 극복될 수 있는 것인가? 우리를 속박하고 노예 의지를 강요시키는 현실의 삶은 본래 어디서부터 유래

되고 어디서부터 잘못된 것인가?

정신분석학자들은 인간이 누리는 자유의 깊이와 넓이는 그 개인이 발달시킨 충동 처리 능력과 정비례한다고 보고 있다. 실존주의 철학자와 심리학자들이 말하는 "자유" 개념은 정신분석학자들이 말하는 "충동" 개념과 거의 흡사하다.[10] 실존주의 학자들은 관계 중심의 자료들을 토대로 인간의 삶에 대해 논한다. 반면 정신분석학자들은 내적인 경험의 자료를 가지고 인생의 희로애락을 말하고 있다. 철학적 사고가 사변과 관찰이 주를 이루다면, 분석적 사고는 경험과 논의의 과정을 중시 여긴다. 자유는 관계의 언어지만, 충동은 내적인 경험의 언어이기 때문에 철학과 정신분석이 각각 논의하는 자료들과 내용은 다를 수밖에 없다. 그러나 그 둘 다 인간의 문제를 해결하는 삶의 지혜와 해법을 찾으려는 노력이라는 점에서 같다고 평가할 수 있다. 일반적으로 철학자와 사회학자들이 정치, 경제, 교육 부분에서 "자유"의 가치를 많이 논의했기 때문에 사람들은 자유의 소중함과 귀한 영향력에 대해서 잘 알고 있다. 특히 서양의 자본주의와 공산주의, 사회주의의 정치·경제 체제의 역사는 통제보다는 자유가 더 빛나는 진리를 깨닫게 해 주었다.

그런데 사람들은 아직 "충동"의 개념에 대해서는 무지한 가운데 있다. 대개 그것은 본능과 욕망으로 관련되어 생각하고, 으레 나쁘고 위험하다는 선입관들을 보여준다. 과연 충동이 나쁘고 위험한 것일까? 본능이 뿜어내는 충동이 자기와 남에게 파괴를 일삼는 귀신의 장난일까?[11] 필자는 충

---

10 에리히 프롬, "자유, 결정론, 양자택일론", 『인간의 마음』, 황문수 역(서울: 문예출판사, 1977), 203-204.
11 프로이트는 충동이 본능에서 오는 것으로 문명 발전과 종교를 위해 단념되어야 한다고 강조한다. 지그문트 프로이트, "인간모세와 유일신교", 『종교의 기원』, 이윤기 역(서울: 열린책들, 1997), 162.

동은 하늘이 인간에게 부여한 가장 주체적인 현실체라고 말하고 싶다. 충동은 개인의 주관적인 현실을 적나라하게 보여준다. 자기가 어떤 존재인지를 알고자 한다면 그 방법은 간단하다. 갈등과 공허의 순간에 어떤 충동이 내면에서 올라오는가? 그 충동이 개인의 내적 실체를 보여주는 분명한 단초가 된다.

충동의 종류는 다양하다. 쾌락과 파괴의 충동들이 있지만 생명과 창조의 충동들도 있다. 내면에서 올라오는 자극이 어디로 흐르냐에 따라 각각 다르게 규정되어 간다. 건강하고 모험적이며 적극성을 띠는 충동들이 있는가 하면 병리적이고 정체적이며, 무기력으로 가는 충동들도 있다. 본래 영어의 impulse는 안에서 올라오는 맥박, 움직임이다. 안에서 어떤 표상과 감정적 힘이 올라오는가? 표상의 종류는 하늘의 은하수처럼 무한대이다. 감정은 수백 가지의 종류가 있다. 내적인 자극으로서 충동은 그 뒤에 표상과 감정을 안고 있다. 그 표상과 감정이 부정적·파괴적·쾌락적일 때 악하다는 평가를 내릴 것이다. 그리고 그 표상과 감정이 긍정적·건설적·창조적일 때 그 충동은 선하다, 아름답다, 귀하다는 평가를 받는다. 표상과 감정의 영향을 받은 충동은 이처럼 가치 지향적이다. 우리는 충동을 이분법적으로 구분할 수 있는데, 선한 충동과 악한 충동으로 간단하게 설명할 수 있다. 고대와 중세, 그리고 근대 시대의 사람들이 구분한 성령과 악령의 기준은 바로 개인이나 집단이 보여주는 충동의 종류에 의해서 판단하였다. 일반적으로 선한 충동이 올라오면 하나님의 영, 천사의 영이 임했다고 말하고, 악한 충동이 올라오면 악령과 귀신이 들었다고 말하였다. 오늘날 의학계의 기준은 병리적이냐 건강하냐, 혹은 정상이냐 비정상이냐를 놓고 규정한다. 그 옛날의 성령과 악령의 이분법적 도식과 크게 다르지 않다고 볼 수 있다. 실제로 프로이트나 페어베언도 내적인 충동이 개인을 박해하고 처벌하며, 더 나아가 비참하게 만들 때 그것을 가리켜 "내적 대상"의 파괴적 영향력이라고 하였다. 그리고 이것이 "귀신 들림"의 현상과 같은 것이라고 설명했다. 중요한 것은 선하고 아름다운 방향성을 가진 건설적이고 변혁적인 힘을 발휘할 수 있는 긍정적 충동을 계발하는 것이다. 그것이 정신분석 치료의 목표이며, 개인의 자율성과 사회적 공헌도를 높이는 방법이기도 하다. 그런데 이처럼 선하고 건강한 충동을 계발하려면, 무엇보다도 우리는 홀로 있는 고독의 시간을 가져야 한다. 나만의 공간에서 외롭게 자기 자신을 대면하는 내적 성찰의 시간이 필요한 것이다. 내적 자극들은 충동을 만들어 내는데, 내적 성찰이 있어야 그 자극들을 창조적으로 이길 수 있기 때문이다. 물론 충동은 습관과는 다른 것이다. 습관이 충동적인 측면을 갖고 있긴 하지만 주로 객관적이고 관찰적인 면을 의미한다. 반면 충동은 내적이고 경험적이므로 주관적인 면을 의미한다. 행동주의는 교정과 통제 기법을 사용하여 개인의 습관을 바꾸려는 심리학적인 노력이다. 그것은 객관적이고 관찰적인 언어를 사용하기 때문에 과학적이라고 볼 수 있다. 하지만 주관적이고 경험적인 내적 요인들을 간과하고 있다는 점에서는 분명한 한계가 있다. 반면 정신분석에서는 행동주의의 방법과는 다른 충동 처리 기술을 계발하고 있다. 정신분석은 교정과 통제의 방법을 사용하지 않는다. 대신 공감과 대화, 고백과 해석의 방법을 통해 내적 역동성에 초점을 둔 주체적이고 경험적인 과정 지향적 작업을 진행한다. 다시 말하면 병리적 충동을 약화시키고 건강한 충동을 발전시키기 위해 사용하는 방법은 관찰, 통제가 아니라 공감, 대화, 고백, 역동적 해석의 기술들이다.

아브라함, 야곱, 요셉은 각자 자기 고향과 친척, 그리고 아비의 집을 떠나면서 새로운 경험의 세계로 들어간다. 그것은 철저히 역동적인 경험을 만들어 내는 과정이며, 동시에 하나님과의 관계에서 자기를 성찰하는 기도의 과정이기도 하다. 개인은 낯선 곳에서 스스로 결단을 내려야 한다. 아브라함은 하나님의 사자들을 만났을 때 극진히 대접했다. 그것은 아브라함의 주체적 결단에서 나온 것이지, 누가 강요한 것은 아니다. 게다가 그는 하나님이 하나뿐인 아들 이삭을 바치라 했을 때, 모리아 산으로 아들을 데리고 가 장작더미를 만들고 이삭을 제물로 드리는 결단을 내렸다. 하늘의 명령이었지만 그것을 행동으로 옮기는 것은 철저히 아브라함이 고뇌한 결정이었고, 하나님을 신뢰하는 믿음의 충동이었다. 아브라함뿐 아니라 성서적 영웅들은 모두 다 역동적인 삶을 살았다. 그들은 기존의 관습이나 인습에 얽매이지 않았으며 하나님과의 관계에서 비롯된 내적 확신과 강한 변혁적 충동을 사용한 사람들이다. 야곱은 형 에서를 피해 어머니 리브가와 아버지 이삭의 집을 떠나야 했다. 그는 본래 장자에게 주어지는 축복권을 가지려는 욕망과 충동에 몸부림쳤다. 하지만 축복은 그냥 주어지는 것이 아니라 반드시 피와 땀을 흘리는 정성과 고난, 그리고 노동의 여정이 존재한다. 야곱은 하란 땅 삼촌 라반의 집에서 양들을 치는 노동자의 삶을 살았다. 그는 장자의 축복을 원했고 형을 넘어서겠다는 경쟁의식을 가졌다. 그 경쟁의식이 종종 형제간 우애의 선을 넘는 결과를 초래했고, 거짓으로 축복권을 획득한 행위가 그 대표적이라 볼 수 있다. 그의 내적 충동은 분명히 파괴적이고 병리적으로 나아갔다. 욕심 때문에 사용하는 거짓말은 건강하고 아름다운 충동이 아니다. 요셉도 마찬가지다. 그는 자기 위의 10명의 형들 앞에서 늘 우월감을 가졌고 우쭐대는 자기애적 성향을 보여주었다. 하늘에서 열한 별이 자기를 향해 절을 하고 땅의 볏짚 열한 단이 자기에게 무릎 꿇는다는 환상을 모두에게 과시했다. 이것은 형제들에 대한 애정이 없고 불손하며 세상 물정 모르는 천방지축 소년의 모습이다. 형제들의 시기와 분노의 대상이었던 그는 특권의식에 쌓여 형제에 대한 공감과 이해의 자세는 전혀 없었다. 물론 그것이 개인에게 심리적으로 긍정적인 기능을 행사할 수도 있지만, 명백히 사회적으로는 분란과 싸움의 원인이 된다. 그는 형들의 권위를 짓밟았고, 부모의 사랑을 혼자 독차지하는 과대자기, 자기애의 전형이었다. 하지만 보디발의 집에서 노예로 살면서 많은 것을 훈련받았다. 그는 윗사람을 충심으로 섬기고 연모의 감정도 삼가야 했다. 이전에는 자기애적인 충동으로 살았지만 이제 보디발의 집에서 사회적인 충동으로 변혁되는 과정을 경험하고 있었다. 사실 충동은 훈련되어 사회와 조화를 이루어야 한다. 충동은 본래 원시적이고 급진적이기 때문이다. 인간의 충동은 법과 윤리의 과정을 거칠 때 비로소 창조적이고 아름답게 변한다. 유아기와 아동기의 천진난만한 충동은 이제 다른 사람들과 조화를 이루고, 다른 사람들의 감정과 권리를 존중하는 성숙한 충동으로 바뀌어야 한다. 야곱은 삼촌 집에서 힘든 일을 하며, 요셉은 노예 생활이라는 비참 과정을 통해 충동의 사회화를 익혔다. 인간은 낯선 곳에서 홀로 비참과 고난을 겪을 때 충동이 잘 연단되고, 아름답게 빛나는 것이다. 아브라함과 야곱, 그리고 요셉은 그 비참의 과정을 잘 거쳐서 성공한 성서적 영웅들이 될 수 있었다.

  정신분석으로 말하면 인간은 가지려는 구강기 충동에서 떠나, 내보내는 항문기 충동으로 진보해야 한다. 항문기는 다시 남근기와 잠재기, 그리고 성기기의 충동으로 새롭게 거듭나야 한다. 야곱과 요셉이 보여준 축복 욕심과 우월의식, 그리고 남의 것을 가지려는 욕심은 구강기 수준의 발달 과정이다. 남의 것을 가지려는 욕심은 구강기 속성이고, 자기 것을 포기할 줄 아는 것이 항문기 속성이기 때문이다. 물론 요셉이 형제들 앞에서 우월감에 자랑하는 행위는 항문기의 원시적 노출증으로서 미숙한 자기표현으로 이해할 수 있다. 아브라함, 야곱, 요셉이 집을 떠나 낯선 곳으로 간 행위는 구강기에서 항문기로의 진화로 이해할 수 있다. 보통 가정에서 안주함은 구강기, 세상으로의 돌진은 항문기 특징으로 간주한다. 그리고 세상에서의 성공적인 활동은 남근기이고, 잠재기는 성공적인 활동 이후 패배와 추락의 쓰디쓴 비참 과정을 겪어 슬픔과 우울의 세계로 들어갔을 때를 의미한다. 실패를 딛고 성공적인 활동이 완전히 뿌리를 내려 자기의 영역으로 자리를 잡으면 성기기라고 할 수 있다. 도식적으로 표현하면 안정에서 모험으로, 모험에서 성공으로, 성공에서 실패로, 실패에서 다시 최종적인 성공으로의 변화가 바로 정신분석에서 말하는 구강기, 항문기, 남근기, 잠재기, 그리고 성기기의 리비도 발달단계이다. 개인의 수많은 충동은 이들 다섯 단계의 특정 경향을 보여주는데, 전반적으로 구강기에서 성기기로 발전할 수 있도록 그 충동을 계발해야 한다. 그것은 공감과 대화, 모험과 고백, 그리고 해석과 용기의 과정을 통해서 가능하다. 또한 이러한 과정이 바로 성공적인 삶을 위한 여정이라고 볼 수 있다.

4. 부정과 포기

성서에서 예수는 우리에게 각자 자기의 십자가를 지고서 주님을 따르라고 권면하고 있다. 예수님 역시 스스로 십자가를 지는 모욕과 멸시, 천대와 고통의 과정을 걸어가셨다. 당시 제자들이 만류하고, 로마 병정들이 매질하며, 종교·사회적 지도자들이 끊임없이 조롱하고, 시기에 찬 협박을 하였다. 그럼에도 불구하고 예수님은 흔들리지 않고 홀로 고난의 길을 선택해서 용기 있게 걸어가셨다. 기독교의 상징인 십자가는 여기서 고통, 부정, 그리고 포기의 의미를 나타낸다. 그 상징은 자기의 원시적 욕망을 부정하고 병리적이고 파괴적인 충동을 포기하며, 하늘의 큰 뜻을 따라 개인의 소욕을 버리는 삶을 살아가도록 권면한다. 누구나 다 성공과 행복, 사랑과 영광의 삶을 사는 것이 보편적인 소망이다. 그러나 예수는 십자가를 짊어지라고 우리에게 강권한다. 소유와 주장이 아니라 부정과 포기가 더 중요한 가치라고 가르친다. 왜 예수는 소유보다 나눔이, 저장보다 방출이, 인정보다 부정이, 집착보다 포기가 더 좋은 덕목이라고 가르치는 것일까? 아브라함, 야곱, 그리고 요셉은 가족과 고향을 등지고 낯선 곳으로 떠나 십자가의 여정을 걸어갔다. 그것은 자율적일 수도 있고 타율적일 수도 있다. 하지만 중요한 사실은 그들 세 영웅이 안주의 삶을 포기하고, 원가족의 영향력을 부정하려고 노력했다는 점이다.

간단히 말하면 원가족의 삶은 포기하고 부정해야 한다. 원시적인 욕망과 쾌락충동은 포기되어야 한다. 옛사람은 부정되고 헌 부대는 포기해야 한다. 3장에서 건강한 충동의 계발이 중요하다는 것을 지적했다. 그런데 건강한 충동의 계발은 병리적 충동의 부정과 포기를 요청한다. 무엇이 먼저일까? 계발인가, 아니면 포기인가? 물리적 자연의 세계에서는 언제나 포기가 먼저이다. 예를 들어 새로 집을 지으려면 기존의 낡은 집을 허물어야 새롭게 재건축을 할 수 있다. 파괴 이후에 창조가 뒤따라온다. 하지만 정신세계의 역동은 어떠한가? 부정이 먼저일까, 아니면 건설이 먼저일까? 일반적으로 정신분석학자들은 병리적인 충동들을 가리켜서 방어구조라고 부른다. 과거 전통주의 분석가들은 분쇄모델, 즉 병리적인 방어기제들을 파괴 및 수정하는 전략을 사용해서 방어구조의 분쇄와 재구성의 방향으로 치료적 작업을 수행했다. 하지만 코헛이 이끄는 현대 정신분석학자들은 치료 측면에서 방어의 분쇄보다 보상구조의 건설이 선행되어야 한다고 강조한다. 그 이유는 방어구조의 분쇄가 너무나 많은 저항과 부작용을 수반하기 때문이었다. 인간은 건물이 아니다. 건물을 부수게 될 경우, 그 안의 사람들은 잠시 다른 공간에서 임시 거주할 수 있다. 하지만 인간은 자기 심리구조가 붕괴되면 가 있을 곳이 없다. 정신세계 역시 방어구조가 붕괴되는 동안 가서 쉴 곳과 기댈 곳, 거주할 곳이 마련되어야 한다. 정신분석에서 말하는 보상구조는 바로 이런 의미를 내포한다. 개인이 방어구조의 재구성 작업을 하는 동안 자신을 지키며 버틸 수 있는 심리구조, 곧 보상구조를 먼저 확보해야 하는 것이다. 필자가 앞 장에서 건강하고 창조적인 활동들을 먼저 계발하는 것이 중요하다고 강조한 이유가 여기에 있다. 그럼에도 불구하고 방어구조는 재구성되어야 한다. 옛 습관들은 버려져야 하며, 원시적이고 병리적인 행위들은 단념되어야 한다. 그래서 부정과 포기는 정신분석치료의 핵심 과정이 된다.

프로이트에 따르면 모든 인간 안에는 강력한 성적에너지가 존재한다. 그것은 지구 중심에 존재하는 마그마 같은 것이다. 그는 그 성적에너지를 리비도라고 불렀다. 인간은 태어나면서부터 가지고 있는 리비도 에너지를 활용하면서 인생을 살아간다. 그것은 마치 자동차가 움직일 때 연료가 필요하고, 나무가 자라기 위해서 양분을 흡수하듯 다른 인간이나 대상과의 관계에서 에너지를 만들어야 한다. 인간들 사이에 가장 강력한 에너지는 성적에너지, 곧 리비도이다. 인간은 태어나면서부터 초기 양육자와의 신체적 접촉을 통해서 자기 안에 있는 리비도 마그마를 불태우고, 거기서 나오는 에너지로 험난한 세상을 살아가는 동력으로 쓴다. 유아기의 신체 접촉이 중요한 이유가 여기에 있다. 성인이 된 후 사랑하는 사람과 성적 관계를 통한 리비도 에너지 활성화의 작업이 중요한 이유도 여기에 있다. 그런데 인간은 점차 나이가 들면 엄마와의 신체 접촉 빈도수가 점점 줄어들고 질적인 면에서도 가벼워진다. 아이는 엄마의 신체가 자기만의 소유가 아니라 아버지에게 속한 것이라는 사실을 깨달으면서 분노와 공포, 그리고 절망의 우울 속으로 빠져들어 간다. 성적 리비도는 포기되어야 하고 대신에 정서적 리비도를 받아서 자기 자신을 유지하고 다른 사람과 관계하는 에너지로 써야 하는 것이다. 다시 말하면 아이는 오이디푸스 단계에 들어서면 성적 리비도 관계를 청산하고, 대신 아버지, 어머니, 그리고 다른 가족들과 더불어 정서적인 관계를 구축함으로 에너지의 변형을 가져야 한다. 즉, 육체적 리비도의 에너지 형태에서 정신적 리비도 에너지의 형태로 말이다. 신체 접촉을 통한 에너지 생산은 강렬하고 즉각적이다. 그것은 금방 불이 타오른다. 그러나 대화를 통한 에너지 생산은 그리 간단한 작업이 아니다. 일반적으로 건강한 부부는 신체적으로, 그리고 대화면에서도 접촉을 잘한다. 그것은 육체적·정신적 차원에서 에너지를 생산하는 솜씨를 갖고 있다. 육체적 접촉과 정신적 접촉은 상호적으로 영향을 끼치며, 그 두 가지 방식이 모두 가능한 관계야말로 가장 확실한 에너지 충전 방식이라 할 수 있다.

하지만 부부가 신체적·대화적 접촉을 원활히 잘하려면 서로가 포기하고 부정해야 할 것들이 있다. 외도와 거짓은 금물이다. 만일 이러한 부정과 포기의 규칙이 제대로 이루어지지 않을 경우, 두 사람의 관계는 접촉과 사랑의 관계가 아니라 의심과 증오의 관계로 나빠지게 된다. 이럴 때 에너지는 생산되는 것이 아니라 오히려 방전되고 누수된다. 에너지의 지속적 생성을 위해 부부는 자녀보다 배우자를 더 우선시해야 한다. 서로에게 중요한 존재가 아닐 때 결국 두 사람의 관계는 소원해질 수밖에 없다. 우리는 건강한 관계를 유지하기 위해 버려야 할 것들은 버려야 한다. 십계명에서 하나님은 "나 이외에 다른 신을 섬기지 말라"고 강력하게 명령하신다. 이것은 관계의 원칙이다. 관계도 서로에 대한 헌신과 열정, 신뢰와 배려의 경험을 통해 더욱 돈독해져야 한다. 그밖에 다른 관계적 요소들은 부정되고 포기되어야 한다. 다행히 아브라함, 이삭, 야곱, 그리고 요셉은 모두 하나님과의 관계를 아주 잘 유지했다. 그들은 이웃의 이방 종교에 물들지 않았고,

어떠한 압력에 의해서도 자신들의 신앙을 굽히지 않았다. 그들이 창세기에서 믿음의 조상으로 인침을 받은 이유가 바로 이것이다. 그들은 다른 종교적 관계들을 다 부정하고 포기했다. 오직 야훼 하나님과의 관계만을 돈독히 유지했고, 축복의 영웅적 표상들로 인류에게 전달되었다. 부부관계와 친구 및 동료 관계도, 그리고 스승과 제자의 관계에서도 모두 이런 신뢰와 헌신의 과정을 요청한다. 그것은 다른 부정적인 관계의 청산이 필요하고, 온전한 일체감의 구축을 추구하는 것이다.

이를 위해서 정신분석학자들은 성적에너지의 포기선언을 강조한다.[12] 대신에 정신적 에너지의 생산구조를 강화하도록 권면한다. 유아는 어머니를 포기해야 한다. 대신 아버지를 동일시하는 건강한 과정을 밟아야 한다. 부부관계도 마찬가지이다. 신체 접촉만을 통한 에너지 생산보다 깊이 있는 대화를 통한 에너지 생산이 수반될 때 건강한 관계의 표상이 된다. 배우자와의 대화를 통해 일체감을 느낀다면, 그들의 관계는 오랫동안 더욱 돈독해질 수 있다. 감각이 중심이 되는 관계가 아닌 대화가 중심이 되는 관계가 성숙한 관계의 표상이며, 신체적 차원에서 정신적 차원으로 넘어가는 것이 발달적 성취의 표상이 된다.

개인이 아직 원초성과 원 대상에 대한 포기가 어려울 때 여러 가지 의험에 처할 수 있다. 우리가 잘 아는 우화 중 항아리 속에 손을 넣어 쌀 한 움큼을 쥔 원숭이 이야기가 있다. 만일 그 원숭이가 손에 쥔 쌀을 포기하기만 하면 사냥꾼에게 잡히지 않을 수 있다. 그러나 쌀에 대한 욕심이 포기되지 않아서 원숭이는 사로잡히게 된다. 이 역시 떠남, 포기, 부정의 진리를 보여준다. 성서는 이스라엘 사람들과 왕들이 야훼 이외의 다른 종교, 특히 바알

---

[12] 프로이트는 인간이 본능을 단념할 때 양심이 탄생한다고 말한다. 지그문트 프로이트, 『문명 속의 불만』, 김석희 역(서울: 열린책들, 1997), 320.

종교 앞에 무릎을 꿇었을 때 전쟁에서 패하고, 노예로 팔려 가며, 결국엔 패망하는 역사를 증거하고 있다. 또한 성서는 음란을 본받지 말고 자기 몸을 하나님의 성전으로 알고 거룩하라는 명령을 전한다. 원초성의 상징으로서 음란은 개인과 공동체를 파괴하는 악령의 장난이다. 엄격한 금욕과 거룩한 경건성의 가치를 최우선으로 하는 개인과 공동체는 결국에는 승리한다. 떠남의 의미가 바로 이것이다. "떠남"은 버리는 것이며, 더 이상 집착하지 않는 것이다. 원초적 쾌락의 방법들이 포기되고, 부적절한 대상으로부터 관심을 버리며, 음란과 게으름을 부정하는 과정이 바로 떠남의 과정인 것이다. 성서는 옛사람의 모습을 버리는 것, 하나님이 기뻐하지 않는 것을 과감히 청산하는 것, 그것이 바로 축복과 성공의 비결임을 보여주고 있다. 아브라함, 야곱, 요셉의 생애가 그것을 증명해준다.

5. 변화를 향한 모험과 도전

낯선 곳으로 가는 발걸음은 여러 가지 경험을 자아낸다. 한편으로는 설렘과 기대가 있고 다른 한편으로는 불안과 긴장이 있다. 알 수 없는 공간과 경험의 세계로 발을 내디딜 때, 그때 올라오는 상반되고 모순되는 감정들이다. 플라톤은 "동굴의 비유"에서 사람들이 동굴 안에 살던 방식이 익숙하기에 동굴 밖으로 나오는 것을 두려워한다고 지적하였다. 동굴 안의 삶은 어둡고 침침하며 그리 좋은 환경이 아니다. 그곳은 동굴 바깥의 산천초목, 밝고 환한 대지의 생명력에 비하면 무척 보잘것없고 척박하다. 그럼에도 불구하고 인간은 동굴의 삶에 익숙해지다 보면 오히려 동굴 바깥의 풍요와 신비의 세상을 왠지 낯설고 불편하게 느낀다. 따라서 동굴 안의 삶이 아무리 척박하다 하더라도 그곳의 삶을 선택한다. 변화는 우리를 낯선 곳으로 이끈다. 우리에겐 익숙한 것이 편하고, 천국이 제아무리 아름답다 한들 불편하여 저 멀리 내치게 된다.

변화는 모험과 도전을 요청한다. 새로운 경험의 세계로 자기 존재를 던지지 않으면, 인간은 결코 새롭게 변할 수 없다. 그것이 바로 과정철학이 강조하는 삶이다. 화이트헤드는 세상의 변화가 경험하는 주체에 의하여 형성된다고 하였다. 그는 인간과 세상의 변화를 이루기 위해서는 현재 내 안에서 펼쳐지는 것들에 대해 방어하지 않고 그 역동적 상황을 몸과 마음으로 솔직하게 겪는 작업이 요구된다고 하였다.13 우리는 우리 안에 일어나는 감정이나 충동, 그리고 표상들을 있는 그대로 경험하지 않는다. 그것들은 때로 몹시 낯선 것들이기에 솔직하게 경험하기보다 아예 인식하기를 거부하게 된다. 우리 안에 존재하고 있었던 것이지만 경험하기를 거부한 실체들이다. 존재적 실체에 대한 경험 거부가 늘 우리 안에 있는 것이다. 화이트헤드에 따르면 "경험"은 본질이다. 그것은 "과정 process" 안에서 존재하며 인간세계를 구성하는 "실체 reality"가 된다. 그런데 동굴 안의 삶을 사느라고 동굴 바깥의 삶을 거부한다. 동굴 밖의 찬란하고 경이로운 세상을 거부하기 때문에 사랑과 삶에도 변화와 발전이 있을 수 없다. 화이트헤드는 우리가 새로운 경험에 대해 개방적일 때 우리 자신이 새로워지고 세상도 새롭게 변한다고 말하고 있다. 모험과 도전의 삶은 바로 이런 것이다. 그것은 구시대의 인습에 얽매이지 않는 것이며, 불안과 긴장의 낯선 세상을 향해 용기를 내는 결단과 행위이다. 폴 틸리히 같은 현대 신학자는 그 결단과 행동을 가리켜서 "존재로서의 용기"라고 말했다.14 아브라함이 하란 땅을 떠나 알 수 없는 미지의 세계로 모험의 여정을 밟지 않았더라면, 아마도 유대교

---

13 Alfred North Whitehead, *Process and Reality* (New York: Mac Millan co, 1920), 521.
14 Paul Tillich, *The Courage to Be* (New Haven: Yale University. 1952)

와 기독교의 역사는 존재하지 않았을지도 모른다. 야곱이 삼촌 라반의 집으로 가서 막노동꾼의 삶을 새롭게 경험하지 않았더라면 이스라엘의 12지파는 탄생하지 않았을 것이다. 요셉이 노예로 팔려 가는 경험이 없었더라면 애굽 안의 히브리 민족은 건설되지 않았을 것이다. 새로운 세상, 새로운 존재는 이처럼 모험적인 결단과 도전적인 실행을 통해서 구성된다. 건강한 사람일수록 그와 같은 모험과 도전을 즐기며 실행한다.

정신분석학자들도 도전과 모험의 가치를 아주 소중히 여긴다. 특히 정서적으로 낯설고 불편한 상황을 피해 가는 것이 아니라 그대로 용기 있게 뛰어드는 자세가 좋은 발달적 성취라고 강조한다. 예를 들어 엄마의 사랑을 충분히 경험한 아이는 엄마를 떠나서 낯선 대상의 세계로 자신의 몸을 던져 보는 연습을 한다. 프로이트는 유럽의 많은 히스테리 환자가 자신의 내적 리비도 충동 체험을 억지로 방어하기 때문에 발병한다는 것을 알았다. 충동의 모험적 속성에 대한 공포가 환자를 만든다는 사실을 지적했다. 성적 쾌락의 세계는 두렵고 떨린다. 그래서 다른 복잡한 정신 역동이 발생한다. 줄리아 크리스테바도 "아브젝시옹"이란 개념을 통해서 "버려지는" 경험에 대하여 논하였다. 욕망에 대한 인간의 경악과 공포는 그들로 하여금 환희와 욕망의 대상으로부터 자기 자신을 분리하는 편집적 공포증 상태가 되게 한다. 줄리아 크리스테바는 아브젝시옹 환자들이 자신의 감정과 충동의 세계에 뛰어들기를 거부하는 공포증 환자들이라고 명명한다.[15] 히스테리는 쾌락에 대한 공포와 적개심을 갖고 있다. 또한 강박증 환자는 자신의 취약성을 있는 그대로 경험하기를 두려워한다. 그들의 완벽성에 대한 추구는 자기 취약성을 통제하고 결핍을 인정하지 않으려는 노력이다. 여기

---

[15] 줄리아 크리스테바, 『공포의 권력』, 서민원 역(서울: 동문선, 2001), 193.

낯설고 두려운 경험의 세계가 있다. 그곳을 향해 몸을 던질 수 있는 용기는 아무에게나 실현되지 않는다. 그것은 오직 모험과 도전의 개인들에게만 현실화된다. 수많은 심리치료 전문가는 "직면"이라는 치료적 개념을 강조한다. 환자들은 도전적인 모험을 해야 할 필요가 있는 영역에서 두려움 때문에 피하게 된다. 그래서 결국 자신의 운신 폭을 좁게 만들어 점점 좁아진 자신의 감옥에 갇혀버린다. 전문가들은 환자가 낯선 경험의 세계로 모험할 때 두렵지만 회피하는 것이 아니라 직면할 때 진정한 치료적 변화가 일어난다고 말하고 있다.

예수님도 십자가의 경험을 두려워했다. 멸시와 조롱, 그리고 고통과 천대의 세계를 두려워하지 않을 사람은 없다. 그래서 하늘의 아들인 예수님도 "이 잔을 물릴 수만 있다면 내게서 물러가도록 하소서" 하면서 아버지에게 간절히 땀방울이 핏방울이 되도록 기도했다. 모험과 도전의 경험은 이와 같은 불안과 공포를 불러일으킨다. 그래서 많은 사람이 도전보다는 안주를, 모험보다는 익숙한 것에 만족한다. 하지만 예수님은 아버지의 명령과 언약에 기초하여 십자가의 세계로 자신의 몸을 던지는 모험을 강행한다. 인류를 구원하는 기독교의 탄생은 이런 예수의 도전을 통해서 이루어졌다. 만일 예수가 십자가 지기를 거부하고 땅으로 내려왔다면 오늘날 인류의 삶은 그 초점과 표상을 얻을 수 없었을 것이다. 아브라함, 야곱, 요셉의 인생도 마찬가지이다. 그들의 인생은 모험과 도전의 삶이었다. 우리는 삶을 정복하기 위한 등반에서 어렵게 구축한 베이스캠프를 포기해야 한다. 그리고 자칫하면 죽음으로 몰아갈 수 있는 미지의 세계로 우리 자신을 밀어 넣어야 한다. 그래서 모험이고 도전이다. 개인에게는 무수한 위협들이 있다. 위협적인 요소들을 경험하고 싶은 사람은 아무도 없다. 그러나 나에게 위대한 꿈과 목적이 있다면 용기와 결단을 내릴 수 있다.

우리는 무엇을 두려워하고 있는가? 나를 가장 두렵고 떨리게 하는 경험은 어떤 것들인가? 바로 거기에 뛰어드는 것이 모험이고 도전이다. 불안과 공포의 세계, 줄리아 크레스테바가 말하는 아브젝시옹의 세계, 프로이트가 말하는 방어 이면의 세계가 있다. 단지 경험해 보라는 말이 용인될 수 없는 증오와 욕망이라는 금기의 세계로 넘어가 보라는 것은 절대 아니다. 인간의 선택은 반드시 책임이 뒤따른다. 예수의 십자가, 아브라함, 야곱, 요셉의 이방 땅으로의 이주는 살인과 같은 금기를 어긴 것이 아니다. 그들의 경험은 하나님 은혜의 섭리였고, 한편으로는 인간의 어리석음의 결과였다. 예수님이 그렇듯 아브라함은 하나님의 말씀에 순종하여 떠났다. 반면 야곱과 요셉은 어리석은 인간의 선택에 따른 대가성 이민이었다. 그들은 하나님이 "내가 너희에게 지시하는 땅으로 가라"는 말씀에 대한 순종이 아니었다. 다만 떠밀려서 간 사례이다. 원인이 무엇이든 낯선 곳에서 모험과 도전은 개인을 근본으로부터 뒤흔든다. 적응의 과정은 스트레스를 유발하고, 그것 때문에 질병과 사고를 당하기도 한다. 그러나 만일 그러한 스트레스의 상황을 이겨내고 당당히 스스로 설 수 있는 독립적 존재로서 성장한다면, 그 사람은 정말 강건한 사람이다. 이 땅에 왜 악이 존재하는가? 분명한 것은 그것을 극복한 사람은 더욱 강건해진다는 사실이다. 또한 악은 세상의 크고 작은 혼동을 대동하지만, 그것을 극복하는 과정에서 그 혼동들이 정리된다. 질병과 사고, 행악이 인간을 슬프게 하고 노엽게 한다. 하지만 그것들은 우리가 피조물임을 알게 하고, 인간의 한계와 가능성이 무엇인지를 알려준다. 그런 과정이 삶의 이정표이기도 하다. 하나님은 아브라함에게 본토 아비의 집을 떠나 당신이 지시할 땅으로 가라고 명령하였다. 낯선 곳으로서의 모험적 여정을 주문하셨던 것이다. 아브라함은 많은 고민속에 있었다. 갈대아 하란 땅은 아버지 때부터 개간해서 이제 축복된 공간으로 자리를 잡았다. 아브라함 집안의 터전이 된 것이다. 그런데 하나님은 그에게 모험과 도전을 요구하신다. "내가 지시할 땅으로 가라", 그리고 "바닷가의 모래알처럼 네 자손이 풍성하게 하리라"는 축복의 약속을 해주셨다. 창세기에서 모험에는 축복이 함께 약속되는 사실을 입증하고 있다. 인간은 모험보다 안정을 원한다. 변화와 도전은 무척 부담스럽다. 자칫 실패할 확률도 있기 때문이다. 하지만 실존은 인간에게 도전적인 정신을 요구하고 무수히 많은 모험을 요청한다. 그것들은 삶의 일부여야 하며, 늘 인간을 긴장시키는 창조적 요인이 될 수 있다. 우리는 코헛이 강조하는 것처럼 창조적 긴장을 통해서 스스로 채찍질할 필요가 있다. 낯선 곳으로의 모험과 새로운 세계로의 도전은 그 무엇보다도 엄청난 창조적 긴장을 유발한다. 미래의 불확실성이 우리를 불안하게 하지만, 그 불확실성 자체가 스트레스이면서 동시에 우리로 하여금 발끝을 바짝 세우도록 만드는 긴장을 준다. 축복의 열매도 그와 같은 창조적 긴장을 통해서 이루어진다. 안주와 의존의 열매는 견실하지 못하다. 우리는 새로운 변화와 성장을 위해 모험과 도전에 용기 있는 발을 내디뎌야 할 것이다.

연구 질문들

1. 원가정의 안락한 환경을 포기해야만 하는 이유는 무엇인가?

2. 리비도적 대상항상성의 의미를 설명하라.

3. 어떠한 충동들이 건강한 것인지 예를 들어 설명하라.

4. 정신분석에서 말하는 "부정Negation"이란 무슨 뜻인가?

5. 새로운 경험의 가치를 강조한 과정철학자들의 주장은 무엇인가?

참고문헌

Stolorow, R. & G. Atwood & B. Brandchaft. *Psychoanalytic treatment: An Intersubjective approach*. Nillsdale, NJ: The Analytic Press, 1987.
Tillich, Paul. *The Courage to be*. New Haven: Yale University. 1952.
Whitehead, Alfred North. *Process and Reality*. New York: Mac Millan co, 1920.
Bataille, George. 『에로스의 눈물』, 유기환 역. 서울: 문학과의식, 2002.
Campbell, Joseph & Bill Movers. 『신화의 힘』, 이윤기 역. 서울: 고려원, 1999.
Fairbairn, William. 『성격에 관한 정신분석학적 연구』, 이재훈 역. 서울: 한국심리치료연구소, 2003.
Freud, Sigmund. 『문명속의 불만』, 김석희 역. 서울: 열린책들, 1997.
_____. "인간모세와 유일신교", 『종교의 기원』, 이윤기 역. 서울: 열린책들, 1997.
Fromm, Erich. "자유, 결정론, 양자택일론", 『인간의 마음』, 황문수 역. 서울: 문예출판사, 1977.
Gennep, Van. 『통과의례: 태어나면서 죽은 후까지』, 전경수 역. 서울: 을유문화사, 2000.
Hendrix, Harville. 『연애할 땐 YES 결혼하면 NO가 되는 이유』, 서민아 역. 서울: 프리미엄북스, 2004.
Irene Goldenberg, Herbert Goldenberg, 『가족치료』, 김득성 외 역. 서울: 시그마프레스, 2001.
Kristeva, Julia. 『공포의 권력』, 서민원 역. 서울: 동문선, 2001.
Mahler, Margaret S. & Fred Pine & Anni Bergman. 『유아의 심리적 탄생: 공생과 개별화』, 이재훈 역. 서울: 한국심리치료연구소, 1997.
Sanford, John A. 『융학파 정신분석가가 본 악』, 심상영 역. 강릉: 심층목회연구원, 2003.
Turner, Victor. 『의례의 과정』, 박근원 역. 서울: 한국심리치료연구소, 2005.
Wardetzki, Barbel. 『따귀 맞은 영혼』, 정현숙 역. 서울: 금리출판, 2002.

6장

율법과 진리의 삶

"너는 나 외에는 다른 신들을 네게 두지 말라.
너를 위하여 새긴 우상을 만들지 말고,
또 위로 하늘에 있는 것이나 아래로 땅에 있는 것이나,
땅 아래 물 속에 있는 것의 어떤 형상도 만들지 말며,
그것들에게 절하지 말며, 그것들을 섬기지 말라."

(출 20:3-5)

십계명은 인류의 원형적 법률이다. 공동체는 뜻이 다르고 성향이 다른 개인들이 모인 집단으로서, 그 안에는 언제나 갈등과 마찰이 일어난다. 법률은 인간관계의 갈등과 마찰을 해결하는데 필요하며, 그것으로 인해서 공동체는 질서를 유지한다. 치안 부재의 공동체가 얼마나 위험한지는 1992년 미국의 캘리포니아주 흑인 폭동 사건을 통해서도 알 수 있다. 그때 수많은 상점이 약탈당하고, 인명피해 역시 컸다. 당시 도시는 완전히 무법천지가 되었고 피해를 본 한인들도 상당수에 이른다. 법이 부재하면 사람들의 재산과 생명과 같은 모든 안전이 위협당하게 된다. 법이 있으되 약하거나, 혼란 가운데서는 법으로서의 기능이 상실된다. 실제로 중국의 문화혁명 당시 "홍위병"들은 거리를 활보하며 "부르주아" 척결의 정치적 이데올로기에 힘입어 인간 존중의 법을 깡그리 무시했었다. 도스토예프스키는 『악령』에서 스타브로긴과 그의 일당들이 새로운 국가를 건설한다는 미명 아래 방화와 강간, 강탈 및 살인 등을 일삼았는데, 그들이야말로 악령에 사로잡힌 자들이라고 지적하고 있다. 약자가 강자에 의해 유린되고 핍박받는 구조는 건강한 사회가 아니다. 법은 약자를 위해 존재한다. 그리고 공동체의 구성원들이 파괴적인 전쟁이 아니라 선하고 창조적인 경쟁을 돕기 위해 존재한다. 즉, 법은 약자, 곧 전체 구성원들을 위해 만들어지고, 생산적인 경쟁을 위한 원리로 존재한다. 이런 점에서 볼 때 십계명은 분명히 인간 공동체를 위해 만들어졌고, 특별히 약자들을 위해, 그리고 선한 경쟁을 위해 만들어졌음이 분명하다. 하나님이 법률을 만드실 때 인간을 억압하고 짐을 지우려 하셨을 리가 만무하다. 분명히 십계명의 이면에는 하나님의 인간에 대한 사랑이 숨어있다. 십계명 속에 들어있는 인간에 대한 하나님의 사랑, 그것을 우리는 어떻게 증명할 수 있을까? 특히 십계명 중에서도 처음 계명들은 전부 하나님에 대한 것들이다. "나 이외에 다른 우상을 섬기지 말라. 나 이외에 다른 신을 있게 하지 말라"는 철저히 하나님 중심적인 법이다. 그것이 어떻게 해서 하나님의 인간에 대한 사랑이며, 약자에 대한 특별 배려의 장치인가?

본래 십계명은 출애굽기에서 이스라엘 백성들이 애굽을 탈출하고, 홍해를 건너며, 광야에 어느 정도 안착한 후에 만들어졌다. 이스라엘 백성들은 애굽 탈출 이후 가나안으로 가기까지 여러 가지 사건들을 경험하였다. 그중 십계명 사건이 의미 있는 것은 광야에서 그 법을 받았다는 것이다. 사실 이스라엘 백성들은 애굽에서 탈출한 이후에도 애굽에 대한 향수가 있었다. 그들은 이미 애굽에서 열 가지 재앙을 내리는 하나님의 위대한 능력을 보았다. 결국 바로가 모세에게 무릎을 꿇는 역사적 사건을 목격했다. 그뿐만 아니라 바닷물이 갈라지면서 길을 내는 홍해의 기적, 불기둥 구름 기둥의 인도, 마라의 쓴물이 단물이 되고, 하늘에서 메추라기와 만나가 내려오며, 시내 산 바위에서 먹을 물이 나오는 위대한 기적, 그리고 모세가 손에 들고 기도할 때마다 아말렉 군대와의 전투에서 승리하는 역사적이고 초자연적인 힘을 직접 체험했다. 그런데도 그들은 가나안에 대한 믿음이 분명하지 않았을 때, 장애물을 만나 힘들 때마다 차라리 애굽으로 다시 돌아가고 싶다며 후회하는 모습을 보여주었다. 모세의 장인 이드로가 와서 70인 장로의 행정 판결 시스템을 구축하면서 전체적인 조직 체계가 세워지고 있을 때도 이스라엘 백성은 금송아지를 통한 디오니소스 축제, 바알과 바쿠스의 축제에 영혼을 빼앗기고 있었다. 모세의 가슴이 얼마나 찢어지고 복잡했을까? 십계명은 이런 맥락에서 나왔으며, 무엇보다 이스라엘 조직의 체계화가 가장 필요한 시점에서 탄생했다. 위대한 기적을 많이 체험한다고 해서 조직이 튼튼해지는 것은 아니다. 위대한 역사적 사건들은 순간의 감정 고양과 훗날의 추억거리는 되지만, 그것들 자체만으로는 아무런 역사적 영향력을 갖지 못한다. 중요한 것은 공동체의 법과 윤리 시스템이다. 코헛의 관점에서 보면 이상과 가치 영역이고, 프로이트의 용어로는 초자아, 금기의 영역이다. 공동체 조직과 그 구성원들은 금기, 이상, 그리고 가치의 인도함을 받을 때 창조적인 조직으로 성장한다. 그럴 때 생산적이고 활력 충만한 인재들이 넘쳐난다. 이스라엘은 누구도 경험하지 못한 하나님의 위대한 기적 체험들이 있었다. 또한 70인 장로의 행정사법 시스템을 갖추게 되었다. 이제 중요한 것은 그 조직을 굳건히 하는 법적 체계를 갖추는 것이다. 십계명을 주신 하나님의 섭리가 여기에 있다. 이스라엘은 이제 체계화된 조직으로 발전해야 한다. 성서는 공동체나 국가가 번영하고 발전하는 데 가장 중요한 것이 바로 법이라는 사실을 보여주고 있다. 여호와 하나님은 십계명 사건을 통하여 법이 무시될 때 그 공동체와 국가는 서서히 붕괴할 수밖에 없음을 보여주고 계신다.

그런데 십계명, 곧 이스라엘 백성의 법적 체계를 갖춤에 있어서, 하나님은 왜 제1계명과 제2계명에서 이방신과 우상에 대해 경고를 하셨을까? 보통 국가가 법적 체계를 세울 때 제일 먼저 헌법을 마련하고, 제1조 1항에 모든 주권은 국민에게서 나온다는 원칙을 명시한다. 그런데 하나님이 주신 십계명은 제일 먼저 이방신을 떠나고 우상을 만들지 말 것을 권고하신다. 과연 이것이 어떤 의미일까? 왜 하나님은 이방신과 우상에 대한 위험성을 제일 먼저 언급하신 것일까? 그 이유가 도대체 무엇일까? 본 내용은 여기에 대한 인문·사회과학적 응답이다. 특히 임상과 정신분석의 자료들을 통해서 이방신과 우상의 의미가 무엇인지를 고찰하여, 개인과 조직의 미래에 있어 유일신 하나님 여호와의 가치가 무엇인지를 살펴보려고 한다. 정신분석은 경험의 언어를 갖고 있다. 철학은 설명의 언어가 중심이다. 신학은 계시와 진리의 영역이다. 과학은 관찰과 증명의 세계에 있다. 이 모든 것은 서로 연합하여 선을 이룰 수 있다. 진리는 진리가 그 빛을 드러나게 해 주기 때문이다. 오늘날 이방신과 우상에 대한 경고는 더 이상 외치기 어려운 시대가 되었다. 전 세계가 하나가 되면서 타 종교·타 문화권에 대한 다양성 존중이 무척 중요하게 되었다. 정치·경제·외교적으로 타 문화권의 종교는 불가침 영역이면서 상호적 교류의 영역이 되었다. 이방신과 우상에 대한 여호와 하나님의 경고는 이러한 상황에서 어떻게 이해되어야 할 것인가?

정신분석은 개인의 내면세계를 연구한다. 개인의 심리내적 역동들에 대한 진리들이 정신분석의 노하우가 된다.[1] 이방신과 우상에 대한 하나님의 경고는 이들 진리의 관점에서 이해할 때 새로운 조명을 받는다. 개인의 내면세계에 대한 진리라고 해서 그 진리가 개인에게만 묶여 있는 것은 아니다. 그 진리는 사실상 인간관계, 그룹 역동, 국가나 세계의 관계적·자체적 역동에서 상당 부분 호소력을 갖는다. 그래서 서구의 과학 전문가들이 정신분석을 연구한다. 생물학·사회학·역사·정치·경제학·인류학·철학·

---

[1] 정신분석은 인간의 무의식을 연구한다. Charles Brenner, 『정신분석기법과 정신적 갈등』, 황익근 역(서울: 하나의학사, 1993), 27. "우리는 환자의 증상과 그 원인을 그 기저에 깔린 갈등을 앎으로써만 이해할 수 있으며, 기저에 깔린 갈등은 환자가 그의 증상을 말하고 증상과 그의 꿈, 그리고 그의 성행위에 대해 연상을 함으로써만 이해할 수 있다."

예술·신학에 이르기까지 거의 모든 방면에서 학자들은 정신분석을 진지하게 연구한다. 왜 그럴까? 정신분석의 자료들이 그들 영역의 핵심 부분에 도움이 되는 통찰력을 제공하기 때문이다. 이제 우리는 신학의 영역에서 십계명의 이방신과 우상에 대한 하나님의 경고를 재해석해야 한다. 현대인들에게 설득력이 있는 언어로 그 의미를 드러내야 한다. 반응성 애착장애, 히스테리, 거짓자기, 승화에너지, 그리고 리비도적 대상항상성 개념은 이런 관점에서 필자가 선택한 정신분석적 이론들이다. 이 개념들은 십계명의 참 뜻을 좀 더 깊게 이해하도록 도와줄 것이다. 특히 제1, 제2계명의 본질과 기능이 무엇인지를 그들 개념이 명확히 밝혀줄 것이다. 무엇보다 이방신과 우상에 대한 하나님의 경고에 담긴 인간에 대한 하나님의 깊은 애정이 드러나게 될 것이다.

1. 반응성 애착장애 Reactive Attachment Disorder

본래 사람은 다른 이들과 관계하여 살아간다. 혼자 사는 것이 아니라 언제나 주변 사람들과 역동적인 관계를 맺는다. 그 관계는 긍정적일 수 있고, 때로는 부정적일 수 있다. 관계는 사람에게 행복 경험을 주기도 하지만, 피곤하고 힘들며 증오스러운 관계도 존재한다. 특히 정서적 밀도가 높은 조직 환경은 사랑과 증오의 고밀도 감정 역동을 산출한다. 가정과 직장이 그 대표적인 경우이지만 그 밖의 다른 공동체에서도 언제나 다양한 관계 역동이 만들어진다. 그 역동은 개인의 역량에 따라 다르게 나타나기도 한다. 때론 환경의 절대적인 영향력 앞에 개인이 맥없이 끌려다닐 수도 있다. 아리스토텔레스가 인간은 사회적 동물이라고 말했는데, 집단주의가 강한 문화는 특히 집단의 가치와 인간관계를 강조하는 경향을 보인다. 이러한 문화권 하에서는 개인존중주의보다 조직우선주의의 집단주의가 팽배할 수 있다. 그래서 개인의 재능과 기술보다 적절한 인간관계 능력을 더 중요한 것으로 평가하기도 한다.

그런데 인간관계와 고결한 가치, 둘 중에 어느 것이 더 중요한 것일까? 우리나라는 역사 속에서 고결한 가치의 중요성을 역설했다. 사육신, 선비사상, 삼강오륜, 사대부일체 등의 사상들은 모두 관계보다는 가치를 우선시했다고 볼 수 있다. 우리는 사회생활을 하면서 혹은 조직 생활을 통해 편안한 인간관계가 중요하며, 이익을 얻을 수 있는 관계야말로 효과적이라는 것을 자주 보고 듣는다. 왜냐하면 고결한 가치를 추구하다 보면 때로는 실리적인 관계를 포기해야 할 때가 있는데, 그 상황은 종종 우리에게 갈등을 불러일으킬 수밖에 없기 때문이다. 가치를 따를 것인가, 아니면 실리를 추구할 것인가? 그것은 조직 생활에서 겪게 되는 피할 수 없는 현실적 질문이다. 십계명은 "나 이외에 다른 신을 두지 말고, 우리를 위해 땅, 바다, 하늘의 형상을 닮은 우상을 섬기지 말라"고 강력하게 명령하고 있다. 이것은 고결한 가치를 넘어서 하늘의 절대적 명령이다. 보통 고결한 가치는 하늘의 뜻에 부합한 경우가 많고, 하늘의 절대적 명령과 일맥상통한다. 하늘의 가치를 도외시하는 선택은 결코 고결하다고 말할 수 없다. 하늘의 명령을 어기는 선택들은 고결하기보다는 개인적이며 사리私利적인 경우가 많다. 하늘의 가치와 개인의 가치, 이 두 가지가 서로 잘 부합되면 가장 이상적이지만, 많은 경우 상충 된다.

여호와 하나님을 경외하고 그분만을 섬기는 것은 하늘의 가치에 속한다. 그러나 개인의 필요에 따라 우상을 섬기는 것은 악이며 개인의 실리적 가치에 묶인 결과라고 말할 수 있다. 역사와 사회는 인간이 고결한 가치가 아니라 개인의 실리적인 이윤만을 추구할 때 우선은 성공하고 풍요로운 것 같지만, 서서히 그 존재가 실패와 추락으로 망가지기 시작함을 증거하고 있다. 예를 들어 히틀러와 그의 추종자들은 인종적 유토피아의 가치를 앞세웠는데, 그것은 게르만족의 우월성을 억지로 강조한 단기간의 실리적 추구였다. 당시 게르만 사회는 자신들의 당면 문제를 직시하기보다는 인종을 개량하겠다는 유토피아적 명분 아래 인종차별 및 인종청소를 자행했다. 유대인 600만의 학살은 결국 고결한 선택이라 할 수 없다. 그것은 히틀러와 추종자들이 자신의 열등감을 감추기 위한 실리적인 이윤 추구에 영혼을 빼앗겼기 때문에 일어난 일이었다. 정말로 그들이 하나님을 사랑하고 하늘의 고결한 가치를 추구한다면, 생명과 존재의 가치를 그렇게 무참히 짓밟을 수는 없었을 것이다. 건강한 사람일수록 실리보다는 가치를 더 추구한다. 지금 당장 나한테 유익한 대상 선택이 아니라 나와 내가 속한 공동체를 발전하게 하는 대상의 선택이 중요하다.

　십계명은 인간으로 하여금 비존재인 우상에게 향하지 말고 긍정적 존재이자 역사의 창조주이신 하나님만을 섬기도록 권면하고 있다. 이것은 자칫 하나님의 무조건인 강요인 것처럼 해석될 수도 있다. 왜 다른 종교 대상들을 따르면 안 되는 것일까? 그 대상들이 부족해서인가? 우리는 명료한 이유를 찾기가 쉽지 않다. 다른 종교를 인정하지 않는 영적 배타주의가 과연 건강한 것일까? 행여 그것이 갖는 병리적 영향력은 없는 것일까? 그동안 종교 다원주의 학자들은 기독교 이외에도 구원이 있다고 말하면서 수천 년 기독교 역사의 "창조주 하나님, 유일신교"의 입장을 문제시 삼고 있다. 그리고 그 명분이 종교적 배타주의와 영적 포용주의이다. 그래서 기독교 하나님만이 절대적 창조주라고 말하면 마치 편협하고 배타적인 사람인 것처럼 오인될 수 있었다. 본래 십계명은 약자를 위해 존재하고, 공동체의 생존과 번영을 위해 존재하는 것이다. 그런데 왜 다른 신을 섬기거나 우상을 만들지 말라고 말씀하신 것일까?

정신분석학은 십계명 제1, 제2계명의 의미가 철저히 인간에 대한 하나님의 사랑을 드러내고 있다는 사실을 증명할 수 있다. 개인의 심리내적 역동을 연구하고 그 내적 역동이 성숙과 회복을 향해 가도록 돕는 것이 정신분석이다. 이 관점에서 보면 하나님 이외의 다른 신을 향한 경배 금지와 우상 생산 금지 명령은 인간을 위한 것임이 증명된다. 왜냐하면 개인이 어떤 대상과 관계를 맺느냐에 따라 개인 삶의 질이 달라지기 때문이다. 건강하고 성공적인 인생을 위해서는 대상 선택을 잘해야 한다. 그 선택은 각 개인 평생의 삶을 결정하기 때문이다. 자신의 조력자, 동반자, 멘토 등 그리고 나아갈 전문 분야의 선택은 순간이지만, 일단 결정되면 영원히 개인의 운명이 된다. 특히 결혼과 직업은 중대사이며 이 두 가지 영역에서의 대상 선택은 인생에서 결정적인 영향력을 가진다. 만일 이 영역에서 대상 선택이 잘못되었을 때는 전진하지 못하고 방향이 흐트러지게 된다. 그리고 그 사람은 "이차적인 생각second thought"이 많아지면서 불행해진다. 이차적인 생각이란 부차적이면서 중요치 않은 것, 혹은 부적절한 것에 에너지를 쏟는 것을 말한다. 보통은 이럴 때 부정적인 맥락의 생각과 행동을 하게 된다. 따라서 현재의 선택과 그 대상이 편안하고 늘 좋아야 한다. 사람은 대상을 향한 마음이 줄곧 일치하고 변함이 없을 때 점차 더 질적으로 풍요로워진다. 자주 대상을 바꾸거나 다른 대상들에게 관심을 보일 때 위험에 빠진다. "평행과정parallel process" 이론이 지적하는 것처럼 하나님의 관계 역동은 다른 관계들에서도 유사 역동을 만들어낸다. 종교적인 유일신은 우리에게 안정되고 일관적인, 그리고 지속적인 관계 능력을 키워준다. 주님만 바라보고 다른 신이나 우상들은 생각지 않을 때 어떤 긍정적 기능이 있을까? 우리는 관계와 일의 영역에서 신중하게 숙고하며 결정을 내리게 된다. 또한 다른 대상에 기웃거리며 에너지를 낭비하거나 쓸데없이 의심하면서 번복하는 어리석은 짓을 하지 않는다. 지속적으로 의심하거나 후회하면 인생은 전진할 수가 없다. 한 곳을 바라보며 죽을 때까지 그 표상대로 정진하는 능력, 그것은 유일신 신앙이 우리 내면에서 일으키는 역동적 선물이 된다. 역사적으로 다신교는 유일신교에 비해 문명 발전이 취약할 수밖에 없다. 신이 많을수록 가치들이 상충하고 내적 분열 조짐이 만들어진다. 신이 하나이면 통일성을 유지할 수 있어서 힘을 모으고 정진할 수 있다. 목표가 하나인 사람은 집중할 수 있고, 목표가 여럿이면 혼란이 뒤따를 수밖에 없다.

유아 발달과 관련해 "반응성 애착장애"는 이와 같은 대상관계 지속성의 의미를 아주 명쾌하게 드러낸다. 임상 현장에서 계속 증가하고 있는 이 진단명은 주로 양육자가 자주 교체되거나 양육자에 의해 신체적·정서적·물리적 방치가 있었을 때 생기는 유아의 증상이다. 주로 5세 이전에 확인되는 사례로 사회적 관계 능력의 미발달 증후를 보인다. 핵심 증상은 낯선 사람에게는 쉽고 친근하게 다가가고, 자신의 양육자에게는 불안하고 혼란스러운 애착 반응을 보이는 모습이다. 이들은 왜 낯선 사람에게 먼저 다가가는 것일까? 이들은 왜 양육자를 피하려 하고 다른 대상들에 대한 관심을 더 강렬하게 보이는 것일까? 5세 이전에 이와 같은 애착관계의 유형은 향후 그 아이가 얼마나 불안하고 혼란스러운 대상관계를 하게 될 것인지 상징적으로 보여준다. 그 아이는 지금 자기 양육자와의 관계에서 안정과 여유의 정서적 애착을 경험하지 못하고 있다. 그래서 아이는 늘 자신의 내적 불안과 혼란을 잠재우기 위해 현재의 양육자보다는 우연히 마주치는 낯선 대상에게서 양육자의 기능을 기대하며 다가간다. 이 얼마나 위험하고 안타까운 행동기제인가? 누가 이 아이에게 양육자보다 더 안정되고 풍요로운 정서적 품을 제공하겠는가? 현실적으로 그런 대상을 만난다는 것은 극히 드물다.

이 과정에서 아이는 끊임없이 새로운 대상을 만나려고 할 것이고 계속해서 실망할 것이다. 그 대상에게 비현실적인 기대감을 안고 다가가지만 늘 그래왔던 것처럼 좌절하는 악순환을 반복하게 될 것이다. DSM-IV는 "반응성 애착장애" 아이들이 "적절한 선택적인 애착능력의 결여", "무분별한 애착 사교성", "양육자에 대한 접근·회피의 혼동", "낯선 사람에 대한 지나친 친근감", "5세 이전의 부적절한 사회적 관계 형성" 등의 증상을 보인다고 지적한다. 이들의 "안락함, 자극, 애정" 등의 기본적인 감정적 욕구가 방치되고, "신체적 욕구"도 방치되었으며, "양육자의 빈번한 교체"가 안정된 애착형성을 저해한다고 설명하고 있다. 그래서 이들 아동은 무척 "억제적, 경계적, 심하게 양가적"인 관계 역동을 보인다. 이것은 반응성 애착장애 아동 환자들이 발달적으로 부적절한 사회적 관계 양식을 내보이고 있고, 그것이 전반적인 사회적 관계 능력을 심각하게 훼손하고 있음을 보여준다.

본래 볼비Bowlby가 주창하고 그의 제자 메리 에인스워스M. Ainsworth가 더욱 발전시킨 영국의 정신분석 이론이 바로 애착 이론이다.[2] 특히 캐나다 발달심리학자인 에인스워스는 "안전한" 애착관계, "불안한" 애착관계, 그리고 "회피하는" 애착관계를 세 가지 주요 애착양식이라고 지적하면서 어머니와 아이의 안정된 애착관계가 얼마나 중요한가를 잘 설명하고 있다. 게다가 미국 덴버대학 심리학자 신디 헤이전Cindy Hazan과 필립 세이버Philip Shaver는 성인의 깊이 있는 친밀한 관계 능력이 유아 시기의 부모와의 애착 방식에 의해 영향을 받는다고 지적함으로써 애착 관계의 성인기 지속성의 이슈를 제기했다. 또한 미국 심리학자 레이첼 해일리Rachel Helle는 행복한

[2] J. Boulby, *Attachment* (New York: Basic Books, 1969). M. D. S. Ainsworth, "Attachment and Dependency" A comparison,: in J. L. Gewirtz (ed.), *Attachment and Dependence*. (Washington, D.C: Winston, 1972).

삶을 살기를 원한다면 안정된 애착관계의 유지 입장을 일반인들에게 확장시켰다. 전문가들은 한결같이 인간이 한 대상과 지속적이고 안정된 관계를 유지하는 것이 얼마나 중요한가를 역설하고 있다. 이런 점에서 볼 때 안정된 애착관계는 종교적인 역동적 관계에까지 확장될 수 있다. 우상이나 다른 신에 관심 두지 않는 것은 애착이론의 관점에서 보면 안정된 애착관계 능력이 있음을 증명하는 것이다. 사실 건강한 인간관계에서도 이것은 마찬가지이다. 관계는 신뢰와 지속의 의미를 가질 때 아름답고 강력하다. 그룹의 시너지 효과는 대상 신뢰가 그 안에 흐를 때 일어난다. 그룹의 창조적인 힘은 상호 신뢰가 바탕이 될 때 기하급수적으로 늘어난다. 반면에 신뢰가 깨지면 서로에게 묶이고 찢겨서 "죽음의 덫Dead Lock"에 걸려버린다. 안정된 애착 관계는 맺어지면 빛을 발하지만, 불안한 애착관계는 끝없는 불신과 반목, 그리고 붕괴를 낳는다. 이런 점에서 유일신인 하나님을 바라보고 다른 이방신이나 우상에 나아가지 않는 것이 무척 중요하다. 일차적 관계가 안정될 때 다른 삶의 영역들이 안정되고 창조적으로 나아간다.

2. 히스테리 Histeria (연극성 성격장애 Histrionic Personality Disorder)

이방신과 우상화의 경향은 히스테리 환자들에게 빈번하게 나타난다. 이들은 속으로는 뜨거운 욕망의 주체이지만 겉으로는 고결함으로 포장하는 경향성이 있다. 스스로에게 솔직한 것이 아직 익숙하지 않은 이들 히스테리 환자는 자신의 본심을 숨기는 데 아주 천재적이다. 그럼에도 이들은 늘 대상을 찾아 방황하는 대상 허기증에 시달린다. 끝없는 대상 추구가 있으면서도 아직 어느 한 대상에게도 안정을 찾지 못하는 다중 대상 추구 행위가 그들의 대상관계의 특징이다. 히스테리 환자들은 대상에 대하여 양가적이면서 아직 지각되지 않은 무의식적 욕망과 불안 속에 있다. 욕망·불안·혐오의 정서가 그들의 인격을 사로잡고 있다. 이들이 한 대상과 안정되고 지속적인 관계를 유지하지 못한 주된 이유가 바로 이것이다. 한 대상에게 느끼는 욕망, 증오, 공포의 정서가 그들의 본심을 숨기게 한다. 그리고 언젠가 자신들을 구원해 줄 위대한 대타자, 완벽한 대상에 대한 끝없는 추구와 방황을 계속하게 한다. 현재 만나고 있는 대상이 나의 하나님이다. 다른 데서 위대한 신을 찾으려고 할 때 나의 대상관계는 불안해질 수밖에 없다. 게다가 지금까지 한 번도 위대한 대상을 만나본 적이 없기 때문에, 위대한 대상의 모습이 어떤 것인지도 모른다. 그저 눈에 보이는 대상들에게 마음이 가고, 거기에 영혼을 던져보는 시도를 하는 것이다. 하지만 실제로는 그 대상에게 영혼을 바칠만한 대상 신뢰감이 생기지 않는다. 대상의 완전함이 눈에 들어오지 않기 때문이기도 하지만, 취약한 자기 존재에 대한 인식 자체가 너무 고통스러워서 관계의 진정성이 만들어지지 않는다. 겉으로는 감정이 폭발하고 언어도 현란하지만 정작 깊은 신뢰와 의지의 관계 속으로는 무서워서 들어가지 못한다. 깊은 관계로 들어가려면 우선 자기 내면으로 먼저 들어가야 한다. 내 속을 모르면서 다른 사람과 어떻게 깊은 속을 나눌 수 있겠는가?

이와 같은 이유로 히스테리성 환자들은 늘 불안하다. 자기를 진정시켜 줄 완전한 대상이 주변에 없기 때문이다. 그리고 무엇보다 취약성과 열등감의 자기 존재를 똑바로 직면해서 느낄 수 있는 용기도 없다. 그래서 윌리암 마이쓰너는 히스테리 환자의 빈번한 대상 교체와 이상화 방어기제의 문제점을 지적했다.

히스테리 성격의 두드러진 특징들은 경계형 성격 특징들의 목록, 특히 정서적 불안정, 강한 피암시성, 쉽게 실망하는 경향성, 의존의 대상을 번갈아 이상화하고 가치절하하기, 강제적으로라도 사랑과 존경을 받아야 하는 욕구, 강력한 부적절성의 감정, 타인에 대한 강한 의존, 자기존중을 유지하기 위해 인정을 받으려고 하는 욕구, 감정을 극화하거나 연기하는 경향들이 또한 포함될 것이다.[3]

이러한 특성들은 불안과 공허의 인간을 그리고 있다. 스스로 자기 존중감을 갖지 못하고, 의존할 만한 대상을 찾아 기대지도 못하고, 이러지도 저러지도 못하는 좌불안석의 인간이 히스테리 환자이다. 무엇보다도 대상에 대한 무의식적 적개심이 팽배해서, 대상관계는 시간이 지날수록 붕괴되고 찢어진다. 또한 자기 자신에 대한 무의식적 열등감이 뿌리가 깊어서 홀로서기의 담대함도 없다. 그래서 늘 대상을 찾아 헤매지만, 정작 대상 앞에서는 그 대상의 결함과 불완전성에 실망하고 가치절하하는 비극적 악순환을 되풀이할 뿐이다. DSM-V는 히스테리성 인격장애 특징들을 다음과 같이 열거한다.

① 자신이 관심의 중심에 있지 않는 상황을 불편해함
② 다른 사람과의 관계 행동이 자주 외모나 행동에서 부적절하게 성적, 유혹적 내지 자극적인 것으로 특징지어짐
③ 감정이 빠른 속도로 변화하고 피상적으로 표현됨
④ 자신에게 관심을 집중시키기 위해 지속적으로 외모를 사용함
⑤ 지나치게 인상적이고 세밀함이 결여된 형태의 언어 사용

---

[3] 윌리엄 마이쓰너, 『편집증과 심리치료』, 이재훈 역(서울: 한국심리치료연구소, 1998), 182-183.

⑥ 자기극화, 연극성, 그리고 과장된 감정의 표현을 보임
⑦ 피암시적임. 즉, 다른 사람이나 상황에 의해 쉽게 영향을 받음
⑧ 실제보다도 더 가까운 관계로 생각함[4]

여기서 핵심이 되는 것은 피암시성과 유혹적·도발적 성적 행위, 과장된 감정표현, 진정성이 없는 대화양식 등이다. 자기 스스로에 대한 자부심과 긍지를 찾아볼 수 없고 대상신뢰나 존경의 마음도 없다. 자기 표상과 대상 표상 모두가 취약하여, 정서적 불안에 의해 과장되게 감정적 표현을 하는 특징을 보인다.

그런데 이 모습은 모세가 시내 산에 올라갔을 때, 자기들의 불안을 안정시켜 주는 대상이 없자 곧바로 아론과 훌을 협박해서 금송아지를 만들고, 광란의 정서적 폭발과 성적 문란의 축제를 벌인 광야 이스라엘 사람들을 연상시킨다. 그들은 "나 이외에 다른 신을 섬기지 말며, 너희를 위하여 우상을 만들지 말라"는 여호와 하나님의 기대를 저버렸다. 그들에게서 내적인 불안과 무력한 대상관계가 적나라하게 드러났다. 과장된 감정 폭발의 유희 축제가 엄격하고 고결한 하나님의 율법 체계보다 더 좋게 간주되는 어리석은 사람들의 모습이었다. 그들은 자신들의 불안을 진정시키기 위해 땅의 동물인 황소를 따라 우상을 만들었다. 거기에 기대어 높은 피암시성의 연극형 행위들을 현란하게 연출했다. 과장된 감정 폭발과 유혹적이고 폭발적인 성행위의 축제는 이방신 바알과 디오니소스식 바쿠스 축제의 전형이다. "감정정화"가 주목적인 이 축제는 제사의 형식을 띠지만 충동의 자유 축제였다. 성서에서 여호와 하나님이 그렇게 경계하고 강조했던 위험

---

[4] APA, 『정신질환의 진단 및 통계 편람 제5판』, 권준수 외 역(서울: 학지사, 2016), 727-728.

행위가 이방신 축제였음에도, 이스라엘 백성들은 자신들의 내적 불안을 창조적으로 소화할 수 없었다. 우상을 만들고 거기에 절하며 문란한 축제를 일삼은 것은 법과 윤리, 금욕 절제의 여호와 하나님의 계명과는 아주 먼 것이다. 여호와 하나님은 모세에게 십계명을 주셨다. 그것은 하나님을 위한 것이 아니라 인간을 위한 것이었다. 본래 법은 약자를 위해 존재하고, 공동체의 생존과 번영을 위해 존재한다. 동시에 법은 그 자체가 보호와 안전장치로서 개인과 공동체를 내적인 파괴 자극으로부터, 그리고 구성원들의 갈등에서 오는 파괴성으로부터 스스로를 지키기 위한 것이었다. 개인은 마음과 몸을 다스리는 법, 내면의 법, 곧 '심률心律'이 있을 때 스스로 질서와 창조의 주체자가 될 수 있고, 공동체는 치안을 유지하여 생산성이 있는 조직으로 성장할 수 있다. 충동이 난무하는 나라들이 기근에 허덕이는 것은 자연 자원의 부족이 아니라 부족원들 간의 갈등과 전쟁 때문에 발생하는 내적 파괴성 때문이다. 법은 그것을 막아준다. 법은 개인과 공동체를 파괴성으로부터 구원해주는 것이다.

하지만 히스테리 환자들은 내적인 법과 윤리 체계가 취약한 사람들이다. 그들은 아직 자신 속의 욕망을 중화시키거나 승화시키지 못한 가운데 있다. 그들은 내적 불안을 창조적으로 소화하는 해결책을 아직 찾지 못했기 때문에 계속해서 방황하고 있다. 그리고 그 상태가 일종의 방어가 되어 불안 자체를 사랑하는 고착형 리비도 카덱시스가 일어난다. 그래서 프로이트는 "히스테리 환자가 발작 중에 되풀이하는 것, 그리고 결국은 그 증상을 고착화시키는 것은 환상 속에서 했던 체험이다"라고 말했다.[5] 그 환상 속의 체험은 초기 상처와 좌절 경험을 의미한다. 특히 성적 쾌락과 관련한 초기

---

5 지크문트 프로이트, "토템과 터부", 『종교의 기원』, 이윤기 역(서울: 열린책들, 1997), 328-329.

경험이 외상적일 때 히스테리 환자가 된다. 그 외상적 경험 순간에 겪은 불안과 공포, 그리고 표상이 일종의 대상이 되어, 그 이후 계속해서 그 상황을 삶 속에서 되풀이한다. 그들은 아직 법과 진리를 추구하기보다는 상처받은 사건의 불안과 공포를 끌어안고 산다. 그래서 프랑스 정신분석가 나지오가 "불안 문제에 대한 히스테리적 해결은 증상의 고통에도 불구하고 불안을 사랑하는 것이고 물건chose이 되기까지 몸과 영혼을 거기에 붙잡아 놓는 것이다"라고 지적했다.6 불안은 감정이며, 감정은 리비도 에너지의 직접적 체험이다. 인간은 불안 감정을 경험할 때 살아있음을 느낀다. 상처와 좌절로 인해 딱딱해진 몸이 그나마 살아있다고 실감하는 방법은 불안과 욕망을 몸으로 안는 것이다. 히스테리 환자들은 유혹적이고 도발적이다. 게다가 그들은 대상 추구적이며, 자신의 주체성을 기르기보다는 대상의 감정과 신체적 흥분을 통해서 스스로 흥분을 느낀다. 법과 진리 체계의 여호와 하나님 십계명은 이러한 감정·욕망 충동을 절제하여 그것들을 무분별하게 여러 대상과 나누지 말 것을 가르치고 있다. 비록 유혹적이고 도발적인 성적 축제가 그 순간 감정적 흥분을 최고조로 이끌긴 하지만, 그것은 기껏해야 감정을 정화하는 것에 불과하다. 야훼 하나님이 인간에게 원하는 것은 감정정화가 아니라 창조적인 주체가 되는 것이다. 창조주 하나님을 닮은 인간이 창조적인 주체가 될 때 하나님은 가장 기뻐하신다. 그럼에도 인간이 계속해서 욕망과 흥분을 위한 감정정화에 집착하면 개인과 공동체를 파괴로 이끌어간다. 개인도 죽고 공동체도 죽는다. 삶은 흥분이 아니라 창조를 통해서 완성되는 것임에도 불구하고 히스테리 환자들은 끊임없이 흥분의 상황을 연출한다. 마치 황금송아지를 만들어 놓고 스스로 흥분하고 격정적인

---

6 쥬앙다비드 나지오, 『히스테리의 정신분석』, 표원경 역(서울: 도서출판 백의, 2001), 120.

정화의 축제를 벌이는 이스라엘 백성과 다를 바가 없는 것이다. 주체와 객체의 구별이 없다. 자기와 대상의 분화가 이루어지지 않는다. 오직 흥분과 정화의 반복만 있을 뿐이다.

> 그는[히스테리 환자] 히스테리에 걸린 자기 몸을 타인의 몸 안에 살게 한다. 그 때문에 히스테리 환자의 몸은 실제의 몸이 아니다. 그것은 살아있는 동물을 향해 열려 있는 순전한 감각 덩어리로, 마치 먹이를 찾아 움직이는 일종의 아메바와 같이 타인을 향해 뻗어가서 그것을 만지고 강한 감각을 느끼고, 먹어 치운다. 히스테리화한다는 것, 그것은 타인의 몸 안에 강한 리비도를 흐르게 하는 것이다.[7]

나지오는 이렇게 히스테리 환자의 파괴성을 잘 인식하고 있다. 그것은 환자 자신과 환자가 만나는 대상, 그리고 환자가 속한 공동체를 파괴한다. 파괴의 방법은 흥분과 정화에 있다. 개인과 집단이 욕망을 느끼면서 흥분하고 긴장이 쌓여 간다. 그러면 축적된 흥분과 긴장을 해소하기 위해 정화적 차원의 과도행위를 벌이게 된다. 이러한 정화적 과도행위가 난무할 때 그 순간 질서와 응집은 깨지고 붕괴한다. 아니 그들은 붕괴를 사랑한다. 자기 파괴성을 사랑하는 피학적 존재가 된다. 그래서 "히스테리적 자아는 단순히 찾고 욕망하는 것뿐만 아니라 찾기를 즐기는 것에, 또한 욕망의 상태가 되는 것을 즐기는 순수한 욕망에도 동일시된다"고 나지오는 재차 설명한다.[8]

물론 욕망의 주체는 우선 보기에 매력적이다. 유혹과 도발의 주체는

---

7 Ibid., 28.
8 Ibid., 162-163.

외적 포장에 눈을 맞춘다. 그래서 프로이트는 "히스테리에 걸린 여성들의 대부분이 매력 넘치는 전형적인 미인들"이라고 말했다.[9] 그들은 내면으로 들어가기보다 겉을 치장한다. 법과 진리를 추구하기보다는 욕망과 흥분, 그리고 정화에 목을 맨다. 그래서 중독이다. 그들이 자기와 대상 간의 분화를 이루지 못하고 객체와 주체를 구분하지 못하는 이유가 여기에 있다. 욕망과 흥분은 한 몸을 추구한다. 일체감을 느끼기 위해 개별성을 희생한다. 그들은 "자신의 이미지를 타인의 이미지로 즉시 착각하는, 히스테리성이라 불리는 똑같은 하나의 불안정성을 공유한다."[10] 그들은 아직 "안전하게 사랑할 수 있는 탈 성화되고 이상화된 대상"을 만나보지 못했다.[11] 그들은 아직 진정한 대상, 존중하여 경외할 수 있는 대상을 만나지 못했다. 아니 그들은 그럴 수 있는 내적 능력이 없다. 욕망하지만 그 욕망을 창조적으로 승화시켜 줄 수 있는 대상을 아직 겪지 못했다. 그들이 끊임없이 이 대상에서 저 대상으로, 이런 종류의 흥분에서 저런 종류의 흥분으로 옮겨 다니는 이유가 여기에 있다. 그들은 충분히 신뢰할 수 있는 대상, 탈성화되어 안전하게 기댈 수 있는 대상, 욕망이 아니라 법과 진리를 추구하는 대상을 간절히 바란다. 이런 점에서 볼 때 여호와 하나님만을 믿고 따르며, 그분 이외에 다른 신을 섬기지 않는 것 또한 땅과 바다, 그리고 하늘의 형상을 따라 우상을 만들지 않는 것은 히스테리성 성격으로부터 돌아서는 것이다. 그리고 진정으로 위대하고 숭배할 수 있는 창조주를 몸과 마음, 영혼으로 받아들이는 것이다. 십계명은 우리가 히스테리화 되는 것을 보호하려고 한다. 우리가 욕

---

[9] 지그문트 프로이트, "나르시시즘에 관한 서론", 『무의식에 관하여』, 윤희기 역(서울: 열린책들, 1997), 84-85.
[10] 줄리아 크리스테바, 『검은 태양』, 김인환 역(서울: 동문선, 2004), 319.
[11] 도널드 페어베언, 『성격에 관한 정신분석학적 연구』, 이재훈 역(서울: 한국심리치료연구소, 2003), 62.

망과 흥분의 주체가 되어 감정적 정화에 빠져 존재가 찢어지고 붕괴되는 것을 예방하려고 한다. 십계명은 우리에게 "안전하게 사랑할 수 있으면서도 성적 흥분을 자극하지 않는 위대한 대상은 이 세상에서 오직 한 분, 여호와 하나님뿐"이라는 사실을 가르친다. 동시에 이것은 우리가 정신·문화적 사랑과 창조적 생산의 관계를 따라야 함을 암시한다. 히스테리 환자들은 내적으로는 적대감을, 외적으로는 욕망을 뿜어내기에 아직 탈성화된 창조적 생산의 관계로 나아가는 능력을 갖추지 못했다. 만일 그들이 법과 진리이신 하나님만을 바라보며 삶을 살아간다면 내적인 적대감과 외적인 욕망을 다스릴 수 있을 것이다.

3. 거짓자기 False self

우리는 진정성을 갖기가 어려운 시대에 살고 있다. 수 없이 쏟아지는 정보와 자극들은 당황스럽고, 내면의 진실을 드러내 놓고서 의논하기에는 상대에 대해서 아는 것이 너무 피상적이다. 이상하게도 정보는 넘쳐나는데 실상 알고 있는 것은 별로 없다. 정보가 외부세계에서 걸러지지 않고 유입되기에 스스로 점검해야 하지만, 내적인 진리를 외칠 기회가 많지 않은 것도 그 원인이 된다. 진정성은 나의 속내를 드러내는 작업이다. 그것은 내적인 경험을 통해 깨달은 진리를 다른 사람들과 나누면서 발전된다. 속내와 깨달음이 투명한 대화는 진정성이 있는 만남의 조건이다. 하지만 현대 사회는 피상적인 외적 정보에 휘둘려 진정성보다는 외부 정보에 묶여버리는 듯한 느낌을 준다. 이는 주체의 자유와 진리 추구보다 사회적인 실리적 가치와 포장 기술이 더 강조되는 데서 비롯된다. 그리고 우리나라의 경우 어릴 때부터 자신의 참모습을 드러내는 충분한 훈련의 결핍이 가장 큰 원인일 수 있다. 진정성은 주체의 경험적 과정이다. 피상성은 외적 정보에 같이 춤을 추는 것이다. 주체의 소리가 아니라 감각에만 의존한 정보를 전할 때 피상성이 존재를 사로잡는다. 이런 피상성의 문제는 진실과 사랑이 아니라 기능과 성취가 우선일 때 생긴다. 진실과 사랑은 시간과 장소, 그리고 대상의 한계를 초월한다. 그것은 역사성을 가지고 있고, 영원성의 가치를 지닌다. 사람들이 모두가 다 진실과 사랑을 가장 열망하는 이유가 여기에 있고 동서고금을 막론하고 그 가치를 최고의 우위에 두는 이유도 그러하다. 반면에 기능과 성취에 대한 집착은 때론 목적이 수단을 정당화시키는 큰 문제를 낳는다. 본래 기능과 성취는 가치와 역사의 관점에서 보면 미시적, 부분적, 피상적, 순간적이다. 가치와 역사의 시각은 우리에게 전체와 영원을 염두에 두게 한다. 하지만 기능과 성취에 초점을 두면 그러한 거시적이고 영원한 의미를 상실할 위험에 처해 있는 것이다. 진실과 사랑은 영원하며, 역사적이고, 전체적이다. 그래서 그것은 아름답고 고결하다.

오늘날 현대인은 조직의 부속품화 되어가고 있다. 개체의 가치보다는 조직의 생존과 번영이 우선시된다. 현대인의 비인간화, 부속품화, 파편화의 위기가 팽배한 데, 이러한 내적 붕괴를 막아주고 지켜주며 창조적으로 활용하는 지혜는 희미하다. 그래서 현대를 가리켜서 "불안과 우울의 시대"라고 말한다. 이와 같은 시대적·문화적 위기 속에서 인간은 진정성보다는 자기 생존을 더 큰 가치로 받아들이게 된다. 생존이 우선일 때 진정성의 가치는 무시될 수 있다. 성공이 우선일 때 진실한 사랑의 가치는 그냥 짓밟힐 수 있다. 진실과 위선, 사실과 거짓, 두 가지 대립적인 모습은 인간 안에서 펼쳐지고 있다. 십계명의 이방신과 우상에 대한 경고는 사실상 거짓자기에 대한 위험성을 지적한 것이다. 마이쓰너가 거짓자기의 특징을 잘 설명해 준다.

환경의 요구에 대한 수동성, 그리고 자신의 행동을 그러한 외부의 기대에 따라 형성하는 고도로 가변적인 거짓된 성격…12

거짓자기는 수동성의 삶과, 외부의 기대에 의해 움직이는 사람이다. 자신의 주체적 외침이나 색깔은 없다. 자기의 주체 의식은 결여되어 있다. 외부의 요구에 의해 눈치 보며 끌려다니는 삶을 사는 인격체, 현대의 집단주의 문화에서 억압되어 순응하고 모방하도록 조건화되어 버린 인격체, 그것이 바로 거짓자기의 특성이다. 톨스토이에 따르면,

상류계급이 신앙을 갖지 않은 결과 그들의 예술은 주제에 있어서 빈약해졌다. 그리고 그것은 점차 배타적이 됨과 동시에 점차 난잡해지고 거짓이 되며 나태해졌다.13

즉 톨스토이는 하나님에 대한 신실성을 잃어버릴 때 거짓자기가 발현되어 난잡하고 배타적이고 나태한 존재로 전락한다고 보았다. 하나님을 믿고 따르는 사람들은 하나님 때문에 강건하고 담대해진다. 그들은 눈치를 보거나 노예처럼 끌려다니지 않는다. 인간은 용기를 잃어버리고 두려움과 불안이 지배적일 때 자기의 주체성을 슬며시 비켜 놓는다. 주변 사람들을 의식하면서 예의를 가지고 몸가짐을 조심하게 된다. 거기에는 사회적 제스처는 있을지 몰라도 진솔한 만남은 없어진다. 그래서 위니캇의 제자인 데이비스와 월브릿지는 거짓자기의 특성을 가리켜서 "모방과 순응에 기초한 외형상의 도덕성"에 묶여있는 사람이라고 정의했다.

12 윌리엄 마이쓰너, 『편집증과 심리치료』, 이재훈 역(서울: 한국심리치료연구소, 1998), 188.
13 레오 톨스토이, 『예술론』, 동완 역(서울: 신원문화사, 1992), 100.

거짓자기의 특성을 지닌 모방과 순응에 기초한 외형상의 도덕성은 성실성을 희생시킨다. 결정적인 문제에 부딪칠 때, 혹은 스트레스가 있는 곳에서 그러한 도덕성은 파괴되기 쉽다.[14]

그리고 거짓자기의 인격을 발달시키는 사람들이 자기의 잠재력을 개발하고, 내적 통제 능력을 키우는 과정은 상실된 채 도덕교육을 강요받은 타율적 훈련에 묶여버린 사람들임을 지적했다. 중요한 것은 아이의 내적 성숙이다. 아이는 자신의 꿈을 찾아 열정을 불태워야 하고, 그 과정에서 윤리와 도덕의 가치를 깨닫는 훈련 경험을 충분히 해야 한다. 하지만 거짓자기의 인격체는 그러한 내적 훈련의 과정을 제대로 거치지 못했다.

관심의 능력이 발달하지 않은 채, 그리고 자기 통제가 의미를 가지는 단계에 도달하지 않은 채 행해지는 훗날의 "훈련"과 도덕교육은 아이의 내적 성장과 성숙을 제쳐놓고 사회적 가치의 재가와 주입—자신에게는 거짓도덕성—을 초래할 뿐이다.[15]

내적 성숙과 자기통제 능력은 제대로 발달하지 못했는데 도덕이 강요된다면 "거짓도덕성"을 키우게 된다. 이것이 바로 거짓자기의 핵심이다. 도덕과 윤리는 주체적인 결단이다. 그것은 자율성에 기반할 때 힘이 있다. 공포와 불안 때문이 아니라 자유와 책임을 염두에 둔 선택일 때 굳건하다. 도덕과 윤리는 강요될 수 없다. 그것은 철저히 개인의 몫이다. 개인의 내적

---

[14] 마델라인 데이비스·데이빗 월브릿지, 『울타리와 공간』, 이재훈 역(서울: 한국심리치료연구소, 1997), 93.
[15] Ibid., 97-98.

세계에서 질서와 창조의 원리가 되는 것, 그것이 도덕이고 윤리가 된다. 이런 점에서 보면 십계명의 이방신과 우상의 경고는 객관적 행위에 대한 경고가 아니다. 그것은 개별 인격체의 주체적 결단에 대한 계시이다. 내면적인 결단에서 비롯한 도덕과 윤리는 힘이 있다. 그것은 건강하고 성숙한 개별 인격자의 표상이 될 수 있다. 하지만 억지로 도덕적인 선택을 할 때 그 사람은 거짓자기의 존재로 전락한다.

본래 건강한 사람은 두려움이나 불안, 갈등과 공허의 늪에서 스스로 견디고, 창조적인 해법을 찾는다. 그와 같은 불편한 경험들은 삶의 일부이고, 실존의 조건이다. 중요한 것은 불편 경험들에 대한 대처 능력을 키우는 것이며, 되도록 전화위복의 기회로 삼는 데 있다. 두려움과 불안, 갈등과 공허는 누구나 다 피하고 싶지만, 자기 자신을 쇄신시키는 기회로 삼아야 한다. 그래서 위니캇은 "참자기"를 생명력과 의미의 존재라고 불렀다. 그리고 그는 거짓자기를 가리켜서 노출이나 취약성에 대한 공포감 때문에 주체성을 잃어버리고, 외적 요구에 무조건 순응하는 사람이라고 지적했다.[16]

두려움과 불안은 인간을 위축되게 만들며, 싫은데도 눈치를 보게 만드는 억압적인 힘을 갖고 있다. 건강한 개인은 그러한 억압적인 힘에 대항하여 자기의 독립적 영역을 확보하지만, 겁이 많은 사람은 그 억압적인 요구에 그냥 끌려다니게 된다. 한마디로 겁쟁이다. 거짓자기는 자기가 겁쟁이라는 사실을 인식하지 못하고 인정하지 않으며 도리어 상황과 대상 때문이라고 스스로 눈치를 보는 삶을 정당화한다. 순응 뒤에는 겁이 있다. 그런데 겁나는 느낌을 있는 그대로 경험하면서 스스로 돌파구를 마련하기보다

---

[16] Donald Winnicott, *Ego Distortion in terms of True and False self in The Maturational processes and the facilitating environment* (pp.140-152), (London: Hogarth and the Institute for Psychoanalysis, 1995).

는 그 두려움과 불안을 경험하지 않으려는 감정인식 거부증을 보인다.

솔직하게 불편한 감정을 경험하고 대화하는 사람은 용기가 있는 사람이다. 하지만 거짓자기의 사람들은 그와 같은 직면의 용기보다는 마치 자신이 전혀 불안이 없는 강한 존재인 것처럼 외양을 꾸민다. 속으로는 불안과 갈등, 그리고 공허와 공포이면서 겉으로는 강하고 담대한 척하다가 결국 그와 같은 "척"하는 인격이 굳어져 버렸다. 그것을 초기 정신분석 역사에서 유일한 여성 정신분석가였던 헬렌 도이치Helen Deutsch는 "마치 ~인양" 인격이라고 불렀다. 그녀에 따르면 "마치 ~인양"의 성격자는 인간관계에서 솔직한 정서적 나눔을 갖지 못한다. 그들은 관계 안에서 따뜻함이 없고, 감정표현은 매우 현실적이며, 자신의 내적 경험을 솔직하게 인식하기를 거부한다. 마치 연기하는 사람처럼 행동하는 경우가 많다. 도이취는 이들의 내적 역동은 사실상 현실로부터 도피, 금지된 본능적 충동에 대한 방어, 그리고 불안이 담긴 환상을 피하기 위해 외부 현실을 추구한다. 이들은 자기분석은 없고, 외부 상황분석만 있는 경우이기에 주체를 잃어버리고 객체에 의해 끌려다니는 겁쟁이로 살게 된다.[17]

이방신과 우상을 섬기는 사람들은 바쿠스의 쾌락과 파괴 축제에 참여한다. 그곳은 광란과 본능의 폭발이 주된 목적이다. 거기에서 자기 내면의 불안과 공포, 갈등과 공허를 직면하기보다는 쾌락과 파괴의 행동화에 빠져 있다. 혼자서 쾌락과 파괴 행위를 하는 것이 두려워 우상을 만들고 다른 사람들을 그와 같은 본능적 폭발 잔치에 끌어들인다. 공범자로 만드는 방법이 이방신과 우상숭배이며, 사실상 공포와 공허, 그리고 갈등과 불안 경험을 직면하지 않기 위한 방어적 장치로서의 쾌락적, 파괴적인 행동화이

---

[17] Helene Deutsch, *Same Forms of Emotional Disturbance and their Relationship and Schizophrenia*, Psychoanalytic Quarterly (1942), 11.

다. 야훼 하나님이 이방신과 우상을 경고한 이유가 여기에 있다. 인간은 실존적 현실에서 불편 경험을 하면서 살아야 하며, 그 불편 경험들을 창조적으로 극복하면서 더욱더 강건한 존재로 성숙해야 한다. 불편 자극들은 우리를 더욱 강건하고 담대하게 하며, 대처능력을 강화시켜 주는 좋은 스파링 상대들이다. 이들이 없으면 우리는 불편 대처 기술을 첨예하게 발달시킬 수가 없다. 창조적인 인간은 좋은 기술을 갖고 있다. 우리나라의 뛰어난 축구 선수들이 유럽 무대에 진출하고 있다. 그러나 초기 경험들은 무척 불편하고 고통스럽다. 언어, 문화, 실력 면에서 대부분 취약한 모습을 가진다. 하지만 고통스러운 적응 과정과 경기 경험들이 그들을 강력하게 만들어 주기에 시간이 지나면서 그들의 기량은 폭발적으로 성장한다. 전 세계의 최고 선수들이 그곳에서 불안과 두려움, 갈등과 공허를 견디면서 실력을 키우고 그에 따라 연봉이 달라진다. 역량만이 모든 것의 기준이 되는 사회이다. 비록 그곳이 치열한 실존 경쟁의 특별한 무대이지만, 사실상 인생도 이와 같다. 우리는 냉혹한 경쟁의 세계에 살고 있다. 그곳에서 우리는 불편을 참고 이겨내면서 재능과 기술을 발전시켜야 한다. 그렇지만 우리는 불안과 공포 갈등과 공허를 느끼지 않기 위해 쾌락과 파괴의 잔치에 영혼을 던지는 경우가 있다. 십계명이 이방신과 우상을 경고한 것은 바로 이런 맥락에서 이해해야 한다. 그것은 우리 인간이 나아가야 할 이상과 가치의 방향을 보여준다. 동시에 그것은 우리가 피해야 할 것이 무엇인지를 가르쳐 준다. 목적은 우리 인간의 진정한 행복과 성공에 있다. 야훼 하나님은 인간의 사랑과 행복, 그리고 성공을 돕는다. 야훼 하나님은 인간의 거짓자기의 삶을 경고하신다. 야훼 하나님은 두렵고 떨리고 불편하더라도 인간이 정서적으로 솔직하기를 요청하신다.

4. 에너지의 변화

오늘날 에너지의 문제는 전 세계의 핫이슈가 되고 있다. 그만큼 인류의 사활이 여기에 걸려 있다고 해도 과언이 아니다. 이전에는 소나 말 등이 이끄는 마차가 주요 교통 및 운송 수단이었다. 19세기부터 석탄을 이용한 기관차, 석유와 휘발유를 이용한 자동차와 비행기가 문명의 발전에 혁혁한 공을 세웠다. 그러나 지금은 전기, 바이오, 태양, 수소, 이차전지 에너지 등이 새로운 대안으로 떠오르고 있다. 인간에게도 에너지는 정말 중요하다. 그것 없이는 그 어떤 인간도 생존할 수 없다. 인간은 먹지 않으면 죽는다. 그리고 사랑의 정서가 없으면 메마르게 된다. 인간에게 음식은 육체적 에너지이고, 사랑은 정서적 에너지이다. 그래서 이 두 가지 종류의 에너지가 다 필요하다. 그런데 현대인은 음식 에너지에 관한 한 대부분 어려움 없이 살고 있다. 비록 제3세계 국가들은 아직 기아와 기근에 허덕이지만, 전 세계의 식량은 차고 넘칠 정도이다. 기아에 허덕이는 지역은 대부분 정치적인 문제가 발생한 원시적 분쟁 지역들이다. 원조 된 식량도 국민에게 제대로 전달되지 않는다. 무척 비극적인 상황이 아닐 수 없다. 인간은 분쟁과 싸움이 난무할 때 정서적으로도 메마르게 된다.

"정신에너지"의 개념은 정신분석의 중심 개념이다. 이는 프로이트가 신경의학을 공부하면서 스승들로부터 영향을 받은 독일 물리학(헬름홀츠 학파)의 에너지 보존 법칙과 인간 경험의 화학 물질화 이론에서 착안한 것이다. 프로이트의 이론과 개념은 지금까지도 현대 정신분석학자들 사이에서 중요한 연구, 설명, 그리고 적용의 가치를 갖는다. 그에 따르면 인간은 성적 에너지에서 문화에너지로 변화된 정신에너지를 사용해야 한다. 인간은 이러한 에너지의 구조적 변화가 있을 때 건강하고 창조적으로 살 수 있다. 만일 성인이 된 이후에도 계속해서 음식에너지와 성적에너지에 의존한다면 그 사람은 문화적이고 창조적 인격체가 아니라 동물적인 수준에 있다고 볼 수 있다. 음식과 성적性的에너지, 그리고 파괴성은 인간에게 에너지를 공급하는 근원적인 채널들이다. 하지만 그러한 양식들은 가장 초보적이고 원시적인 형태다. 따라서 인간은 성장하면서 원시적이고 초보적인 형태의 에너지 형태보다는 다른 종류의 에너지를 확보해야 한다. 그 대표적인 에너지가 문화·문명에너지, 정서적 관계에너지, 이상과 가치의 표상에너지 등이다. 인간은 이 에너지들을 활용할 수 있는 능력이 구비될 때 보다 여유롭고 성숙한 삶을 살아갈 수 있다.

문화·문명에너지는 개인이 사회문화적으로 적절한 성취를 했을 때 주어지는 에너지이다. 전문 분야에서의 성과나 조직의 구성 등이 여기에 속한다. 프로이트는 이와 같은 에너지를 확보하기 위해 우선 개인은 성적 에너지에 대한 의존도를 줄여야 한다고 말한다.

> 현실 세계에서 만족을 얻을 일이 끊임없이 좌절당할 때 건강한 상태로 남는 방법은 단 두 가지뿐이다. 그 첫 번째는 심리적 긴장을 여전히 외부 세계로 향하는 능동적인 에너지로 바꾸어 마침내는 그 외부 세계에서 리비도를 현실적으로 만족시킬 방법을 끌어내는 것이다. 그리고 두 번째는 리비도의 만족을 포기함으로써 가로막힌 리비도를 승화시켜 더 이상 성욕을 자극하는 것이 아닌 좌절당할 위험이 없는 목적을 얻는 데로 돌리는 것이다.[18]

---

[18] 지그문트 프로이드, "신경증 발병 유형들", 『억압, 증후, 그리고 불안』, 황보석 역(서울: 열린책들, 1997), 98-99.

리비도의 만족, 곧 성적에너지의 확보는 현실 사회에서 끊임없이 좌절된다. 그것은 터부시되어 왔다. 남녀는 사랑의 관계를 추구하고 경험할 수 있다. 그리고 그 둘의 결합인 결혼은 사회적으로 용인되는 성적에너지 확보 채널이다. 하지만 남녀관계 자체가 상호적이기 때문에 관계가 불편해지면 성적 관계도 어려워진다. 얼마나 많은 부부가 갈등하며 성적으로 멀어지고 있는가? 정상적이면서 만족스러운 성관계를 하는 부부는 결코 대다수가 아니다. 오히려 소수에 불과할 것이다. 게다가 비혼이나 1인 가구 시대에 상당수의 사람은 성적에너지의 채널이 빈약하여, 나름대로 적절한 대책을 세워야 한다. 프로이트가 말한 방법의 하나가 승화이다. 승화란 문화·문명에너지로서 성적에너지와 공격성이 더 이상 원시적이지 않고 사회·문화적으로 용인되는 것이다. 프로이트는 개인이 문화에너지를 확보하기 위해 다른 에너지 채널들, 즉 승화 능력을 가져야 한다고 했다. 그러나 그것은 쉬운 일이 아니며, 철저히 개인의 주체적 결단에 달려있다.

최초의 성적 대상을 다른 것으로 바꿀 수 있는 이런 능력을 〈승화 Sublimation〉 능력이라고 부르는데, 성 본능이 문명에 대해 갖는 중요성은 바로 이 승화 능력에 있다. 이와는 대조적으로 성 본능이 유난히 집요한 고착 현상을 보일 수 있다. 최초의 성적 대상에 병적으로 집착하는 것은 성 본능을 문명 발전에 전혀 이바지하지 못하는 쓸모없는 것으로 만들 뿐 아니라, 때로는 변태라고 불리는 것으로 타락되기도 한다.[19]

본능에너지는 문명에너지로 변화되어야 한다. 인격 발달과 심리치료

---

[19] 지그문트 프로이드, 『문명속의 불만』, 김석희 역(서울: 열린책들, 1997), 16-17.

의 목표가 바로 이것이며, 정신분석의 궁극적 방향도 이것이다. 인간은 성적·신체적, 감각에너지로부터 문화적·정신적·언어적 에너지로 바뀔 때 더욱더 활력 넘치고 유능한 기능인이 된다. 라캉은 특히 인간의 무의식은 언어로 구성되어 있다고 이야기함으로써 언어적 존재로서 인격 발달의 중요성을 강조했다. 이것은 언어가 발달할 때 원초적 흥분에너지에서 정신적 여유에너지가 된다는 말이다. 이는 자아심리 정신분석학자들과 정서적 통합과 인지적 명료화를 강조하는 상호주관 정신분석학자들의 입장과 같은 것이다. 따라서 중요한 것은 "승화"이다. 승화는 성적에너지가 정신에너지로 변화되는 작업으로서 모든 인간이 건강한 인격 발달 과정에서 꼭 완수해야 할 과업이다. 인간의 성적에너지가 승화되지 않을 때 고착fixation이나 변태distortion가 된다. 고착과 변태는 인간의 에너지를 끊임없이 탈진시키는 비정상적인 형태의 긴장방출 시스템으로 뿌리를 내린 것이다. 그래서 줄리아 크리스테바도 "승화"의 가치를 강조했다.

> 정신 현상이 단순히 승화에만 제한되는 것은 아니지만, 정신 현상은 어쨌든 승화에 의해서 형성됩니다. 왜냐하면 승화를 토대로 한 '의미화' 능력(표상, 언어, 사고)이 다른 모든 정신적 표현을 구성하기 때문입니다.[20]

다시 말해서 인간은 신체적 흥분의 성적에너지가 아니라 언어와 표상, 그리고 사고를 통한 의미적 에너지를 확보할 때 비로소 육체적 인간에서 정신적 인간으로 변혁된다. 인간의 내적 역동은 이와 같은 발달의 과정이며, 상담도 이와 같은 목표의 성취를 위해 노력한다. 바알의 3천 명 사제

---

[20] 줄리아 크리스테바, 『반항의 의미와 무의미』, 유복렬 역(서울: 푸른숲, 1998), 130.

들은 춤추며 파괴적인 신체적 흥분의 제사를 드렸다. 목적은 신체적 흥분, 감각적인 폭발과 정화의 방법을 통한 본능에너지의 확보에 있다. 그들은 황금송아지를 만들거나 풍요의 여신상을 나무로 깎아 만들고 그 앞에 절을 하며 신체적·원초적 흥분 경험을 유도한다.

하지만 모세와 엘리야의 야훼 하나님은 다르다. 하나님은 인간에게 법과 진리를 가르치신다. 인간에게 계시의 언어와 표상, 그리고 십계명이 주어지면서 정신적이고 영적인 존재로 재탄생하여야 함을 강조한다. 십계명의 가치가 여기에 있다. 하나님은 인간에게 정신적 방향으로서 계명을 주신다. 그 계명의 방향을 향해 우리는 삶의 크고 작은 선택을 내린다. 과연 우리는 어떻게 살 것인가? 법과 진리가 우리의 등불이 될 것인가? 아니면 성적 쾌락과 흥분, 파괴적인 광란의 축제로 우리의 존재를 수놓을 것인가? 야훼 하나님의 십계명과 디오니소스, 바쿠스 축제의 차이점이 이것이다. 십계명은 우리가 신체적이고 원초적인 흥분의 삶에서 법과 진리를 따르는 언약의 존재가 되기를 당부한다. 이것은 에너지의 변화, 승화의 과정을 목적으로 하고 있다. 프로이트도 인식한 것처럼 기독교의 하나님, 곧 야훼 하나님은 바알이나 다른 이방신들에 비해 엄격한 금기를 세워놓고 있다. 그리고 축제와 파괴의 삶이 아니라 절제와 노력의 삶을 강조한다. 이는 필립 브르노의 승화 이론과 같은 맥락 속에 있다.

창조적 운동의 에너지는 승화의 메커니즘으로부터 비롯된다. 이 메커니즘은 성적 충동을 창조의 대상인 어떤 결정된 목표를 향해 변모시키고 이동시키는 데 있다. 이 승화는 또 실현 불가능한 즐거움이 창조의 행위 속에 이동하는 것으로 이해될 수 있다.[21]

창조적 행위 속에 승화된 그 에너지는 일상적으로 성적 충동을 희생시켜 만들어진다.[22]

승화는 쾌락과 파괴의 에너지 사용을 중지하고 문화적이고 언어적인 에너지를 사용하는 능력이다. 창조적 활동 뒤에 언제나 승화가 존재하며, 특히 언어와 표상이 그 작업을 용이하게 해 준다. 본능과 관념 사이에 언어가 있다. 인간은 육체적인 존재로 본능적이고 정신적인 존재이기에 관념적이다. 관념과 본능은 서로 대립되고 충돌하지만 그들 사이를 연결해 주는 언어가 있을 때 본능과 관념은 통합된다. 이런 점에서 줄리아 크리스테바의 언어 행위 논의는 무척 설득력이 있다.

언어 행위는 감각적인 것(역동적·충동적)과 추상적인 것 사이의 균형을 잡아주는 도구인 것이다.[23]

승화 과정은 통명명화이자 통대상화인 것이다.[24]

구약성서 창세기는 최초의 인간 아담이 자연 만물에 대하여 일일이 이름 짓는 장면을 소개한다. 이것은 인간이 자연에 대하여 갖는 위대한 영향력이다. 인간은 여기서 자연을 극복하고 대처할 수 있는 힘을 가지게 되었다. 명명화의 과정, 언어 행위는 인간의 내적 역동, 자연적인 동물성, 육체적 본능성을 정신적 차원으로 이끌어 발전시켜 주는 힘을 행사한다. 이

21 필리브 브르노, 『천재와 광기』, 김웅권 역(서울: 동문선, 1998), 134.
22 Ibid., 134.
23 줄리아 크리스테바, 『반항의 의미와 무의미』, 86.
24 줄리아 크리스테바, 『공포의 권력』, 서민원 역(서울: 동문선, 2001), 35.

것이 하나님이 인간에게 십계명을 주신 이유이다. 하나님은 언어와 방향을 함께 주셨다. 그래서 이스라엘 백성들이 이방신과 우상이라는 감각적이고 신체 흥분적인 삶이 아닌, 언어를 통한 자기성찰과 진리 추구, 하늘과 땅의 통합적 질서를 깨닫도록 인도해 주신 것이다. 십계명은 이런 점에서 인류의 법과 진리의 기초가 된다. 특히 이방신과 우상의 경고는 인간의 과제와 가치가 어디에 있는가를 극명하게 보여주는 증거가 된다. 인간은 동물이 아니다. 인간은 하나님의 형상에 따라 지음을 받았다. 이것은 인간 안에 신성이 함유되어 있음을 의미한다. 십계명의 언어는 인간 안에 있는 동물성과 신성을 통합해 주는 것에 목적이 있다. 그리고 그것이 하나님의 사랑이며, 특히 이방신과 우상에 대한 경고의 배경이다. 금기의 언어는 인간을 불편하게 한다. 하지만 그것은 인간으로 하여금 자신을 돌아보게 하고, 계속해서 성장하도록 하며, 무엇보다도 안전과 보호의 울타리를 제공한다. 법은 보호의 울타리이다. 금기가 바로 그 역할을 한다. 십계명은 인간의 보호와 성장을 염두에 둔 하나님의 사랑과 지혜의 음성인 것이다.

5. 리비도적 대상항상성

두려움과 불안, 갈등과 공허의 순간들이 있다. 이때 인간은 불편 경험을 제거하거나 도피하기 위해 외적 대상에 대한 집착을 보이게 된다. 인간은 혼자 있는 것이 정서적으로 힘들고 어려울 때 다른 대상을 찾는다. 경계선 심리구조의 사람들은 홀로 견딜 수 있는 능력이 취약하다. 혼자 있을 때 슬며시 올라오는 불안과 공포, 갈등과 공허의 표상들을 견디기 어렵기 때문이다. 그래서 낯선 사람이라 할지라도 그 대상을 곁에 두고 싶어 한다. 홀로 서기는 무척 힘든 경험인 것이 분명하다. 특히 우리나라처럼 집단주의 문화는 어린 시절부터 홀로서기의 훈련을 하기가 어렵다. 그래서 정서적 홀로서기의 힘이 충분히 성취되지 못한다. 하지만 기독교는 개인 단독자로서 홀로서기의 외로움과 고독을 견뎌내기를 가르친다. 존 번연의 『천로역정』은 크리스쳔의 황금 도성을 향한 홀로 걷기의 외로운 삶을 보여주고 있다. 아내와 아이들까지 뒤로하고 홀로 외로운 모험의 순례 여정을 밟는다. 그가 천성문과 죽음의 강, 그리고 황금성에 도달했을 때 마침내 좋은 동역자들과 함께하게 되었고, 두고 온 아내와 아이들을 황금 도성으로 데리고 올 수 있는 인도자를 보낼 수 있었다. 그는 홀로 걷기의 연단을 이겨냈다. 고독과 외로움, 불안과 공포, 갈등과 공허의 정서적 고통을 홀로 겪었다. 자기 수양의 험난한 과정을 다 이루어 낸 것이다. 그의 심리구조가 건강하고 안정되어 있었음이 틀림없다. 하지만 경계선 심리구조의 사람들은 홀로 걷기의 과정을 견디지 못한다. 그들은 자기 신체와 생명의 위험성을 담보로 낯선 타인과 사적인 공간을 공유한다. 단지 혼자 있는 것이 견딜 수 없다는 가장 큰 이유이다.

혼자 있을 때 올라오는 불안과 공포, 갈등과 공허를 스스로 건설적으로, 그리고 창조적으로 대처하지 못하고, 끊임없이 타인에게 정서적으로 함께 있기를 요청하는 사람이 있다. 이들은 "리비도적 대상항상성"의 능력을 갖추지 못한 것이다. 이런 경우 경계선 심리구조가 대부분이며, 낯선 타인과의 위험한 관계에 빠질 가능성이 많다. 그들은 홀로 있을 때 올라오는 내적 불안을 스스로 진정시키지 못하므로 안정감이 없고 혼란에 빠져서 허우적거리게 된다. 마치 모세가 시내 산에 올라간 뒤 이스라엘 백성들이 자신들의 내적 불안을 스스로 진정시키지 못하고 아론과 훌을 협박하여 금송아지를 만들고 광란의 축제를 벌이는 모습과 아주 흡사하다. 인간은 리비도적 대상항상성이 구축되지 않을 때 홀로 있을 수 있는 능력이 결여된다. 그래서 그들은 외적인 흥분 장치나 강렬한 자극들을 경험하려고 온갖 노력을 다한다. 이방신과 우상에 대한 경고는 이러한 인간의 대상 추구 행위가 신체흥분과 원시적 에너지 활용 및 쾌락과 파괴의 행동화로 흐르는 것에 대한 경고이다. 축제는 정신분석의 과정으로 볼 때 "감정정화catharsis"에 해당한다. 불편한 경험을 감정정화 방법인 축제로 풀어나갈 때 인간은 창조성을 키우기보다는 중독증으로 위험해진다. 성서뿐 아니라 정신분석적으로도 인간의 내적 불편감은 정화가 아니라 창조로 나아가야 함을 강조하고 있다. 불편 경험의 창조적 활용은 개인의 리비도적 대상항상성의 능력 여하에 달려있다. 리비도적 대상항상성의 능력이 없을 때 일차적으로 "정화" 기법을 찾게 된다. 그 결과 축제나 파티의 쾌락적이고 파괴적인 행동화에 중독되는 결과를 가져온다. 따라서 리비도적 대상항상성과 개인의 창조성은 깊은 연결점이 있다. 삶은 개인에게 무수히 많은 불편 자극을 쏟아붓는다. 그래서 철학자들은 현대인의 삶을 "실존"의 삶이라고 정의했다. 지금의 화두는 안정과 여유, 그리고 풍요와 기쁨의 삶을 잃어버린 존재, 버림받고 쫓겨나며 유배당해 괴로워하는 인간의 실존이다. 실존의 불편 경험은 피할 수 없지만 예측되어야 하고 지혜롭게 대처해야 한다. 그러나 인간은 리비도적 대상항상성이 결여되면 창조보다 쾌락과 파괴의 정화기법에 매일 수밖에 없다. 만일 불편을 정화하지 않고 그대로 안에 묵혀 둔다면 신체적 질병이나 끔찍한 사건 사고로 표출되기 때문이다. 인간은 질병, 정화, 그리고 창조라고 하는 세 가지 선택을 한다. 창조를 선택하지 않을 때 질병과 정화가 그 개인의 삶을 지배하게 된다. 그런데 이방신과 우상은 정화의 수준에 머무르는 방법이다. 그것은 중독을 일으켜서 거기에 매여 버리게 한다. 정화방법은 쾌락과 파괴의 행동화에 고착되는 정화기법의 노예로 전락하고 만다. 개인은 이런 불행을 미연에 방지하려면 "리비도적 대상항상성"

을 구축해야 한다. 리비도적 대상항상성은 내적 불편감을 여유롭게 견디도록 돕는 내적인 능력이다. 이러한 능력이 있을 때 창조적인 활동에 몰입할 수 있게 된다.

그러면 "리비도적 대상항상성"이란 무엇이며, 어떻게 획득되는가? 이 개념은 정신분석학자인 셀마 프레이버그Selma H. Fraiberg에 의해 소개되었고, 그 기원은 인지학자 장 피아제Jean Piaget의 "대상영속성object permanence"[25], 자아심리학자 하인즈 하트만Heinz Hartmann의 "대상항상성object constancy"[26], 그리고 르네 스피츠Rene Spitz의 "낯선 타인에 대한 불안stranger anxiety" 개념 등에서 발전되었다.[27] 인지학자들이 "인지cognition"를 강조하고 그에 대해 연구해 왔다면, 정신분석학자들은 "정서affects"에 대한 가치를 높이 평가하여 "리비도libido" 개념에 관심을 가졌다. "리비도적 대상항상성" 개념은 프레이버그가 이들의 연구 결과를 통합하여 새로운 명명으로서의 *libidinal object constancy*"를 제시하였다.[28] 마가렛 말러Margaret S. Mahler는 "분리개별화의 과정"을 논의하면서 36개월에 성취되는 것으로 언급하여[29] 심리학계의 정통이론으로 자리를 잡았다. 피아제의 "대상영속성" 개념은 주로 비생명 사물 대상에 대한 유아의 기억 능력을 논의한 것이었다. 대상영속성은 유아가 가지고 놀던 장난감 대상이 무엇에 가려져 있을 때나 눈에 보이지 않더라도 여전히 그 자리에 있을 것이라는 확신과 기억을 가지는 인지능력이다. 건강하게 자란 아이는 눈에 보이지 않는 대상을 기억하

---

[25] J. Piaget, *The Child's Construction of Reality* (1937) (New York: Balic Books, 1954).
[26] Heinz Hartmann (1952) "The Mutual Influences in the Development of Ego and Id" in *Essays of Ego Psychology (New York: International Universities Press)*.
[27] Rene Spitz, *The First year of life* (New York: International Universities Press, 1965).
[28] Selma Fraiberg, "Libidinal object constancy and Mental Representation" in *Psychoanalytic study of the child 24* (1969): 9-47.
[29] M. Mahler et al, *The Psychological Birth of the Human infant* (New York, Basic Books, 1975).

고 생각해서 표상화하는 능력이 있다. 그는 이런 기억을 "표상기억evocative memory"이라고 불렀다. 정신분석학자들이 말하는 "정신표상mental representation"과 유사한 개념이다. 정신분석에서 말하는 정신표상 representation은 re(다시) + present(내놓는다)는 의미로써 즉, 표상이란 다시 뇌리에 떠오른 자발적 단어나 그림을 의미한다. 하인즈 하트만은 피아제의 "표상기억"과 "정신표상" 개념을 통합하여 대상항상성object constancy 이론을 정신분석학계에 소개하였다. 대상에 대한 표상 기억 능력이 바로 대상항상성이다. 개인은 이 능력이 있을 때 성적, 공격적 에너지를 중화시키는 힘을 갖는다. 또한 하트만은 "대상항상성"과 "에너지 중화energy neutralization" 관계를 설명하였다. 여기에 대해 스피츠는 8개월 된 아이가 낯선 사람에게 보이는 불안은 어머니 양육 대상과는 다른 낯선 대상을 향한 불안이기에 건강한 "대상항상성"의 능력을 증거한다고 주장했다. 마침내 셀마 프레이버그는 피아제의 대상영속성과 정신분석의 대상항상성의 차이가 인지와 정서의 차이임을 지적하면서 "리비도적 대상항상성libidinal object constancy"이라는 개념을 소개하기에 이르렀다. 대상에 대한 인지적 기억 능력이 피아제의 대상영속성이고, 정서적 기억 능력이 하트만의 대상항상성인데, 프레이버그는 거기에 리비도라는 말을 덧붙여서 개념상의 명료성을 더했다는 데 의의가 있다. 그리고 말러와 동료들은 36개월 동안의 분리개별화 과정을 성공적으로 마친 아이가 보이는 증거로서 "리비도적 대상항상성" 개념을 이론화하였다.

따라서 중요한 것은 아이의 정서적 홀로서기의 능력이다. 이 능력은 성공적인 분리 개별화에 따른 리비도적 대상항상성의 성취로 가능해진다. 만일 이 능력이 획득되지 않으면, 그 아이는 이후 삶에서 늘 불안과 공포에 시달리게 된다. 그래서 코헛도 자기애적 장애를 논할 때, 인간의 자기애적

균형의 파괴는 첫 번째 양육자의 결함에서 발생한다고 보았다.[30] 자기대상의 실패가 리비도적 대상항상성의 획득을 불가능하게 하여 아이의 내면에 "존경하는 부모 원상"이 뿌리를 내리지 못하게 된다. 그렇게 되면 욕동에너지를 중화하는 존경부모 원상의 힘이 취약하여 심리구조화되지 못하고, 우상화 혹은 이상화라는 병리적 경향이 발생한다.[31] 크리스테바에 따르면 편집 분열적 자리의 환자들이 보이는 불안과 혼돈의 원인이 바로 여기에 있으며, 멜랑콜리와 간질 발생의 동인이 되기도 한다.[32] 다시 말하면 코헛이 말하는 자기대상의 실패가 리비도적 대상항상성 훼손을 가져오는 것이고, 그것이 바로 클라인이 말하는 편집분열적 자리이다. 또한 하트만과 스피츠, 프레이버그가 언급하는 리비도적 대상항상성의 획득 실패로 인해 취약한 심리구조의 원인이 되고, 줄리아 크리스테바가 말하는 멜랑콜리와 간질의 심리적 요인이 되는 것이다. 이들은 한결같이 이상화 방어기제를 사용하므로 무척 병리적이고, 이상화와 멸시화 방어기제의 반복을 거듭하는 파괴적인 관계 현상이 나타나게 된다.

십계명은 나 이외에 다른 신을 섬기지 말고 너희를 위하여 땅, 하늘, 바닷속의 형상을 닮은 우상을 만들지 말라고 경고한다. 이것은 이상화 방어기제를 사용하는 사람들, 곧 리비도적 대상항상성 획득의 실패, 편집분열적 자리의 고착, 존경하는 부모 원상의 구조화 실패, 자기대상의 구조적 뿌리내림의 실패를 겪은 사람들의 증상인 것이다. 이들은 멜랑콜리와 간질 때문에 고통받을 확률이 높다. 우상숭배의 바쿠스 축제는 간질의 다른 표현이며, 우울증에 대립되는 조증의 모습으로 이해될 수 있다. 인간은 거시

---

30 Heinz Kohut, *The Analysis of the self* (New York:: International Universities Press, 1971).
31 Ibid., 28.
32 줄리아 크리스테바, 『검은 태양』, 231-232.

적으로 볼 때 두 가지 종류로 나누어질 수 있다. 하나는 창조적 인간이고 다른 하나는 파괴적 인간이다. 성장하는 인간이 있는가 하면 후퇴하는 인간이 있다. 창조적 인간은 법과 진리를 지키며, 존경할 수 있고, 사랑할 수 있는 사람들을 주변에 많이 둔다. 자연히 풍요롭고 편안한 삶이 이어진다. 하지만 파괴적이고 후퇴적인 인간은 존경대상을 가지고 있지 않다. 그들은 주로 고립되고 교만하여 자기 안에 묶여 산다. 그 사람은 정화의 삶을 살게 되는데, 그 정화방법이 중독적이고 파괴적이다. 가장 파괴적이고 중독적인 삶이 바로 이방신과 우상을 숭배하는 것이다. 그러한 삶은 질병과 사고를 부른다. 그 삶은 바쿠스 축제의 격정을 촉구하며 살아간다. 왜냐하면 자기 자신을 잡아 줄 존경하는 대상, 진리 말씀, 창조적 가치를 아직 획득하지 못했기 때문이다.

건강하고 창조적인 사람은 이상과 가치가 있다. 마지막 죽음의 순간까지 열정을 다해 달려갈 목표가 있다. 그것은 자기 자신과 주변 사람들에게 이로운 목표이다. 우리는 우리에게 주어진 시간과 내가 살아가야 할 시간에 무엇을 하며 살아갈 것인가? 비전과 이상의 사람은 그 과정을 힘차고 열정적으로 산다. 그래서 행복하고 즐거우며, 힘들고 고통스러운 순간도 견뎌낸다. 우리에게 아름다운 이상과 가치가 있을 때 창조적인 목표의 주인공이 될 수 있다. 그것이 바로 예수 그리스도께서 우리에게 당신의 삶을 통해서 몸소 보여주신 것이다. 크리스천의 삶이 바로 그것이다. 금욕과 절제의 삶이 가능한 것은 그와 같은 아름다운 이상과 고결한 가치가 있기 때문이다. 그러한 사람은 창조를 향하여 달려가기 때문에 자신뿐 아니라 주변 사람에게 긍정적인 영향을 끼친다. 위대한 사랑의 연합이 그를 중심으로 형성된다. 역사상 위대한 영웅의 모습이 그것이며, 이 세상을 보다 밝고 살만한 세상으로 이끈 주역들이 그러했다. 그들은 희망과 열정을 가지며 창조적 삶을 살기 위해 노력했다. 이상과 가치가 중요한 이유가 여기에 있는 것이다. 그러나 창조주 아버지 하나님과 대속의 주 예수 그리스도의 표상을 갖지 못할 때, 인간은 진리와 사랑의 주체자가 될 수 없다. 이상과 가치가 그에게는 존재하지 않는다. 오직 생존과 쾌락으로만 향하는 정화적인 인간으로 남아버린다. 육체적 흥분의 존재로서 머무를 때 창조에 필요한 절제와 노력의 주인공이 아니라 쾌락과 파괴의 중독자가 되어버린다. 이방신과 우상숭배의 문제점은 개인을 감각적 정화의 쾌락 세계로 이끌기 때문에 우선 몹시 자극적이다. 사람들은 그 유혹에 쉽게 넘어가곤 한다. 그리고 정화적 자극에 묶여버리는 것이다. 그때부터 삶은 서서히 창조에서 후퇴로, 사랑에서 파괴로, 진리에서 혼돈으로, 안정에서 불안으로 전락하고 만다. 이방신은 진리를 추구하지 않는다. 그것은 인간을 무지로 인도하고 환경에 순응하는 취약한 존재, 창조성과 주체성을 잃어버린 노예 의지의 인간으로 추락시켜 버린다. 우상은 인간을 책임 의식에서 벗어나게 한다. 책임과 자유는 건강한 인간의 상징이다. 금욕과 절제, 그리고 경건의 삶은 책임과 자율성의 열매이지만, 우상은 그 삶을 포기하게 한다. 우상은 타율과 무책임, 타락과 쾌락의 정화적인 신체의 흥분으로 인도하며, 존재의 영적이고 정신적인 가치의 상실을 조장한다. 이방신과 우상숭배를 경고하는 십계명의 참뜻이 여기에 있다. 그것은 우리를 보다 더 건강하고 창조적이며 깊은 수준의 기쁨과 높은 수준의 행복을 경험하도록 이끌어 주려는 멘토의 음성이다. 사랑과 진리의 음성인 것이다.

연구 질문들

1. 다른 사람과 친밀한 관계를 맺거나 유지하지 못하는 이유는 어디에 있는가?

2. 히스테리 환자들이 끊임없이 새로운 대상을 찾아 방황하는 이유는 무엇인가?

3. 진솔하지 못하고 거짓을 쉽게 말하는 사람들의 심리구조는 어떤 것인가?

4. 본능 에너지와 문화 에너지는 각각 어떻게 다른가?

5. 한 사람만을 끝까지 진실하게 사랑하는 능력은 어디에서 오는가?

참고문헌

Ainsworth, M. D. S. *"Attachment and Dependency"* A comparison, : in J. L. Gewirtz (ed.), *Attachment and Dependence*. Washington, D.C: Winston, 1972.

Bowlby, J. *Attachment*. New York: Basic Books, 1969.

Deutsch, Helene. "Some Forms of Emotional Disturbance and their Relationship and Schizophrenia," *Psychoanalytic Quarterly*, 1942.

Fraiberg, Selma. "Libidinal object constancy and Mental Representation" *in Psychoanalytic Study of the Child 24* (1969).

Hartmann, Heinz. (1952) "The Mutual Influences in the Development of Ego and Id" *in Essays of Ego Psychology*. New York: International Universities Press.

J. Piaget. *The child's Construction of Reality* (1937) New York: Balic Books, 1954.
Kohut, Heinz. *The Analysis of the self.* New York: International Universities Press, 1971.
Mahler M. et al, *The Psychological Birth of the Human Infant.* New York: Basic Books, 1975.
Spitz, Rene. *The First year of life.* New York: international universites, 1965.
Winnicott, Donald. *Ego Distortion interms of true and False self in The Maturational processes and The Facilitating Environment.* London: Hogarth and The Institute for Psychoanalysis, 1995.
Brenner, Charles. 『정신분석기법과 정신적 갈등』, 황익근 역. 서울: 하나의학사, 1993.
Brenot Philippe. 『천재와 광기』, 김웅권 역. 서울: 동문선, 1998.
Davis, Madeleine & Davis Wallbridge. 『울타리와 공간』, 이재훈 역. 서울: 한국심리치료연구소, 1997.
Freud, Sigmund. 『문명속의 불만』, 김석희 역. 서울: 열린책들, 1997.
―――. "나르시시즘에 관한 서론", 『무의식에 관하여』, 윤희기 역. 서울: 열린책들, 1997.
―――. "신경증 발병 유형들", 『억압, 증후, 그리고 불안』, 황보석 역. 서울: 열린책들, 1997.
―――. "토템과 터부", 『종교의 기원』, 이윤기 역. 서울: 열린책들, 1997.
Fairbairn, Ronald. 『성격에 관한 정신분석학적 연구』, 이재훈 역. 서울: 한국심리치료연구소, 2003.
Meissner, W. W. 『편집증과 심리치료』, 이재훈 역. 서울: 한국심리치료연구소, 1998.
Nazio, J. D. 『히스테리의 정신분석』, 표원경 역. 서울: 백의, 2001.
Kristeva, Julia. 『검은 태양』, 김인환 역. 서울: 동문선, 2004.
―――. 『공포의 권력』, 서민원 역. 서울: 동문선, 2001.
―――. 『반항의 의미와 무의미』, 유복렬 역. 서울: 푸른숲, 1998.
Tolstoi, Leo. 『예술론』, 동완 역. 서울: 신원문화사, 1992.
미국정신의학회, 『정신장애의 진단 및 통계편람 제4판』, 이근후 외 역. 서울: 하나의학사, 1996.
APA, 『정신질환의 진단 및 통계편람 제5판』, 권준수 외 역. 서울: 학지사, 2016.

7장

진리의 변혁적 능력

"씨 뿌리는 비유를 들으라"
길 가에 뿌려진.....
돌밭에 뿌려진.....
가시떨기에 뿌려진...
그러나 좋은 땅에 뿌려진 씨는
말씀을 듣고 깨닫는 사람을 가리킨다.
그런 사람은 100배, 60배, 또는 30배의 열매를 맺는다.

(마 13:18–23)

진리는 인간을 변혁시킨다. 그래서 요한복음의 기자는 진리가 우리를 자유케 한다고 말했다. 진리는 우리의 징크스, 상처, 고착과 병리 등 모든 것을 다 훼파毁破시켜 줄 수 있다. 인간의 문명은 인간 문제에 대한 해법의 진리를 찾는 과정이었으며, 그 진리를 통해서 수많은 위기와 문제를 해결해 왔다. 진리는 말씀에서 시작한다. 그리고 성서는 진리의 말씀을 씨앗에 비유한다. 필자는 이 비유를 네 가지의 인격 심리구조 유형으로 정신분석학 차원에서 설명하고자 한다. 마태복음 13장에 나오는 "씨 뿌리는 자"의 비유는 하나님의 말씀을 받는 방식에 따라 나타나는 네 가지 유형의 인격 형태를 상징적으로 소개한다. 그리고 이것은 정신분석에서 말하는 네 가지 유형의 인격 심리구조와 아주 흡사하다. 즉, 씨앗을 받는 네 개의 서로 다른 밭은 정신분석학에서 말하는 네 가지 종류의 심리구조들로 이해될 수 있다. 일반적으로 정신분석적인 상담가는 내담자를 볼 때 네 가지 심리구조 중 어떤 유형에 속하는지를 관찰한다: 분열적 구조, 경계선 및 자기애적 구조, 신경증 구조, 그리고 정상 인격 구조. 이 진단들은 개인의 리비도 발달의 정도와 관련이 있으며, 현상적으로는 주로 감정의 유무와 변화의 강도에 따라 내려진다.

정신분열적 심리구조는 주로 감정이 완전히 메말라 버린 사람들에게 해당된다. 이들은 슬픔이나 분노, 그리고 공포와 불안과 같은 부정적인 감정들을 경험할 수 있는 능력이 없다. 철저히 생각이나 관념에 사로잡혀 인간의 감정이 부여하는 다양한 삶의 경험이 차단되는 모습을 보여준다. 자신의 내면과 타인에 대한 리비도적 관심이 없는 상태이다. 둘째로 우리는 경계선 및 자기애적인 구조의 사람들을 본다. 이들은 주로 감정의 기복이 과도하게 심한 사람들이다. 무엇보다도 리비도가 안정되어 있지 않다. 친화력이나 인간관계 능력이 폭발적이거나 일방적이다. 리비도가 공포와 분노 같은 감정에 치중되어 있는 상태이다. 세 번째로 신경증 심리구조의 사람들이 있다. 이들은 리비도가 증상을 통해서 표출될 뿐, 관계적인 행복과 쾌락의 형태로 나타나지 않는다. 신경증 환자들은 쾌락과 행복이 경험되기보다는 도덕과 윤리의 억압 기제들로 인해 스스로를 무척 힘들게 만든다. 사실, 건강한 리비도는 관계적인 쾌락과 행복의 활성화이다. 신경증 구조는 이러한 리비도의 발달을 아직 이루지 못한 사람들이다. 마지막으로 건강한 심리구조의 사람들이 있다. 이들은 리비도가 정상적으로 발달했으며, 삶 속에서 다른 사람들과 더불어 사랑과 행복을 경험하면서 산다. 즉, 친밀한 인간관계가 원만하게 이루어진 경우이다. 다시 말해서 분열적인 심리구조는 일반적으로 메마른 감정과 관련이 있다. 그것은 주로 철저하게 억압된 리비도의 결과이다. 경계선 및 자기애 구조는 정서적으로 볼 때 분노와 공포에 기인한다. 즉, 불안한 리비도로 인하여 개인의 마음 전체에 혼란이 야기될 때 나타나는 현상이다. 신경증 구조는 완전주의를 추구하기 때문에 주로 걱정과 불안이 많은 사람이다. 경계선이나 자기애에 비해 약하기는 하지만 역시 불안한 리비도의 흐름 안에 있다. 반면에 정상적인 인격의 소유자는 안정과 감사의 감정이 주를 이룬다. 이들은 안정된 리비도를 경험하며, 일반적으로 리비도적인 대상항상성의 능력과 갈등 해결의 능력을 동시에 가지고 있다.

마태복음 13장의 비유를 정신분석적인 관점에서 살펴본 인격적 심리 유형은 다음과 같다. 첫 번째, 길가에 떨어진 씨앗이 상징하는 것은 감정 기능의 미약 혹은 마비로 존경할 줄 모르는 사람이다. 두 번째, 돌밭에 떨어진 씨앗의 상징은 이상화 및 우상화의 함정에 빠진 사람을 나타낸다. 세 번째, 가시떨기에 떨어진 씨앗의 의미는 내면화된 가치관의 부재로 인해 어려움에 시달리는 사람을 그리고 있다. 그리고 네 번째 좋은 땅에 떨어진 씨앗의 상징은 삶의 방향과 목적이 분명한 사람을 보여준다. 좀 더 풀어서 말하면, 길바닥의 인격, 자갈밭의 성격, 가시덤불의 태도, 그리고 안정과 평화의 마음이라는 네 가지 인격 유형이 나온다. 정신분석학은 임상적이고 경험적인 차원에서 인간의 마음에 대해 깊이 있는 지식을 다루는 과학이다. 이러한 과학적인 지식은 우리에게 개인이 어떻게 다른지에 대한 중요한 통찰력을 제공해 준다. 성서 역시 인간에 대한 지혜를 명료하게 설명해 주고 있다. 그래서 읽는 이에게 깊이 있는 지혜와 방향성을 제시한다. 특히 마태복음에 나오는 예수님의 씨 뿌리는 자의 비유는 정신분석이라는 임상과학의 관점에서 볼 때도 인간을 이해하는 데 필요한 핵심적인 자료들을 제공한다.

1. 심리구조의 의미

씨앗은 무엇을 의미하는 것일까? 씨앗은 정신분석적으로 볼 때 존경하는 대상의 말로 이해될 수 있다.[1] 사람은 존경하는 대상과 더불어 있을 때 행복하다. 우선 정신적인 산소가 충만해진다. 존경하는 사람과 같이 있으면 우선 일체감과 존경심이라고 하는 산소가 채워진다. 그리고 만일 그 대상이 자신을 좋아하거나 긍휼히 여기는 마음이 있음을 발견하게 된다면, 개인은 총애감이라고 하는 산소도 확보하게 된다. 이런 정신적 산소들은 바로 존경할 수 있는 대상과 더불어 모두 충족되는 것이다. 심리구조는 이 씨앗이 잘 자라서 튼튼한 나무가 되고 잎사귀와 꽃, 그리고 열매를 잘 맺는 상태를 가리킨다. 진리의 말씀이 개인의 몸과 마음에 들어가 자리를 잘 잡고, 그 진리의 말씀이 그 개인의 삶에 결정적인 원칙이 될 때, 우리는 그것을 가리켜서 심리구조라고 말한다. 심리구조는 마음의 기둥이다. 그것은 마음속의 진리가 완전하게 자리 잡고 사회적으로도 그 빛을 드러내는 위력을 발휘할 수 있는 힘을 가리킨다. 심리구조는 우리 마음속의 중요한 기둥들이며, 우리 자신을 보호하고 지탱해 주는 중심축들이다.

코헛에 따르면 각 개인은 핵자기nuclear self를 가지고 있다. 이 정신적 유전자 지도는 개인마다 다 보유하고 있다. 하지만 개인에 따라 충분히 현실화될 수도 있고, 아니면 그냥 발전되지 않은 채 사장될 수도 있다. 각 개인은 달란트와 재능을 부여받고 태어나지만 자신의 달란트와 재능을 다 발전시키는 것은 아니다. 코헛에 따르면 바로 정신적인 산소들 중에서도 특별히 존경에 대한 충분한 경험이 바로 개인의 달란트와 재능을 발전시킬 수 있도록 해 준다. 즉, 사람이 자신의 고유한 능력과 재능이 발휘되기 위해서는 존경하는 대상과의 관계경험이 필요하다. 멘토가 되는 따르고 존경하

---

1 "존경하는 대상의 말"은 철저히 필자의 언어이다. 이것은 필자가 하인즈 코헛과 줄리아 크리스테바의 사상을 통합하려는 시도이다. 또한 기독교적인 말씀의 시각에서 인간의 심리 이해와 치료 과정에 대한 분석을 하려는 노력이다. 줄리아 크리스테바는 언어의 중요성을 강조한다. 물론 프로이트 이후 모든 정신분석학자는 인간의 언어, 특별히 말에 대한 관심을 가져왔다. 그리고 그것은 "무의식의 의식화"의 대명사로 여겨져 왔다. 정신분석학의 세계에서 "말" 자체에 대해 연구를 집중적으로 한 학파는 라캉학파이다. 특별히 줄리아 크리스테바는 기호학과 언어, 그리고 정신분석학을 통합한 학자로서, 서구의 심리치료 분야에서 그 중요성을 인정받은 사람이다. 그녀의 유명한 저서 『검은 태양』과 『공포의 권력』은 인간의 슬픔과 공포의 감정에 대한 정신분석학적 분석의 진수를 보여주고 있다.

는 사람이 있을 때 그의 말이 내 안에 들어오게 된다. 나의 가능성과 재능을 믿어주고 더 성장할 수 있도록 인도와 훈련받는 경험은 재능을 높은 수준까지 발전시킬 수 있다. 코헛이 강조하는 것이 이 부분이다. 곧 존경 대상의 체험이 깊으면 깊을수록 행복하고, 동시에 자신의 전문성을 성장시킬 가능성이 더욱 커진다.

사실 존경하는 대상이 없다면 코헛이 말하는 창조적인 긴장곡선tension arc이 만들어지지 않는다.[2] 이 긴장곡선은 프로이트가 말하는 긴장에너지의 포화상태와는 전혀 다른 의미이다. 개인마다 인생의 목표가 분명하고, 그 목표에 도달하는 의지와 능력이 자신에게 있다고 믿는 사람이 있는가 하면, 반면에 그렇지 않은 사람이 있다. 자신의 인생에서 달려가야 할 목표가 분명하고 푯대가 있는 사람은 창조적인 긴장곡선이 형성되어 있다. 그 사람은 그 방향을 향해서 부단히 정진할 수 있다. 좋은 지도자와의 존경경험은 자신의 재능과 달란트를 더 발전시키고 첨예화할 수가 있다. 이것이 바로 진정한 의미에서 가장 이상적인 리비도 발달의 모습이다. 그것은 곧 개인의 핵심적인 자기 프로그램의 현실화이다. 이러한 개인은 사회에 긍정적인 공헌과 이바지할 수 있는 아름다운 가치관을 형성한다. 반면 프로이트의 긴장에너지 포화상태는 병리적인 긴장이 가득하여 개인의 건강을 위협한다. 신체화로 인해 육체적 건강이 안 좋아질 수 있고, 심리적으로도 열악하여 정신적인 고통을 겪게 된다. 삶에 부적응적인 증상으로 고통을 겪으며, 관계에도 진솔함과 건강한 쾌락추구가 아닌 갈등과 공허에 찬 형태들로 나타난다. 무엇보다 인생의 확실한 목표와 목적이 부재하여 무기력하고, 가

---

2 "창조적인 긴장곡선"은 하인즈 코헛의 핵심적인 개념이다. 물론 그는 "창조적인"이라는 말을 사용하지 않았다. 그러나 필자가 이 단어를 사용하는 이유는 코헛이 말하는 "긴장"과 프로이트가 말하는 "긴장"을 구별하기 위해서이다. Heinz Kohut, *The Restoration of the Self*, (New York: International Universities Press, 1977).

치관의 문제를 겪게 된다.

성서적인 용어로 말하면, 각 개인은 누구나 다 하나님의 형상을 가지고 있다. 그것은 우리의 몸과 영혼에 내재되어 있다. 그런데 어떤 사람은 그러한 형상을 가지고 있다는 사실조차 모르고 살아간다. 코헛의 자기심리학적 관점에서 볼 때, 개인은 오직 존경대상을 만남으로써 자기 자신의 재능을 찾아내고 발전시킬 수 있다. 코헛은 정신적인 산소의 기능을 강조하였다. 그에 따르면 인간은 유아시절부터 청소년과 성인의 과정, 그리고 마지막 죽음의 순간까지 정신적인 영양분이 필요하다.3 즉, 누군가로부터의 총애감, 누군가를 향한 존경심, 그리고 누군가와 함께하는 일체감의 경험은 정신적으로 볼 때 산소와 같은 역할을 한다.4 이러한 정신적 산소들은 유아시절의 정상적인 리비도 발달에 있어서 절대적이다. 그리고 성인으로 성장해서도 정신적인 생존과 번영을 위해 정신적 산소들은 지속되어야 한다. 그런데 이들 정신적인 산소의 경험 중에서도 가장 중요한 것은 바로 존경

---

3 하인즈 코헛이 말하는 평생 필요한 정서적 산소 체험이라는 개념은 그 이전의 학자들에 비해 아주 판이한 사상을 보여준다. 프로이트로부터 멜라니 클라인, 에릭슨, 페어베언, 위니캇, 마가렛 말러, 컨버그 등은 리비도가 충분히 발달한 사람들은 더 이상 다른 사람들에게 정신적인 의존을 할 필요가 없다고 하였다. 정서적인 홀로서기는 이들 전통주의 정신분석학자들의 목표이며, 일단 성취되면 그 효과가 평생 이어지게 된다. 하지만 코헛은 이와 같은 완전한 홀로서기의 심리적 능력에 대해 회의적이다. 그는 비록 유아기 시절의 좋은 환경이 튼튼한 정서적 기반을 만들어주지만, 개인의 정서적인 영양분은 유아기 이후의 삶에서도 계속해서 흡수해야 한다고 주장한다. 인간은 죽을 때까지 혼자 설 수 없는 존재로 누군가의 도움이 필요하다. 정신적인 산소의 개념은 그러한 의미를 설명하기 위해 고안되었다. 산소는 건강한 사람이든, 환자이든 모두에게 필요하다. 건강하다고 해서 산소가 필요 없는 것이 아니다. 마찬가지로 아무리 유아기 시절이 완벽했던 사람이라 할지라도 정신적인 산소는 평생 호흡해야 한다. 그래서 말러의 리비도적 대상항상성과 분리 개별화의 이론은 임상적으로 문제가 있다. Heinz Kohut, *How Does Analyses Cure?* (Chicago and London: The University of Chicago Press, 1984), 47, 193, 199.
4 코헛은 이 세 가지 종류의 정신적 산소를 다음과 같은 용어로 설명한다. "mirroring and acceptance," "merger with greatness, strength and calmness," and "the pleasure of essential alikeness with his/her selfobjects." 번역하면 "누군가의 총애와 인정", "위대하고 강하며 평정을 이룬 대상에의 편승," 그리고 "자기의 자기대상들과 본질적으로 같다는 느낌의 기쁨"이다. 위글., 194.

이라고 하는 심리적 체험이다.[5] 누군가를 존경하고, 좋아하며, 따라가는 것은 유아의 인격 발달과 임상에서, 환자의 치료에 있어서 아주 중요하다. 만일 개인에게 이러한 경험이 없으면 내면적으로 공허를 느끼게 된다. 그리고 이러한 상태가 더 심해지면 빈 공간을 채우기 위해 수없이 많은 병리적인 행위를 하게 된다.

개인의 인생 가치와 목적의식은 존경심이 발전하여 형성된다. 그러므로 존경심이 없는 사람은 인생의 목적도 방향도 불분명하다. 중요한 것은 바로 존경하는 대상의 입에서 나오는 말이다. 누군가를 사랑하고 존경할 때 그 대상의 언어를 진지하게 수용한다. 그리고 그 언어를 받아서 자신의 인생의 지표로 삼는다. 신앙적으로 말하면, 하나님을 경외하고 사랑하는 사람은 그분의 말씀을 진지하게 듣는다. 그 말씀이 자신의 육체에 거하고 완전히 자리를 잡을 때까지 계속해서 묵상하고 늘 삶 속에서 실천한다. 예를 들어 "진리가 너희를 자유하게 하리라"는 주님의 말씀이 있다. 신앙심이 깊은 사람은 이 말씀을 깊게 묵상한다. 그리고 매 순간 현실의 삶 속에서 이 말씀을 적용하여 실천하려고 노력하게 된다. 때로는 도피하고 싶고 거짓으로 무마하고 싶어질 때가 있다. 그러나 그럴 때 이 말씀이 떠오르게 되면 비록 두렵고 떨리며 손실이 발생하더라도 진실하려고 애쓰게 된다. 말

---

[5] 하인즈 코헛은 자기애 구조의 환자들을 분석할 때 존경자기대상 경험이 중요함을 피력한다. 1971년 그는 자신의 저서 『자기의 분석(The Analyses of the Self)』에서 이와 같은 입장을 강력히 주장하고 있다. 이것은 기존의 분석기술과는 아주 다른 견해이다. 이전까지만 해도 내담자의 상담자에 대한 존경심은 "이상화"라는 방어기제로 여겨졌었다. 그래서 그것은 깨어져야 하고 특별히 임상상황에서 진지하게 다루어져야 한다고 보았다. 하지만 코헛은 자기애 구조 환자들은 이와 같은 방어기제가 꼭 필요하기 때문에 그 방어기제를 부수기보다는 잘 이끌고, 오히려 강화시켜야 한다고 보았다. 심리분석의 새로운 기술로 제시된 이와 같은 자세는 당시 미국의 정신분석학계에 큰 파장을 일으키는 원인이 되기도 했다. Heinz Kohut, *The Analysis of the Self: A Systematic Approach to the Psychoanalytic Treatment of Narcissistic Personality Disorders* (New York: International Universities Press, 1971).

쏨이 몸에 거한 사람의 현상이 이와 같은 것이다. 하나님을 경외하고 사랑하는 사람은 그분의 말씀 안에 거한다.

이런 점에서 볼 때 마태복음이 말하는 밭은 우리의 몸을 의미한다. 이 몸은 단순한 육체를 뜻하는 것이 아니다. 영혼과 마음이 함께 거주하는 몸이다. 철학적으로는 신체감각이라는 말이 어울릴 것이다. 개인은 저마다 각기 다른 신체감각을 가지고 있다. 과연 나는 내 몸속에 어떤 말씀을 가지고 있는가? "진리가 너희를 자유롭게 하리라"는 말씀이 내 몸에 거하고 있는가? 예수님께서는 우리의 몸과 마음을 신체감각으로써 "밭"에 비유하셨다. 그리고 주님의 말씀은 "씨앗"이다. 우리의 밭은 씨앗을 잘 받아들여 뿌리를 내리고 싹을 키우며, 줄기와 이파리, 그리고 꽃과 열매가 맺기를 바란다. 현대인은 신체감각을 잃어버리며 살고 있다. 유실된 영혼의 몸을 되찾기 위해 말씀이 우리 안에 거하는 연습을 해야 한다. 그런데 이때 우리의 신체감각이 반드시 좋으리라는 보장이 없다. 개개인은 지나온 삶의 여정으로 인해 서로 다른 육체 감각을 가지고 있다. 어떤 이들은 유연한 신체감각을 가지고 있는가 하면, 또 다른 이들은 아주 경직되고 굳어진 몸을 가지고 있다.

2. 존경 경험의 결여

사람은 존경하지 않는 사람의 말을 절대로 유념하여 듣지 않는다. 자신이 등한시하는 사람의 말속에 진리와 지혜가 있다고 경청하는 사람이 과연 얼마나 있을까? 그런 사람들의 말은 청종하지 않는다. 존경하지 않기 때문이다. 남의 말을 들으려면, 우선 말하는 사람을 좋아하고 존경해야만 한다. 누군가의 말을 듣는다는 것은 이미 그 말의 대상을 흠모하고 좋아한다는 뜻이다. 정신분석적으로 리비도가 그 대상에게 투자된 경우를 뜻한다.

사실 우리는 좋아하는 사람이 있을 때 그 사람의 입에서 나오는 말을 듣는다. 결코 잊지 않고 자기 몸에 깊숙이 자리를 잡으며 평생 삶의 나침반 역할을 한다. 존경하는 마음이 있을 때 개인은 그 대상의 말에 귀를 기울이는 법이다.6 존경의 힘이 갖는 놀라운 위력이다. 반면에 우리가 존경하지 않고 멸시하는 사람의 말은 아무리 위대하다 할지라도 우리의 귀에 들리지 않는다. 길가에 떨어진 씨앗이란 바로 이와 같은 상태를 의미한다. 개인의 몸과 대상의 말이 함께 만날 때 존경이란 매개체가 없다면 그 말은 아무런 힘을 갖지 못한다. 따라서 무신론자에게 성서의 말씀은 아무런 의미가 없게 되고, 목회자의 설교 또한 아무런 영향력을 끼치지 않는다. 마치 빈 들에 외치는 자의 소리이며, 울리는 꽹과리일 뿐이다.

인간의 몸은 리비도 대상을 향한다.7 신체가 원하는 대상은 개인마다 다르게 나타난다. 욕정의 인간은 욕망이 불일 듯 일어나 대상의 자극에 의해 돌발한다. 그러나 애정의 인간은 정신적으로 승화된 사랑의 관계 능력이 있다. 리비도가 육체에서 정신으로 그 변혁의 과정을 성공적으로 마친

---

6   멜라니 클라인은 존경심을 가리켜서 "이상화"라고 하는 위험한 방어기제로 본다. 그녀에 따르면 "이상화"는 분열기제의 특성이며, 실상은 공포와 분노의 감정을 감추기 위한 위장이다. 따라서 누군가를 이상화하는 것은 무척 병리적이며, 심리구조가 지극히 병약함을 의미한다. Melanie Klein, "Notes on Some Schizoid Mechanisms" in *Envy and Gratitude* (Delacorte Press/Seymour Lawrence, 1975) 7. "Idealization is bound up with the splitting of the object, for the good aspects of the breast are exaggerated as a safeguard against the fear of the persecuting breast. While idealization is thus the corollary of persecutory fear, it also springs from the power of the instinctual desires which aim at unlimited gratification and therefore create the picture of an inexhaustible and always bountiful breast-an ideal breast." 그러나 이상화인가, 아니면 존경심인가 하는 문제는 첨예한 대립의 논쟁거리이다. 코헛은 존경심의 방향으로 더욱 나아간다. 그는 존경심을 자기의 정서적 실존을 위해서 가지는 필수 조건이라고 주장한다. 존경 경험은 리비도가 대상에게 투자되는 것으로, 자신의 과대성과 전능성을 넘어 공경하고 흠모할 수 있는 "위대한 대상"이 경험되는 것이다. 공포와 분노에 대한 방어로서의 "Idealization" 경험이 아닌, 신뢰와 감사에서 오는 "Idealizing Selfobject" 경험은 개인의 원시적인 과대성과 노출 성향을 조절해 주며, 사회·문화적인 윤리 규범의 수용을 돕는다. 즉, 대상을 존경할 수 있을 때 비로소 건강한 이상과 가치관이 성립될 수 있다.

경우이다. 길가에 떨어진 씨앗은 어느 대상의 말을 상징한다. 그 상징이 개인의 마음과 몸에 자리를 잡을 것이냐, 아니냐는 그 말을 한 대상을 얼마나 신뢰하고 존경하며 따르느냐에 달려있다. 그런데 씨앗이 길가에 떨어지면 뿌리를 내릴 수도 없고, 어디론가 유실된다. 교회의 경우 교인들이 목회자를 존경하지 않으면 목회자의 설교가 귀에 들어오지 않는다. 설교 시간이 무척 지루하며 빨리 끝나기만을 기다리게 된다. 설교자의 말이 그냥 길가에 떨어지고 마는 것이다. 이때 교인들은 설교자의 말씀을 가슴에 담지 않으며 예배를 드렸다는 이유만으로 만족할 뿐이다. 정성껏 준비한 목회자의 설교가 그 교인의 삶에 아무런 영향을 미치지 못한다. 목회자의 말이 교인과 진정한 연결을 이루지 못한 상태인 것이다.

임상 상황에서 어떤 환자들은 살면서 평생 한 번도 누군가를 존경해 본 적이 없다고 말한다. 이러한 사람은 리비도가 대상을 향하여 진지하게 투자된 사람이 아니다. 리비도의 발달이 막혀버린 상태이다. 사람은 누군가를 존경할 때 자신의 리비도를 투자한다. 특별히 존경하는 대상의 말에 리비도가 투자될 때, 그 개인은 존경대상의 말을 자기 자신의 심리 내면에 받아들인다. 코헛이 말하는 "변형적 내재화"는 바로 이것을 의미한다. 존경하는 대상의 언어가 처음에는 개인의 심리 바깥에 있었지만, 존경대상과

---

7 페어베언의 핵심적인 말이다. 그에 따르면 인간은 리비도라고 하는 욕망을 추구하는 것이 아니라 리비도를 함께 경험할 수 있는 대상을 찾는다고 한다. 프로이트의 입장과는 아주 다른 것이다. 프로이트는 인간에게 리비도라고 하는 본능적인 욕망이 있다고 했다. 성적인 쾌락을 추구하는 것이 바로 인간의 본능이다. 욕정적인 인간이 가지는 모습이다. 그런데 페어베언은 이와 같은 본능적인 존재로서의 리비도 개념보다는 리비도는 대상을 향한다고 말한다. 즉, 대상에 따라 개인의 리비도는 발동하기도 하고, 철수되기도 하며, 발전되기도 한다. 따라서 중요한 것은 대상이다. 리비도가 머무르는 대상이 바로 리비도 대상이다. 개인의 인격적 심리구조의 판도는 각 개인이 가지고 있는 대상의 리비도 부착에 따라 달라진다. W. R. D Fairbairn, "Object relationships and dynamic structure" in *Object Relations Theory of the Personality* (New York: Basic Books, 1952), 149. 혹은 로널드 페어베언, 『성격에 관한 정신분석학적 연구』, 이재훈 역 (서울: 한국심리치료연구소, 2003), 182.

의 관계가 형성되면 서서히 그 언어를 가슴 안으로 깊게 받아들이는 계기가 된다. 시간이 지나면서 그 말이 완전히 신체에 자리를 잡고 영혼의 말이 육체화될 때, 우리는 비로소 "성육신"의 은혜를 입게 된다.

3. 이상화 방어기제

돌밭은 분노와 욕정이 뒤범벅된 상태를 상징한다고 볼 수 있다. 즉, 어떤 이들은 아직 마음속에 분노를 조절하는 능력이 부족하다. 욕정을 다스리는 능력도 무척 빈곤한 가운데 있다. 정신분석적으로 볼 때 리비도와 공격성의 발달이 매우 미약하기에 그 통제 능력이 아직 원시적인 상태에 있다. 본래 욕망을 다스리는 능력은 존경대상으로부터 총애와 일체 경험이 오랜 기간 쌓였을 때 발달한다. 그 대상의 인격과 가치가 마음속에 깊게 뿌리를 내리는 것이 가능해지기 때문이다. 존경대상과의 총애와 일체 경험이 깊지 않거나 단시간이라면 그 뿌리가 허약해지기 쉽다. 돌밭의 심리구조는 이러한 점에서 볼 때 존경구조의 내면화 작업에 성공하지 못한 상태이다. 이들은 여러 불편 자극을 받으면 다시 원시적 충동 기제에 의해 함몰된다. 물론 돌밭의 경우가 길가에 떨어진 씨앗보다는 긍정적이다. 왜냐하면 이들은 감정이 살아있기 때문이다. 또한 세상에 대한 관심도 버리지 않았다. 비록 투박하고 불안정하지만 세상에 대한 관심이 살아 있고 무엇보다 대상과의 관계를 포기하지 않은 상태이다. 그 때문에 리비도와 공격성의 춤을 출 수 있는 것이다. 다만 리비도와 공격성이 분화되지 않았다는 한계를 지닌다. 개인의 몸속에 불안과 분노가 강하게 남아있어서 격한 감정에 시달리게 된다. 특히 인간관계 속에서 격정적인 증상들이 자주 튀어나온다. 투박하고 원시적인 쾌락의 추구가 그 개인의 시간을 남용하고 있는 상태이다.

리비도와 공격성이 분화되지 않았다는 것은 아직 리비도의 힘으로 자신의 공격성을 제어하지 못하는 상태에 있다는 말이다. 그래서 간간이 찾아오는 자기애적인 분노를 이겨낼 힘을 갖지 못한다. 인간관계에서 이들은 자주 폭발적인 갈등 상황을 빚는다. 욕정도 통제가 되지 않아 순간적인 열정의 사랑에 빠질 위험이 있다. 모두가 다 리비도의 발달이 충분히 이루어지지 않았기 때문이다. 인간의 공격성은 사랑의 리비도 경험으로 순화된다. 만일 리비도 경험이 충분하지 않다면 공격성은 투박하고 위험한 수준에 머무르고 만다. 그래서 불안한 리비도의 상태가 그 개인의 마음과 몸을 흔들어 놓는다. 이것이 바로 돌밭의 마음과 몸을 가진 사람들이다. 정제되지 않고 통제되지 않는 분노는 주변 사람들에게 격한 방식으로 표출된다. 이러한 분노는 개인에게 좋은 인간관계를 오랫동안 유지하는데 방해요소가 된다. 타인에 대한 이해와 배려보다 의심과 분노가 일어나면서 인간관계에서 오는 즐거움과 행복감을 충분히 누리지 못하게 된다.

하지만 이들의 감정이 살아있고 세상에 대한 관심이 여전히 있기 때문에 존경 경험 또한 가능하다. 그러면 돌밭의 마음과 몸을 가진 사람은 어떤 상태의 존경심을 경험하는가? 멜라니 클라인과 오토 컨버그는 개인의 우상화 혹은 이상화의 위험성을 지적한다.[8] 이것은 개인이 대상을 만날 때

---

8   컨버그는 멜라니 클라인과 기본적으로 같은 맥락 위에서 "이상화" 방어기제를 바라본다. 경계선 성격장애의 권위자로서 그는 많은 임상적인 리포트와 저서를 남겼다. 그에 따르면 경계선 환자와 자기애 환자들은 주로 원시적인 이상화의 방어기제라는 문제를 안고 있다고 볼 수 있다. 사실, 컨버그가 말하는 이상화는 코헛의 의견과 매우 다른 의미이다. "Psychotherapists who themselves present times be quite easily into a kind of magical, mutual bitter disappointment how this defensive operation may effectively undermine the establishment of any realistic therapeutic alliance. To firmly undo the idealization, to confront the patient again with the unrealistic aspects of his transference distortion, while still acknowledging the positive feelings that are also part of this idealization, is a very difficult task because underneath that idealization are often paranoid fears and quite direct, primitive aggressive feelings towards the transference object." Otto F. Kernberg, *Borderline Conditions and Pathological Narcissism* (New York: Jason Aronson, 1975), 97-98.

너무 쉽게 그 대상의 좋은 점에 매료되어 금방 그 대상을 존경하고 흠모하며 따라가는 우를 범하는 것을 말한다. 영어로 idealization에 해당한다. 클라인에 따르면 이러한 우상화 혹은 이상화는 사실상 대상에 대한 신뢰가 충분하지 않기 때문에 생기는 부작용이다. 즉, 본심은 대상에 대한 불안과 공포가 있다. 그것은 개인이 가지고 있는 투박한 공격성으로 대상에 대한 분노를 만들어 낸다. 하지만 자신은 그 대상보다 여러 가지로 힘이 부족하다. 그래서 자신이 살기 위해 방어기제인 반동형성 reaction formation을 사용한다. 즉, 분노와 미움의 감정을 흠모와 이상화라고 하는 긍정적인 감정으로 바꾸어 버린다. 이것이 바로 이상화라고 하는 방어기제이며 주로 자기애 장애나 경계선 성격장애에서 자주 관찰될 수 있다.[9] 그들의 리비도 발달 과정을 분석해보면 유아기에 엄마와의 관계에서 충분한 리비도 경험을 하지 못한 사람들이다. 충분한 리비도 수혜의 경험이 있는 아이는 리비도에 대한 탐욕이나 허기를 갖지 않는다. 하지만 리비도가 충분히 경험되지 않을 때 성인이 되어서도 계속해서 허기진 리비도를 채우기 위해 혈안이 된다. 그것이 바로 이상화의 기제를 낳는 것이다. 이렇게 되면 만나는 사람마다 쉽사리 존경하고 우상화하며 자신의 삶을 복잡하게 끌고 가는 경향을 가진다. 사실 인간관계는 주고받는 관계가 명확할 때 오래갈 수 있다. 즉, 관계의 성숙은 일방적인 헌신이나 이익에 움직이는 것이 아니라, 서로의 역할이

---

[9] 최근 "이상화"의 문제를 진단에 활용하여 임상에 적용하는 학자인 윌리암은 그녀의 저서에서 정신분석적인 진단 기술을 선보이는데, 특별히 경계선이나 자기애 구조 환자들의 이상화 심리방어기제를 클라인과 컨버그 입장에서 설명한다. "Primitive idealization is only the inevitable downside of the need to idealize. Since nothing in human life is perfect archaic modes of idealization are doomed to disappointment. The more an object is idealized, the more radical the devaluation to which it will eventually be subject; the bigger one's illusions are, the harder they fall." Nancy McWilliams, *Psychoanalytic Diagnosis: Understanding Personality Structure in the Clinical Process* (New York: The Guilford Press, 1994), 106-107.

분명하고 상호 존중과 이익이 발생할 수 있을 때 이루어지는 것이다. 사람들은 그럴 때 안정적이고 지속적인 상호관계를 유지할 수 있다. 하지만 원시적인 이상화나 우상화의 방어기제에 함몰된 사람은 대상에 대한 의존의 경향을 강하게 보인다. 따라서 만일 자신이 기대한 만큼 대상으로부터 은총이나 총애가 미흡한 경우 그 개인은 크게 분노하게 된다. 이것이 바로 자기애적인 격노이며 경계선 성격장애의 폭발적인 공격성의 문제이다.[10] 대상과의 관계에서 리비도가 아직 안정화되지 않았기 때문에 불안하고 혼란스러운 가운데 있는 것이다.[11] 홀로서기에서 오는 외로움과 두려움을 견디지 못해 늘 다른 대상들과 같이 지내려는 경향이 나타난다. 공허감을 극복할 수 있는 가치의 심리구조가 충분히 뿌리를 내리지 못한 결과이다.

---

[10] 원시적인 방어기제인 이상화에 대하여 보다 임상적 주의사항을 밝힌 사람은 패트리샤 채텀이다. 그녀의 작업은 임상적인 핸드북으로 널리 읽혀지고 있는데, 여기에 소개하는 이유는 구체적으로 밝힌 주의사항이 의미가 있기 때문이다. "The therapist should refrain from using advisory, supportive statements and environmental manipulation if they would exploit unanalyzed primitive positive transference situations (e.g., play into the patients' excessive idealization). The therapist accepts moderately intense positive transference but is cautious about intense idealization because of the concomitant devaluation that is usually active in other parts of the patient's life. The therapist makes certain that advice, environmental intervention, medication, or adjunctive therapies are given on a rational basis." Patricia M. Chatham, *Treatment of The Borderline Personality* (Northvale, New Jersey: Jason Aronson, 1996), 342.

[11] 하인즈 코헛은 경계선 환자를 정신분열증 환자의 연계선 상에서 보는 경향이 있다. 그 이유는 이들의 내면적인 자기의 상태가 파편화되어 아주 극심한 혼란을 경험하기 때문이다. "I am aware of the fact that I may simply be describing my personal limits as a psychoanalyst and thus my acceptance of the existence of psychoses and borderline conditions.(I am a diagnostic relativist here: to my mind the terms 'psychosis' and 'borderline state' simply refer to the fact that we are dealing with states of prepsychological chaos which the empathic instrument of the observer is unable to comprehend.)" Heinz Kohut, "Analyzability in the Light of Self Psychology," in *How Does Analysis Cure?* (Chicago: The University of Chicago Press, 1984), 9.

4. 이상과 가치의 부재

성서는 가시덤불을 근심 걱정과 자기의 욕심을 상징한다고 기술하고 있다. 씨앗이 뿌리를 내리고 잘 자라다가 가시덤불에 걸려 더 이상 힘차게 하늘로 솟구치지 못하고 그 기백이 꺾여 버리는 상태이다. 이것은 정신분석적으로 무엇을 상징하는가? 이론적으로 신경증 증세가 바로 이와 같은 정신적, 육체적 증상을 가진다고 본다. 증상은 에너지의 소실을 가져온다. 현실적인 삶의 상황에 리비도를 투자하기보다 증상의 문제에 리비도를 투자하게 되는 것이다. 그러므로 증상은 개인에게 여러 가지 부자유와 불편함을 야기한다. 그래서 증상을 대하는 그들은 늘 염려가 있고, 동시에 불만족한 상태에 있다. 성서는 신경증 상태에 대하여 근심 걱정과 자기 욕심이라는 단어로 묘사하고 있다.

신경증 환자의 특징은 매사에 걱정이 너무 많다는 데 있다. 이들은 스스로 완전해지려고 노력한다. 이미 세워놓은 목표나 금기가 다른 사람에 비해 매우 높고 완벽주의의 사고로 생각이 많고 늘 걱정 속에 있을 수밖에 없다.[12] 생각이 많은 것 자체는 나쁘다고 할 수 없지만, 이들의 생각은 건설

---

[12] 신경증 환자의 완전주의와 나르시즘적인 리비도 발달에 대해서는 이미 프로이트가 그 입장을 분명히 밝히고 있다. 이들이 가지고 있는 많은 근심과 걱정은 바로 이와 같은 완전주의적인 경향에서 비롯된다. 실수하려 하지 않고 도덕적으로 높은 수준의 목표를 설정해 놓고 있다. 그래서 리비도의 발달이 반 충족적이다. 프로이트의 말을 직접 접해보자. "We may say that the one man has set up an ideal in himself by which he measures his actual ego, while the other is without this formation of an ideal. From the point of view of the ego this formation of an ideal would be the condition of repression. To this ideal ego is now directed the self-love which the real ego enjoyed in childhood. The narcissism seems to be now displaced on to this new ideal ego, which like the infantile ego, deems itself the possessor of all perfections. As always where the libido is concerned, here again man has shown himself incapable of giving up a gratification he has once enjoyed. He is not willing to forgo his narcissistic perfection in his childhood; and if, as he develops, he is disturbed by the admonitions of others and his own critical judgement is awakened, he seeks to recover the early perfection, thus wrested from him, in the new form of an ego-ideal. That which he projects

적이고 문제 해법에 있지 않은 경우가 대부분이다. 많은 생각으로 시간을 허비하고, 정신적으로나 육체적으로 쉽게 지치고 피곤해진다. 그들에게는 다른 사람들의 사소한 행동도 중요한 의미로 다가오곤 한다. 이들은 자기 자신에 대한 굳건한 신뢰와 믿음이 약하다. 그러므로 오히려 대상으로부터 인정과 사랑을 더욱 중요하게 여긴다. 마치 자녀가 부모의 기준에 벗어나는 것이 두려워 어떠한 일탈도 하지 않으려는 소심한 상태에 빠지는 것과 아주 흡사하다. 신경증 환자의 마음이 이와 같은 것이다. 즉, 과도하게 외부를 신경 쓰는 마음이 그들의 몸을 누르고 있다. 그래서 대범하게 세상을 향하여 자기주장을 외치고 전진하는 기상이 부족한 가운데 있게 된다.[13]

왜 이와 같은 소심함이 만들어지는 것일까? 정신분석학은 너무나 경직된 도덕과 윤리의식이라고 말한다. 사람은 내면에 금기가 많을 때 걱정

---

ahead of him as his ideal is merely his substitute for the lost narcissism of his childhood-the time when he was his own ideal." Sigmund Freud, "On Narcissism: An Introduction(1914)" *in Collected Papers Vol 4 trans.* Joan Riviere (New York: Basic Books, 1959) 51.

13 코헛은 신경증 환자의 심리구조가 오이디푸스 콤플렉스의 갈등 문제와 관련이 있다고 본다. 이는 프로이트와 다르지 않다. 그러나 그는 여기에서 한 걸음 더 나아간다. 이들은 분명히 이전 성격구조의 사람들보다 훨씬 건강하다. 심리구조도 더 튼튼하며 응집력이 있다. 하지만, 코헛에 따르면 이들은 갈등의 문제 이외에도 자신들의 본질적인 삶의 목표와 방향을 찾지 못한 사람들이다. 여러 가지로 튼튼한 심리구조를 가지고 있지만 그들은 인생에서 자신의 에너지를 불태울 수 있는 일관되고 흔들리지 않는 본질적인 목표를 결하고 있다. 즉, 그들의 신경증은 인생의 가치관과 삶의 목적성이 미약하거나 혼란함으로 이해할 수 있다. 따라서 이들에 대한 치료는 바로 그러한 혼란한 상태에서부터 분명한 삶의 목표를 설정하도록 도와주는 데 있다. 본능적인 문제와의 갈등에 초점을 두는 것은 전통적인 방법이다. 그러나 한 단계 더 나아가 이제는 이러한 현실적인 방향성의 차원에서 접근하는 것이 치료에 더 효과적이라고 본다. "If we had to formulate the traditional outlook on the structure neuroses in self psychological terms, we would simply say that in the structural neuroses a nuclear self has become more or less firmly established in early childhood but that the self is ultimately unable to realize its creative-productive potential (its nuclear program of action) because its energies are absorbed by the conflicts to which it became exposed in later childhood(the Oedipus complex). In these cases, we would say, the psychoanalytic situation becomes the milieu in which the unresolved conflicts of later childhood are reactivated in the transference, made conscious and worked through, and ultimately settled, which the result that the self can turn to its essential goals." Heinz Kohut, "Analyzability in the Light of Self Psychology," in *How Does Analyses Cure?* (Chicago: The University of Chicago Press, 1984), 10.

도 그만큼 비례하게 된다. 그리고 마음에 자연스러움과 자유가 없다. 도덕적으로 경직된 사람은 쉽게 자기 자신을 정죄한다. 기독교인 신경증 환자는 주일날 외식을 하는 것도 두려워한다. 찬송을 부르지 않고 대중가요를 부르면 내심 벌받을까 염려한다. 완전무결하신 하나님이 자신을 처벌할지도 모른다는 마음이 그의 정신을 지배하기 때문이다. 결국 그 사람의 마음에는 자유가 없다. 하지만 인간이기에 밑에서부터 솟아 올라오는 욕정을 어떻게 할 것인가? 무조건적인 억압만이 과연 최상의 방책일까? 프로이트와 그 밖의 정신분석학자들은 현실적인 자아, 곧 에고Ego의 능력을 강화하는 것이 중요하다고 본다. 신경증 환자들은 이 능력이 약하다. 마음속의 초자아가 자아를 정복해 버릴 때 개인은 신경증에 걸린다. 욕망이 철저히 통제되고, 도덕과 윤리가 하나님 대신 자신의 영원한 우상이 되어버린다. 이것이 바로 신경증의 핵심 심리기제이다.

왜 이와 같은 경직된 윤리관과 도덕적 강박관념이 생기는 것일까? 코헛은 이러한 상태를 가리켜서 정신적 산소의 경험이 충분하지 못했기 때문이라고 본다. 그리고 개인이 대상과의 관계를 통해서 아직 변형적 내재화transmuting internalization의 과정을 성공적으로 수행하지 못한 사람이라고 평가한다. 진정한 리비도의 발전은 강박적인 윤리와 도덕을 강요하지 않는다. 자기 행위의 처벌에 대한 염려와 자기 욕정으로 올라오는 충동에 대한 두려움에 떨지 않는다. 반면에 강박적이고 경직된 윤리의식을 발전시켰다고 하는 것은 바로 대상과의 관계에서 정서적인 리비도를 충분히 경험하지 못한 것이며, 그중에서도 존경 경험이 미흡했음을 코헛은 지적한다. 그에 따르면 건강한 인간은 존경하는 부모의 이미지와 가치관을 자신의 마음 깊은 곳에 간직한다. 그 부모 원상은 영원히 변하지 않는 마음의 뿌리가 된다. 그러한 개인은 세상 앞에 담대하고 다른 사람들과 더불어 협력할 수 있는 덕망 있는 삶을 살아간다. 하지만 이것은 존경하는 부모의 희생적인 삶을 목격한 사람만이 가지는 특권이다. 즉, 부모가 존경할 수 없는 모습이거나 억압적일 때 결코 아름다운 부모 원상을 가슴에 새길 수 없다. 오직 헌신하는, 그리고 존경할 수 있는 부모 혹은 스승의 경험만이 아름다운 삶의 방향과 가치관을 설정하도록 도와준다. 하지만 신경증 환자는 아직 이러한 가치관의 확립이 미진한 가운데 있다. 그 사람은 율법을 넘어 죄를 범한다는 두려움에 떨고 있다. 그래서 한편으로는 근심과 걱정으로, 다른 한편으로는 자유와 욕망을 향해 갈등하고 번민하며 혼란한 삶을 살아간다. 가시덤불은 바로 이러한 갈등의 마음을 대변해 주고 있다. 두 가지 마음이 아직 통합되지 못했다. 정신분석적으로 초자아와 이드의 적절한 유대관계를 조율하지 못한 상태에 있는 것이다.

5. 삶의 목적의식

좋은 땅에 떨어진 씨앗은 잘 자란다. 싹이 트고 줄기가 자라며 꽃과 열매가 아름답게 맺어진다. 사람과 동물들은 탐스러운 열매들을 먹으며 기뻐하게 된다. 이것이 바로 좋은 땅이 가지는 능력이다. 정신분석적으로 좋은 땅은 겸손하고 자신 이외의 다른 대상으로부터 은총을 받을 줄 아는 사람이다. 그리고 삶 속에서 자신이 존경하는 대상을 만난 사람이다.[14] 게다가 역경과 혼란 가운데서도 존경하는 관계를 끝까지 유지하는 사람이다. 개인은 누구나 존경대상을 만난다. 문제는 그 존경대상과의 관계가 얼마나 깊

---

14 코헛은 종교를 a supportive selfobject(정서적으로 지지해 주는 정신적 산소의 경험)이라고 생각했다. Heinz Kohut, *The Self Psychology and the Humanities: Reflections on a New Pyschoanalytic Approach* (New York & London: W. W. Norton & Company, 1985), 261.

고 오랫동안 유지되느냐 하는 것이다. 어떤 사람은 존경대상의 체험이 한 순간으로 끝나는가 하면(돌밭의 사람: 경계선 및 자기애 성격), 또 다른 사람은 존경대상에 의해 자신의 존재를 완전히 잊어버린 정신적 노예로(가시떨기의 밭: 강박적이고 경직된 도덕적 윤리의식의 소유자인 신경증 환자) 전락해 버리고 만다. 하지만 좋은 땅의 소유자는 존경대상의 가르침과 지혜를 자기 것으로 삼는다. 그리고 그 가르침과 지혜를 토대로 자기의 삶을 하나씩 아름답게 만들어간다. 분석 과정에서 내담자가 상담을 통해 서서히 자신의 모습을 아름답게 변화시켜 나가는 그 여정과도 같다. 또한 그것은 스승과 함께 동고동락하면서 스승으로부터 재능이나 달란트의 비법을 전수받는 것과 비슷한 과정이다. 그래서 그 개인은 늘 안정되고 평안하며 늘 생산적이고 창조적인 삶으로 자신의 리비도 에너지를 최대한 활용한다.

하인즈 코헛은 이런 변화과정을 가리켜서 "변형적 내재화transmuting internalization"라는 용어를 사용했다. 일반적으로 인간의 첫 번째 스승은 부모이다. 아이는 세상에서 만나는 첫 대상인 부모를 위대하다고 생각하며 신뢰와 사랑의 마음으로 따른다. 이렇게 각 개인은 존경하는 부모 원상idealized parental imago를 가지고 있다.[15] 물론 이것은 존경하는 부모 체험을 한 경우에 해당한다. 만일 부모가 존경대상이 될 수 없다면 이 과정은 철저히 사장된다. 그리고 그 결과로 개인의 심리는 피폐화될 것이다. 하지만 이 과정이 성공적으로 이루어진 사람은 말러가 말하는 "정서적인 홀로서기"와 비슷한 능력을 소유할 수 있게 된다. 내면의 허전함과 공포감으로 불안해하지 않는 것이다. 그 개인은 늘 창조적인 삶의 방향을 향해 진지하게 자신의 인생을 일궈 나간다.

---

[15] Heinz Kohut, *The Restoration of the Self*, 183.

코헛은 이것을 설명하기 위해서 두 명의 아버지를 소개한다. 프로이트는 오이디푸스의 아버지를 말하고 있고, 코헛은 텔레마쿠스의 아버지를 전한다. 전자는 자신의 영달을 위해 자식을 버렸지만, 후자는 자식의 생명을 위해서 자신의 인생을 희생한 사람이다. 그래서 오이디푸스는 아버지에 대하여 살해의 분노를 가지고 있지만, 텔레마쿠스는 아버지에 대한 사랑과 존경심으로 가득했다. 따라서 텔레마쿠스는 의심과 적개심으로 소모적인 싸움을 하지 않고, 세상의 구원과 아름다운 공동체의 건설에 주력하는데 자신의 리비도 에너지를 투자한다. 건강한 사람은 바로 이 후자의 사람이다.[16]

정신분석은 개인의 리비도 발달과 분포도에 따라 4가지 종류의 심리구조를 이야기한다. 첫 번째로는 리비도가 세상으로부터 철수된 정신분열증 구조, 두 번째는 리비도가 아직 공격성을 순화시키지 못해서 불안하고 어수선한 경계선 및 자기애 구조, 세 번째 리비도가 초자아와 도덕적 강박관념에 의해 정복당해 한편으로는 매사 근심하고 걱정하면서도 다른 한편

---

16 코헛은 Introspection, Empathy, and the Semicircle of Mental Health(내적관찰, 감정이입, 정신건강의 반원)이라는 논문에서 프로이트와는 아주 다른 아버지 상을 소개하고 있다. 프로이트와는 달리 "희생적 아버지 상"을 강조하는 것이다. 내용에 따르면 그리스 정부는 트로이 전쟁 시 남자들을 무조건 징집했다. 이에 오디세우스(Odysseus)는 이를 피하려 미친 척하는데, 그 목적은 징용에서 벗어나는 것이었다. 일단은 그의 계획이 성공한 듯했지만 이를 의심한 정부가 세 명의 밀사(Agamemnon, Menelaus, and Palamedes)를 파견한다. 밀사들이 오디세우스를 시험해 보고자 그에게 큰 쟁기를 끌게 했다. 그리고 그의 아들 텔레마쿠스(Telemachus)를 쟁기 앞에 던졌다. 정말로 미쳤다면 그 위험을 모를 것이고, 미치지 않았다면 아들의 생명을 구하기 위해 정상적인 행동을 할 것이라는 계산을 한 것이다. 그 순간 오디세우스는 자기가 아들을 구하면 미친 척한 것이 드러나게 되어 징용될 줄을 알았다. 하지만 오디세우스는 "자기는 죽고 아들을 살리는" 희생적 아버지의 전형이었다. 그는 밭에 떨어진 아들을 피해 쟁기로 반원을 그리는 선택을 한다. 그리고 세 명의 밀사에게 끌려갔다. 이 신화의 내용은 아들을 구하기 위해 자신을 희생하는 아버지의 이야기로서 서구사회에 널리 알려져 있다. 코헛은 건강한 아버지란 자식을 지키기 위해 반원을 그릴 수 있는 사람이라고 소개한다. 이런 아버지상은 바로 프로이트가 말한 오이디푸스의 존속살인 신화 이야기와는 아주 다른 인간 이해를 보여준다. 프로이트가 갈등과 싸움의 아버지를 이야기한다면, 코헛은 스스로 자신을 희생하면서까지 자식을 사랑하는 아버지상을 이야기한 것이다. Heinz Kohut, "Introspection, Empathy, and the Semi-Circle of Mental Health," *International Journal of Psychoanalysis* 63(1982): 395-406.

으로는 자신의 욕동에 의해 흔들리는 신경증 환자, 그리고 마지막으로 리비도가 잘 발달되어 개인의 정서적 홀로서기와 다른 사람들과 더불어 아름다운 행복감의 창출 경험이 극대화된 정상적인 심리구조이다. 이와 같은 인간 심리구조의 분류는 마태복음 13장에 나오는 씨 뿌리는 자의 비유를 통해 더욱 분명하게 설명될 수 있다. 또한 정신분석적으로는 특별히 코헛의 존경자기대상의 기능과 줄리아 크리스테바의 의미론적인 말의 기능을 통해서 재구성해 볼 때, 성서의 4가지 인간 유형이 정신분석에서 말하는 진단적 차원의 4가지 심리구조 유형과 무척 흡사한 것을 발견하게 된다. 비록 정신분석이라는 임상과학 용어는 아니지만, 성서는 이미 인간의 유형을 이렇게 잘 구분해 놓고 있었음을 알 수 있다. 성서의 지혜가 다시 한번 증명되는 사례이다.

감정이 메말라 버린 사람들은 자신과 타인의 감정을 느낄 줄 모른다. 존경심을 경험할 만한 심리 공간이 없다. 아무리 소중한 말씀이 들어와도 외면하게 된다. 자신도 모르게 귀한 씨앗을 잃어버리고 마는 것이다. 길가에 뿌려진 씨앗과 같은 심리구조의 정신분열증 환자들이 가지는 일반적인 경향이라고 볼 수 있다. 혼자만의 차단벽 안에서 공상과 환상세계를 탐닉하기 때문에 외부에서 전달될 수 있는 은총의 씨앗은 철저히 버려진다. 돌밭의 씨앗은 경계선 및 자기애 장애 심리구조이다. 이들은 주로 감정의 안정상태가 없다. 무엇보다도 공격성이 아직 순화되지 않았다. 허황된 꿈이나 개인적인 집착이 너무 커서 자신과 주변 사람들을 힘들게 한다. 폭발적인 인간관계가 특징이며, 자기 안에 안정감이 전혀 나타나지 않는다. 모두가 돌밭 같은 분노와 불안의 감정에 의해 지배되기 때문에 나타나는 현상이다. 가시덤불의 마음은 완전주의자의 자세이다. 이러한 마음의 밭에서는 좋은 열매가 맺어질 수 없다. 조그마한 실수와 오차를 용납할 수 없기에 셀

수 없이 많은 작은 근심들로 고생한다. 인간은 작은 실수를 두려워하지 않을 때 평정과 안도감을 느낀다. 실수를 통해서 배우고 더 나은 그림을 그릴 수 있게 된다. 그러나 늘 긴장해 있으므로 근심이 많고, 역으로 자신의 본능적인 충동이나 정서적인 허기를 채우는 솜씨는 전혀 개발되지 않는 가운데 있다. 그렇게 되면 올라오는 충동이나 욕심에 넘어지는 모습을 자주 보일 수밖에 없다. 즉, 신경증 환자의 구조가 이루어지는 것이다. 마지막으로 좋은 땅에 떨어진 씨앗은 좋은 열매를 맺는다. 이들은 존경하는 대상의 말을 마음에 새기며, 동시에 그 말씀에 따라 성실하게 훌륭한 열매를 맺는 사람들이다. 하늘의 은총이 비로소 빛을 발하는 순간이 된다. 각각의 인격은 그 구조에 따라 하나님의 말씀이나 삶 속에서 만나는 아름다운 기회를 상대하는 방법과 경향이 다르게 나타난다. 좋은 땅의 소유자는 바로 이런 기회와 말씀을 진지하고 성실하게 받아들이는 사람들이다. 씨앗은 존경하는 사람이 보내는 말씀이다. 개인은 그 언어가 육화될 때 비로소 사랑과 행복의 삶을 일궈 낼 수 있다. 그래서 중요한 것은 바로 존경자기대상의 경험이며 신학적으로는 하나님의 은혜에 대한 감사와 은총의 수용에 있는 것이다.

연구 질문들

1. 심리구조는 어떻게 만들어지는가?

2. 길가의 씨앗은 정신적으로 무엇을 상징하는가?

3. 돌밭의 씨앗은 무엇을 의미하는가?

4. 가시덤불의 씨앗은 어떤 심리적 문제를 갖는가?

5. 삶의 가치와 목표가 왜 중요한가?

참고문헌

Chatham, Patricia M. *Treatment of The Borderline Personality*. Northvale, New Jersey: Jason Aronson, 1996.
Freud, Sigmund. "On Narcissism: An Introduction(1914)" in *Collected Papers Vol 4* trans. Joan Riviere. New York: Basic Books, 1959.
Kohut, Heinz. *The Restoration of the Self*. New York: International Universities Press, 1977.
_____. *How Does Analyses Cure?* Chicago and London: The University of Chicago Press, 1984.
_____. *The Analysis of the Self: A Systematic Approach to the Psychoanalytic Treatment of Narcissistic Personality Disorders*. New York: International Universities Press, 1971.
_____. "Analyzability in the Light of Self Psychology" in *How Does Analysis Cure?* Chicago: The University of Chicago Press, 1984.
_____. *The Self Psychology and the Humanities: Reflections on a New pschoanalytic Approach*. New York & London: W. W. Norton & Company, 1985.
_____. "Introspection, Empathy, and the SemiCircle of Mental Health" *International Journal of Psychoanalysis 63*(1982).
Fairbairn, W. R. D. "Object relationships and dynamic structure" in *Object Relations Theory of the Personality*. New York: Basic Books, 1952.
_____. 『성격에 관한 정신분석학적 연구』, 이재훈 역. 서울: 한국심리치료연구소, 2003.
Kernberg, Otto F. *Borderline Conditions and Pathological Narcissism*. New York: Jason Aronson, 1975.
Klein, Melanie. "Notes on Some Schizoid Mechanisms" in *Envy and Gratitude*. Delacorte Press/Seymour Lawrence, 1975.
McWilliams, Nancy. *Psychoanlaytic Diagnosis: Understanding Personality Structure in the Clinical Process*. New York: The Guilford Press, 1994.

8장

공감적 관찰과 통찰력 창출

"사랑으로 진리를 말하며"(엡 4:15)
"주는 사랑과 진리의 하나님이십니다"(시 115:1)
"진리가 너희를 자유롭게 하리라"(요 8:32)

사랑과 진리는 성서의 핵심 단어이다. 그 단어들은 상당히 자주 거론되지만, 그 뜻에 대한 분석은 그렇게 간단한 작업이 아니다. 사랑에 관한 무수한 주장과 논의들이 있다. 하지만 늘 새로운 이해들이 나타난다. 예수님이 이 땅에 오신 이유도 인류에 대한 사랑 때문이며, 공생애 동안 그 사랑의 깊은 마음을 여실히 보여주셨다. 세상에서 사랑받기 어려운 사람들이 예수님의 사랑 대상이었다. 창기, 세리, 죄인, 병자들이 그들이다. 예수님도 이 땅에 오신 것이 의인을 위한 것이 아닌 죄인과 병든 자를 위한 것이었음을 밝히셨다. 예수님의 사랑은 무한하며, 고린도전서에 나오는 모든 사랑의 덕목을 몸소 실천해 보여주셨다. 그런데 예수님은 사랑만을 말씀하지 않으신다. 예수님은 진리를 선포하신다. "진리가 너희를 자유롭게 하리라"는 말씀을 통해서 진리를 깨달을 때 많은 속박과 묶임에서 해방될 수 있음을 지적하신다. 코헛이 명료한 것처럼 인간의 모든 불행과 비참은 무지와 적대감에서 비롯된다. 여기서 무지는 첫 번째 요소가 된다. 그만큼 무지와 불행의 관계는 깊게 연결되어 있다. 인간은 진리를 갖고 있지 않으면 실패와 비참 속으로 빠져들어 간다. 불행의 예방과 행복의 성취는 우리가 찾은 진리에 의해서 현실화되고 가속화된다. 성서는 우리에게 하나님은 사랑이시며 또한 진리이심을 강조한다. 그럼에도 인간 실존에서 사랑과 진리가 통합되는 것은 무척 어려운 일이다. 왜냐하면 사랑의 대명사가 어머니의 기능이고 진리의 대명사가 아버지의 기능이기 때문이다. 어머니의 사랑과 희생, 그리고 아버지의 법과 진리는 정신분석이 추구하는 최고의 가치이다. 오늘날 자녀들은 많은 경우 어머니로부터의 공감 결여가 비일비재하고 아버지의 진리 의식이 훼손된 상태에 놓여있다. 그래서 그들은 방황하고 있고 성장이 멈추는 고통을 겪고 있다. 임상 현장에서 만나는 개인들은 이 두 가지의 가치에 대한 왜곡과 상실, 붕괴로 인해 고통받고 있다. 모두가 다 사랑과 진리의 가치를 충분히 통합하고 획득하는 것에 실패했기 때문이다. 그래서 많은 정신병리가 발생하고 더 나아가 신체적 질병과 비참한 사고가 뒤따라온다. 삶의 비극이 현실화되고, 대대로 유전되는 저주의 늪이 형성된다.

  코헛은 이러한 임상 현실에서 상담가가 가져야 할 임상 기술을 소개하며 사랑과 진리를 통합한 치료기법을 선보이고 있다. 그의 공감 정신분석은 프로이트의 통찰력 정신분석과 더불어 임상 현장의 핵을 이루고 있다. 그의 이론 안에서 사랑과 진리는 절묘하게 통합을 이루고 있으며, 무수히 많은 임상적 결과를 통해 그 통합성을 증명하고 있다. 사실 임상 상황에서 상담가는 전문적인 기술이 필요하다. 물론 이것은 정신적인 차원의 기술을 의미한다. 상담은 한 인간을 어둠에서 밝은 세상으로 인도한다. 즉, 예전에는 어두운 동굴에서 생활했다면 이제는 동굴 밖 밝은 세상에서 살 수 있도록 도와주는 전문적인 과정이 바로 상담이다. 그러므로 상담은 단순한 일상적인 대화가 아니다. 또한 몇 사람이 모여서 이야기하는 담소와도 분명히 구별된다.

  상담은 언어를 매개로 하는 치료활동으로서 전문적인 대화의 기술을 요구한다. 전문적이지 않은 사람이 함부로 내뱉는 해석은 폭력과도 같아서 상대를 위험하게 만들 수 있다. 정신분석의 언어치료는 내담자의 혼란한 경험에 질서를 세우고, 자기의 내면을 이해하는 기회를 제공하여 생명 충동을 강화시킨다. 상담가는 내담자가 위로와 지지, 그리고 성공의 기쁨을 경험하도록 도와주어야 한다. 그러면 성공적인 상담의 대화 기술은 어떤 전문적인 요소들을 가지고 있는가? 한 인간이 정신적인 방황과 혼란을 거듭할 때 과연 상담가는 어떤 과정을 거쳐서 그 개인의 마음에 안정을 주고 적절한 인도를 할 것인가? 어떻게 하면 상담가는 내담자가 선명하고 기쁨이 넘치는 삶을 살 수 있도록 도울 수 있는가?

본 장에서는 이러한 질문들을 염두에 두고 성공적인 상담 과정에서 자주 활용되는 다섯 가지 요소를 살펴볼 예정이다: 직관적 추리, 공감적 관찰, 명료화의 체험, 정신적 산소, 그리고 통찰력 창출. 분석가는 위 상담 기술을 자주 사용한다. 물론, 이들 각각의 내용과 기능은 다르다. 그러므로 상담가가 그 차이와 공통점을 제대로 구별할 때 성공적인 상담 과정을 원활하게 이끌어 갈 수 있다. 상담가는 전문적인 대화 치료자이다. 진단과 처방의 결정은 자신이 수집하고 정리하는 임상적인 자료에 기초한다. 그 자료들을 선택하고 해석하는 작업은 전문적인 기술을 요구하며, 상담가의 진단과 처방 기술은 분명히 진리의 영역이다. 성서는 진리가 우리를 자유롭게 해 준다고 했으며, 또한 진리는 냉혹하게 전달되기보다는 사랑으로 말해져야 함을 강조하고 있다. 아무리 놀라운 진리일지라도 사랑이 결여되면 공허하고 절망적이다. 그래서 사랑으로 진리를 말하고 그 진리가 내담자를 자유롭게 할 수 있도록 인도해야 한다.

1. 직관적 추리

직관적 추리는 주로 사변을 통해서 자료를 해석하고 중요한 결정을 내리는 과정을 의미한다. 이러한 진리 추구의 자세는 예전에 토템이나 종교 지도자가 자주 쓰던 방식이다. 이들은 한두 가지 정보에 의존하여 자신의 해석적 느낌을 적용한다. 그래서 계시를 받는다고 말하기도 했다. 그러나 본질적으로 이와 같은 진리 발견의 자세는 경험보다는 생각을 우선시하는 태도에서 비롯된다. 물론 사람은 생각하는 동물이다. 사유하고 논리적으로 연구하는 능력을 가지고 있다. 특별히 어떤 정보의 조각이 있을 때, 그것을 토대로 추리할 수 있다. 사전적 의미는 "추리"를 가리켜 "사리를 미루어서 생각함"이라고 정의한다. 즉, 가지고 있는 정보를 중심으로 개인이 어떤 상황을 진단하고 미래를 예측하는 활동을 의미한다.

인간이 동물과 다른 것이 아마도 이와 같은 추리능력일 것이다. 다른 동물에 비해 인간은 사유와 추리의 과정을 다양하게 거친다. 데카르트가 "나는 생각한다. 그러므로 나는 존재한다"라고 말했을 때, 많은 사람이 거기에 동조했다. 아마도 그들은 동물과 구별되는 인간의 능력을 이성적으로 생각하고 추리할 수 있는 것으로 보았을 것이다. 무엇인가를 관찰하여 정보를 얻어내는 것은 중요하다. 임상적 상황은 정확한 진단과 처방이 요구된다. 상담가는 같은 이슈라도 개인마다 다르게 해석되기에 내담자의 의미 있는 정보를 다양한 방법으로 수집해야 한다. 이렇게 다양하게 수집된 자료들은 임상적으로 중요한 자료가 된다.

예를 들어 상담 중에 움츠러들고 참여가 중단된 것처럼 보이는 내담자가 있었다. 내담자는 말을 거의 하지 않고 눈맞춤을 피하였다. 이때 상담가는 직관적으로 내담자가 치료에 저항하거나 진전을 이루는 데 관심이 없다고 가정하게 된다. 이러한 직관을 바탕으로 상담가는 내담자에게 직면시키는 것이 내담자의 마음을 열고 참여하도록 동기 부여할 것이라고 기대할 수 있다. 그러나 상담가가 내담자의 위축된 행동이 저항이나 무관심이 아니고, 불안이나 트라우마와 관련된 증상의 징후일 수도 있다는 것을 인식하지 못하는 경우일 수도 있다. 만일 전자와 같이 보이는 자료에 의해서만 판단을 내린다면 내담자의 중요한 이슈에는 접근하지 못할 것이다. 도리어 대립적인 방식으로 직면함으로써 의도치 않게 방어를 촉발하여 내담자를 더욱 폐쇄적으로 만들게 될 것이다. 또한 잠재적으로 치료 관계를 손상시킬 수 있다.

　　이렇게 직관적인 방법으로 필요한 정보를 얻는 것은 신뢰도에 문제가 생긴다. 직관적 추론자는 주로 하늘의 계시를 받는 것처럼 경험적 이성의 복잡한 과정 없이 단순히 필요한 정보를 느낌으로만 잡아낸다. 그리고 그 느낌이 만들어 내는 이미지를 자기가 관찰하는 세상의 핵심 자료로서 이해하게 된다. 직관적 추론을 사용하는 상담가는 내담자에게 받은 한두 가지의 느낌으로 임상적 정보를 얻는다. 그러한 임상적 정보는 어느 정도 맞을 수는 있으나 부분적이고 명료하지 않은 정보와 해석으로 인해 잘못된 진단과 처방을 내릴 확률도 높다. 예를 들어, 우리는 어떤 사람의 목소리를 듣고 그 사람의 성격을 대충 짐작한다. 혹은 표정을 보고 그 사람의 심리적 내면세계를 추측해 본다. 또한 입고 있는 옷이나 머리 스타일을 보며 어떤 느낌을 받고, 그 느낌을 토대로 그 개인에 대한 다양한 판단과 해석을 하게 된다. 실제로 이와 같은 관찰과 추리의 방법은 일상에서 비일비재하게 나타난다. 직관적인 정보처리는 어느 한 조각의 정보를 토대로 위에서부터 계시를 받는 것이다. 고대의 종교적인 지도자가 이와 같은 계시 방법을 자주 활용했다. 그는 공동체 내에서 일어나는 어떤 사건이나 별의 움직임을 관찰하고 혹은 사물을 통해 예측한다. 이러한 특정 사건이나 정보는 그 지도자의 직관적 추리 활동의 자료가 되며, 그 결과로 계시를 얻게 된다.

직관적 추리의 위험성은 무엇보다도 관찰 자료의 현실적 증거가 빈약하다는 사실에 있다. 작은 관찰 자료를 가지고 너무 많은 것을 추론하고 결론을 내리는 것은 아름답고 따뜻한 진리가 아니다. 그것은 가볍고 투박하며 위험한 부분 진리에 불과하다. 그것은 자유를 주지도, 사랑을 담고 있지도 않다. 아마도 임상적인 예가 이것을 잘 설명해 줄 것이다. 우울과 분열 증상이 있는 50대 중반의 여성 A는 처음 상담센터를 방문했을 당시 자신에 대한 케어가 전혀 되어있지 않은 상태였다. 정돈되지 않은 머리와 계절에 맞지 않는 이상하고 지저분한 옷차림으로 누가 보더라도 곁에 가고 싶지 않을 정도로 상담가는 참담한 A의 외적 모습에 상담보다는 케이스 매니지먼트가 더 필요한 사람이 아닐까 생각했다.[1] 첫 인터뷰의 관찰 내용은 이러한 상담가의 판단을 더욱 강화시켰다. 그녀는 혼자 살고 있었으며 일정한 직업이나 수입 없이 정부 보조금으로 생활했다. 지난 10여 년 동안 마약 복용의 역사도 있었다. 게다가 그녀는 심한 허리통증을 호소하며 신경 안정제 처방을 재촉하였다. 상담가는 A의 첫 인터뷰를 근거로 상담 부적격자로 판단하였으나 상담센터의 규정상 A를 매주 상담하기로 했다.[2] 상담가가

---

[1] 상담의 본질적인 과정은 언어라는 통로를 사용해서 상담가와 내담자 간의 인격적 관계 경험을 보다 창조적으로 이끄는 데 있다. 반면에 케이스 매니지먼트는 언어 이전에 다른 직접적인 돌봄의 기능을 부여한다. 예를 들면 환자의 영양상태, 생활환경, 자기 돌봄 등의 조건에 대해 직접적인 도움의 손길을 제공한다. 서구에서 케이스 매니지먼트는 사회복지사가 담당하며, 상담은 전문 상담가가 진행한다. 이때 환자의 지성과 언어 능력이 부족하거나 분열증세가 보인다면 상담보다는 케이스 매니지먼트가 더 효과적이라는 판단을 내린다.
[2] 서구의 국립 정신치료센터는 환자가 정신분열증이어도 상담하도록 요청한다. 1950년대 이후 정신증 환자들은 정신병원보다는 가족이나 이웃으로 돌려보내졌다. 그 명분으로 좁은 건물 안에서의 생활이 그들의 정신건강 회복에 도움이 되기보다 실제 가족과 사회 공동체의 경험이 치료 과정에 필수적이라는데 있었다. 그 때문에 국가 운영의 정신치료센터가 각 도시마다 세워졌고, 입원 치료보다 통원 치료가 강조되는 경향이 있었다.

첫 인터뷰를 통해서 나름대로 진단을 내린 것은 1) 언어 감각의 부족, 2) 분열 증세의 만연, 3) 마약 장기 복용의 역사, 4) 신경 안정제 요구, 5) 가족 및 친구 환경의 열악함, 6) 경제적 빈곤 등에 근거하여 정신분열증 및 과다 약물 복용이었다.

사실 이러한 진단과 상담가의 판단은 분명히 전문적이다. 상담가는 몇 가지 중요한 임상적 사실들을 토대로 나름대로 임상적 판단을 내렸으며, 누구도 상담가의 그러한 판단에 무리가 있거나 잘못됐다는 비난은 하지 않았다. 대개 그와 같은 판단은 적절하다는 평을 받는다. 그러나 이와 같은 임상적 판단은 코헛이 말하는 공감적 자료에 기초하지는 않는다. 오히려 상담가가 몇 가지 정보를 근거로 자신의 직관적인 추론을 사용하여 내린 결론이다. 분명히 법적으로 문제가 될 만한 소지는 없다. 나름대로 전문성이 전제되어 있다. 그럼에도 불구하고 이러한 임상적 판단은 A의 심리치료 과정에서 자칫 위험할 수 있다. 왜냐하면 상담가가 내담자의 심리치료 성공 가능성에 대해 회의적인 관점을 가졌기 때문이다. 내담자는 상담가의 태도와 관점에 의해 크게 영향을 받는다. 상담가가 내담자를 포기할 때 내담자의 미래는 어둠 속에 갇혀버리고 만다. 섣부른 판단이 얼마나 위험한지는 무수히 많은 사례가 증명하고 있다. 전문성이라는 이름이 직관적 판단의 방패가 되어서는 곤란하다. 어설픈 진리가 사랑의 옷도 입지 않는다면 정말 위험한 상태이다.

따라서 이와 같은 형태의 추리를 자주 하는 상담가는 결코 지혜로운 전문인이라고 말하기 어렵다. 한 생명을 천하보다 존중하는 마음의 자세를 찾아보기 어렵고, 내담자를 치료하기보다는 섣부른 판단으로 상태를 더 심각하게 만들 수도 있다. 물론 상담가는 내담자가 과도하게 많거나 분주할 때 각 개인 내담자에게 많은 시간을 쏟을 수 없다.[3] 그렇기 때문에 깊이 있는 관찰을 하기보다는 몇 가지 중요한 정보에 의존할 수밖에 없는 사정이 있을 수도 있다. 그리고 인간의 사변 능력을 활용하여 어떤 중요한 판단이나 결론을 내릴 수도 있다. 그러나 치료에 있어서 이런 자세는 금물이다. 한 개인의 삶은 마치 신비로운 세계와 같아서 계속해서 경험하고 미지의 세계를 탐험해 들어가는 자세를 유지하는 것이 바람직하다. 이런 점에서 코헛이 말하는 공감적 관찰 방법은 큰 의미가 있다. 반대로 직관적 추리의 문제는 무엇보다도 사랑이 결여된 방법이고, 진리도 제한적인데 있다. 따라서 성서에서 진리는 사랑으로 말해져야 함을 역설하고 있다.

2. 공감적 관찰

공감적 관찰 방법은 코헛의 핵심 개념으로써 이론과 임상에서 중심적 가치가 된다. 코헛은 그의 마지막 생애 10여 년 동안 이 관찰기법을 강조했다. 그에 따르면 공감은 인간 정신세계를 이해할 수 있는 유일한 과학적 관찰 방법이다. 이 방법 이외의 다른 객관적인 관찰기법은 오히려 인간 심리 세계의 정확한 진단에 방해가 될 수 있다고 보았다. 그러면 코헛이 이해하는 과학적인 관찰 도구로서의 공감은 무엇인가? 그의 공감은 과연 다른 심리학자들이 말하는 공감과 어떻게 다른 것일까? 코헛은 공감이 심리 세계의 적합한 과학적 관찰기법이면서 내담자의 주관적 경험의 가치를 중시하는 정서적인 명료화 체험이라고 한다. 이는 내담자에게 정신적 산소를 제

---

3 필자가 알고 있는 미국 현지 의사가 있다. 그는 일주일에 100여 명을 진단하여 약물치료를 하고 있고 환자 개인을 위해 5분 정도를 소요한다. 길어도 15분을 초과하지 않는다. 그렇기 때문에 충분한 임상 자료를 확보하지 못한 채, 과거 경험과 직관적인 추리로 환자의 진단이 결정된다. 그리고 거기에 맞는 약물이 처방된다. 이와 같은 속전속결의 임상 처방은 사실상 위험한 요소를 담고 있다고 해도 과언이 아니다.

공할 수 있으며, 결과적으로 인간의 정신적 창조 작업의 원동력을 이끄는 힘을 가지고 있다. 그의 공감은 진리를 가지고 사랑의 마음으로 내담자가 자기 굴레에서 벗어날 수 있도록 돕는 것이다.

인간의 정신은 어떻게 연구해야 하는 것일까? 자연과학은 현미경이나 망원경 등을 사용하여 만물의 실체를 관찰한다. 눈에 보이고 귀에 들리는, 그리고 손으로 만질 수 있고, 냄새와 맛을 느낄 수 있는 인간 오감의 관찰영역 자료들을 주 연구 대상으로 삼는다. 그 밖의 다른 관찰 자료들은 과학적인 가치를 상실한다. 왜냐하면 인간의 다섯 가지 감각, 곧 오감의 기준에서 벗어나기 때문이다. 이러한 이유로 그동안 대부분의 심리학자들은 인간의 정신세계를 오감의 영역 안에서 연구하는 방법들을 모색했다. 그 결과 동물실험을 통해서 인간의 정신세계를 유추하여 해석하는 실험적 관찰기법이 각광받게 되었다. 이 실험 기법은 동물에게 어떤 자극을 주었을 때 어떤 반응이 일어나는가를 살피는 것이다. 여기에는 철학적으로 연상주의Associationism가 그 인식론적 전제를 이루고 있다.[4] 즉, 찰스 다윈이 말한 것처럼 인간은 동물과 다를 바 없으며, 동물의 반응Reactions 연구를 통해서 인간의 심리 상황을 유추해서 생각해 볼 수 있다고 믿는다. 어떤 자극에 대한 동물의 반응은 유사한 자극에 대한 인간의 반응과 크게 다르지 않다는 가정을 담고 있다.

그 대표적 예가 마틴 셀리그만Martin E. P. Seligman의 고통 자극에 대한 실험견의 반응도 실험이다. 실험견들을 세 개의 집단으로 나누어 고통스러운 전기 자극을 준다. 그중 탈출과 저항을 할 수 없는 물리적 상태의 집단

---

[4] 미국의 캘빈 홀은 프로이트의 이와 같은 사상적 배경을 아주 간결하고 분명하게 소개하고 있다. 그의 저서를 참조하면 도움이 될 것이다. Calvin S. Hall, *A Primer of Freudian Psychology* (New York: New American Library, 1979). 이 책은 한국어로 번역되었다. 캘빈 S. 홀, 『프로이트 심리학』, 백상창 역(서울: 문예출판사, 2000), 21-38.

은 고통을 피하려고 안간힘을 쓰다가 결국 체념하게 되고 자극을 피할 힘도 없이 서서히 생동력을 상실하는 무기력한 상태가 된다. 셀리그만이 "무력감Helplessness"이라고 명명한 이 정신적 반응은 한번 얻어지면 그대로 존속하는 경향이 있다고 보았다. 일단 체념을 경험한 개는 탈출구가 있는 울타리 안에 있을 때도 고통의 자극을 피하려 하지 않고 서서히 죽어가는 것을 보았기 때문이다. 따라서 정신세계의 한 법칙이 발견되었다. 유기체가 무기력에 지배되는 경험을 하게 되면, 다른 상황에 놓이게 되더라도 그대로 반복되거나 유지되는 학습된 무력감Learned helplessness이 형성된다는 것이다.[5]

일본의 심리학자 히로토Donald Hiroto는 이러한 법칙이 인간의 정신세계에도 존재한다고 믿고, 인간에게 비슷한 종류의 고통 자극을 주어 같은 결과를 얻게 되었다. 그는 좁은 방안에 갇힌 사람들에게 정신적으로 불쾌한 기분을 자아내는 소리 자극을 지속적으로 주었다. 그 사람들에게 소리 자극을 멈추게 하는 장치는 주어지지 않았다. 이들은 실험견들과 마찬가지로 처음에는 그 고통스러운 소리를 정지시키려고 안간힘을 썼지만, 소용이 없음을 알고 결국 체념하게 되었다. 이후 히루토는 사람들을 다른 방에 넣었다. 그리고 그곳에 정신적 고통의 원인이 되는 소리 자극을 멈출 수 있는 장치를 만들어 놓았다. 그러나 그들은 이미 체념이라는 무기력을 경험했기에, 새로운 방에서 소리 자극을 정지시킬 수 있는 장치를 찾으려는 노력조차 할 수 없었다. 다만 그 고통에 서서히 무기력해졌다.[6] 이렇게 체념의 경험은 상황이 바뀌어도 그대로 유지되는 경향이 있다.

---

[5] Martin E. Seligman, *Helplessness: On depression, development, and death* (Sanfrancisco: W.H. Freeman & CO., 1975). 이 책은 한국어로 번역되었다. 마틴 E 셀릭만, 『무기력의 심리』, 윤진·조긍호 역(서울: 탐구당, 1983), 43-48.

[6] Ibid., 55-57.

이와 같은 실험은 현재 자연과학자들이 사용하는 과학적인 연구 관찰 방법이다. 그들은 인간에게 약물을 투여하기 전에 먼저 동물에게 시약실험을 선행한다. 그리고 긍정적인 반응을 끌어낼 때까지 약물의 성분을 조정하며 새롭게 만들어 간다. 그래서 일단 동물에게서 희망적인 반응이 도출될 때 비로소 인간에게 완성된 시약을 실험함으로써 같은 종류의 긍정 반응을 기대한다. 이러한 관찰 방법은 눈에 보이는 실험을 중시한다. 그들은 실험의 방법을 사용하여 그간의 정신세계에 대한 진리의 조각들을 발견하려고 애를 쓰는 것이다.

코헛은 이러한 자연과학적인 관찰과 연구기법인 실험은 인문과학의 관찰 연구 방법으로 적합하지 않다고 믿는다. 즉 인간의 정신세계에 대한 연구는 "공감empathy"이라는 도구를 사용해야 한다고 보았다. 그에 따르면 관찰 도구로서의 공감은 내담자의 주관적 경험의 세계로 들어가는 통로가 된다. 내담자가 사용하는 언어, 익숙한 상징, 몸에 익은 환경 등에 상담가가 직접 들어가 본다. 내담자가 생각하고 느끼는 모든 것, 과거, 현재, 미래에 연결된 모든 경험 조각들을 다 실재하는 실체로 여기고 그 경험 조각의 세계로 진지하게 탐험해 들어가는 것, 그것이 그가 정의하는 공감이다.[7] 그에게 있어 공감은 자기 이론의 전부였다. 자신의 모든 정신분석학적 이론들

---

[7] 하인즈 코헛은 그의 생애 마지막 순간을 미국 버클리 대학에서 제4회 국제자기심리학회에서 보냈다. 그는 여기서 공감이라는 주제의 논문을 발표하고 4일 후에 세상을 떠났다. 그는 거의 가눌 수 없는 몸 상태였음에도 불구하고 휠체어를 타고 자기심리학을 연구하는 세계인들을 향하여 공감이 얼마나 중요한가를 역설하였고, 당시 참석했던 모든 사람은 일어서서 그의 안간힘과 절규에 박수와 환호를 보냈다. 그때 그가 발표한 논문은 다음과 같다: Heinz Kohut, "Introspection, Empathy, and the Semi-Circle of Mental Health," *International Journal of Psychoanalysis* 63 (1982): 395-406. 하인즈 코헛이 왜 이처럼 공감에 대해 자신의 영혼을 바쳤는지에 대해서 최근에 출간된 스트로지어가 쓴 하인즈 코헛의 생애와 사상을 참고하라. 특별히 다음의 내용이 그의 마지막 호흡의 순간을 잘 소개하고 있다. Charles B. Strozier, *Heinz Kohut: The Making of a Psychoanalyst* (New York: Farrar, Straus and Giroux, 2001), 371-380.

을 바로 이 개념을 중심으로 통합하였다. 프로이트가 리비도라는 개념 아래 인간의 모든 정신적 현상을 설명하려고 애썼다면, 코헛은 바로 이 공감이라는 개념을 통해서 그 이전의 정신분석학적 이론들과 자신의 새로운 발견 모두를 통합하였다.[8]

상담가는 내담자의 언어 세계를 이해해야 한다.[9] 그래서 내담자의 경험적 언어와 상징을 상담가도 자연스럽게 활용할 수 있어야 한다. 상담가는 이것을 바탕으로 가능한 한 내담자의 생각과 감정을 똑같이 그대로 경험하는 과정을 통해서만 진정으로 내담자의 마음의 세계를 이해할 수 있게 된다. 이러한 내성적 작업은 인내와 용기, 그리고 깊은 성실함을 요구한다. 이것이 바로 코헛이 말하는 공감이라고 부르는 것이다. 상담 전문 영역 안에 있는 전문가는 연구실 안의 실험적 관찰에 의존하기보다 내담자의 주관적 경험의 세계로 여행하는 공감적 관찰의 방법을 사용할 때 더 명확하고 지혜로운 선택을 할 수 있다.

자연과학적인 실험의 방법은 외적인 충격의 반응을 보는 작업이다. 또한 실험의 관찰은 간접적인 자료 수집 방법이다. 동물 세계의 관찰로 인간의 정신을 말하고 있으며, 인간의 외적 현상의 모습을 가지고 내적 역동을 추론해서 생각하고 있다. 그러나 공감의 방법은 직접적이고 경험적이다. 개인의 내면세계를 직접 들어가 보는 작업인 것이다. 바닷속에 무엇이 있는지를 알기 위해 어떤 자극에 대한 반응도를 통해 알려고 하는 것은 공감의 방법이 아니다. 공감의 방법은 바닷속으로 뛰어 들어가서 직접 살펴보는 것이다. 물속의 많은 자연물을 관찰하고 바다 안에 무엇이 있다고 말

---

[8] Ibid., 141-149쪽을 참조하라.
[9] 롤로 메이는 공감을 정의할 때, 타인의 언어를 이해하고 그 언어로 말하는 능력이라고 하였다. 그는 타인의 언어 세계를 이해하는 것이 공감과 깊은 관련이 있음을 그는 오랜 임상 경험을 통해서 안 것이다. Rollo May, *Art of the Counseling* (Nashville: Abingdon Press), 187.

하는 것이 바로 공감적 자세인 것이다. 따라서 공감의 방법은 심리학에서 할 수 있는 가장 과학적 방법이다. 과학의 기준은 선명도에 있다. 자료의 투명한 수집과 정리가 가장 중요하다. 직접 눈으로 보거나 몸으로 체험하는 것이 중요한 것이다. 공감은 함께 느끼고 생각하며 또한 함께 경험함으로써 그 개인의 주관 세계를 관찰하고 이해하는 작업이다.

임상 상황에서 상담가는 자신이 배운 이론을 가지고 쉽사리 내담자의 행동이나 증상을 판단할 수 있다. 그러나 그러한 자세는 결코 공감적인 관찰 자세가 아니다. 임상 차원의 공감적 관찰은 상담가가 내담자의 주관적 경험의 세계로 들어가야 한다. 예를 들어 해리스택 설리반은 정신분열증 환자를 치료할 때 그들의 심리세계로 직접 들어가려고 애썼다. 그래서 마치 그 자신이 정신분열증 환자처럼 행동하는 것 같은 오해를 사기도 했다. 그러나 그는 당시에 환자들과 원활한 소통을 나눌 수 있었다. 전문인으로서 그는 환자들의 내면세계로 들어가고자 그들이 사용하는 언어와 감정들을 같이 경험해 본 것이다. 오늘날 그의 임상활동은 공감적 관찰에 따르는 전문적 행위로 이해할 수 있다. 가장 과학적이면서도 치료적인 활동으로 인정하는 것이다. 답이나 사실을 전하는 것이 진리가 아니다. 그 사실이 끼치는 영향력을 고려해 상대의 주관적인 감정 상태를 확인해야 한다. 그리고 적절하게 전달하는 것이 바로 사랑으로 진리를 말하는 것이다. 침범도 없고 강요도 없다. 그저 기다리는 것이다. 주님께서 우리를 위해 늘 기다리고 참고 견디시는 것처럼 우리도 그렇게 상대가 진리를 받아들이거나 스스로 깨달을 때까지 기다리는 여유를 가져야 한다.

3. 명료화의 체험

코헛과 상호주관 정신분석학자들은 그 누구보다도 공감의 중요성을 강조한다. 그리고 이들은 공감이 "정서적인 명료화 체험" 영어로는 The self-delineating selfobject exprience라고 말한다.[10] 이 말은 코헛이 말한 자기대상selfojbect의 속성을 상호주관 정신분석학자들이 더욱 발전시킨 것이다. 즉 코헛에 따르면 공감empathy는 자기대상 체험selfobject experience인데, 이 경험을 통해서 자신의 삶을 정리하고 통합하여 보다 응집력이 있는 정신상태를 획득할 수가 있다. 그들은 심리치료가 공감 체험에 의해 결정된다고 보았다. 하인즈 코헛이나 상호주관 분석학자들 모두 명료화 체험과 정서적 공감을 심리치료의 핵심으로 이해한 것이다. 이러한 심리치료의 목적은 정서적 안정감의 확립에 있다. 대개 내담자들의 경우 불안이나 공포, 혼돈이나 공허 등과 같은 정서적 해체 및 갈등으로 고난을 겪는다. 따라서 이들에게 가장 필요한 것은 우선 현실 상황에서 "정서적 안정감"을 찾고 유지하는 것이다. 그리고 그 안정감을 내적인 심리구조의 강화로 확장하는 것이다.

그러면 과연 개인은 어떤 경험을 통해서 이와 같은 "정서적 안정감"을 유지할 수 있는 것일까? 여러 가지 심리치료 기법이 있지만, 정신분석 혹은 정신역동 심리치료 기법에서 중요한 것은 우선 정서적인 명료화 체험이다. 이것은 상호주관 정신분석학자들의 심리치료 핵심 과정이며, 이 경험의 치료적 효과는 이미 임상적으로 검증된 가운데 있다. 이런 정서적인 명

---

10 스톨로로우와 그 동료들은 하인즈 코헛의 공감 개념을 "정서적인 명료화 체험(self-delineating selfobject experiences)"라고 정의하면서, 한층 더 발전시키고 있다. Robert D. Stolorow and George E. Atwood, *Contexts of Being: The Intersubjective Foundations of Psychological Life* (Hillsdale, NJ: The Analytic Press, 1992), 27, 49, 95.

료화 체험은 어떻게 이루어지는 것일까? 즉 정서적 안정감을 얻기 위해서 거치는 정서적인 명료화 체험 과정은 과연 어떤 구체적인 방법들이 있는 것일까? 우선 중요한 것은 느낌 능력의 확장이다. 흔히 말하는 "감각"을 발전시키는 것이다. 이것은 아마도 정서와 감정, 그리고 느낌의 차이에 대하여 분명히 이해할 때 그 본질적인 의미를 깨닫게 될 것이다. 이들이 각각 어떻게 다르며, 또 서로 어떤 연관성이 있는지 알아야 한다.

일반적으로 정서는 꾸준하고 지속적이며 뭔가 계속 이어지는 감정의 상태를 의미한다.[11] 예를 들어 "얼굴에 그늘이 있다. 좀 우울해 보인다"고 할 때 그 우울의 감정 상태는 정서라고 할 수 있다. 우울한 기분이 그 개인에게 꾸준히 지속되는 경향이 있기 때문이다. 또한 "그 사람은 참 쾌활하고 명랑해 보인다. 붙임성도 좋고 맑고 밝은 성격인 것 같다"라고 하면 이때의 정서는 행복감이다. 행복한 사람의 정서는 바로 이러한 이미지에서 찾아볼 수 있다. 또 다른 예를 본다면 "저 친구는 참 화가 많은 것 같아. 여기저기 싸우고 다니며 분을 이기지 못하고 사고 치고 다니거든"이라고 할 때 그 개인은 분노의 정서에 있다고 할 수 있다. 분노가 일순간이 아니라 꾸준히 지속되면서 행동에 직접적인 영향을 끼치기 때문이다. 이처럼 정서는 지속적이며 성격으로 굳어진 감정 상태이다. 일시적이거나 상황에 의하며 돌발적으로 나타나는 감정이 아니다. 어느 정도 고정화되어 뿌리를 내린 감정의 상태인 것이다.

그렇다면 감정은 어떠한가? 감정이란 정서와 달리 상황에 따라, 일순간의 기분에 의해 경험되는 것이다. 예를 들어서 "나는 지금 화가 난다. 왜

---

[11] 정서(affects)에 관한 정신분석학적 토론은 스톨로로우와 그의 동료들의 작업이 유명하다. Robert E. Stolorow, Bernard Brandshaft and George E. Atwood, *Psychoanalytic Treatment: An Intersubjective Approach* (Hillsdale, NJ: The Analytic Press, 1987), 71-86.

냐하면 엄마한테 꾸중을 들었기 때문이다." "친구에게 귀한 선물을 받았다. 순간 나는 기분이 좋았고 행복했다." "열심히 노력하고 준비했는데 시험을 잘 치르지 못했다. 속상해서 눈물이 나왔다." 이와 같은 고백들은 상황이나 순간적인 차원의 감정 상태를 잘 보여주고 있다. 이때 인지 과정은 감정을 언어로 표현할 만큼 의식적이지 않다. 다시 말해서 여기서 나타나는 화, 행복감, 슬픔 등은 지속적인 체험이 아니라 순간적이며 일시적인 체험들이다. 이처럼 우리는 어떤 기분의 일시적인 체험을 가리켜서 감정이라는 단어를 사용한다.

마지막으로 느낌은 정서나 감정과는 달리 의식과 지성의 영향을 받은 기분 상태를 의미한다. 일단 몸과 마음으로 무엇인가 감각적으로 느껴진다고 할 때, 이것은 무엇이라고 각 개인의 의식적인 차원에서 경험하며 명명한다. 예를 들어 "나는 지금 화가 난다"라고 말할 때 우리는 화라는 감정을 '화'라는 언어로 풀어서 이야기하고 있다. 자신의 화난 감정을 의식적으로 처리하는 과정을 가지는 것이다. 또 "나는 지금 슬프다. 내가 희망하던 일이 이루어지지 않았기 때문이다. 많이 노력했는데, 내 능력이 부족한가 보다. 힘없는 나 자신을 볼 때 실망스럽고 화가 난다"라고 말한다고 하자. 여기서 우리는 화와 실망이라는 언어를 통해 의식적이고 지성적인 차원에서 자신의 기분과 감정체험을 처리하고 있다. 이처럼 의식과 지성 안에서 처리된 감정체험을 우리는 느낌 혹은 감각이라고 말한다. 이 느낌이 발달해야 건강한 사람이라고 할 수 있다. 왜냐하면 느낌이 발달한 개인은 바로 지성과 정서의 통합과정을 많이 이루었기 때문이다. 이들은 다른 이들에 비해서 자기 자신의 감정과 정서에 대하여 명료함을 더 많이 갖고 있다. 즉, 정서적인 명료화 체험을 스스로 할 수 있는 능력이 누구보다 더 많이 발달해 있는 것이다. 반대로 이러한 능력이 발달하지 않았다면 자신의 몸과 마음에 무엇이 일어나고 있는지 알 수 없는 상태에 있게 된다. 또한 어떤 기분과 감정체험을 할 때 의식적이고 지성적인 차원의 명료화 과정이 없다면 혼란스러운 상태가 될 것이다.

아마도 심리치료의 핵심은 여기에 있을 것이다. 그것은 바로 내담자가 자신의 감정과 정서에 대한 명료화의 경험을 갖게 하는 것이다. 일반적으로 언어를 통해서 자신의 감정을 풀어서 설명하는 것이 바로 정서적 명료화 체험 과정에 큰 공헌을 한다. 상담이 힘이 있는 이유가 여기에 있다. 상담가는 내담자가 언어를 통해서 자신의 감정과 정서를 처리하도록 유도함으로써 내담자의 느낌 능력을 배양시킬 수 있기 때문이다. 여기서 언어는 문자적인 것에만 국한되는 것은 아니다. 화, 슬픔, 행복, 실망, 무기력, 안도감, 기쁨 등과 같은 언어들이 각 개인의 감정과 정서 체험을 명쾌하게 이해하는 데 도움을 주기도 한다. 그러나 우리는 문자적 언어가 아닌 상징적인 언어, 즉 그림이나 조각 등과 같은 예술적 활동들을 통해서도 다양한 감정과 정서를 의식 안에서 표현하고 처리해 낼 수 있다. 따라서 "정서적 명료화 체험"은 우리의 다양한 감정과 정서들, 문자적인 언어나 상징적인 언어들을 사용해서 의식적으로 소화, 정리, 그리고 통합하는 것이다. 이러한 체험의 과정이 바로 성공적인 심리치료의 핵심, 본질이 된다. 심리치료, 미술치료, 음악치료, 놀이치료, 사이코드라마 등은 모두 언어적·비언어적 상징을 활용하여 내담자에게 정서적 명료화 체험을 돕는 과정이라고 할 수 있다. 개인이 정서적인 명료화 체험을 하게 되면 "이해받았다"는 느낌이 든다. "당신은 내 속마음을 제대로 이해했다"는 평가를 내리는 것이다. 성서가 말하는 사랑은 아마도 이것을 의미할 것이다. 사랑은 오래 참는다. 사랑은 정죄하지 않는다. 사랑은 모든 것을 덮어주고, 성내지 아니하며, 바라고, 믿고, 참아낸다.

코헛과 상호주관 정신분석학자들에 따르면 이와 같은 경험이 공감의 체험이다. 그리고 그것은 자기대상의 치료적 기능을 가능케 한다. 사람은 누구나 다 이해받고 싶어 한다. 복잡한 현대 사회는 인간 상호 간의 깊은 이해의 교류를 어렵게 만드는 경향이 있다. 각 개인의 관심사가 다를 때 서로를 깊게 이해할 수 있는 여지는 점점 좁아지기 때문이다. 심리치료는 이와 같이 상실되어 가고 있는 이해체험을 강화시키는 데 있다. 그 과정을 코헛이나 상호주관학자들은 "공감" 혹은 "정서적인 명료화 체험"이라고 한다. 이것이 바로 성서가 말하는 "사랑으로 진리를 말하는" 것이다. 정서적인 명료화 체험은 내담자가 자기의 경험 조각들을 공감적으로 바라볼 수 있도록 도와주는 기능을 한다. 대부분 내담자는 자기 자신의 주관적 경험에 대해 공감적인 관찰을 하는 능력이 약하다. 그러나 상담가가 공감적 관찰 기술을 잘 보여주면 내담자도 그러한 경험을 바탕으로 자신에 대한 공감적인 자세를 발달시킬 수가 있다. 필자는 이것을 가리켜서 "자기 공감 능력"이라고 말하고 싶다. 자기 공감 능력은 자신이 혼란스럽고 복잡할 때 누군가가 정서적인 명료화 체험을 할 수 있도록 도와줄 때 일어난다. 생명력의 근원이 여기에 있고, 한 인간의 성공과 실패가 여기에서 결정된다고 본다. 적지 않은 사람들이 자신이 지금 무엇을 생각하고 무엇을 느끼며 무엇을 경험하고 있는지를 구체적으로, 언어적으로 모르고 있다. 그래서 혼란과 갈등의 폭은 더욱 깊어진다. 그러나 정서적인 명료화 체험은 이러한 혼란과 갈등의 뿌리를 해결해 준다. 그리고 자신 안에서 일어나고 있는 세밀한 작업을 정확하게 이해하도록 도와준다. 이러한 경험이 치유적인 것은 분명하다. 그래서 전문적인 상담가가 꼭 보유해야 할 능력이다.

4. 정신적 산소

누군가가 자기 생각과 감정을 깊이 있게 이해해 주는 것은 참으로 힘이 나는 일이다. 그럴 때 세상이 밝고 따뜻하게 보이게 되고, 생의 의욕을 불태울 수 있다. 우리는 누군가가 진심으로 함께 있으면서 마음으로 느끼고 가슴으로 대화를 나눌 때, 내면 깊숙한 곳에서 힘과 활력을 경험하게 됨을 알고 있다. 이해받는 경험은 정신적인 삶을 유지하는 데 필수 요소이다. 함께 이해하고 느끼며 의미 있는 관계를 지속해 나갈 대상이 주변에 하나도 없을 때, 그 사람의 육체는 살아 있어도 정신은 죽은 것과 다를 바 없다.

임상에서 정신이 죽은 것 같은 느낌 때문에 자해하거나 폭발적인 사고 경험을 자초하는 사람들이 존재한다. 이른바 경계선 성격장애 환자bor-derline personality disorder가 바로 그들이다. 이들은 한결같이 활력을 느낄 기회가 많지 않아서 몸부림치는 사람들이다. 그들에게는 주변에 속마음을 이해하고 위로해 주는 사람이 없다. 즉 공감을 전해주는 대상이 없어서 고통을 받고 있는 것이다.[12] 이들뿐이 아니다. 일반인 중에서도 상당수가 비슷한 고충을 겪고 있다. 우리는 기술의 광범위한 영향력과 디지털 환경으로 인해 깊이 있는 관계 경험의 기회를 많이 상실하였다. 그리고 이러한 상태의 지속은 더욱 악화된 공허감을 경험하게 한다. 이는 함께 마음을 나누고 감정을 공유할만한 문화가 많이 사라졌음을 의미한다. 현대인은 혼자서 스스로 자기의 감정과 생각을 추스르도록 강요받고 있다. 육체는 살아 있으나

---

[12] 경계선 성격장애 관하여는 아주 많은 저서들이 출간되었다. 그중 대표적인 저서들은 다음과 같다: Patricia M. Chattam, *The Treatment of the Borderline Personality* (Northvale, New Jersey: Jason Aronson Inc., 1989); Otto Kernberg, Borderline Conditions and Pathological Narcissism (New York: Jason Aronson Inc., 1975); Sander M. Abend, Michael S. Porder, and Martin S. Willick, *Borderline Psychoanalytic Perspective: The Kris Group of the New York Psychoanalytic Institute Monograph VII* (Madison: International Universities Press, 1986).

정신적으로는 예전보다 황폐한 삶이 우리에게 주어졌다. 코헛의 용어로 말하면 정신적 산소의 경험이 상대적으로 훨씬 미흡한 것이 바로 지금을 살아가는 사람들의 아픔인 것이다.

코헛은 공감을 정신적 산소로 명명하고, 그 구체적인 요소들로써 존경, 총애, 그리고 일체의 경험을 강조했다.[13] 그는 자기애 성격장애나 경계선 성격장애는 이 세 가지 종류의 심리 경험이 비교적 빈곤한 가운데 있음을 지적한다. 사람이 정신적인 생명력을 유지하기 위해서는 자기대상들로부터의 공감적인 정서 체험이 있어야 한다. 그러나 그들은 유아기부터 그 공감 경험이 턱없이 부족했던 사람들이다. 그러기 때문에 그들의 내면은 공허하고 비어 있는 느낌으로 고통받는다. 그리고 공감 경험이 필요한 것은 정신병리가 있는 사람만이 아니다. 코헛에 따르면 인간이 정신적 건강을 유지하기 위해서는 존경, 총애, 일체라고 하는 정서적 체험, 즉 정신적 산소의 경험을 대상으로부터 지속해서 경험해야 한다. 마치 인간의 육체가 생명 유지를 위해서 끊임없이 산소가 필요한 것과 같다. 인간의 정신도 그 활력의 존속을 위해서는 중단 없는 공감 체험이 필수적이다. 만약 이와 같은 정신적 산소 체험이 제대로 이루어지지 않는다면, 사람은 심리적으로 황폐해지고 망가질 수 있다. 그만큼 인간은 공감의 체험을 절대적으로 필요로 한다.

---

[13] Heinz Kohut, *How Does Analysis Cure?* (Chicago: University of Chicago Press, 1984), 47. 코헛은 그의 전문적인 용어, "selfobject"를 정신적인 산소(psychological oxygen)라고 명명하였다. 그가 말한 정신적인 산소의 3가지 기능 총애, 존경, 일체를 총체적으로 지칭하는 말이다. "셀프오브젝트"라고 하는 이 용어는 우리나라 말로 "자기대상"이라고 번역되고 있지만, 코헛의 본질적인 의도를 표현해내기는 부족하고 자칫 오해의 소지가 있다. 그 용어의 본질적인 의미는 "정신적인 산소"가 적합하다. Heinz Kohut, the self psychology and the humanities: reflections on a new psychoanalytic approach (New York & London: W. W. Norton & Company, 1985), 257; *How Does Analysis Cure?* (Chicago: University of Chicago Press, 1984), 47, 77; the restoration of the self (New York: International Universities Press, 1977), 21.

존경, 총애, 일체의 개념에 대한 코헛의 언어를 살펴보자. 그것은 사랑이며 진리이다. 우선 "총애경험mirroring selfobject"을 어린 딸에 대한 엄마와 아빠의 환희에 찬 기쁨으로 묘사하고 있다.[14] 부모가 아이를 정서적으로 인정하고 수용할 때 총애경험이라고 한다.[15] 아이를 향한 엄마의 반짝거리는 눈은 아기의 정서를 가득 채우는 힘이 있다.[16] 마찬가지로 누군가가 나를 향하여 기쁨으로 바라볼 때 가지는 정신적 충만함도 이와 비슷하다.[17] 또한 총애는 부모의 근본적인 신뢰와 수용을 말한다.[18] 그리고 이 특별한 정신적 경험은 유아에게 있어서 일반적으로 엄마로부터 경험되는 것이다.[19] 유아가 이러한 경험을 충분히 받으면, 자기의 과대성과 자기노출적 용기가 발달된다.[20] 그는 심지어 총애경험을 아기 숭배라고 명명하기까지 했다.[21]

그러면 존경은 어떠한가? 코헛은 유아가 아버지를 바라보면서 힘과 지식, 그리고 아름다움과 도덕성을 목격할 때 대상에 대한 완전성을 경험한다고 하면서, 이 경험을 존경이라고 명명하였다.[22] 또한 주로 아버지로부터 이러한 정신적 경험을 한다고 했다.[23] 아이는 이런 경험을 통해서 자기의 과대성과 노출적인 본능들을 통제하는 힘이 생긴다고 한다.[24]

또한, 코헛이 일체 경험을 설명할 때, "twinship"으로 표기한 것을 염두에 둘 필요가 있다. 바로 쌍둥이의 상태를 지칭하는 것으로, 마음과 몸이

---

14 Kohut, *the humanities*, 166,
15 Kohut, *the analysis of the self*, 120.
16 Kohut, *the humanities*, 226; *the analysis of the self*, 116.
17 Ibid., 97.
18 Ibid., 97.
19 Kohut, *the restoration*, 185.
20 Kohut, *the analysis of the self*, 25.
21 Kohut, *the Kohutian seminar*, 71.
22 Kohut, *the analysis of the self*, 63-64.
23 Kohut, *the restoration of the self*, 185.
24 Kohut, *the analysis of the self*, 45.

하나가 되어 서로 즐거워하는 관계적 기쁨을 의미한다. 코헛은 기술과 재능이 발달하기 위해서는 이런 경험이 필요하다고 보았다.[25] 코헛 이후의 정신분석학자들은 그의 "일체감twinship"의 개념을 그룹 차원에서 한층 더 발전시켰다.[26]

따라서 상담가는 내담자와 전문적인 상담 관계를 이룩할 때 내담자가 존경, 총애, 그리고 일체의 경험을 할 수 있도록 이끌어야 한다. 그것이 바로 공감의 본질이며 치료 과정의 핵심이다. 아무리 정확한 전달과 훌륭한 해석이라고 할지라도 내담자가 느끼기에 정신적 산소가 아니라 숨이 막히는 이산화탄소의 경험이 된다면, 그 진단과 해석은 결코 공감적이라고 말할 수 없다. 상담가의 입에서 나오는 말이 과연 내담자에게 어떤 종류의 정서적 자극을 일으키는가? 상담가의 몸짓과 비언어적 표현들이 과연 내담자에게 무엇을 말하고 있는가? 상담가에게서 나오는 자극과 표현들은 내담자가 느끼기에 산소와 같은 신선한 활력 충전의 경험이 되어야 한다. 그래야만 그것을 공감 체험이라고 부를 수 있다. 단순한 지식의 전달이나 방향 제시가 아니라 의미 있는 정서적 체험이 바로 공감의 본질과 기능인 것이다.

창조 능력은 인간이 가지고 있는 가장 큰 능력이다. 인간의 창의력은

---

[25] Kohut, *cure?*, 23, 199, 200.
[26] 코헛의 "일체감(Twinship)"의 개념을 그룹 차원에서 한층 발전시킨 학자들은 아주 많다. 예를 들어 Gehrie는 "the experience of cultural group membership and its accompanying 'sense of belonging' is an expression of a selfobject tie that is at the foundation of the psychology of leaderless groups"라고 말했다. 리첸버그도 마찬가지로 "the need for attachment and affiliation"의 개념을 통해서, 그리고 Pines는 "culture of embeddedness"이라는 개념을 통해서 비슷한 종류의 사람끼리 만든 그룹이 주는 정신적 위안과 기쁨을 설명했다. 이들에 따르면 건강한 그룹은 소속된 사람들이 강한 소속감과 유대를 가지는 그룹이며, 지도자가 반드시 필요한 것은 아니라고 한다. M. J. Gehrie, *The self and the group: A tentative exploration in applied self psychology*. In A. Goldberg (Ed.), *Advances in Self Psychology*. New York: International University Press, 1980, p.381; J. D. Lichtenberg, *Psychoanalysis and Motivation*, Hillsdale: Analytic Press, 1989, p.1.; Malcom Pines, M., *The self as a group: The group as a self*. Group Analysis, 29, 1996, p.26.

지구의 형태를 바꾸고 시공간의 경계를 넘는 창조적 행위를 이어가고 있다. 코헛에 따르면 이러한 인간의 창조행위는 개인의 공감 경험에서 출발한다. 다른 말로 해서 개인은 누군가로부터 이해받는 경험을 하는 정신적 산소 체험을 하게 되면 자연스럽게 창조적 활동에 에너지를 쏟게 된다. 아이가 어머니 곁을 떠나 혼자 자기 방에서 모형을 만든다. 넓은 도화지에 형형색색의 그림을 그린다. 혹은 책을 붙잡고 열심히 읽느라 주변에 누가 있는지조차 모른다. 이러한 창조적 활동은 비록 지금은 아주 사소해 보이지만, 나중에 아이가 성장했을 때 더욱더 첨예하고 수준 높은 창조행위를 할 수 있는 정서적 토대가 된다. 그런데 유아기에 자기 활동에 몰두할 수 있는 능력은 그냥 계발되지 않는다. 그 능력은 자기의 존재를 믿어주고, 그의 활동에 기뻐하는 대상 경험이 있을 때만 서서히 발전한다. 코헛은 그러한 대상을 가리켜 총애적 자기대상 mirroring selfobject이라고 명명했다. 총애하는 대상이 주변에 있고, 그 대상과의 오랜 관계에서 리비도적 연결 libidinal cathexis이 이루어진 아이만이 바로 자기의 창조 활동에 몰두할 수 있게 된다. 즉 인간은 자기대상이라고 하는 정신적 산소 경험이 있을 때 자기만의 독특한 재능을 계발하여 이 세상을 이롭게 하는 창조행위에 빠져들게 되는 것이다.

따라서 무엇을 만들어 내는 창조 작업은 그냥 주어지지 않는다. 그것은 유아 시절부터 공감을 얼마나 경험했느냐, 그리고 지속적으로 안정된 차원에서 경험했느냐에 따라 각기 그 정도와 내용이 다른 창조 활동을 하게 된다. 이런 점에서 볼 때 공감 체험은 인간의 창조 작업의 근간을 이룬다. 성공적인 창조 작업을 이루어 냈다는 사실은 누군가가 끊임없이 이해해 주고 믿어주며 신선한 정신적 산소를 제공해 주었음을 의미한다. 주님은 우리에게 이러한 존재이며 사랑과 진리의 하나님이시다. 정신분석 용어로 하면 공감해주시는 자기대상이다.

코헛은 개인뿐 아니라 그룹 차원에서도 공감과 창조 간의 관계를 비슷하게 설명한다. 그에 따르면 한 그룹이—그것이 국가나 조직 혹은 기업이라고 할 때— 생명력을 가지는 것은 그 그룹 내 구성원들 개개인이 얼마나 창조적이냐에 달려있다. 그리고 그룹 내의 창조적인 개인들은 사실상 그룹 내 정신적 산소 제공자 역할을 해낸다.[27] 정치적·예술적으로, 그리고 종교 및 과학적으로 위대한 창조적 인간이 탄생할 때, 그 공동체는 자체적으로 안정되고 생산적인 기능을 수행해 낼 수 있다. 그런데 이들 창조적 인간 또한 그 안에서 누군가로부터 공감 체험을 할 때 비로소 생산적인 기능을 성공리에 수행할 수 있다. 다시 말하면 개인이나 그룹은 모두 정신적 산소를 경험해야 한다. 인간의 모든 창조 작업은 이와 같은 산소 체험으로 시작되고, 유지되며, 열매를 맺는 것이다. 따라서 공감은 인간의 창조 작업 이전에 존재한다. 즉 인간의 공감 체험은 이 세상 모든 창조적 작업의 원동력이며, 인류 문화의 근간이다. 만일 많은 공감 체험을 했다고 하더라도 창조적 활동이 없다면, 그것은 진정한 의미에서의 공감 활동이 빈곤했음을 의미한다. 공감은 자연스럽게 개인이나 공동체를 창조로 이끌기 때문이다.

코헛은 2차 세계 대전 당시 독일의 창조 작업이 낙후했다고 평가한다. 그에 따르면 당시 독일 민족은 국가 차원에서 정신적 산소의 고갈 상태에 있었다. 히틀러는 정신적으로 피폐한 상황에서 드러난 민족적 몸부림의 표상이다. 그리고 예술적 창조 작업들이 이 시기에 모두 멈춰 버리고 말았다. 대신 갈등과 전쟁이 유럽 대륙을 휩쓸고 지나갔다. 히틀러 통치하의

---

[27] 실제로 노르웨이의 셀프 정신분석학자 카터루드는 이와 같은 원리를 활용하여 그의 병원이 훨씬 뛰어난 공동체의 성격을 가지게 되었다고 진술하고 있다. S. W. Karterud, "The Group Self, Empathy, Intersubjective and Hermeneutics: A Group Analytic Perspective," in *Self Experiences in Group: Intersubjective and Self Psychological Pathways to Human Understanding*, eds. I. Harwood and M. Pines (London: Jessica Kingsley Publishers, 1998), 83-98.

독일은 그룹 차원의 공감 체험이 결여되었고, 그 결과 전쟁과 살인으로 얼룩진 병리의 몸부림만 가득했다고 본다. 그리고 코헛은 미국 내 인디언 민족이나 슬럼가의 흑인들이 문화 창조 작업의 혜택을 제대로 누리지 못하고 있음을 지적한다. 왜냐하면 주변에서 그들에게 공감적인 지지와 사랑을 보내주는 손길이 많지 않기 때문이다. 그들은 그 결과로 예술 문화의 창조 작업에서 제외되는 아픔을 겪는다. 정신적 창조성의 방해물이 그들의 인생에 드리워져 있는 것이다.

공감의 체험은 인간의 창조성을 일깨운다. 그리고 사회의 예술적 감각을 풍요롭게 해 준다. 한 민족이 이 세상에서 아름다운 창조를 이루기 위해서는 그룹 차원에서의 정신적 산소 경험이 중요하다. 무엇보다도 그들은 언어와 상징을 활용하는 정신적 명료화 체험을 해야 하며, 개체 인간의 주관적 경험에 대해 존중하는 자세가 필요하다. 이와 같은 경험은 직관적 추리와는 무척 구별된다. 단순한 사변적 사고에서 나온 결론과는 다르다. 공감이 위대한 이유가 여기에 있다. 그것은 신선한 산소만 제공하는 것이 아니라 개인의 삶을 풍요롭게 하고, 공동체의 창조적 생산성을 강화시킨다. 한 시대의 예술과 창조는 바로 이러한 공감 체험에서부터 시작되고 열매를 맺는다. 우리는 모두 이러한 능력의 주재(主宰)로서의 공감을 활용할 수 있어야 한다.

임상 상황에서 상담가는 내담자가 창조성이 현저히 감소함을 보게 된다. 이러한 상태에서 무엇보다 활력이 많이 상실된 것이 관찰된다. 그러나 상담이 성공적으로 진행되어 가면서 내담자가 생동감을 점차 회복하고 있음을 목격하게 된다. 이때 상담가는 큰 기쁨을 느낀다. 내담자가 비로소 자기 인생의 어둠에서 밝은 빛의 세계로 나올 뿐만 아니라 아름다운 창조성도 내비치고 있기 때문이다. 이제 그는 서서히 세상에서 자기의 삶을 생산적으로 창조하기 시작한다. 그리고 자신이 창조한 생산물을 바라보고 "좋다"는 느낌을 가지게 된다. 창조적 인생을 살아가는 내적인 정신 능력을 소유하게 된 것이다. 공감의 힘은 이런 것이다. 공감은 개인의 인생에 힘을 더해주며, 더 이상 병리가 그의 인생을 지배하도록 허락하지 않는다. 오히려 고난과 싸워서 이기도록 도와준다. 성공적으로 상담이 진행되기 위해 공감이 중요한 이유가 이것이며, 가장 효과적인 전문적인 상담 기술이라고 말하는 이유도 이것이다. 사랑으로 진리를 말할 때 진리는 자유를 주고, 사랑은 힘을 준다. 공감이 사랑이라면 진리는 힘이다. 우리는 사랑과 능력으로 우리 자신을 속박으로부터 자유롭게 할 수가 있다. 그것이 바로 성서가 전하는 소망이고, 정신분석의 치료 목표이기도 하다. 성서와 정신분석이 같은 목적과 같은 방법을 사용하고 있음을 우리는 목격하는 것이다.

5. 통찰력 창출

성서는 진리가 우리를 자유롭게 한다고 했다. 그것은 정신분석의 용어로 통찰이다. 정신분석적 상담은 내담자의 통찰력 증진을 목표로 한다. 그리고 이러한 작업을 성공적으로 수행하기 위해 상담가는 내담자가 느끼기에 많은 통찰력을 가지고 있어야 한다. 정신분석학은 개인이 통찰력을 가지게 되면 더 이상 반복되는 실수를 하지 않는다고 믿는다. 진리는 그 자체로 커다란 힘을 갖고 있기 때문이다. 통찰력은 진리의 체험이다. 삶의 진리는 통찰력의 증진을 만들어 낸다. 개인이 경험을 통해서 통찰력을 강화하는 만큼 인생의 진리를 더 깊이 알게 된다. 진리가 우리를 자유롭게 하듯, 통찰력은 내담자가 자신의 병리적 사슬에서 벗어나도록 도와주는 힘을 지닌다. 그리고 더 자유롭고 창조적인 인간으로 살아갈 수 있도록 힘을 실어

준다. 그들이 바로 지혜로운 사람이다.

그러면 상담가는 내담자의 통찰력 창출과 증진에 어떻게 공헌할 수 있는가? 우선, 상담가의 언어가 내담자의 자기 경험 통합 과정the organization of self experiences에 중요한 역할을 해야 한다. 다시 말해서 내담자는 이전에는 결코 이해할 수 없었던 자기 삶의 내용을 상담가의 통찰력 있는 해석을 통해 더 쉽게 이해할 수 있어야 한다. 그리고 이러한 이해는 감당할 수 있는 선에서 이루어져야 한다. 아무리 뛰어난 통찰력이나 지혜도 감당할 수 없으면 무용지물이다. 통찰력도 그것의 가치를 발견하지 못하는 사람에게는 우이독경牛耳讀經으로 끝나게 된다. 즉, 내담자가 그 진리를 어떻게 받아들이느냐가 중요한 것이다. 물론 상담가의 통찰력 정도는 언제나 상담가의 해석 능력에 의해 평가된다. 내담자가 느끼기에 상담가가 내담자의 경험을 분석하고 종합하며 이해하는 능력이 있다고 느껴져야 한다. 그래야 내담자는 그러한 상담가의 언어적 해석에 대해 신뢰를 보내게 되고, 상담가에 대한 존경심이 생긴다. 그리고 이러한 신뢰와 존경심은 심리치료 과정에 있어서 절대적으로 중요한 요소이다. 다시 말해서 상담가가 내담자로부터 신뢰와 존경을 받을 때 비로소 그 상담 과정은 성공적으로 진행될 수 있다. 상담가에 대한 신뢰와 존경심은 그 해석 능력에 있다. 이는 곧 상담가의 직관적이고 공감적인 관찰 능력과 내담자의 고통에 대한 해결 방안 제시 능력에 달려 있다. 우리는 그것을 상담가의 통찰력이라고 부른다.

그러면 상담가는 어떻게 해서 임상적인 통찰력을 배양할 수 있는 것일까? 물론 많은 임상 경험과 이론적인 통합 과정이 필요하다. 다수의 성공적인 임상적 진단과 처방을 접해보아야 한다. 상담가는 성공적인 임상 경험이 축적되면서 자신만의 분명한 임상적 기술과 노하우를 갖추게 된다. 그러나 이러한 경험 못지않게 중요한 것은 상담가의 인간 심층 심리 과정에 대한 이해 능력이다. 인간은 어떤 경험을 통해서 어떤 병리적인 증상이 형성되는가? 그 병리적인 증상이 해결되려면 어떤 과정을 거쳐야 하는가? 전문가는 훈련을 통해서 이 질문에 대한 답을 가지고 있어야 한다. 상담가가 심리학과 제반 정신과학을 공부하는 이유가 여기에 있다. 인간의 정신세계에 대해 그 누구보다도 깊은 이해와 통찰을 많이 가지고 있어야 한다. 그래야만 내담자의 병리적 정신 과정을 제대로 이해할 수 있고, 적합한 해결 방안을 제시할 수 있다. 그리고 그 결과로 전문성이 깊어지고, 내담자로부터 인정받을 수 있게 된다.

코헛은 개인의 내적 이상inner ideals이 자아존중감에 미치는 영향에 대하여 논하였다. 그에 따르면 사람은 자신의 내적 이상에 따라 살 때 진정한 의미에서의 자아존중감과 자신감이 생겨난다. 그렇지 못하게 되면 서서히 정신적 파편화 경험을 하게 된다. 인간은 그 파편화된 정신 과정의 결과로 불안을 경험하게 되고 그 불안의 조절 욕구에 의해 방어기제나 병리적인 증상이 발현된다.[28] 따라서 인간은 자기의 내적 이상이 무엇인지를 정확히 알아야 하며, 그 내적 이상에 비추어 어떤 삶을 살고 있는지 스스로 분석·종합·이해하는 능력이 있어야 한다. 그럴 때 정신성이 강화되고, 그 결과로 개인은 병리적인 방어기제나 증상에서 벗어날 수 있다. 즉, 인간은 자신의 내적인 심리과정에 대해 통찰력을 가지게 되면서 서서히 병리적인 방어기제나 증상을 포기할 수 있게 되는 것이다. 상담가의 통찰력은 내담자의 통찰력 성장에 필수적인 요소이며, 동시에 내담자가 상담가에게 신뢰와 존경심을 보내게 되는 주요 원인이 된다. 그러면 상담가는 어떤 과정을 거쳐서 통찰력을 가지게 되는 것일까? 내담자로부터 신뢰와 존경의 탄성이 나오게

---

[28] Heinz Kohut, *Humanities*, 174.

하려면 상담가에게 어떤 훈련이 필요한 것일까?

정신분석학적으로 볼 때 통찰력은 무의식의 내용물들이 의식 안으로 들어와 개인이 그 내용들을 소화할 수 있을 때 생긴다. 사람은 각기 자기의 어린 시절 경험을 다 기억하지 못한다. 고통과 공포의 경험들은 과거 속에 잊은 채로 남아있다. 그러나 상담 과정은 그러한 잊혀진 기억을 일깨울 수 있다. 정신분석학은 이런 기억 깨움 작업을 하는 전문적인 활동이다. 이런 점에서 통찰력은 정신분석 작업으로 가능해진다. 프로이트는 사실상 자기 자신을 분석했다. 그는 자기의 꿈을 이해하기 위해 생생한 정보를 놓치지 않았다. 그리고 그 꿈의 상징적 내용을 현실적인 의미로 해석했다. 여기서 그 해석은 무의식 내용물의 의식화란 점에서 통찰력을 지닌 것으로 평가된다. 실제로 그의 책 『꿈의 해석』은 세상으로부터 호응받았다. 칼 융과 같은 뛰어난 신경의학자도 프로이트의 꿈 해석에 공감했으며, 초기 프로이트의 정신분석 활동에 적극적으로 참여하게 되었다. 우리도 우리 자신의 무의식적 내용물을 의식의 차원으로 끌어 올릴 필요가 있다. 그럴 때 통찰력은 우리에게 선물로 주어진다.

오늘날 상담가가 되고자 하는 사람들은 우선 자신을 위한 상담, 특별히 분석적인 상담을 권유받는다. 그 이유는 여러 가지가 있겠지만 무엇보다도 상담가 자신의 무의식적 내용물을 의식으로 끌어내어 상담가 자신이 먼저 통찰력을 획득할 필요가 있기 때문이다. 자기의 무의식적 활동에 대해서 무지한 사람이 타인의 무의식적 작업을 공감하고 함께 수행하는 것은 불가능하다. 따라서 성공적인 상담 기술을 원하는 사람은 먼저 자신의 무의식을 살펴보아야 한다. 이러한 자기성찰은 첨예한 공감적 관찰 능력을 가능케 하고, 결과적으로 내담자를 돕는 기술을 발전시키게 한다. 소크라테스가 "너 자신을 알라"고 말한 것은 오늘날 금언으로 인정된다. 그만큼 중요한 의미가 들어 있다. 바로 자신의 무의식적 내용물에 대한 적나라한 관찰이 자신뿐 아니라 타인에 대한 공감 능력을 배양하고, 더 나아가서 통찰력을 증진하게 되는 것이다.

상담가의 통찰력은 자기 경험을 소화 정리하면서 얻어지기도 하지만, 이미 정리되어 검증이 이루어진 임상적 결과물들을 통해서도 얻을 수 있다. 사실 통찰력은 축적된다. 인간 정신에 관한 지적 작업이라고 명명할 수 있는 이러한 통찰력들은 상담 훈련자에게 꼭 필요한 자료들이다. 이론적 훈련이 중요한 까닭이 여기에 있다. 그래서 전문기관에서 여러 이론을 접하고 함께 토론하며 연구한다. 우리는 여러 질문을 던질 수 있다. 과연 인간의 다양한 현상을 어떻게 이해해야 하는 것일까? 인간이란 어떤 존재인지, 어떤 정신적 기능을 하는지, 그리고 어떤 과정을 거쳐서 성숙하게 되고 발전하는가에 대한 대답은 이미 무수히 축적되어 있다. 선구자들이 고뇌와 연구를 통해 이룩해 놓았기 때문이다.

예를 들어보자. 이해understanding의 의미를 가장 잘 설명하고 있는 것은 바로 상호주관 정신분석학파일 것이다. 왜냐하면 스톨로로우Robert D. Stolorow, 브랜드섀프트Bernard Brandchaft 등이 이끄는 상호주관학파는 그들의 모든 심리학 이론을 이해의 개념 안에서 통합시키고 있기 때문이다. 이들에 따르면 이해는 정신건강과 심리치료의 본질이며, 정신병리는 바로 이해의 부재에서 연유한다. 사람은 다양한 경험을 하며, 그 경험들은 계속해서 축적된다. 그런데 인간은 이 축적된 경험과 현재의 경험들이 만나면서 상충하게 되고 명료한 이해를 하기 어려울 때가 많다. "도저히 이해할 수가 없다"는 고백이 주변에서 종종 들리는 것은 실제로 이러한 이유이다. 인간의 경험 중 상당수는 도무지 이해하기 어렵고, 그래서 혼란을 가져온다. 스톨로로우와 그 그룹은 인간의 정신병리가 바로 혼란한 마음 상태에서 유래한다고 보았다. 그리고 그 혼란은 어린 시절의 비공감적 관계의 경험들에 의해서 만들어진 것이라고 한다. 인간은 과연 인지적 차원과 정서적 차원에서 자기 행동에 대해 명확하게 이해하고 있을까? 사실 사람들은 자신이 어떤 행동을 할 때 왜 그러한 행동을 하는지 모를 때가 많다. 그래서 자신의 경험과 행동의 의미에 대해 이해하고 싶어 한다. 납득이 갈 때 인정할 수 있고, 이해가 될 때 열정도 생기기 때문이다. 상호주관 정신분석학파는 이런 입장에서 "이해understanding"를 그들의 모든 이론적 체계의 중심적 초개념central supra concept으로 잡고 있다. 프로이트가 "리비도"를, 융이 "무의식"을, 멜라니 클라인이 "환상"을, 그리고 하인즈 코헛이 "산소"를 중심 개념으로 잡은 것과 같다. 각 학파가 중심 개념을 통해 다양한 심리영역에 대한 구체적인 이론적 체계를 세운 것처럼 상호주관학파는 바로 〈이해〉라고 하는 개념을 중심으로 자신들의 다양한 주장과 전제들을 통합하고 있다. 이들은 심리치료의 과정이란 내담자가 자기의 경험과 선택을 이해할 수 있도록 상담가가 돕는 것이라고 본다. 이러한 상담가의 기능이 바로 자기명료화대상self-delineating selfobject이라는 정신적 기능이다. 하인즈 코헛이 말한 공감empathy의 개념, 그리고 정신적 산소psychological oxygen 개념과 아주 흡사하다. 이는 통합과 발전이란 점에서 코헛의 심리치료 이론을 확장시켜 놓았다고 할 수 있다.

내담자가 자신의 인생 경험을 명확하게 이해하지 못할 때 혼란스러워하고 그의 정신세계는 혼돈에 의해 영향을 받는다. 인간에게 혼돈의 마음 상태는 불안과 공허를 느끼게 하며, 심지어 실수와 자기 파멸의 선택을 하게 되는 원인이 된다. 그러나 상담가가 내담자 자신의 경험을 스스로 명확하게 이해하도록 도와주게 되면 그 내담자는 서서히 혼돈의 늪에서 나올 수 있게 된다. 그러면 점차 명료한 상태에서 지혜로운 선택을 할 수 있게 되는 것이다. 사람은 살면서 무수히 많은 선택을 한다. 그런데 때로는 크게 후회하게 될 실수가 되는 선택들도 허다하다. 그러나 지난날 내 선택의 의미에 대해서 명확하게 아는 사람들은 비교적 실패와 상처의 선택을 줄이게 된다. 오히려 성공적인 선택을 더 많이 하게 되는 것이다. 이론적 훈련이 중요한 이유가 여기에 있다. 그것은 우리 삶의 다양한 경험을 명료하게 알 수 있도록 한다. 그리고 자신과 자신의 사랑하는 사람들을 위해 현명한 선택을 하도록 도와준다. 이러한 과정은 우리의 이해를 돕고 촉진시키며 더더욱 선순환을 강화하는 과정이 된다.

한 마디로 이론과 지식을 쌓아야 한다. 통찰력은 그냥 주어지지 않는다. 상담가는 깊이 있는 이론이 있을 때 임상적인 경험이 쌓이면서 임상적인 통찰력을 강화할 수가 있다. 이전 세대의 경험적 통찰력은 이론을 통해서 전수되고 있다. 연구하지 않는 사람은 이러한 과거의 보물을 무시하는 사람들이다. 그러나 임상적 상담 이론을 깊게 이해하는 사람은 오늘의 내담자를 상담할 때도 이전 세대의 통찰력을 활용하게 된다. 축적된 지혜를 의미 있게 활용할 수 있다. 결과적으로 상담가는 임상 상황에서 성공적인 상담을 구사하게 되는 지혜와 기술을 더 많이 갖는다.

하나님은 사랑과 진리를 다 갖고 계신다. 코헛의 공감과 프로이트의 진리를 다 통합시킨 인격적 주체의 모습을 예수 그리스도의 삶을 통해 본이 되어 주셨다. 사랑은 공감이다. 진리는 공감을 통해서 획득될 때 힘이 있다. 공감을 통한 진리, 사랑을 통한 진리의 획득은 자신과 세상에 큰 영향력을 행사한다. 그래서 그것들은 아름답고 고결하다. 진리가 우리를 자유롭게 한다. 하지만 그 진리는 다른 방법이 아니라 공감적 사랑의 방법을 통해서 획득되어야 한다. 그것이 바로 예수 그리스도가 우리에게 당신의 삶을 통해 보여주신 증거이다. 공감은 사랑의 경험을 가능하게 하고, 진리는 언어의 경험을 풍요롭게 한다. 경험과 언어가 인간을 새롭게 변혁시키는 것처럼, 사랑과 진리가 인간을 다시 태어나게 한다. 그리고 그것이 바로 상담의 목표이며, 신앙의 가치이다.

상담은 언어적 도구를 사용하는 선택의 기술이다. 다시 말해서 상담가와 내담자가 언어라는 도구를 사용해서 함께 관계하고 토론하며 중요한 결정을 내린다. 그들은 서로 여러 가지 생각을 펼쳐 보인다. 그리고 그 생각들이 현장에 얼마나 적절한지를 검토하며, 함께 고민하는 동안 훨씬 더 지혜로운 선택을 하게 된다. 상담의 힘은 이렇게 작용한다. 즉 상담은 상담가가 내담자와 더불어 내담자의 행복한 삶을 위해 현명한 선택을 할 수 있도록 도와주는 과정이다.

그런데 중요한 결정은 쉽사리 이루어지지 않으며 간단한 과정이 아니다. 만약 우리가 진리를 알고 있다면 지혜로운 결정을 내리기가 훨씬 쉬울 것이다. 진리는 우리에게 가능자의 역할을 해주며, 불안하거나 혼란스러운 상황에도 우리가 안정과 여유를 가질 수 있도록 도와준다. 그 진리를 우리가 어떻게 획득할 것인가? 일반적으로 사람들은 한두 가지 정보에 의존하여 직관적인 추리를 한다. 이것은 한 인간의 내면세계로 충분히 들어가지 못하는 단점이 있다. 그리고 이러한 방법으로 진리를 찾는 사람은 자칫 위험한 결정에 갇히고 만다. 인간은 참으로 신비스러운 존재다. 한두 가지 외양의 자료가 그 개인의 실체를 대변할 수 없다. 하지만 임상 상황에서 이러한 실수들이 발생한다. 즉, 내담자를 충분히 알지 못한 상태에서 임상적인 결정을 해 버리는 것이다.

코헛과 그의 자기심리 정신분석학자들, 그리고 상호주관 정신분석학자들은 이런 점에서 아주 중요한 공헌을 했다. 그들은 한 인간을 그렇게 쉽게 이해하는 것을 용납하지 않는다. 그들은 내담자와 함께 느끼고 생각하며 내담자의 내면세계로 들어가라고 주장한다. 마치 먼 우주를 탐험하는 우주 비행사처럼 그리고 고대의 유적지를 발굴하는 고고학자처럼 자신이 발견한 자료에 대하여 섣부른 판단을 자제한다. 오히려 발견 그 자체에 더 큰 의미를 둔다. 공감은 사람을 대하는 진지하고 진정한 자세를 의미하며, 타인에 대한 섣부른 판단을 거부한다. 그 개인의 내면세계는 신비롭고 깊어서 쉽게 단정할 수 없다. 인간에 대한 어떤 종류의 도식이나 유형적 이해를 거부한다. 결론적으로 임상 상황에서 필요한 것은 바로 공감적 관찰이다. 한 인간의 심리적 재탄생은 이러한 공감 경험 없이는 불가능하다. 누군가의 공감은 개인의 창조적 변화에 일익을 담당한다. 상담가는 직관적 추리보다 공감적 관찰을 사용해야 하는 것이다. 상담은 위로하고 격려하며 다시 태어나도록 힘과 지지를 보내는 전문 영역이기 때문이다.

진정한 의미에서 통찰력은 공감적 관찰을 통해서 일어나고, 개인은 자신에 대해 통찰력을 가질 수 있다. 그것은 자기 공감 과정을 거칠 때 주어지는 선물이다. 상담가는 내담자가 자신의 병리와 가능성에 대해 통찰력을 가질 수 있도록 도울 수 있다. 상담가의 공감적 관찰이 바로 그 과정의 핵심 노하우가 된다. 한 인간이 자신의 병리를 파악하고 회개하는 역사는 누군가가 공감해줄 때 가능하다. 동시에 한 인간이 절망 중에도 다시 일어서는 용기를 가지는 것도 누군가의 공감이 있을 때 가능해진다. 이것이 공감의 위대함이다. 사람을 새롭게 만들고, 진실한 인간을 만드는 데 결정적인 역할을 한다. 공감은 개인에게 위로와 통찰력을 주기에 많은 상담 기술 중 가장 중요하고 효과적인 것으로 인정된다. 공감적 관찰과 통찰력의 창출은 그런 점에서 정비례한다고 볼 수 있다. 주님은 사랑과 진리의 하나님이시기에 우리가 사랑으로 진리를 말하기를 원하신다. 이것은 우리가 코헛의 공감적 자세를 가져야 하며 상호주관 정신분석학자들이 말하는 인지적 명료화의 공감적 자세를 가져야 함을 의미한다.

　　진리는 사랑으로 말해지지 않을 때 일종의 무기가 되어 폭력이 될 수도 있다. 인류 역사를 볼 때 진리란 이름으로 얼마나 많은 폭력이 자행되었는가? 히틀러는 우생학의 진리를 표방하면서 600만 유대인을 학살했다. 이 땅에서도 명분이라는 허울로 수많은 악행이 벌어지고 있다. 진리와 명분의 실행은 사랑과 공감으로 이루어져야 한다. 생명을 해치고 창조를 방해하는 진리와 명분은 사실상 진리가 아니다. 그것은 부분 진리이며, 하늘의 섭리를 거스르는 일이다. 여호와 하나님이 이방신과 우상을 경고한 것도 이런 맥락이다. 이방신과 우상을 섬기며 행해지는 축제 형태의 제사는 "감정정화"라는 진리를 담고 있다. 그러나 그것이 결국엔 더 큰 공허와 절망, 그리고 파괴와 죽음으로 인도하기에 금하셨다. 인간은 부분 진리에 치우쳐서 사랑이라는 궁극적인 진리가 무시될 때 파괴된다. 코헛이 늘 강조하는 것처럼 사실보다 더 중요한 것은 공감이다. 따라서 분석가는 공감적인 통찰력을 창출하는 전문가가 되어야 한다.

연구 질문들

1. 직관적 추리가 왜 위험한가?

2. 공감적 관찰은 어떻게 하는 것인가?

3. 명료화가 왜 중요한가?

4. 정신적 산소란 무슨 말인가?

5. 통찰력은 어떻게 얻어지는가?

참고문헌

Abend, Sander M. & Michael S. Porder & Martin S. Willick. *Borderline Psychoanalytic Perspective:* The Kris Group of the New York Psychoanalytic Institute Monograph VII (Madison: International Universities Press, 1986).
Chattam, Patricia M. *The Treatment of the Borderline Personality.* Northvale, New Jersey: Jason Aronson Inc., 1989.
Gehrie, M. J. *The self and the group: A tentative exploration in applied self psychology.* In A. Goldberg (Ed.), Advances in Self Psychology. New York: International University Press, 1980.
Hall, Calvin S. *A Primer of Freudian Psychology.* New York: New American Library, 1979.
_____. 『프로이트 심리학』, 백상창 역. 서울: 문예출판사, 2000.
Lichtenberg, J. D. *Psychoanalysis and Motivation.* Hillsdale: Analytic Press, 1989.
May, Rollo. *Art of the Counseling.* Nashville: Abingdon Press, 1989.
Karterud, S. W. "*The Group Self, Empathy, Intersubjective and Hermeneutics: A Group Analytic Perspective.*" in Self Experiences in Group: Intersubjective adn Self Psychological Pathways to Human Understanding, eds. I. Harwood and M. Pines London: Jessica Kingsley Publishers, 1998.
Kernberg, Otto. *Borderline Conditions and Pathological Narcissism.* New York: Jason Aronson Inc., 1975.
Kohut, Heinz. *How Does Analysis Cure?* Chicago: University of Chicago Press, 1984.
_____. *the self psychology and the humanities: reflections on a new psychoanalytic approach.* New York & London: W. W. Norton & Company, 1985.
_____. *the restoration of the self.* New York: International Universities Press, 1977.
_____. "*Introspection, Empathy, and the Semi-Circle of Mental Health*" International Journal of Psychoanalysis 63 (1982).
Pines, Malcom. *The self as a group: The group as a self.* Group Analysis, 29, 1996.
Seligman, Martin E. *Helplessness: On depression, development, and death.* Sanfrancisco: W.H. Freeman & CO., 1975.
_____. 『무기력의 심리』, 윤진·조긍호 역. 서울: 탐구당, 1983.
Strozier, Charles B. *Heinz Kohut: The Making of a Psychoanalyst.* New York: Farrar, Straus and Giroux, 2001.
Stolorow Robert D. and George E. Atwood. *Contexts of Being: The Intersubjective Foundations of Psychological Life.* Hillsdale, NJ: The Analytic Press, 1992.
Stolorow, Robert E. & Bernard Brandshaft & George E. Atwood. *Psychoanalytic Treatment: An Intersubjective Approach.* Hillsdale, NJ: The Analytic Press, 1987.

9장

행복의 원형

"하나님의 나라는 볼 수 있게 오는 것이 아니며,
또 '여기 있다', '저기 있다' 하고 말할 수도 없다.
왜냐하면 하나님의 나라는 너희 안에 있기 때문이다."

(눅 17:20-21)

하늘나라는 상징적인 언어이다. 우리가 현실적으로 경험하고 싶어 하는 가장 완벽하게 행복한 공동체의 모습을 지칭한다. 지옥과 대비되는 이 개념은 고통이나 상처, 갈등이나 외로움, 무력감과 비참함이라고 하는 심리적으로 부정적인 실체들을 극복한 마음의 상태이다. 그 결과 사랑과 희열, 일체감과 따뜻함, 회복과 자신감, 성공과 영광 등 긍정적인 실체들을 체험할 수 있는 심리적 세계이다. 실존 인간으로서 우리는 과연 이 경험을 어떻게 할 수 있을까? 이 땅에, 저 피안의 나라에, 아니면 제3의 존재 세계에 있는 것일까? 사람들은 저마다 이러한 질문들을 던지곤 한다. 그리고 그 답들을 듣고자 원한다. 행복의 원형이 바로 천국이기 때문일 것이다. 그래서 우리는 태어나서 죽을 때까지 진정한 의미의 행복, 곧 천국을 끊임없이 추구한다. 이와 같은 추구는 우리가 힘들고 어려운 삶 속에 있을수록 더 강렬하다. 게다가 그러한 천국에 대한 소망과 구체적인 표상들은 우리에게 현재 어려운 삶을 견디도록 도와준다. 이런 점에서 볼 때 하늘나라에 대한 신학적이고 상담학적인 고찰을 해 보는 것은 목회 현장뿐 아니라 개인의 영성 훈련 과정에서도 중요한 가치를 지닌다.

1. 하늘나라의 의미

하늘나라는 행복의 원천이다. 개인 차원과 국가, 사회적 차원 모두에서 요구되는 개념이다. 물론 객관적으로 개인과 국가는 엄연히 다르다. 대개 그 둘은 충돌한다. 개인의 가치와 집단 지도자의 가치, 그리고 집단구성원들의 가치가 다르기 때문이다. 라인홀드 니버 Reinhold Niebuhr가 『도덕적 인간과 비도덕적 사회』에서 이야기한 것처럼, 개인은 도덕적일 수 있지만, 사회는 도덕적일 수 없다. 집단이 형성되면 집단 이기주의가 발현된다. 그 집단이 살기 위해 개인과 타 집단은 무시된다.[1] 객관적 차원에서 개인과 집단은 서로 필요하지만 통합되기가 어려우며 늘 충돌하고 반목한다. 구약은 이스라엘 백성들이 왕을 세우면서 개인으로서의 왕과 집단으로서의 국가 간에 어떤 종류의 긴장과 해악이 난무하였는가를 보여주고 있다. 개인과 사회는 충돌할 수밖에 없다. 그래서 프로이트는 개인의 욕망과 사회적 금기 사이에 갈등이 존재하며, 그 갈등의 해결이 개체 인격의 과제라고 이야기했다. 심지어 그의 심리구조 이론이 개인의 욕망을 대변하는 원 본능과 사회적 금기를 대변하는 초자아의 대립각을 세움으로써 설명되었다.[2] 그리고 행복은 그 갈등의 창조적 극복이며, 욕망에너지가 문화에너지로 승화되는 것이 관건이라고 결론을 내렸다. 반면 코헛의 관점에서는 개인과 사회는 상호적 공헌을 할 수가 있다. 객관적 갈등의 관점이 아니라 주관적 나눔의 안목에서 그것은 현실화 될 수 있다. 행복은 주관적 가치이며, 하늘나라는 개인과 집단이 꿈꾸는 행복의 원형이다. 행복을 느낄 만한 조건들은 여러 가지이고 그 조건이 충족된다면 행복감을 느낄 수 있을 것이다. 문제는

---

1 라인홀드 니버, 『도덕적 인간과 비도덕적 사회』, 이한우 역 (서울: 문예출판사, 2017 증보판)
2 지그문트 프로이트, 『문명속의 불만』, 김석희 역 (서울: 열린책들, 1997).

그러한 조건들의 충족을 너무 크고 거시적으로만 접근하는 것에 있다. 만일 우리가 개인적·사회적 차원 모두를 충족시키는 미시적인 조건들을 알고 있다면, 그리고 그 미시적 조건 하나하나를 충족시켜 나간다면, 그때 우리는 하늘나라의 실현을 이룰 수 있을 것이다.

신학적으로 하늘나라 의미는 아주 정교하다. 기독교 윤리학자인 유경동은 그의 논문 「하나님의 나라와 권력: 타자의 윤리」에서 "자아가 타자를 향해 나아갈 때", 그리고 "전적으로 타자를 위한 대리인의 삶"을 살 때 하늘나라가 가능하다고 말한다.[3] 반면에 신약성서학자인 차정식은 「마태복음의 '하늘나라'와 신학적 상상력」 논문에서 우리가 하늘나라를 경험하기 위해서는 "아버지와 적절한 관계를 맺고 그의 자녀가 되는 법을 배워야" 하며 "진솔한 대화와 개방적 소통의 노력"을 해야 함을 강조했다.[4] 그리고 침례신학대학교 김광수는 「예수의 하나님의 나라 사역의 이해에 있어서 틀의 전환에 대한 평가」 논문에서 "하나님의 나라는 그 본질에 있어서 인간과 세상의 치유와 회복을 위한 하나님의 구원활동"이라고 말함으로써 하늘나라와 치유 회복의 관계를 지적하고 있다.[5] 이들은 기독교 윤리학 및 신약성서학의 전문가들로서 하늘나라의 본질적인 의미와 현실적인 건설 과정에 대하여 의미 있는 통찰력들을 제시하고 있다. 하지만 목회상담학 영역

---

[3] 유경동, "하나님의 나라와 권력: 타자의 윤리", 〈한국기독교신학논총〉 46, 한국기독교학회 엮음(서울: 기독교서회, 2006), 209, 211. 저자는 사회 정치적인 측면에서의 하늘나라 개념을 염두에 두고 이 글을 쓴 것으로 보인다. 그럼에도 하늘나라의 건설 과정에 있어서 타자와의 관계성을 강조한 점은 목회상담에서 말하는 실제적 경험세계로서의 하늘나라와 크게 다르지 않다.

[4] 차정식, "마태복음의 '하늘나라'와 신학적 상상력", 〈한국기독교신학논총〉 46, 한국기독교학회 엮음(서울: 기독교서회, 2006), 81, 83. 신약성서적 입장에서 마태복음의 하늘나라 주석을 통해 하늘나라에 들어가는 법을 아주 간결하고 명확하게 보여주고 있다. 저자가 말하는 "신학적 상상력"은 현대 상담학자들이 자주 언급하는 "치유의 상상력"의 의미와 본질상 같은 맥락에 있다.

[5] 김광수, "예수의 하나님의 나라 사역의 이해에 있어서 틀의 전환에 대한 평가", 〈한국기독교신학논총〉 55, 한국기독교학회 엮음(서울: 기독교서회, 2008), 83.

에서는 아직 하늘나라에 대한 심도 있는 토론이 활성화되고 있지 않다.6 기독교의 근본적인 개념인 하늘나라에 대하여 상담학적인 지혜를 찾아본다면, 현대를 살아가는 우리 기독교인들에게 의미를 제시해 줄 수 있을 것이다. 이에 본 장은 과정철학과 정신분석학 이론들을 염두에 두고, 구체적으로 개인이나 공동체가 현실 속에서 이룩할 수 있는 하늘나라에 대한 지혜들을 탐구할 예정이건설 과정다.

정신분석적으로 볼 때 하늘나라는 행복의 표상이다. 기쁨과 신뢰, 감사와 여유가 넘친다면 그 개인과 공동체는 행복의 주체자가 될 수 있다. 나 혼자만의 행복이 아니다. 다른 사람들의 행복도 함께 구현된다. 자기와 대상이 대립과 갈등 구조에 있지 않다. 그들은 상호적으로 공헌하고 힘을 주며, 함께 시너지를 창출한다. 개인으로 인하여 사회가 튼튼해지고, 사회로 인하여 개인이 풍요로워진다. 그러한 하늘나라가 어떻게 구현될 수 있을까? 그 하늘나라는 어디에서 그 원형을 찾아볼 수 있을까? 하늘나라는 경험적 행복의 공간이며, 기쁨과 사랑, 그리고 진리가 넘친다. 그곳은 여호와 하나님과 예수 그리스도께서 치리하시기에 가난한 자와 병든 자, 그리고 약한 자가 소외되지 않는다. 연약한 자가 강건해지고 행복과 성공의 주체자가 될 수 있는 환경이다. 개인도 조직도 모두 다 기뻐하는 곳, 그곳이 바로 천국이며, 하늘나라이다. 행복의 원형으로서의 하늘나라, 그것은 살아있는 모든 유기체가 추구하는 경험이며, 삶의 공간이다. 아무도 이 공간으로부터 거리를 두어서는 존재할 수 없고 생존할 수 없다. 개인적 차원에서, 그리고 공동체 차원에서 우리는 하늘나라의 표상이 있기에 지속적으로 포기하지 않고 나아갈 수 있다. 인간은 표상이 있을 때 무너지지 않는다. 표상이 있을 때 인

---

6 〈한국기독교신학논총〉의 전체 목록에서 "하늘나라"와 관련한 목회상담학적인 논문은 발견되지 않았다.

간은 견딜 수 있다. 하늘나라의 표상은 우리를 견디게 해주고, 우리를 발전하게 하며, 우리가 승리자가 되고 행복한 주체가 되도록 인도한다. 천국이 어디에 있는가? 여기에 있는가, 아니면 저기에 있는가? 성서는 천국이 우리의 마음속에 있다고 한다. 왜 마음속일까? 우리 손으로 만지고 눈으로 볼 수 있는 이 세상에는 없는가? 물리적인 세계로서의 천국은 존재하지 않는 것일까? 그러나 중요한 것은 그것이 물리적인 실체냐 아니냐에 있는 것이 아니라는 것을 기억해야 한다. 하늘나라는 행복한 세계이다. 무엇보다 사랑과 진리가 넘치므로 나와 모두가 다 기뻐하는 경험의 세계이다.

2. 마음의 공간

하늘나라는 어디에 있을까? 일반적으로 사람들은 세 가지 종류의 천국을 연상한다. 하나는 그곳에 존재하는 하늘나라이다. 고통으로 얼룩진 현 세상과 비교되는 그곳은 상처와 비탄이 없는 사랑과 행복의 낙원으로 비유된다. 많은 사람이 죽음 이후에 찾아오는 이 하늘나라에 대해 언급한다. "하늘나라에 가면 돌아가신 어머니를 만날 수 있겠지." "저 하늘나라에는 고통이 없을 거야." "그곳에서 사랑하며 살자." 그리고 그들은 마지막 순간에 하늘의 천군천사가 자신을 맞이하는 환상을 접한다. 이들은 모두 하늘나라가 저세상에 존재한다는 믿음을 가지고 있다.[7] 한편, 세계를 떠

---

[7] 죽음 후에 가는 천국에 대한 개념은 일반 사람들에게 널리 펴져 있는 것 같다. 예를 들어, 찰리 채플린이 죽은 후 그의 시신이 도적질 된 적이 있었다. 돈을 노린 폴란드 출신의 실업자와 불가리아 출신의 밀입국자가 그의 묘지를 파헤치고, 채플린의 아내 우나에게 60만 스위스 프랑을 내놓으라고 요구한 적이 있다. 이때 아내 우나가 그 범죄자들에게 전한 "내 남편은 천국과 내 가슴 속에 있다"는 말은 아주 유명하게 남아 있다. 그녀에 따르면 채플린은 죽었지만 지금 하늘나라에서 잘살고 있고, 자신을 기다리고 있으며, 언젠가 함께 다시 만날 것이다. 여기서 우나 역시 바로 천국이 저 하늘나라에 있다고 생각한다. 일반사람들이 다 이와 비슷한 생각을 갖고 있다는 이야기다. 김별아, 『스크린의 독재자 찰리 채플린』 (서울: 이룸출판사, 2003), 124.

들썩하게 만들었던 사이비 종파 교도들의 집단 자살도 이처럼 하늘나라의 개념과 관련이 있다. 남미 가이아나의 밀림 지역에 있었던 미국 광신도 집단 "인민사원"의 교주 짐 존스Jim Jones는 9백여 명의 신도들에게 청산가리를 탄 포도 주스를 마시게 했다. 또한 한국 다미선교회의 휴거 소동도 천국에 대한 일반 사람들의 소원에 의지한 사이비 종파의 사건이었다. 그뿐만 아니라 미국의 샌디에이고 랜초 산타페의 개인 호화 저택에서 39명의 집단 자살이 있었다. 이 끔찍한 사건은 UFO를 타고 천국의 영생을 구하려는 무모한 시도였음이 드러났다. 이들이 스스로 목숨을 끊는 배경은 바로 하늘나라였다.

천국이 저세상에 존재한다는 사상의 배경에는 여러 입장이 혼재되어 있다. 성서에서 말하는 천국의 개념은 단순히 저세상에 있다는 것으로 좁혀 말할 수 없다. 보통 사람들이 알고 있는 천국의 개념에는 우리나라의 전통 신앙체계인 불교와 토속신앙, 그리고 서양의 중세시대에 상상하고 그려지던―단테의 신곡과 같은― 천주교 사상이 덧붙여 발전한 것이다. 불교의 "극락"은 사후세계로서, 죽음과 윤회의 고통을 벗어날 수 있는 공간이다. 현세의 땅은 죽음과 아픔, 그리고 윤회의 고통이 가득하지만, 극락정토는 이 모든 것에서 벗어날 수 있는 곳이다. 중세 서양의 대표 문학인 단테의 『신곡』에서는 당대의 예술과 문화, 그리고 종교와 철학적 사상을 담고 있는데, 사후세계의 모습을 그리고 있다. 지옥은 9개의 층이자 옥으로 그려지며, 각각 죄인이 가야 할 곳과 벌이 있다. 연옥은 천국에 오르기 전 회개와 수양을 하며 천국까지는 각 층과 단계가 있다. 이와 비슷하게 천주교에 따르면 산자가 죽은 후에 하느님의 심판을 받는데 그 결과에 따라 천국과 지옥으로 갈린다. 최종적인 심판 이전에 연옥이 있어 정화과정을 거치며, 심판 이후 고결한 영혼은 천국에서 평화와 행복을 누리게 된다. 이러한 천국 개념은 선악이원론善惡二元論적인 것으로 볼 수 있는데, 대표적으로 고대 이집트의 종교나 조로아스터교에서도 그 기원을 찾을 수 있다.

두 번째로 천국은 이 땅에서 실현되는 현실적인 하늘나라이다. 그것은 해방신학자들과 구약성서의 예언자들이 간절히 소망했던 세상이다. 성서의 전통에서 천국 개념은 하나님의 은혜로 이 땅에서 건설되는 공의롭고 풍요로운 사회를 의미한다. 기독교의 메시아 사상에 따르면, 하나님은 혼란하고 부패한 이 세상을 심판하고 정리하여, 공의로운 평화와 풍요의 세상으로 새롭게 만들기 위해 오신다. 예를 들어 구약 묵시문학은 주의 날에 하나님께서 악의 세력을 전멸시켜 당신의 의와 평화, 그리고 구원을 이루시는 하나님의 통치가 이 땅에 이루어지는 것이 핵심 사상이다.[8] 기독교 문학의 거장인 톨스토이Leo Tolstoy도 그의 저서 『예술론』에서 기독교의 이상은 "지상에서 천국을 건설"하는 것이라고 밝히고 있다.[9] 성서에는 천국을 상징하는 개념들이 있다. 구약은 젖과 꿀이 흐르는 가나안 땅을 이야기한다. 그곳은 이집트와 광야에서 힘들게 사는 히브리 사람들에게 있어서 천국의 모델이 되었다. 그곳에 가면 풍요와 안정, 그리고 자유와 행복을 누릴 수 있다. 그들의 전승에 가나안은 천국을 상징하는 것으로 아주 중요한 의미를 지닌다. 신약성서에서 예수는 하늘의 천국이 이 땅에서도 이루어질 수 있음을 강조했다. 그리고 주기도문의 가르침에서 제자들에게 하나님의 뜻이 실현된 천국이 이 세상에도 임하도록 끊임없는 기도를 권면하셨다. 예수가 부활한 후에 초대 기독교인들은 다락방에서 성령을 받고 처음으로 이 땅에 작은 천국의 공동체를 시작했다.[10] 사도행전에 나오는 공동체는 근대 시대

---

8 단 7; 삼하 7:12-16; 삿 11:1-9; 렘 22:14-22; 겔 37:24-28; 슥 6:12 등에서 세상의 심판과 메시아 사상이 거론되고 있다.
9 Leo Tolstoy, *What is Art?* (New York: Crowell, 1898); 『예술론』, 동완 역(서울: 신원문화사, 1992), 292-293.

의 사람들에게 천국의 상징으로 다가왔다. 그리고 막스Karl Marx가 공산주의를 통해서 이 땅에 실현해 보고 싶었던 천국의 모태가 되었다. 해방신학자 구티에레스Gustavo Gutierrez가 평생 그의 글에서 남미 사람들을 향해 외친 주장도 바로 이러한 종류의 천국을 염두에 둔 것이었다.[11]

마지막으로 천국은 개인의 마음속에 존재할 수 있다. 하늘이나 이 땅에 존재하는 천국은 이제 단독자로서의 개인의 정신세계에 있다. 이것이 바로 마음속의 천국이다. 존 A. 샌포드John Sanford는 『내면의 천국The Kingdom Within』에서 예수의 가르침이 의식의 발달, 그리고 개성의 실현과 관계가 있고 최종적으로 악마도 구원을 받는다고 했다. 천국과 지옥, 천사와 악마로 구분하는 것은 페르시아의 이원론적인 구분으로 본래 기독교적이 아님을 지적한다. 그에 따르면 악은 그 기능이 다하게 되면 선의 편에 흡수된다. 따라서 천국은 마음속에 실현될 수 있으며, 그것은 악한 경향을 선하게 극복하려는 노력으로 이루어진다.[12] 엘버트 엘리스Albert Ellis는 단테의 『신곡』을 소개하며 분노는 지옥이고, 그 분노의 감정을 줄이는 것은 천국으로 안내한다고 주장한다.[13] 던컨 부캐넌Duncan Buchanan은 "천국은 … 용서의 태도를 요구한다"고 주장하고 있다.[14] 진정한 의미에서의 하늘나라는 내 마음의

---

[10] 마샬은 교회나 개인이 하나님 나라 선포와 치유 활동을 통해서 천국의 확장 운동을 할 수 있다고 주장한다. I. H. Marshall, "The Hope of a New Age: the Kingdom of God in the NT," The Themelios 11(1985), 13.

[11] 구티에레스의 저서는 오늘날 전 세계에 널리 읽히고 있다. 특별히 그의 저서 『진리가 너희를 자유케 하리라』, 『하나님의 생명』, 『해방과 변화』 등은 아주 유명하다. Gustavo Gutierrez, Liberation and Change (Atlanta: John Knox Press, 1977); the God of Life (Maryknoll: Orbis Books, 1991); The Truth shall Maker you Free: Confrontations (Maryknoll: Orbis Books, 1990).

[12] John A. Sanford. The Kingdom Within (New York: J. B. Lippincott, 1970, and New York: Paulist Press, 1980)을 참조하라.

[13] Albert Ellis, Anger: How to Live with and without it (New York: Citadel Press, 1987); 『화가 날 때 읽는 책: 화를 내지 않고 사는 방법』, 홍경자·김선남 공역(서울: 학지사, 2003), 226-227.

[14] Duncan Buchanan, The Counseling of Jesus (Downers Grove: Intervarsity Press, 1985); 『예수님은 어떻게 상담하셨는가?』, 천정웅 역(서울: 아가페, 1987), 125.

천국이 먼저라는 것이다. 일반 사람들의 천국은 저세상에 있지만, 그 하늘나라는 우리의 노력으로 이 땅에 건설될 수 있다. 또한 그 작업은 마음의 천국을 이룬 개인들에 의해서 가능하다.

따라서 천국은 어디에 있는가? 그것은 사람들의 마음속에 있다. 그것은 하늘이나 땅, 그리고 바닷속에 있지 않다. 하나님이 하늘과 땅, 그리고 바닷속의 형상들을 따라 우상을 만들지 말라고 했다. 거기에는 천국 혹은 행복의 원형이 존재하지 않기 때문이다. 정신분석은 마음을 공간으로 이해한다. 그것은 무한한 영역이며, 우리 눈에 보이는 우주보다도 더 광활하다. 게다가 개인의 마음 공간은 다른 사람의 마음 공간과 서로 교류가 가능하다. 그것을 우리는 소통이라고 부른다. 천국은 행복의 원형이다. 그리고 인간의 마음은 광활한 공간이다. 거기에 하늘나라가 있다. 거기에 행복이 있다. 행복의 원형은 우리 각자 개인의 마음속에 존재한다. 마음속에서 하늘을 경험할 때 물리적인 세계, 이 세상도 변혁시킬 수 있다. 예수 그리스도는 문화의 변혁자이시다. 우리도 그렇다. 예수 그리스도의 기쁨을 우리가 경험할 때 우리도 세상을 변혁시키는 주체자가 된다.

3. 최적의 경험

하늘나라는 구체적으로 어떤 경험인가? 특별히 마음으로 경험하는 천국은 어떤 모습일까? 심리학적으로 볼 때 천국은 사랑과 행복의 상징이다. 그것은 개인과 공동체 모두에게 정신적 산소를 제공하고, 활력과 생명의 강한 기운을 불어넣어 준다. 심리적 차원의 천국은 내적인 평정심과 감정의 자유를 누리면서도 거리낌이 없는 상태이다. 칙센트미하이Csikszentmihalyi 부부가 『최적의 경험Optimal Experiences』에서 강조했던 바와 같이 행복 경험의 절정은 의식이 자유롭게 날아다닐 수 있는 마음의 여유에서 비롯된다.[15] 이것은 프로이트가 말한 자유연상의 능력과 흡사하며, 프루스트가 말한 의식의 흐름과 일맥상통한다. 미하이 칙센트미하이는 후기 저서인 『진화하는 자기 The Evolving Self』에서 그와 같은 최상의 경험이 바로 개인을 새로운 존재로 진화하게 만드는 근본적인 힘이며, 이 과정은 영성과 깊은 관련이 있다고 보았다.[16] 그의 주장은 어찌 보면 아브라함 매슬로우 Abraham Maslow가 이야기한 "절정의 경험 peak experiences"과 비슷한 개념이다.[17] 매슬로우가 종교적 가치와 인간의 창조성에 강조점을 둔 반면, 칙센트미하이는 세계 역사와 영혼의 순례에 더 관심을 두었다는 점에서 그 차이가 있다. 그러나 이 두 사람의 글에서 신학과 신앙의 통합작업은 거의 드러나지 않는다. 이들의 연구는 종교적인 경험을 과학적으로 분석하며 증명하였지만, 신학적 작업은 이루어지지 않았다.

산다는 것은 생기가 필요하다. 신학적으로 볼 때 흙으로 빚어진 인간이 역동적인 힘을 내는 것은 하나님의 생기가 주어졌을 때이다. 생기로 충만한 사람은 마음의 천국을 이룬 사람이고, 생기가 없는 사람은 마음의 천국을 다 잃어버린 사람이라고 말할 수 있다. 개인에게 사랑과 행복은 무조건 주어지는 것이 아니다. 현실은 개인에게 무수한 불편 자극을 던지고, 개인의 내적인 평정심을 무참히 짓밟아 버린다. 침범이 일어나는 것이다. 우리는 침범을 원하지 않는다. 나의 경계가 허물어질 때 몹시 불쾌하다. 인간

---

[15] Csikszentmihalyi, M., and I. S. Csikszentmihalyi, eds, *Optimal Experience: Studies of Flow in Consciousness* (New York: Cambridge University Press, 1988), 24.
[16] Mihaly Csikszentmihalyi, *The Evolving Self: A Psychology for the Third Millennium* (New York: HarperCollins, 1993), 239.
[17] A. H. Maslow, *Religions, Values, and Peak-Experiences* (Columbus, Ohio: Ohio State University Press, 1964); *The Farther Reaches of Human Nature* (New York: the Viking Press, 1974), 269.

관계에서 내 생각이나 감정에 침범이 일어날 때, 개인의 마음 상태는 천국에서 지옥으로 떨어진다.[18] 침범으로 거부 감정이 생겼을 때 서서히 긴장과 알력, 그리고 심지어는 대치의 관계가 만들어진다. 자유로움이 없어지고 모든 것이 조심스럽다. 우선 몸이 경직된 느낌이 든다. 이 상태가 바로 지옥과 같다. 그러면 천국은 어떠한가? 바로 이러한 불편과 긴장으로 참담한 마음이 극복되는 경험이다. 악의 정복, 추함의 극복, 병리의 치료와 문제의 해결이 바로 마음의 천국으로 가는 과정이다.

행복은 최적의 경험이다. 그것은 이상의 구현이며, 병리의 극복이고, 꿈의 현실화이다. 매슬로우가 지적한 것처럼 병리는 기쁨과 행복의 경험으로 극복될 수 있다. 행동주의 학자들이 말하는 "조직적 둔감화systematic desensitization"는 행복의 경험이 공포의 표상을 분쇄할 수 있다는 믿음에서 출발한다. 코헛은 존경·총애·일체와 같은 정신적 경험들이 축적될 때, 과거의 상처가 치료되고, 병리 구조들이 서서히 재구성될 수 있다고 강조한다. 오늘날의 긍정심리학, 행복심리학, 능력심리학은 모두 최적의 경험이 가져오는 방법들을 소개하고 있다. 현대인은 프로이트가 말하는 고통의 세계, 곧 "전이 신경증"의 세계에 억지로 들어갈 필요가 없게 된다. 충분히 견딜 수 있는 힘이 생길 때까지 기다릴 수 있다. 그러면 그러한 최적의 경험들은 어떻게 획득되는 것이며, 우리가 그것을 영속적으로 유지할 방법은 무엇인가? 누구나 행복이 지속되길 원하며, 행복의 구조가 우리 마음과 생활환경에서 뿌리내리기를 바란다. 그래야 하늘나라가 아니겠는가? 마음의 행복이 현실 환경을 변화시키는 변혁적 영향력을 가진다고 했다. 중요한 것은 우

---

[18] 위니캇은 유아와 엄마의 관계에서 엄마의 감정적인 침범이 아이를 정신적으로 피폐하게 만든다고 주장한다. D. W. Winnicott, *The Maturational Processes and the Facilitating Environment: Studies in the Theory of Emotional Development* (New York: International Universities Press, 1965); 『성숙과정과 촉진적 환경』, 이재훈 역(서울: 한국심리치료연구소, 2000), 126.

리 내면세계의 변혁이며, 천국에 맞는 인격의 발달이다. 우리는 행복 구현의 구체적인 방법들을 알아야 한다. 여기에도 저기에도 없는 하늘나라, 내 마음속에 있는 하늘나라, 곧 행복의 원형은 어떻게 해서 구축되는가? 그것은 건설의 문제이다.

4. 행복 구현의 다섯 가지 방법

하늘나라를 어떻게 건설할 것인가? 마음의 평정과 행복은 그냥 저절로 주어지지 않는다. 그것은 일련의 과정이 요구된다. 프로이트는 "긴장해소"의 가치를 누구보다도 강조했다. 그의 이론은 오늘날 정신분석학적인 심리치료의 핵심이며, 미국뿐 아니라 영국이나 프랑스에 이르기까지 강조되고 있다. 줄리아 크리스테바Julia Kristeva, 그리고 쥬앙다비드 나지오Juan-David Nasio에게서도 이러한 프로이트의 흔적은 나타난다. 그들은 "긴장 에너지의 방출"이 바로 마음의 정화 기능이 있어서 질병이라고 하는 신체화 증상을 예방할 수 있다고 보았다. 사람은 긴장 에너지가 풀리지 않을 때 몸이 딱딱해지고 무감각하며, 심지어는 온갖 염증과 신경계통 질환, 암 등의 육체적 질병에 시달리게 된다. 그러나 이러한 육체도 긴장 에너지를 풀어내는 작업에 성공하면 서서히 몸이 가벼워지고 상쾌한 상태로 변할 수 있다. 나아가 현실적인 삶 속에서도 보다 활력이 넘치고 생산성 있는 모습으로 바뀌게 된다고 보았다.[19]

긴장해소의 모델은 임상학적으로 커다란 영향을 끼쳤다. 긴장 에너지가 풀리면서 몸의 긴장이 해소되면 여러 가지 면에서 긍정적인 변화가 생

---

[19] Juan-David Nasio, *Hysteria: the Splendid Child*(Northdale: J. Aronson, 1997).

긴다. 하지만 부작용도 많이 생겨났다. 강한 감정을 방출하여 무의식을 끌어내는 과정에서 윤리적으로 모호해지는 경우들이 생기기도 했다. 그동안 공동체의 규율과 관계의 선을 지켰던 것이 무분별하게 해제되어 관계와 공동체에 해를 끼칠 수 있다. 또한 문제 증상이라 하더라도 이제까지 개인을 지키고 있었던 보호장치이다. 준비 없이 억압이 풀리면 더 큰 문제가 발생하게 된다. 그래서 긴장해소 모델은 신중하게 안전장치 하에 자연스러운 방식으로 진행되는 것이 중요하다.

불편한 긴장에서 벗어나 기쁨과 자유를 느끼고 성장할 수 있도록 하는 것에는 무엇이 있을까? 페어베언Fairbairn은 인간의 행복이 이상적인 대상을 만나는 순간부터 시작된다고 보았다. 그 이상적인 대상은 유아에게 늘 자상하고 따뜻한 시선을 보낸다. 유아의 욕구를 충족시키며, 좌절을 주거나 실망시키지 않는 수용적인 존재이다. 즉, 거절이나 흥분이 아닌 충족의 기쁨을 주는 대상이 바로 이상적인 대상이다. 개인은 그러한 대상을 경험할 때 마음속에 천국을 건설하게 된다고 보았다.[20] 자기심리 정신분석학[21]과 상호주관 정신분석학[22]은 정신적 산소의 개념을 추가했다. 우리는 삶에서 무수히 많은 불편 자극들을 경험한다. 그러한 아픈 경험을 처리하고 극복해 나가기 위해서는 우선 자기 자신의 기력을 회복하고, 내적인 힘

---

[20] R. Fairbairn, *Psychoanalytic Studies of Personality* (London: Tavistock, 1952).
[21] Heinz Kohut, *How Does Analysis Cure?* (Chicago: University of Chicago Press, 1984), 47. Kohut은 그의 전문적인 용어, "selfobject"를 정신적인 산소(psychological oxygen)라고 명명하였다. Heinz Kohut, *the self psychology and the humanities: reflections on a new psychoanalytic approach* (New York & London: W. W. Norton & Company, 1985), 257; *How does analysis cure?* (Chicago: University of Chicago Press, 1984), 47, 77; *the restoration of the self* (New York: International Universities Press, 1977), 21.
[22] 스톨로로우와 그 동료들은 하인즈 코헛의 정신적 산소 개념을 "정서적인 명료화 체험(self-delineating selfobject experiences)"이라고 정의하면서, 한층 더 발전시키고 있다. Robert D. Stolorow and George E. Atwood, *Contexts of Being: The Intersubjective Foundations of Psychological Life* (Hillsdale, NJ: The Analytic Press, 1992), 27, 49, 95.

을 강화해야 한다. 원기가 부족하면 질병과 맞서 싸울 수 없기 때문이다. 개인이 내적인 힘을 키우는 데는 신선한 산소처럼 꼭 필요한 정신적 경험을 해야 하며, 그럴 때 활력과 생기가 생겨난다.

필자는 이런 심층 심리의 통찰력에 근거하여 종교적인 지혜와 임상경험, 그리고 이론적 통합 노력에 근거하여, 내면의 천국 건설에 관해 서술하고자 한다. 그 과정은 1) 경험하기, 2) 고백하기, 3) 해석하기, 4) 계시 찾기, 그리고 5) 창조하기이다. 이 다섯 가지의 작업은 현대적인 언어와 기독교적인 정서를 종합한 것이다.[23] 우리가 그동안 피하고 거부했던 실존 인간의 삶을 있는 그대로 경험하고, 마음속 깊이 묻어 두었던 상처와 아픔을 고백하며, 그 과정에서 경험의 의미를 이해하고, 또 그 경험 속에서 힘을 주시는 하나님의 말씀을 발견해야 한다. 그리고 마지막으로 실존적으로 가능한 창조적인 활동을 용기 있게 해본다면, 우리는 점진적이고 강건한 신앙인이면서 동시에 성숙한 인격의 소유자로 변할 것이라고 믿는다.

그러면 경험하기는 무엇인가? 그것은 현재 벌어지고 있는 그대로의 역동과 상황을 몸과 마음으로 직접 느끼고 생각하는 것이다.[24] 이것은 쉬운 작업이 아니다. 개인의 평정심은 쉽게 깨진다. 외적인 자극과 내적인 자극이 개인의 마음 상태를 그대로 두지 않는다. 개인은 어떤 것을 온전히 경험하기를 거부할 때 방어기제를 사용한다. 그리고 그 기제가 병리적일수록

---

[23] 헨리 나우웬은 20세기 핵이라는 위협의 시대를 사는 현대인들에게 지옥이나 연옥, 천국, 피안, 부활, 그리고 하느님의 나라 등과 같은 기독교의 전통적인 상징 언어들이 더 이상 그 의미를 재현시키지 못한다고 보았다. 이것은 몹시 안타깝고 불행한 일이다. 현대인들은 이러한 상징이 보여주고자 하는 의미를 적절하게 대신해 줄 수 있는 표현을 찾아야 한다고 말한다. Henri J. M. Nouwen, *The Wounded Healer: Ministry in Contemporary Society* (New York: Boubleday & Company, 1972);『상처 입은 치유자: 현대사회에 있어서의 사목』, 이봉우 역(서울: 분도출판사, 1982), 25-26.

[24] 화이트헤드의 과정철학은 경험하는 주체가 세상을 형성하고 변화시킨다는 입장을 가지고 있다. Alfred North Whitehead, *Process and Reality* (New York: MacMillan Co., 1929), 521.

정신적인 피폐함에서 벗어날 수 없다. 예를 들어 개인이 공허와 무기력을 경험한다면 비참하고 고통스럽다. 갈등과 혼란을 경험하는 것은 무척 어렵기 때문에 직접 경험하는 것을 피하려고 한다. 그래서 폴 틸리히Paul J. Tillich 는 "존재로의 용기"라고 말했다.25 존재와 존재하는 것을 있는 그대로 느끼기 위해서는 용기가 필요하다. 그 말을 달리 표현하면 "경험으로의 용기"라고 할 수 있다. 무엇을 경험할 것인가? 예수의 십자가 경험은 단독자 그리고 인격체로의 결단이었지만, 정말 어렵고 힘든 경험이었다. 십자가의 경험을 할 것인가, 말 것인가? 그것이 바로 예수가 겟세마네 동산에서 기도하며 고뇌했던 내용이다. 불편한 감정을 경험하고, 행복한 기분을 마음껏 느껴보는 것은 개인의 인격적 성장의 필수조건이다. 경험은 개인을 정신세계의 깊이로 인도한다. 그 세계는 아무리 파헤쳐도 끝이 없고 무궁하다. 마치 무한대의 우주처럼 느껴진다. 새로운 것을 깨닫게 되어 흥분이 감돌았는데, 그 이후 또 다른 정신세계의 존재를 발견할 때마다 경이와 전율을 느낀다. 물론 개인의 무의식은 혼자서 들어가기보다는 신뢰할 수 있는 대상과 함께 들어가는 것이 좋다. 자칫 정신의 우주적 경험 속에서 헤매는 미아迷兒 같은 느낌에 빠질 수 있기 때문이다. 우리는 무의식의 경험이 행복감 분출의 기회가 되기 위해 혼자가 아닌 신뢰 대상과 함께 그 신비한 정신세계로 들어가야 한다. 혼자 할 수 없는 일도 함께한다면 해낼 수 있는 일이 많다. 인간의 정신세계 신비체험도 마찬가지이다.

하지만 임상 상황은 무수한 사람들의 "경험 거부하기" 증상들을 보여준다.26 예를 들어, 갈등 관계에 있는 사람들의 경우 대부분 서로의 문제를

---

25 Paul Tillich, *The Courage to Be* (New Haven: Yale University, 1952).
26 마이스너는 내면의 경험을 배제하는 사람들이 주로 편집증을 가진 사람이라고 지적한다. William Meissner, *Paranoid Process* (New York: J. Aronson, 1978); 『편집증과 심리치료』, 이재훈 역(서울: 한국심리치료연구소, 1998), 188.

이해하고 풀어가기보다 일단 그 갈등 상황으로부터 도피하며 영원히 갈등 관계에서 멀어지고 싶은 충동을 강렬하게 느낀다. 갈등으로 인한 불편 경험 자체가 두렵다. 그래서 갈등과 혼란의 경험이 발생하는 관계 자체를 깨 버린다. 이들은 대부분 두렵고 떨린 마음으로 현실을 직면하기보다 그 현실 경험으로부터 가능한 한 멀리 가 버린다.[27] 우리는 외부적인 경험에만 초점을 맞춘다. 어찌 보면 알 수 없는 대상과 세계에 완전히 들어가는 것은 무섭고 떨리는 과정이다. 하지만 내 안에 어떤 대상과 세계가 펼쳐져 있는지, 어떤 갈등과 혼란의 표상이 가득한지 그곳에 들어가 보는 것이 직면이고 진정한 용기이다.

두 번째로 고백의 정화가 있다. 경험의 세계는 광활하다. 그 경험한 바를 말로 서술하는 것은 임상적으로 볼 때 큰 유익함을 준다. 그것은 정화의 기쁨을 준다. 개인의 아픔과 상처는 마음에만 담아둘 때 점점 심화되고 왜곡될 수 있다. 하지만 그것들이 누군가에게 말로 전해질 때 아픔과 상처의 부정적인 영향력으로부터 자유로워질 수 있다. 물론 모든 고백이 다 긍정적인 것은 아니다. 예를 들어 양유성은 부부관계에 있어서 고백이 자칫 위험한 상태로 몰고 갈 수도 있다고 경고한다. 자신의 죄책감을 해결하기 위해서 하는 이기적인 동기는 역효과를 낼 수 있다. 하지만 배우자를 존중하는 마음으로 고백하는 것은 좋은 결과를 얻을 수도 있다고 말한다. 즉, 그는 고백의 동기가 행위보다 더 중요함을 지적하고 있다.[28] 그러나 일반적으로 고백은 인간관계와 개인의 평정심 회복에 있어서 절대적으로 중요하다. 러

---

[27] 에리히 프롬은 스스로 경험을 통해서 아는 것이 단순히 지식으로 아는 것과 큰 차이가 있음을 지적한다. 그에 따르면 선과 악에 대한 각성은 이러한 경험적 지식에 의해서 이루어진다고 보았다. Erich Fromm, *The Heart of Man: Its Genius for Good and Evil* (New York: Harper & Row, 1964); 『인간의 마음』, 황문수 역 (서울: 둔예출판사, 1977), 233.

[28] 양유성, 『사랑은 바람을 타고』 (서울: 학지사, 2002), 129-130.

스킨Luskin은 "인생 경험을 함께 이야기할 친지가 있는 경우에는 그렇지 못한 사람보다 스트레스를 해결하기가 훨씬 쉽다"[29]고 말했다. 고백이 정신적인 평화와 안정을 회복하는 데 있어 중요한 활동이라는 주장이다. 페니베이커Pennebaker도 "심리적 외상에 대해 말하는 것은 인간의 자연스러운 반응이다. 이러한 반응을 차단하거나 억제할 때 스트레스나 병을 겪게 된다. 장기간에 걸친 억제의 잠재적 위험을 넘어서, 절망했던 경험을 직면하는 것은 긍정적인 어떤 면이 있다. … 억제를 푸는 것 … 끔찍했던 경험을 인식하는 것"이 중요하다고 말한다.[30] 또한 "기도는 속을 털어놓는 고백의 한 형태이다"[31]라고 말하면서 거의 모든 종교는 고백을 통해서 죄의식을 삭감하는 종교적인 실천을 가지고 있다고 본다. 물론 "고백의 방법과 논리는 종교마다 다르다."[32] 이처럼 고백이 지니는 힘은 개인의 심리적 천국 형성의 중요한 요소가 된다. 누군가에게 자신의 불편한 경험들을 말로 나눌 때 몸의 긴장이 풀리고 이완된다. 마음은 예전보다 편안해지고 불편했던 관계도 다시 정상화될 수 있는 여지가 있다. 이것이 바로 고백이 가지는 힘이며 정화의 기능이라고 할 수 있다.

세 번째로 해석의 위로 작업이 있다. 사람은 현재 경험하고 있는 것을 이해할 수 없을 때 혼란을 겪는다. 상황이 불확실할수록 불안해하고 중요한 결정을 내리지 못한다. 우리는 불안하고 혼란스러울 때 악수를 두는 경향이 있다. 하지만 누군가가 내 마음을 이해할 때 힘을 얻는다. 이런 점에서

---

[29] Frederic Luskin, *Forgive for Good: A Proven Prescription for Health and Happiness* (New York: HarperCollins, 2002) 『용서』, 장현숙 역(서울: 중앙 M&B, 2003), 85.
[30] J. W. Pennebaker, *Opening Up: Healing Power of Expressing Emotions* (New York: Guilford Press, 1997); 『털어놓기와 건강』, 김종환·박광배 공역(서울: 학지사, 1999), 44.
[31] Ibid., 39.
[32] Ibid., 243-244.

이해는 참으로 마음의 행복과 천국을 이루는 데 중요한 요소가 된다. 안타깝게도 자살을 선택하는 사람들이 있다. 이들의 선택 이면에는 그 누구도 자신의 마음을 이해해 주는 사람이 단 한 사람도 없다는 절망의 느낌이 크다. 그들이 자신의 아픔이나 난관의 의미를 이해하고 있었더라면 그와 같은 극단적인 선택을 하지 않았을 것이다. 이해는 경험이 가지고 있는 의미를 찾는 작업이다. 사람은 주관적인 경험의 의미가 이해될 때 힘들어도 견딜 수 있고, 그 경험을 넘어서 창조적인 활동으로 나아갈 수 있다. 하지만 의미를 발견하지 못하거나, 그 해석이 개인의 원기를 회복시키지 못할 때 더 이상 삶을 지속하기 어려워진다. 마음의 위로는 나의 경험에 대한 의미가 있는 해석에서 주어진다. 빅터 프랭클Victor Frankl과 줄리아 크리스테바Julia Kristeva의 "의미"의 개념은 이런 점에서 좋은 통찰력을 제공한다. 그들은 모두 개인의 경험 가운데 나타나는 비극과 멸시가 어떤 의미를 지니는가에 주목했다. 프랭클은 아우슈비츠의 수용소에서 비참한 파멸과 불안한 죽음의 상황 가운데서도 기력을 회복하고 자신의 품위를 잃어버리지 않는 개인들이 있음을 보았다. 무엇이 저들을 저 처절한 상황 속에서도 생명의 활동을 멈추지 않게 하는 것인가? 프랭클은 바로 "의미의 발견"에서 그 해답을 찾았다.[33] 즉, 인간은 현재 일어나는 경험이 아무리 고통스럽고 비극적이라 할지라도 그 경험 속에서 어떤 가치와 의미를 발견해야 한다. 그러면 비참 속에서도 파멸되지 않고 자신의 가치를 유지할 수가 있다. 그러나 개인이 의미를 찾지 못한다면 자기의 생명과 존재의 가치에 대하여 존중과 인정을 할 수 없다. 그리고 쉽게 자기혐오와 자기 멸시에 빠지게 된다. 오직 생존을

---

[33] Viktor E. Frankl, *Man's Search for Meaning: an Introduction to Logotherapy* (New York: Simon & Schuster, 1959), 71-72. 프랭클은 여기서 현재가 아무리 힘들고 고통스럽다 할지라도 그 가운데서 자기 고통이 가치 있는 일을 할 때 인간은 인간다움을 가진다고 역설한다.

위해 남아 있는 이상과 가치마저 버리게 되는 것이다. 따라서 중요한 것은 비참한 상황에서 벗어나는 것이 아니라 바로 그 상황에서 찾을 수 있는 의미의 발견이다. 그래야 역경 가운데서도 마음의 천국을 이룰 수 있다.

줄리아 크리스테바는 의미의 개념에 대해서 한 걸음 더 나아간다. 문학과 철학, 신학과 정신분석학, 기호학과 임상 활동 모두를 통합한 그녀는 "기호해독"이라는 개념을 통해 마음속의 천국 상태를 그려내고 설명한다. 인간은 무수한 경험을 하지만 모두 이해되거나 수용되는 것은 아니다. 어떤 경험들은 도저히 이해할 수 없고 왜 그러한 상황이 내게 나타난 것인지 알 수 없어 혼란스럽다. 무엇 때문에 나타났고 어떻게 이해해야 하는 것인지를 알 수 없는 경험을 크리스테바는 기호해독이 불가능한 경험들이라고 불렀다. 만일 해독이 불가능한 경험 상태가 지속된다면 개인의 마음은 혼란스러워지면서 서서히 무기력과 우울증에 빠지게 된다고 지적한다. 현대는 우울증의 시대라고 할 수 있다. 그 우울증의 한가운데는 바로 자기 경험을 이해하지 못하는 것에서 오는 "기호해독 불능증"의 상태가 있다.[34] 이것이 바로 정신병리의 원인이며, 심하면 신체적인 질병과 죽음이라는 종말까지도 불러일으킨다. 우리는 불행한 경험을 다 피할 수는 없다. 삶에는 언제나 불편 자극들이 산재한다. 누구도 그와 같은 실존적 조건으로부터 제외될 수는 없다. 중요한 것은 불편하고 이해할 수 없는 비참의 경험들이 왜 일어나는지, 그리고 그 경험이 주는 메시지가 무엇인지를 아는 것이다. 우리는 마치 꿈을 해석하듯이 우리의 경험을 해석해야 한다. 그 메시지를 찾아내는 것이 바로 기호의 해독이다. 이때 비로소 마음의 천국을 실현할 수 있는 실마리를 갖게 된다. 경험이 내게 주는 메시지를 정확하게 파악해 내는

---

[34] Julia Kristeva, *Black Sun: Depression and Melancholia* (New York: Columbia University Press, 1989); 『검은 태양: 우울증과 멜랑콜리』, 김인환 역(서울: 동문선, 2004), 20, 209.

것, 그것이 바로 천국 건설의 열쇠이자, 죽음 관문의 수수께끼를 풀 수 있는 실마리가 된다. 제임스 존스James Jones는 치료적 관계의 핵심이 "공감과 이해"라고 말한다.35 피터 버스키Peter Buirski도 이해의 기능에 대하여 그 누구보다 깊은 관심을 보였다. 그의 최근 저서에서 그 기능에 대한 핵심을 아주 잘 설명하고 있다.36 그에 따르면 이해란 두 사람이 함께 경험을 나누는 과정에서 "서로 마음이 통하는 느낌"을 가지는 것을 의미한다. 경험을 나누며, 토론하고, 평가와 분석을 통해 자신의 경험을 보다 분명하게 알아간다. 그리고 그 명료함은 삶의 확신을 가지고 전진하도록 도와준다.

　네 번째로 우리는 말씀의 위력을 발견한다. 마음의 행복과 평정은 정신적으로 이루어지는 것이고, 그것은 영적인 활동으로부터 크게 영향을 받는다. 우리가 하나님의 계시를 찾으려고 하면 자신의 경험 어디에서나 그것을 발견할 수가 있다. 이것이 바로 개인 경험의 영적인 고찰이다. 신앙인은 내 안에서 하나님의 음성을 들을 수 있어야 한다. 과정신학자들이 주장하는 바와 같이 우리는 하나님과 더불어 창조적인 경험을 확장해 나간다. 우리 개인의 능력, 곧 인간적인 능력만으로는 경험을 새로운 차원으로 올라가게 만들 수 없다. 그러나 하나님의 임재가 있다면 성격도 바꿀 수 있고, 삶도 고칠 수 있다. 운명에서 벗어나 자유로운 새 창조가 가능해지는 것이다. 경험은 관계를 만들어 낸다. 그 관계는 아름다울 수도 있고, 추해질 수도 있다. 하지만 경험이 없이는 관계도 존재하지 않는다. 개인은 하나님과의 관계적인 경험을 통해서 자신을 새롭게 재구성할 수 있고, 새로운 세상

35　James W. Jones, *Contemporary Psychoanalysis & Religion: Transference and Transcendence* (Yale University, 1991); 『현대정신분석학과 종교: 전이와 초월』, 유영권 역(서울: 한국심리치료연구소, 2002), 124.

36　Peter Buirski, and Pamela, *Making Sense Together: the Intersubjective Approach to Psychotherapy* (Northdale: Jason Aronson, 2001), 147.

을 창조할 수도 있다. 하나님과 공동 창조 작업에 참여하는 인간이 바로 믿음의 인간이다.37

영적인 위로는 말씀에서 나온다. 정신적인 행복은 의로움과 평화로움과 기뻐함이 있을 때 가능해진다. 그런데 이것은 로마서에서 사도 바울이 늘 외치던 내용이다. "하나님의 나라는 먹고 마시는 것이 아니라 다만 성령 안에서 의와 화평과 기쁨이라."38 예수님도 하나님의 나라에 대하여 "또 사람들이 '보라, 여기 있다!' 또는 '보라, 저기 있다!'고도 말하지 못하리니, 보라, 이는 하나님의 나라가 너희 안에 있기 때문이라"고 말씀하셨다. 이것은 천국이 우리의 내면에 건설된다는 것을 강조한 말씀이다. 그러면 천국이 내면에 건설된다는 성서적 의미는 무엇인가? 성서에 따르면 그것은 우리 안에 하나님의 말씀이 거하면서 만들어진다. 하나님의 말씀은 위로의 능력이 있고, 사람에게 생명력을 더해준다. 자연히 그 사람은 힘이 생기고 사랑과 행복을 건설할 수 있는 능력도 그만큼 증가하게 된다. 사람의 몸속에는 그가 인생을 살아오는 동안 새겨진 말이 무의식적으로 존재한다. 자신이 알지 못하는 무수히 많은 언어가 뿌리를 내리고 있다. 특별히 우리는 임상 상황에서 종종 자기 몸에 내재된 말로 인해 평생 고생하며 어렵게 사는 내담자들을 만난다. 그들은 의식 안에서는 성공과 행복을 추구한다. 하지만 몸 안에 새겨진 말들이 실패와 고통으로 얼룩져 있다. 그래서 성공과 행복보다는 오히려 실패와 불행으로 가는 경향을 보인다. 주변에서 안타깝게 권유해도 아무 소용이 없다. 그들은 무수히 많은 실패를 경험하면서도 깨닫지 못한다. 오히려 자신에게 권유하는 사람들에게 분노와 독설로 반응

---

37 John B. Cobb, Jr. and David Ray Griffin, *Process Theology: An Introductory Exposition* (Philadelphia: Westminster Press, 1976), 23; Delwin Brown, *To Set at Liberty: Christian Faith and Human Freedom* (New York: Maryknoll, 1981), 24.
38 롬 14:17; 눅 17:21.

하는 경우가 허다하다. 이러한 말은 그 자체적으로 생명력을 가지고 있으며, 개인의 의지와는 상관없이 감정과 생각의 채널을 통해 그 영향력을 행사한다. 자연히 자기 삶의 주인공이 되지 못하고 오히려 자신 몸속에 내재된 말들에 의해 끌려다니는 인생을 산다. 의식 차원의 단순한 교육은 이러한 말들을 재정리하거나 재구성하지 못한다. 변화하고자 한다면 스스로 자신의 무의식 세계로 들어가 직접 자신의 언어를 상대해 보아야 한다. 말은 살아있는 생명체와 같아서, 개인의 몸속에서 영향을 미친다. 그 인격적인 존재들과 성숙한 대화를 하면서 관계 회복을 시도해야 한다. 그럴 때 진정한 의미에서 심리치료 혹은 정신적 회복의 목표가 달성된다.

마지막으로 우리는 창조의 선택을 통해서 활력과 영광을 경험해야 한다. 우리의 선택은 우리를 생명으로 인도하기도 하지만 때로는 파괴와 죽음으로 몰고 가기도 한다. 구티에레즈Gustavo Gutierrez는 "생명의 신학"을 강조했다. 그는 가난과 억압으로 신음하고 있는 남미의 사람들에게 현실이 아무리 힘겨울지라도 삶을 포기해서는 안 된다고 선포하였다. 하나님은 생명을 추구하고 계시며, 우리도 생명을 향한 우리의 노력을 중단해서는 안 된다. 프로이트도 인간에게는 생명의 충동과 죽음의 충동이 있다고 보았다. 건강한 사람일수록 생명의 본능, 곧 리비도 활동의 적극적인 삶을 향하여 노력한다. 그러면 생명의 삶, 곧 리비도의 활동은 무엇을 의미하는가? 후대 학자들의 이론적 확장에 따르면 리비도의 활동은 창조의 노력에서 나타난다고 본다.[39] 어떤 종류의 창조적인 삶을 살고 있는가? 그것이 바로 그 개인의 생명 충동의 결과이다. 만일 죽음 본능에 사로잡힌 사람이라면 결코

---

[39] 하인즈 코헛은 리비도의 발달이 잘 이루어질 때, 즉 프로이트의 언어로 생명 충동이 잘 활성화될 때, 유머와 예술적 창조성이 개발된다고 지적한다. 따라서 누군가가 창조적인 활동을 많이 하고 있으면 그것은 그 사람이 자신의 리비도를 잘 발달시킨 결과이다. Kohut, *the Humanities*, 169.

창조적인 삶을 살지 않는다. 오로지 정지와 후퇴만이 있을 뿐이다.

롤로 메이Rollo May는 그의 저서 『창조와 용기』에서 인간이 창조를 향해 나아가야 함을 강조했다.[40] 개인은 창조 활동을 할 때 평안과 기쁨을 느낀다. 상담 및 심리치료의 목표는 창조적 활동을 할 수 있도록 도와주는 것이다. 정신 분열이라 할지라도 작업 치료 과정에 참여하여 창조 작업에 몰두하게 되면 증상이 완화되고 상태가 호전된다. 그들이 그 작업 과정에서 창조의 기쁨을 맛보기 때문이다. 창조 활동이 정신세계에 활력과 생명을 불어넣는다는 것을 입증하는 증거이다. 생명의 창조는 바로 우리가 살아 움직이는 역동적인 선택을 할 때 가능해진다. 스피노자는 "내일 지구의 종말이 온다고 할지라도 나는 오늘 이 땅에 한 그루의 사과나무를 심겠다"고 말했다. 이 말은 생명을 향한 인간의 선택과 행동이 얼마나 올바르며 중요한 것인지를 천명한 것이다. 그리고 진정한 의미에서 하나님의 뜻에 부합하는 선언이다.

마음의 천국은 우리의 내면에서 솟아 올라오는 행복감의 확보이며, 살아있음을 생생하게 경험하는 마음의 상태이다. 그것은 어떻게 건설되는가? 그것은 삶을 있는 그대로 용기 있게 경험하는 것으로부터 시작한다. 불편한 감정을 자아내는 경험이라 할지라도 물러설 필요는 없다. 사랑과 행복을 추구하는 개인이라면 현재의 경험에 충실해야 한다. 마음속의 진실을 고백하는 것은 사람을 편안하게 한다. 그것은 마음의 천국을 여는 열쇠와도 같다. 속을 터놓고 이야기할 수 있는 사람들이 내 주변에 많다면, 이미 마음의 천국이 상당히 이루어졌음을 알 수 있다. 내 마음에 천국이 임했을 때 삶은 풍요롭고 활력이 넘치게 된다. 우리는 우리의 현실 경험에 대하

---

[40] Rollo May, *The Courage to Create* (New York: W. W. Norton & Company, 1994).

여 온몸으로 인지하고 있어야 한다. 그러면 삶을 구성하는 기술이 훨씬 정교하고 효과적으로 된다. 그래서 이해하기는 마음 천국 건설의 중요한 작업이다. 그것은 우리가 힘들 때 견딜 수 있게 도와주고 어려울 때 우리 자신을 위로해 주는 놀라운 힘을 갖고 있다. 그리고 우리 경험 속에서 하나님의 말씀을 찾아내는 작업은 병리와 장애를 극복하고 성공과 영광으로 가는 길에 꼭 필요하다. 아무리 건강한 사람도 말씀의 뿌리가 약할 때 쉽게 무너진다. 하지만 말씀의 뿌리가 마음 밭에 굳건하게 내린 사람은 역경이나 고난에 흔들리지 않는다. 그들은 삶 속에서 아름답고 행복한 성취를 이루어 낸다. 마지막으로 건강하고 행복한 사람은 늘 창조적이다. 그들은 열정과 헌신의 마음으로 창조적인 활동을 한다.

5. 새로운 경험의 창조자

경험이 중요하다. 경험은 언어보다 더 큰 영향력을 가진다. 정신분석학자들은 언어의 중요성을 강조하지만, 경험이 없는 언어는 힘이 없다. 그것은 가식과 위선의 도구가 된다. 경험은 내용이며, 그릇에 따라서 다양하게 만들어진다. 그렇기 때문에 창조가 가능하다.

인간은 창조주 하나님을 가장 많이 닮은 동물이다. 성서는 하나님께서 세상 만물의 존재들에게 이름 붙이는 권한을 인간에게 부여하셨음을 증언하고 있다. 인간의 창조적 능력은 모두가 알고 있다. 그러면 과연 인간은 무엇을 창조할 것인가? 새로운 시대를 맞이하면서 인간은 그동안 물리적인 관심에서 정신적이고 영적인 관심으로 서서히 중심의 추를 이동하고 있다. 정신적으로 혹은 영적으로 인간이 창조할 수 있는 것은 무엇일까? 어떠한 유기체도 감히 엄두 내지 못하고 흉내 낼 수 없는, 그러나 하나님께서 이미 수없이 우리에게 보여주신 그 정신적이고 영적인 창조의 내용은 무엇일까? 현시대의 인간은 이제 새로운 경험을 창조하는 인간이 될 수 있다고 본다. 이것은 기독교적인 주장이며, 동시에 과정철학과 과정신학의 주장과 일맥상통한다. 인간의 경험은 기계적으로 흘러갈 수도 있고, 창조적으로 역동적인 변화를 거칠 수도 있다. 전자로 갈 것인가, 아니면 후자로 갈 것인가 하는 것은 철저히 개인의 결단에 달려 있다.

진정한 의미에서의 신앙인은 역동적인 변화를 통해서 새로운 경험을 창조하는 작업에 동참해야 한다. 이것이 바로 하나님께서 인간에게 부여하신 신성의 독특함이다. 흔히 운명은 바뀌지 않는다고 말한다. 과연 변화시킬 수 없는 것이 각 개인의 경험적 삶이란 것인가? 기독교 신학은 "아니다"라고 선언한다. 우리는 믿음이 있기에 경험적으로 새로운 세상을 창조할 수 있는 능력을 부여받았다. 그것이 바로 인간이 지닌 신성의 본질이다. 하나님의 형상에 따라 지음 받은 인간은 자신을 위해서, 그리고 사랑하는 사람들을 위해서 새로운 경험의 세계를 창조하고 건설하는 능력이 있다. 필자는 그것이 바로 크리스천의 본질적인 힘이라고 생각한다.

하지만 우리는 과거의 올무에 매여서 습관처럼, 혹은 노예처럼 반복적인 경험에 끌려다니는 인생을 살 수도 있다. 불편과 공허, 갈등의 상황에서 예전처럼 회피하고 도피를 거듭할 수 있다. 약물 또는 도박으로 회피하는 방법들은 우리의 손에 손쉽게 들어온다. 그러나 이러한 의존적 방법들은 우리를 새로운 경험의 세계로 인도하기보다는 과거의 불편한 경험의 늪에서 계속 허우적거리게 한다. 새로운 경험은 불가능하고 그동안 해왔던 구태의연하고 진부한 과거 경험의 울타리 안에서 감옥에 갇힌 자처럼 살게 된다.

반면 기독교 신앙의 핵심은 그렇지 않다. 신앙은 우리에게 공허나 갈등의 상황에서 두렵지만 직면하라고 한다. 그래서 그 속에 있는 하나님의 메시지를 확인하여 용기 있게 생명의 길을 가도록 요청한다.[41] 우리는 이제 새로운 세상을 향하여 용기 있게 전진해야 한다. 물론 가나안 땅은 그냥 주어지는 것이 아니라 광야의 고난을 거쳐야만 우리에게 도래한다. 하나님의 선물이지만, 그것은 우리의 용기와 노력이 필요하다. 창조는 우리에게 가장 큰 기쁨을 선사한다. 그것은 우리 안에 있는 하나님의 형상을 회복시키는 순간이다. 아름답고 고결한 가치 경험의 창조, 그것도 영속적이고, 공동체적이며, 역사적인 경험의 창조, 그것이 바로 하늘나라이다. 이는 우리 믿는 사람들의 궁극적 목표이다. 인간은 살아있는 동안 하늘나라 경험의 창조를 끊임없이 계속해 가는 순례자이다.

연구 질문들

1. 행복으로 가는 길에 어떤 장애물들이 있는가?

2. 마음속의 하늘나라란 무슨 의미인가?

---

41 요한네스 로쓰(J. B. Lotz)는 자신의 저서 『사랑의 세 단계』에서 사람은 자신의 에너지를 "선하고 건설적인 방향으로 이끌거나, 아니면 악하고 파괴적인 방향으로 이끌 수 있다"고 보았다. 인간의 운명은 건설로 갈 것인가, 아니면 파괴로 갈 것인가에 달려있다. 그리고 이 선택에 따라 천국과 지옥의 경험도 함께 좌우된다고 보았다. Johannes Baptist Lotz, *Die Drei-Einheit der Liebe: Eros, Phiia, Agape* (Frankfurt: Josef Knecht, 1979); 『사랑의 세 단계: 에로스, 필리아, 아가페』, 심상태 역(서울: 서광사, 1984).

3. 코헛이 말하는 "최적의 경험"이란 무슨 뜻인가?

4. 행복을 실현하는 5가지 방법은 무엇인가?

5. 왜 우리는 새로운 경험을 창조해야 하는가?

참고문헌

Brown, Delwin. *To Set at Liberty: Christian Faith and Human Freedom*. New York: Maryknoll, 1981.
Buchanan, Duncan. *The Counseling of Jesus*. Downers Grove: InterVarity Press, 1985.
_____. 『예수님은 어떻게 상담하셨는가?』, 천정웅 역. 서울: 아가페, 1988.
Buirski, Peter. & Pamela. *Making Sense Together: the Intersubjective Approach to Psychotherapy*. Northdale: Jason Aronson, 2001.
Csikszentmihalyi, Mihaly. *The Evolving Self: A Psychology for the Third Millennium*. New York: HarperCollins, 1993.
_____. *The Farther Reaches of Human Nature*. New York: the Viking Press, 1974.
Ellis, Albert. *Anger: How to Live with and without it*. New York: Citadel Press, 1987.
_____. 『화가 날 때 읽는 책: 화 내지 않고 사는 방법』, 홍경자·김선남 편역. 서울: 학지사, 2003.
Fairbairn, R. *Psychoanalytic Studies of Personality*. London: Tavistock, 1952.
Frankl, Viktor E. *Man's Search for Meaning: an Introduction to Logotherapy*. New York: Simon & Schuster, 1959.
Fromm, Erich. *The Heart of Man: Its Genius for Good and Evil*. New York: Harper & Row, 1964.
_____. 『인간의 마음』, 황문수 역. 서울: 문예출판사, 1977.
Gutierrez, Gustavo. *Liberation and Change*. Atlanta: John Knox Press, 1977.
_____. *the God of Life*. Maryknoll: Orbis Books, 1991.
_____. *The Truth shall Maker you Free: Confrontations*. Maryknoll: Orbis Books, 1990.
John B. Cobb, Jr. & David Ray Griffin. *Process Theology: An Introductory Exposition*. Philadelphia: Westminister Press, 1976.
Jones, James W. *Contemporary Psychoanalysis & Religion: Transference and Transcendence*. Yale University, 1991.
_____. 『현대정신분석학과 종교: 전이와 초월』, 유영권 역. 서울: 한국심리치료연구소, 2002.

Kohut, Heinz. *How Does Analysis Cure?* Chicago: University of Chicago Press, 1984.
_____. *the self psychology and the humanities: reflections on a new psychoanalytic approach*. New York & London: W. W. Norton & Company, 1985.
_____. *the restoration of the self*. New York: International Universities Press, 1977.
Kristeva, Julia. *Black Sun: Depression and Melancholia*. New York: Columbia University Press, 1989.
_____. 『검은 태양: 우울증과 멜랑콜리』, 김인환 역. 서울: 동문선, 2004.
Luskin, Frederic. *Forgive for Good: A Proven Prescription for Health and Happiness*. New York: HarperCollins, 2002.
_____. 『용서』, 장현숙 역. 서울: 중앙 M&B, 2003.
Lotz, Johannes Baptist. *Die Drei-Einheit der Liebe: Eros, Phiia, Agape*. Frankfurt: Josef Knecht, 1979.
_____. 『사랑의 세 단계: 에로스, 필리아, 아가페』, 심상태 옮김. 서울: 서광사, 1984.
M. Csikszentmihalyi & I. S. Csikszentmihalyi, eds, *Optimal Experience: Studies of Flow in Consciousness*. New York: Cambridge University Press, 1988.
M. Henri J. Nouwen, *The Wounded Healer: Ministry in Contemporary Society*. New York: Boubleday & Company, 1972.
_____. 『상처 입은 치유자: 현대사회에 있어서의 사목』, 이봉우 역. 서울: 분도출판사, 1982.
Maslow, A. H. *Religions, Values, and Peak-Experiences*. Columbus, Ohio: Ohio State University Press, 1964.
Marshall, I. H. "The Hope of a New Age: the Kingdom of God in the NT." The Themelios 11, 1985.
Meissner, William. *Paranoid Process*. New York: J. Aronson, 1978.
_____. 『편집증과 심리치료』, 이재훈 역. 서울: 한국심리치료연구소, 1998.
May, Rollo. *The Courage to Create*. New York: W. W. Norton & Company, 1994.
Nasio, Juan-David. *Hysteria: the Splendid Child*. Northdale: J. Aronson, 1997.
Pennebaker, J. W. *Opening Up: Healing Power of Expressing Emotions*. New York: Guilford Press, 1997.
_____. 『털어놓기와 건강』, 김종환, 박광배 공역. 서울: 학지사, 1999.
Sanford. John A. *The Kingdom Within*. New York: J. B. Lippincott, 1970, and New York: Paulist Press, 1980.
Stolorow Robert D. & George E. Atwood. *Contexts of Being: The Intersubjective Foundations of Psychological Life*. Hillsdale, NJ: The Analytic Press, 1992.
Tillich, Paul. *The Courage to Be*. New Haven: Yale University, 1952.
Tolstoi, Leo. *What is Art?* New York: Crowell, 1898.
_____. 『예술론』, 김동완 역. 서울: 신원문화사, 1992.
Winnicott, D. W. *The Maturational Processes and the Facilitating Environment: Studies in the Theory of Emotional Development*. New York: International Universities Press, 1965.
_____. 『성숙과정과 촉진적 환경』, 이재훈 역. 서울: 한국심리치료연구소, 2000.
Whitehead, Alfred North. *Process and Reality*. New York: MacMillan Co., 1929.
Freud, Sigmund. 『문명속의 불만』, 김석희 역. 서울: 열린책들, 1997.
Niebuhr, Reinhold. 『도덕적 인간과 비도덕적 사회』, 이한우 역. 서울: 문예출판사, 1992.
김광수. "예수의 하나님의 나라 사역의 이해에 있어서 틀의 전환에 대한 평가", 〈한국기독교신학논총〉 55, 한국기독교학회 엮음. 서울: 기독교서회, 2008.
김별아. 『스크린의 독재자 찰리 채플린』, 서울: 이룸출판사, 2003.
양유성. 『사랑은 바람을 타고』, 서울: 학지사, 2002.
유경동. "하나님의 나라와 권력: 타자의 윤리", 〈한국기독교신학논총〉 46, 한국기독교학회 엮음. 서울: 기독교서회, 2006.
차정식. "마태복음의 '하늘나라' 와 신학적 상상력", 〈한국기독교신학논총〉 46, 한국기독교학회 엮음. 서울: 기독교서회, 2006.

정신분석과 성서이해
성찰이 주는 여유

지은이 김병훈
펴낸이 최병천
펴낸날 2025년 4월 25일 (초판1쇄)
　　　 2025년 5월 2일 (초판2쇄)

펴낸곳 신앙과지성사
　　　 출판등록 제9-136 (88. 1. 13)
　　　 주소 | 서울시 서대문구 연희로 177 옥산빌딩 2층
　　　 전화 | 335-6579·323-9867·(F) 323-9866
　　　 E-mail | miral87@hanmail.net
　　　 홈페이지 | http://www.miral.co.kr

ISBN 978-89-6907-397-6　03230

값 29,500원

※ 펴낸이의 허락 없이 이 책의 전체나 부분을 어떤 수단으로도 이용할 수 없습니다.